2012

中国印刷工业年鉴

ZHONGGUO YINSHUA GONGYE NIANJIAN 2012

中国印刷及设备器材工业协会
《印刷工业》杂志社有限公司 组织编写

印刷工业出版社

内容提要

《中国印刷工业年鉴》是由中国印刷及设备器材工业协会指导，《印刷工业》杂志社有限公司具体组织编写的年度资料性出版物。《中国印刷工业年鉴2012》系统整理了我国印刷及设备器材工业2011年各种统计数据，并邀请业内领导、专家对印刷工业宏观态势及各个细分领域的发展情况进行了深入分析。

本书全面梳理了2011年中国印刷行业的整体情况，适合印刷行业从业人员作为参考资料。

图书在版编目（CIP）数据

中国印刷工业年鉴2012/ 中国印刷及设备器材工业协会，《印刷工业》杂志社有限公司组织编写．-- 北京：印刷工业出版社，2012.8

ISBN 978-7-5142-0571-8

Ⅰ．①中… Ⅱ．①中… ②印… Ⅲ．①印刷工业－年鉴－中国－2012 Ⅳ．①F426.84

中国版本图书馆CIP数据核字(2012)第211578号

中国印刷工业年鉴 2012

中国印刷及设备器材工业协会
《印刷工业》杂志社有限公司　组织编写

责任编辑：张宇华　　责任校对：岳智勇

责任印制：张利君　　责任设计：张　羽

出版发行：印刷工业出版社（北京市翠微路2号 邮编：100036）

网　　址：www.keyin.cn　　www.pprint.cn

网　　店：//shop36885379.taobao.com

经　　销：各地新华书店

印　　刷：北京佳艺恒彩印刷有限公司

开　　本：889mm×1194mm　1/16

字　　数：539千字

印　　张：26

印　　次：2012年10月第1版　2012年10月第1次印刷

定　　价：180.00元

ＩＳＢＮ：978-7-5142-0571-8

◆本书采用成都新图新材料股份有限公司Fit系列CTP版材制版，采用苏州博来特油墨有限公司绿色至尊系列，无甲醛、无酚醛、零VOC排放绿色油墨印刷。

◆如发现印装质量问题请与我社发行部联系　发行部电话：010-88275707　88275602

全新速霸CX 102胶印机

高端包装印刷的优质之选

胶印技术革新层出不穷。海德堡全新速霸CX 102胶印机在速霸CD 102成熟平台的基础上，融入了更多速霸XL 105的创新科技，将速度提高至16,500印/小时，并进一步缩短了印刷准备时间，为您在当今竞争激烈的市场中赢得先机。携手海德堡，共同揭开印刷的崭新篇章。

海德堡中国有限公司
北京: +86-10-5962 4288　上海: +86-21-6249 9888　深圳: +86-755-2573 7888　香港: +852-2814 2300
成都: +86-28-8170 5888　广州: +86-20-8557 6388　www.heidelberg.com.cn(中文)

AGFA GRAPHICS

印刷

由爱克发开始！

爱克发为印刷业提供全能的数码印前印刷解决方案。

今天，我们拥有完整的CTP和版材选择，从高端到入门，从热敏到光敏，从报业到商业，还有领先的环保CTP和环保版材。

为明天，我们有数码喷墨印刷系统，为广告、包装及各种工业印刷用途打造新世代。

爱克发，荟萃印前、印刷尖端科技。

爱克发印艺亚洲
网址：http://www.agfagraphics.com
深圳：0755-8213 5035　上海：021-2411 2000　北京：010-8583 3008
香港：852-2873 9447　台湾：886-2-2516 8899　马来西亚：60-3-7953 5800
新加坡：65-6214 0110

科技超群　永保领先
STAY AHEAD. WITH AGFA GRAPHICS.

出版说明

《中国印刷工业年鉴》是由中国印刷及设备器材工业协会（简称“中国印刷工业协会”）指导，《印刷工业》杂志社有限公司具体组织编写的年度资料性出版物。《中国印刷工业年鉴2012》系统整理了我国印刷及设备器材工业2011年各种统计数据，并邀请业内领导、专家对印刷工业宏观态势及各个细分领域的发展情况进行了深入分析。

中国印刷工业协会成立于1985年，是根据大印刷观和系统工程原则组建的全国性行业协会。协会自成立之日起就十分重视印刷及设备器材工业的数据统计和分析工作，并将其作为协会的一项重要工作任务。多年来，中国印刷工业协会下属各分会或专业委员会，如书刊印刷专业委员会、包装印刷分会、印刷机械分会、印刷器材分会在各自的专业范围内，按年度或季度定期汇总发布各领域骨干企业经营数据及印刷机械、胶印版材、印刷橡皮布、印刷胶辊等主要设备器材产品产销量数据，受到行业内的广泛关注和认可。同时，中国印刷工业协会还与海关部门合作，定期整理发布我国印刷设备、器材进出口贸易数据。

《中国印刷工业年鉴2012》全面收录中国印刷工业协会关于2011年我国书刊印刷、包装印刷、印刷机械、印刷器材领域的统计数据和我国印刷设备、器材进出口贸易数据，是对协会数据统计和分析工作的系统整理。同时，为给读者提供更全面的信息，《中国印刷工业年鉴2012》还收录了新闻出版总署、中国报业协会、中国造纸协会及各地新闻出版局和印刷协会等行业主管部门和兄弟协会的行业分析报告和统计数据。

《中国印刷工业年鉴2012》以大印刷观为指导，全书共分九部分：印刷篇、设备篇、器材篇、贸易篇、报告篇、区域篇、创新篇、记录篇和附录，分别从不同角度对印刷工业及上下游产业链相关行业和部分省市区印刷工业发展情况进行了分析和记录。

《中国印刷工业年鉴2012》在编辑出版过程中得到了有关行业主管部门、中国报业协会、中国造纸协会及各地印刷协会及众多行业专家的大力支持和帮助，在此表示衷心感谢！

由于时间仓促及编者自身经验和水平的局限以及行业相关统计工作的固有不足，《中国印刷工业年鉴2012》难免有错漏之处，恳请广大业内人士包容见谅，并多提宝贵意见！

中国印刷及设备器材工业协会

《印刷工业》杂志社有限公司

2012年9月

印刷质量检测专家

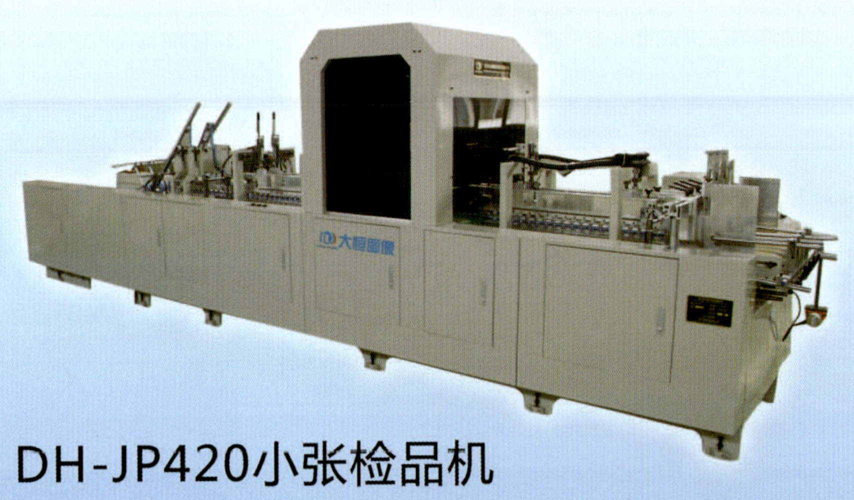

DH-JP420小张检品机

DH-JP1020大张检品机

北京大恒
图像视觉有限公司

地址：北京市海淀区上地七街1号
汇众大厦1号楼309
邮编：100085
邮箱：Printcheck@daheng-image.com
网址：www.daheng-image.com

北京：010-62969288
上海：021-52363091
深圳：0755-83479565

目录

Contents

FIT YOUR NEEDS

适合您的商业需求

Fit-M / Fit XTRA / Fit
阳图热敏型CtP版

FitEco
热敏型免处理版

DOT FINE
色彩管理软件

xingraphics 新图

成都新图新材料股份有限公司

四川成都锦江工业园区火炬动力港 610063 / Tel：+86 28 8592 5222 Fax：+86 28 8592 5301

www.xingraphics.com

目录
Contents

报告篇

区域篇

创新篇

GREEN INK HEALTHY WORLD 绿色油墨，健康世界

博来特绿色油墨

零VOC排放
无刺激异味

绿色品质，　心动价格

博金系列
Bojon Series

Forest
福瑞斯特

绿色至尊
SUPER GREEN

地址：江苏苏州相城区渭塘创新工业园通成路888号　　邮编：215134
Add:No.888 Tongcheng Road,Innovation Industrial Park,weitang Town,
Xiangcheng,Suzhou 215134 Tel:0512-65908822 Fax:0512-65402206
全国免费咨询电话：400-885-2925

目录
Contents

记录篇

附录

广告索引

Kodak

柯达在德鲁巴2012大获成功，衷心感谢各位参观者在百忙之中，莅临柯达展位交流指导，分享柯达在印艺行业的先进经验，见证柯达产品在引领数字化潮流方面的特色与魅力。在此次展会上，柯达全新推出10余款解决方案、产品和服务，并与30多家行业合作伙伴携手参展，打造全新的印刷应用，展现出柯达在各细分市场上的强大实力，积极践行柯达对于印艺行业的坚定承诺。

欢迎访问：www.kodak.com.cn

柯达图文影像集团 大中华区联络方式

北京 +86-10-6561 6561　　上海 +86-21-5884 1818　　广州 +86-20-8666 9888

深圳 +86-755-8835 2068　　香港 +852-2564 9333　　台湾 +886-2-8751 8558

华光 — 绿色印刷的推动者

乐凯华光印刷科技有限公司(简称"乐凯华光"),是中国较大的印刷影像信息记录材料科研生产基地,也是国内率先同时具有胶印版材、印刷胶片、柔性树脂版等产品生产能力、全方位为印刷业服务的国有大型企业。

乐凯华光拥有总资产17亿元,拥有一支包括博士、硕士在内的600余人专职研发和工程技术人员等共3000多名员工队伍。

目前拥有八条胶印版材生产线,一条银盐胶片生产线,一条聚酯薄膜生产线;两条柔性树脂版生产线;两条PCB胶片生产线。

公司主导产品主要有CTP版系列(紫激光型、热敏型、免处理型)、PS版系列、印刷胶片系列、PCB胶片系列、柔性树脂版(CTP版)系列、数码喷墨印刷机、UV墨水、CTP制版系统、聚酯薄膜、涂层材料、光固化材料、配套化学品等系列产品,广泛应用于印刷、电子、包装、印染等行业。所有产品均冠以"华光"商标。"华光"商标已被评为中国驰名商标。

乐凯华光拥有遍布全国的强大营销网络,产品出口100多个国家和地区,致力于由产品供应商向系统服务商的转变,努力实现为用户提供完善的系统服务。

当前,华光人正牢记国家领导人"把华光品牌在国际市场上叫响"的重托,精心打造"华光"品牌,遵循"又好又快"发展模式,以新产品技术为基础,为客户提供更加优质的产品和更加完美的服务。乐凯华光以"打造华光精品,真诚服务印刷"引领中国印刷行业。

CTP版系列

柔性树脂版系列

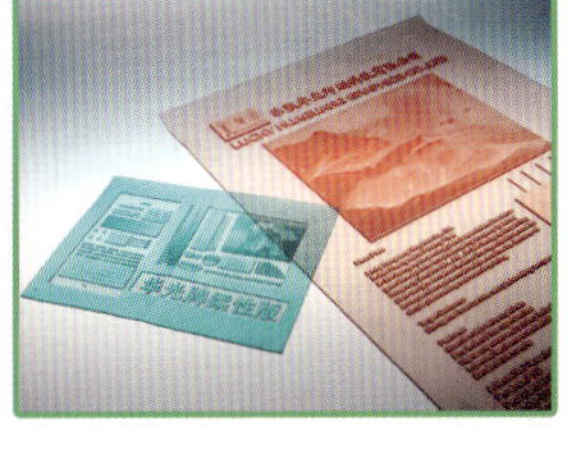

中国航天

乐凯华光印刷科技有限公司
LUCKY HUAGUANG GRAPHICS CO.,LTD

地址:河南省南阳市车站南路718号　邮编:473003
电话:0377-63862878 /63863163　传真:0377－63132092

公司网站:www.hgfilm.com.cn
营销公司:
电话:0377－63863069 /63863072
传真:0377－63151775 /63151778
E-mail:xsbgs01@hgfilm.com.cn

服务热线:400-652-6696
国际贸易部:
电话:(86)－377－63863074
传真:(86)－377－63138450
E-mail:ej-jck@hgfilm.com.cn

您是生产标签，贴纸或软包装的吗？或您正活跃于瓦楞纸或卡纸市场中？

CDI Spark 系列可针对不同的印刷市场提供广泛的柔版制版运用，您一定可以找到适合您需求的产品。CDI Spark 柔版制版的高品质将让您会心一笑。

RESULTS THAT MAKE YOU **SMILE**

艾司科贸易（上海）有限公司
上海市古美路1528号A2幢1楼
电话：+86(0)21-6057 6565
传真：+86(0)21-6057 6566
邮箱：info.china@esko.com
网址：www.esko.com

ESKO

www.founder.com.cn

FOUNDER 方正

正 在 你 身 边

用与全球同步的喷墨数字印刷技术开创国内该领域自主研发的先河；
用全系列数码印刷解决方案推动中国按需出版市场的发展、壮大；
用成熟的CTP技术为中国印企提供盈利利器；
本土化自有软件产品带给印企高品质生产体验；
遍布全国31个省市的分公司服务体系，保障7*24小时及时响应；
……

方正电子 与您同行！

北京北大方正电子有限公司
BEIJING FOUNDER ELECTRONICS CO.,LTD

地址：北京海淀区上地信息产业基地五街9号方正大厦 邮编：100085
电话：010－82531188 传真：010－62981438

一站式印刷制版整体解决方案

科雷UV-CTP

高速度 低成本 高耐印率

高速度、高稳定，全自动联线制版系统可达80张/小时
UV耐印率高, 可选激光模式:UV/热敏/紫激光
磁服直线扫描系统，多精度调校

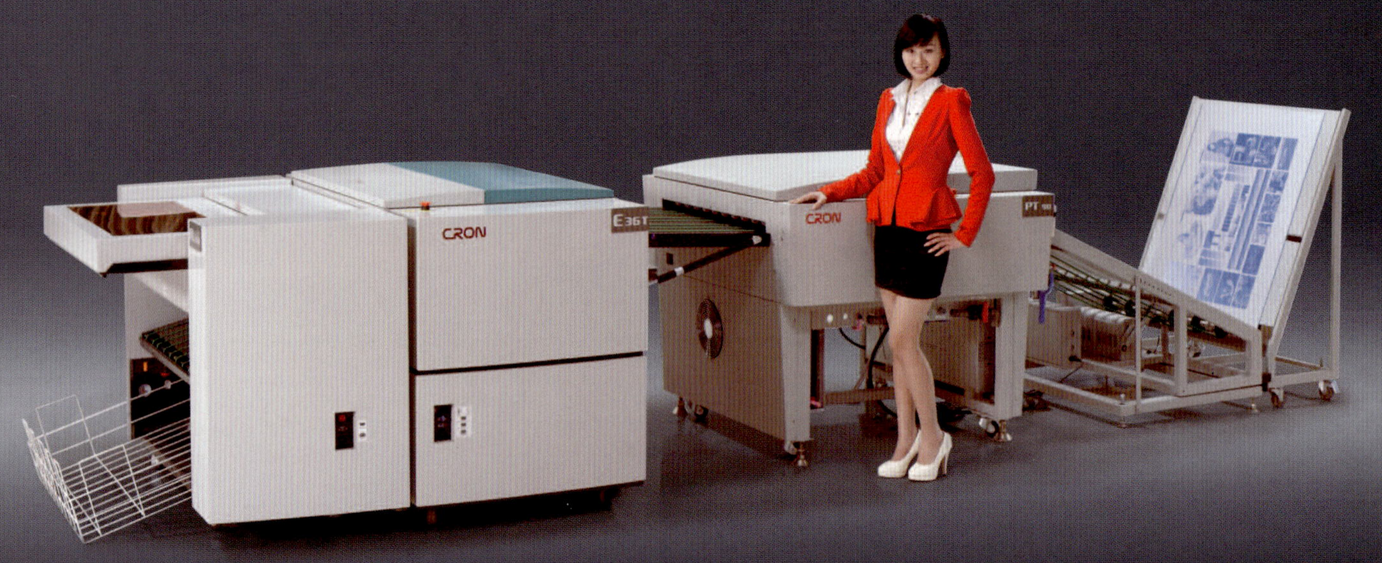

杭州科雷机电工业有限公司是一家始终致力于印前产品研发和生产的国家级高新技术企业；是目前中国CTP制造基地之一，拥有热敏CTP、UV-CTP、紫激光CTP和超大幅面CTP生产技术能力的企业。

科雷在CTP设计与制造领域形成了自己独特的设计思路,取得了17项专利技术和多项国家级、省级奖励，通过了ISO9001质量管理体系、ISO14001环境管理体系认证和RoHS与CE的国际标准认证。科雷现已成为中国CTP技术发展的领军企业。

科雷CTP品质优良，国内销量遥遥领先，且大量出口亚洲、南美、欧洲等国家，赢得了众多国际赞誉。

用户对科雷产品的信赖，源自科雷20年里孜孜以求、勇于创新的经营理念；源自科雷强大的研发实力、丰富的开发经验；源自科雷积极引进国际先进技术的学习精神；源自科雷20年来稳定经营、为客户盈利的不争事实。

“时时刻刻在进步”，科雷将继续保持中国印前科技领先地位，打造印前设备世界品牌，为广大印刷企业提供更高性价比的CTP产品！

杭州科雷机电工业有限公司
杭州萧山经济技术开发区金一路99号
销售热线： 400-011-8989
Http://www.cron.com.cn　邮箱: info@cron.com.cn

GRAFMAC

印前设备专业制造

荣获2011年度印刷行业十大民族品牌

昆山

旺昌机械工业（昆山）有限公司
GRAFMAC MACHINERYCO.,LTD.

昆山　电　话：+86-512-8260 9977 传　真：+86-512-5763 6995
客服电话：400 183 9788
江苏省昆山市昆嘉路320号2号厂房
台湾　电　话：+886-2-2909 5300　传　真：+886-2-2297 4446
台北县泰山乡中路二段483巷2号
信箱：grafmac@grafmac.com

详细资料请浏览网页 www.grafmac.com.cn

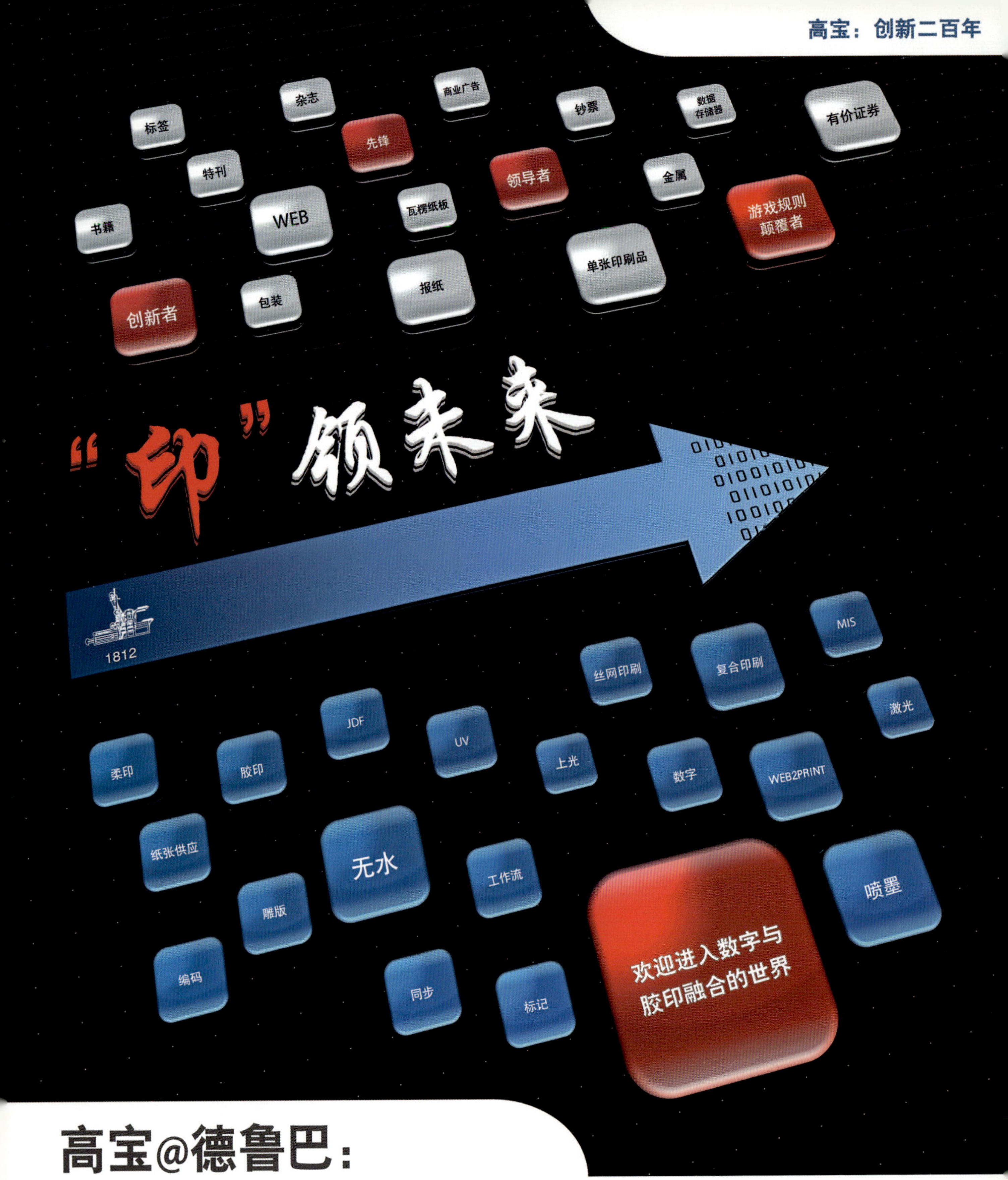
高宝：创新二百年
标签
杂志
商业广告
钞票
数据存储器
有价证券
先锋
特刊
领导者
金属
书籍
WEB
瓦楞纸板
游戏规则颠覆者
单张印刷品
报纸
包装
创新者
"印"领未来
1812
MIS
丝网印刷
复合印刷
激光
JDF
UV
上光
柔印
胶印
数字
WEB2PRINT
纸张供应
无水
工作流
喷墨
雕版
编码
同步
标记
欢迎进入数字与胶印融合的世界

高宝@德鲁巴：当数字遇见胶印

KBA People & Print

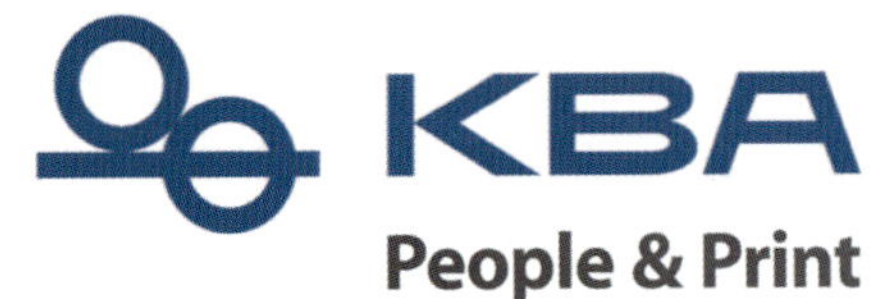

上海 电话：021-63220069 传真：021-52980840

北京 电话：010-84545588 传真：010-64618485

广州 电话：020-38780836 传真：020-38780865

东莞 电话：769-83556335 传真：769-83556339

香港 电话：852-27428368 传真：852-27428440

台湾 电话：886-2-22428158 传真：886-2-22428238

www.kbachina.com

SHINOHARA 1919 | GRONHI

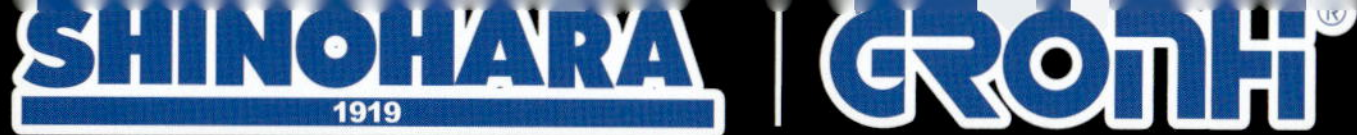

做世界上有影响力的快速印刷集成供应商

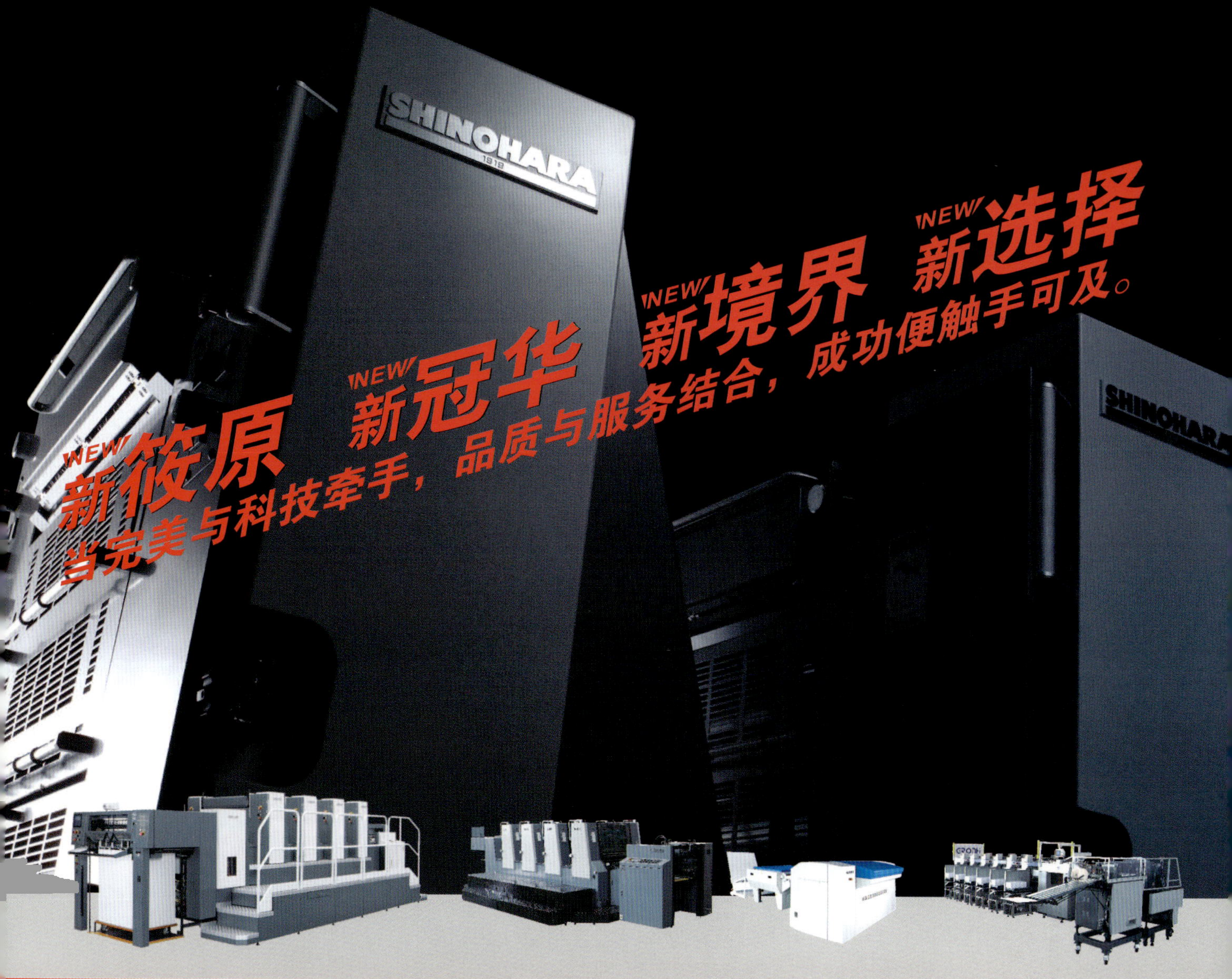
NEW 新筱原
NEW 新冠华
NEW 新境界
NEW 新选择
当完美与科技牵手，品质与服务结合，成功便触手可及。

2011年，辽宁大族冠华完成对日本筱原的产品技术、专利、高端装备和全部库存成功收购，向高端大幅面印刷机领域进军。至此大族冠华旗下拥有"冠华"和“筱原”两大巅峰品牌，其中“冠华”系列产品为中小印刷企业提供印前、印中、印后高度集成一体化的“差异化、低成本、高效率、数字化”的印刷解决方案；“筱原”品牌为大中型印刷企业提供“大幅面、高品质、高效率、数字化”的高端印刷解决方案。

收购日本筱原，对于大族冠华发展具有里程碑意义。产品工艺、技术水平的提升，规格、适用范围的拓展，给提高产业化水平带来全新高端瞩望。百年名企的品质积淀，大族冠华的理念融汇，为广大客户提供高品质高效率高附加值的产品和服务，为中国的印刷事业激扬磅礴锐力。大族冠华扶筱原之力势不可挡、雄风浩荡。

HANS GRONHI

辽宁大族冠华印刷科技股份有限公司

HANS-GRONHI GRAPHIC TECHNOLOGY COMPANY LIMITED

地址 Add：辽宁（营口）沿海产业基地管委会新联大街东1号　邮编 P.C.：115000

电话 TEL：+86-417-2832626 2832634　传真 FAX：+86-417-2832612

http://www.gronhi.com　E-mail:gronhi@gronhi.com

新浪微博 http://weibo.com/gronhi 欢迎成为大族冠华粉丝　4006 552 777

高性能卷筒纸胶印机

应用于报业印刷

GOSS | Universal 75

- 单幅双倍径结构—生产能力翻番
- 塔式结构机组式排列—印刷多页产品最经济有效
- 坚固而又可靠的结构—经久耐用皮实
- 无轴传动控制技术—生产灵活性高
- 冷固型和热固型结合—扩大增值空间
- 高斯OPCS控制技术—开放的控制系统
- 更多印刷解决方案

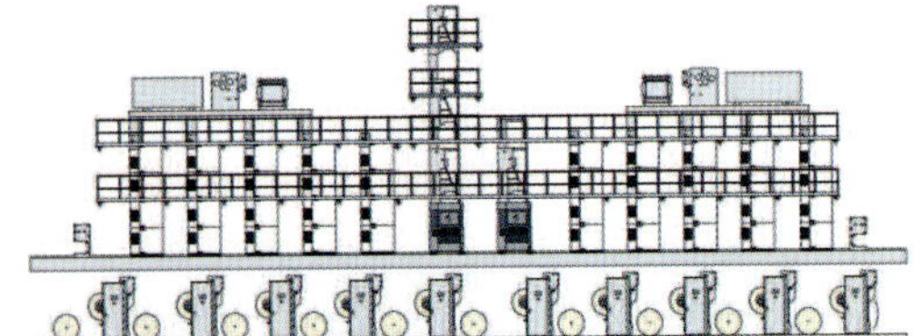

高斯…为需求而创新！

供应全球印刷者使用的卷筒纸轮转胶印机

高斯图文印刷系统(中国)有限公司

地　址：中国上海云岭东路286号

邮　编：200062

总　机：86-21-52804762

传　真：86-21-52808772

销售传真：86-21-52659309

全国服务热线：400-080-6055

网　址：www.goss-china.com

Email: cggs@goss-china.com

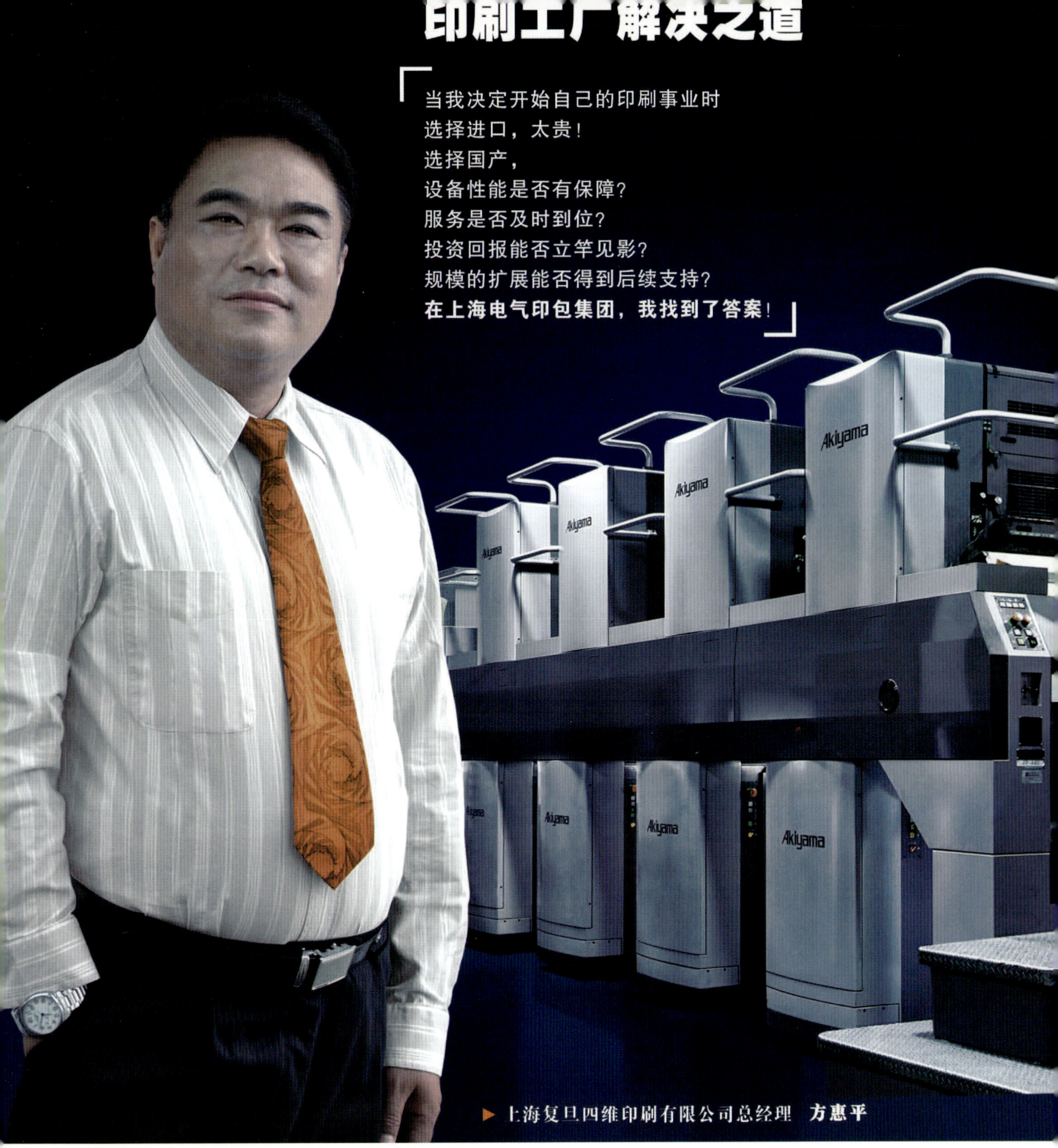

印刷工厂解决之道

当我决定开始自己的印刷事业时
选择进口，太贵！
选择国产，
设备性能是否有保障？
服务是否及时到位？
投资回报能否立竿见影？
规模的扩展能否得到后续支持？
在上海电气印包集团，我找到了答案！

▶ 上海复旦四维印刷有限公司总经理 **方惠平**

上海电气印刷包装机械集团
SHANGHAI ELECTRIC PRINTING & PACKAGING MACHINERY GROUP

百年印机制造史，形成了从印刷设备、特种印刷设备到印后设备、包装机械设备的齐全产品体系
世界领先的技术，卓越的性价比
租赁服务，融资便利
全国首创的“一台设备配送一名机长”增值服务，让您的作业运行快速进入轨道
遍布全国57个大中城市的技术服务中心快速、有效、经济，让您的日常印刷营运畅通无阻

地址：中国上海共和新路1301号A幢5-6楼　电话：021-56722033　传真：021-62474065　网站：www.sppmc.com

GOSS | INTERNATIONAL 高斯  光华 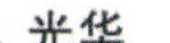 秋山国际  紫光   亚华  申威达

60 多年精密机械加工制造经验

20 余项国家发明专利技术

打造国产大幅面胶印机卓越品牌

ISO9001:2008 质量管理体系认证企业

印刷机械产品质量信得过企业

- ☆ 1620 系列机组式超大全张多色平版印刷机
- ☆ 1420 系列机组式大全张多色平版印刷机
- ☆ 1300 系列机组式全张多色平版印刷机
- ☆ 1180 系列机组式超大对开多色平版印刷机
- ☆ 1030 系列机组式大对开多色平版印刷机

- ☆ 920 系列对开单色、双色、双面平版印刷机
- ☆ 1040 系列大对开单色、双色、双面平版印刷机
- ☆ 1100 超大对开双色平版印刷机

彩箱解决方案：巨色龙 美色龙 系列胶印机+粘箱机

巨色龙 162/142/130 美色龙 118/103 系列大幅面多色平版印刷机

采用西班牙技术 依据欧洲标准生产制造

CHITOO系列糊盒机

广泛适用于高档化妆品、礼品、药包、酒盒等行业。国际先进制造技术，整机采用模块化设计，可纠偏、带预折。可糊制直线盒、勾底盒、四角盒、六角盒、CD盒及信封、异型盒。糊盒质量高、种类多，生产效率高，扩展性强。

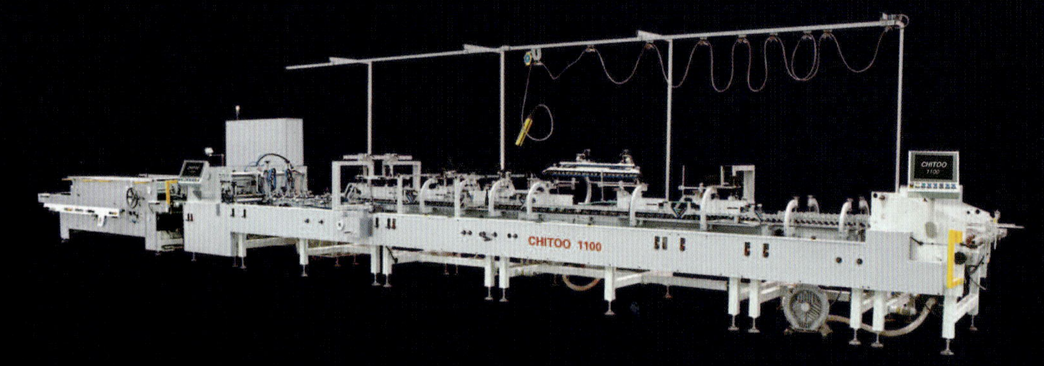

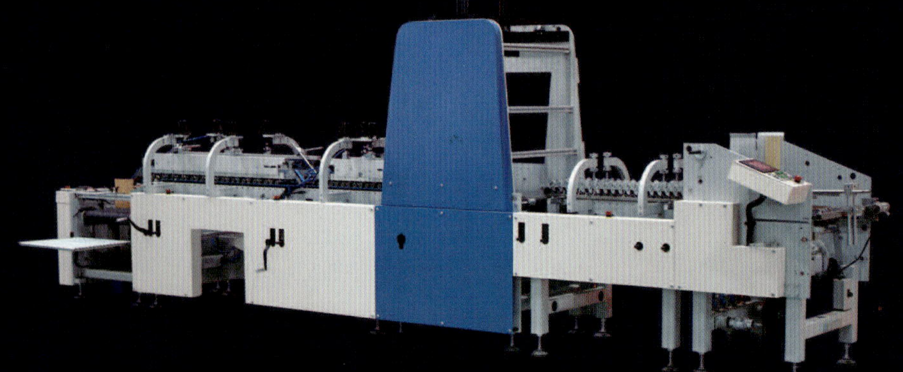

品检机

用于检测印刷品表面质量，广泛适用于烟标、药包、彩盒、标签等行业，可检测镭射、烫金、凹凸、全息、荧光、水银等各种印刷工艺。**有效解决走纸划伤**，有效降低高档印品废品率；侧规纠偏，低废品误报率。

新乡市新机创新机械有限公司

地址：河南省新乡市午阳路509号　E-mail：hnxj999@126.com

电话：0373-5822888　传　真：0373-5822996

http://www.xinjichina.com

彩盒(药盒)全面解决方案：

美色龙103胶印机+喷码机+模切机+品检机+糊盒机

Net Production Nets Profits

聚焦印刷行业发展的未来，着眼于印刷机械与操作人员之间的理想关系

秉承多年来资质培育的理念而更上一层楼

现在，三菱的单张纸印刷机又进化到了新的境界，这就是 DIAMOND V3000

这种机型所追求的是真正的生产效率

彻底缩短了作业转换以及维护保养所造成的停机时间

领先整体生产效率的优势，将会为您的经营带来巨大收益

三菱单张纸胶印机

DIAMOND V3000

MAIN OFFICE

三菱重工业（上海）
上海021-68413030

三菱重工业（上海）北京分公司
北京010-65173030

三菱重工业（香港）
香港852-28873200

AGENT

商菱印达（上海）商贸有限公司
上海021-50317130

商菱印通（北京）商贸有限公司
北京010-67083030

AGENT

华菱（广东）印刷器材公司
深圳0755-89309419

深圳市商菱印通商贸有限公司
深圳0755-25593030

manroland.cn

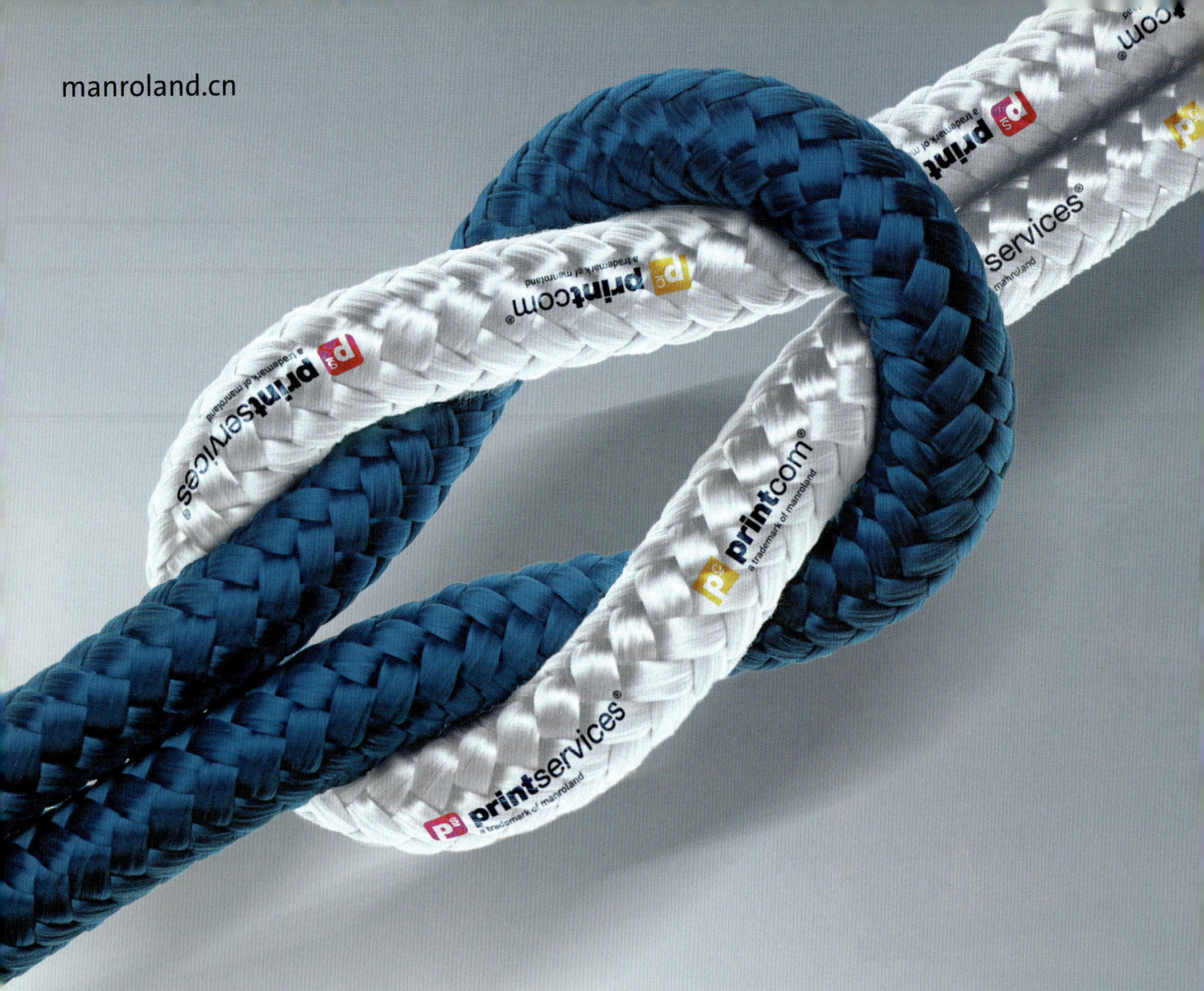

为您的明智选择喝彩！

您选择了我们，集德国机械工业精华于一身的世界一流的印刷机；您为您的印刷车间配备了富有传奇色彩的曼罗兰印刷技术，您的选择是绝对明智的！

正因为您的选择 – 我们随时随地为您提供优质服务，以确保您始终获得极佳的投资回报率。

透过 PRINTVALUE 印刷价值解决方案，来自曼罗兰的技术专家确保您的印刷机始终保持高效生产。同时，得益于我们的专业知识和系统化解决方案，以及优化的原厂零配件和经认证的印刷耗材供应，我们能为您提供一站式的综合服务，全面满足您不同的需求。

此外，曼罗兰在全球拥有 40 多家分支机构。无论您身在何方，我们始终在您身边！

PrintValue 助您获得极佳的投资回报

WE ARE PRINT.®

东航印机

www.donghang.cn

数码印刷机

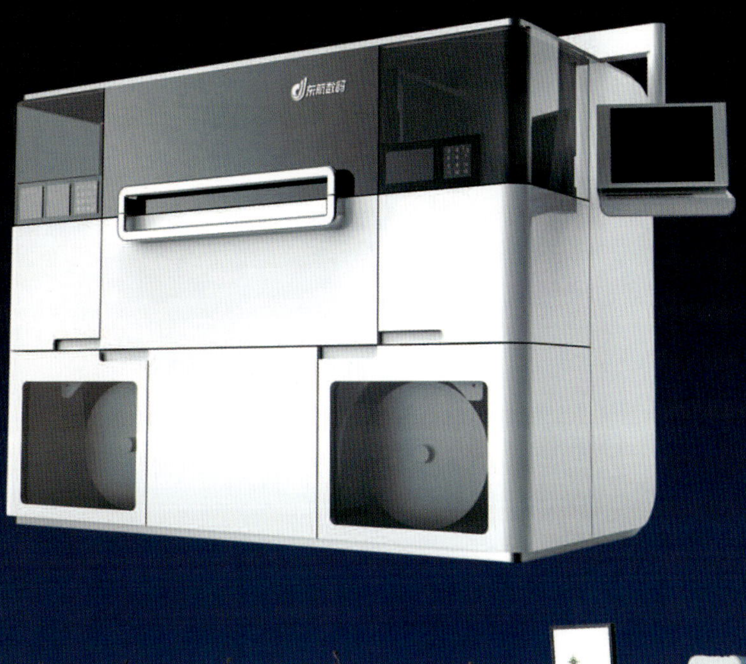

全国售后服务电话 4009-901789

间歇式PS版印刷机

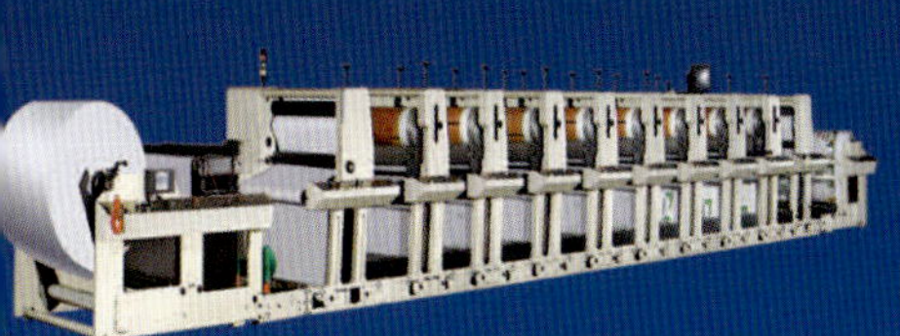

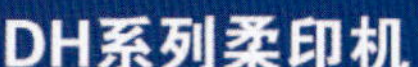

DH系列柔印机

四开四色胶印机

六开四色胶印机

单色胶印机

潍坊东航印刷科技股份有限公司

Donghang Graphic Technology Inc

地址：山东省潍坊市高新开发区金马路2116号

邮编：261061　　电话：0536-8898701　8898705

国际电话：86-536-8898717　　传真：86-536-8898710　8898707

Http：//www.donghang.cn　　E-mail：donghang@donghang.cn

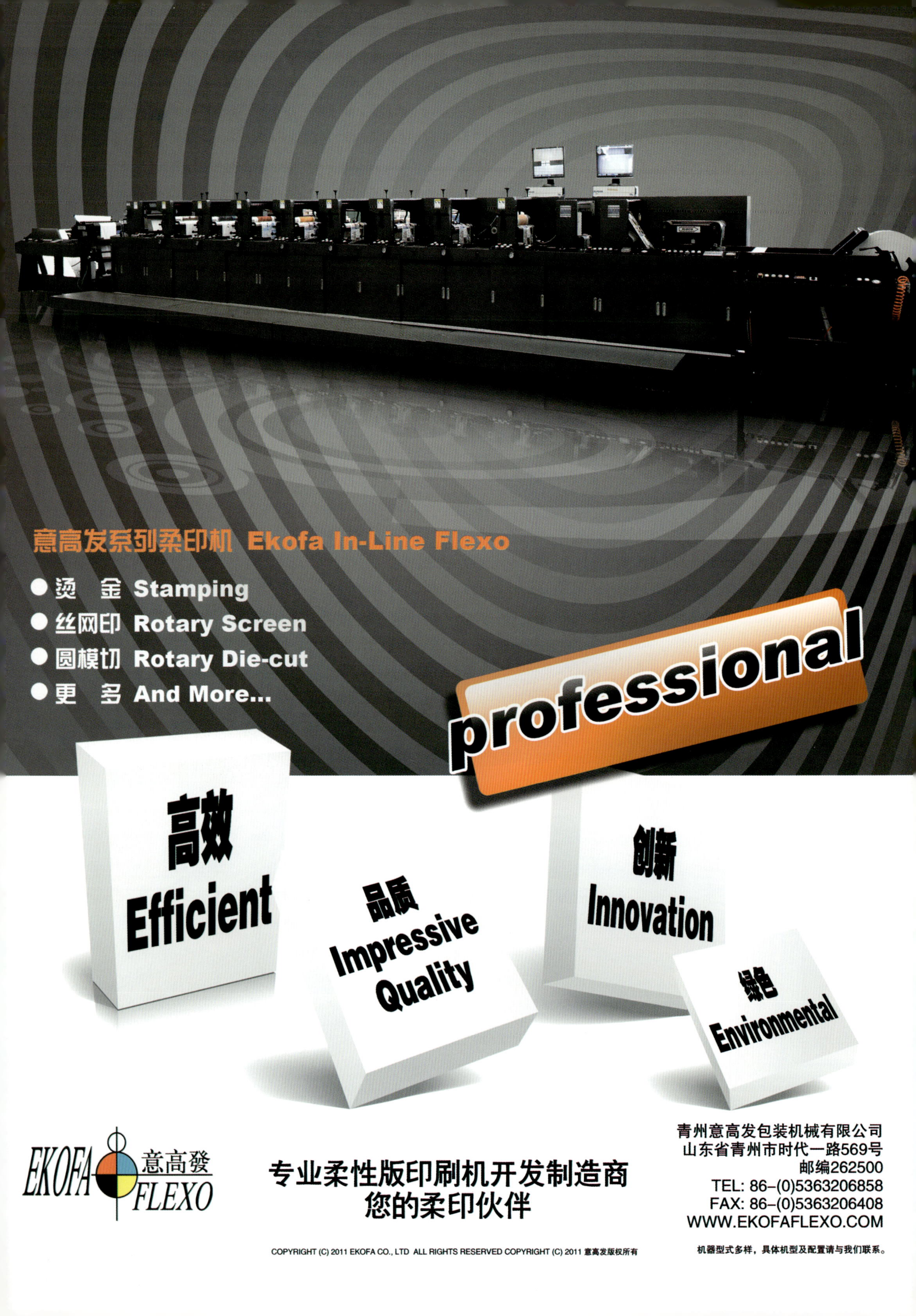

意高发系列柔印机 Ekofa In-Line Flexo

- 烫　金 Stamping
- 丝网印 Rotary Screen
- 圆模切 Rotary Die-cut
- 更　多 And More...

professional

高效 Efficient

品质 Impressive Quality

创新 Innovation

绿色 Environmental

专业柔性版印刷机开发制造商
您的柔印伙伴

青州意高发包装机械有限公司
山东省青州市时代一路569号
邮编262500
TEL: 86-(0)5363206858
FAX: 86-(0)5363206408
WWW.EKOFAFLEXO.COM

COPYRIGHT (C) 2011 EKOFA CO., LTD ALL RIGHTS RESERVED COPYRIGHT (C) 2011 意高发版权所有

机器型式多样，具体机型及配置请与我们联系。

第四届 中华印制大奖

THE 4TH CHINA PRINT AWARDS

中华印制大奖是由中国印刷及设备器材工业协会、香港印刷业商会、台湾区印刷暨机器材料工业同业公会、澳门印刷业商会联合主办。中华印制大奖通过公平、公正、合理的程序，评选出各个分项的最优秀的印刷制品；通过一系列海内外宣传推介活动，让海内外广大印刷制品的买家了解华人印刷企业的创意设计和印制水平；为获奖印刷企业创造商机，帮助他们拓展海内外市场；弘扬中华民族优秀文化传统，振兴中华民族现代印刷工业。

前三届中华印制大奖在广大印刷企业积极参与和有关方面的大力支持下，取得了圆满成功。第三届中华印制大奖共收到来自两岸四地及马来西亚、菲律宾的近千件参赛作品，评选出 1 件全场大奖、24 件金奖、33 件银奖、50 件铜奖、89 件优秀作品，这些作品在第五届中华印刷精品展暨商贸交易会（China Presswork 2011）上集中展出。第三届中华印制大奖颁奖典礼于 2011 年 4 月 8 日与第二届中国（广东）国际印刷技术展览会开幕晚宴同期举行，来自海内外的愈千位嘉宾出席了此次盛会。主办方还编辑出版了《中华印制大奖作品集》。

第四届中华印制大奖将于近日正式启动，参赛作品的征集工作将于 2013 年 1 月结束，我们欢迎海内外的华人印刷企业积极参与本届大奖，也希望各兄弟单位积极推荐优秀作品参评。颁奖典礼将于第八届北京国际印刷技术展览会（China Print 2013）同期举行。

中华印制大奖活动期待您的关注与支持。

主办单位：

中国印刷及设备器材工业协会
Printing and Printing Equipment Industries Association of China

香港印刷业商会
The Hong Kong Printers Association

台湾区印刷暨机器材料工业同业公会
Taiwan Printing & Machinery,Material Industry Association

澳门印刷业商会
MACAO PRINTERS ASSOCIATION

支持单位：

THE SELANGOR AND FEDERAL TERRITORY CHINESE PRINTING PRESSES' ASSOCIATION

详情请咨询：

中华印制大奖组委会
地址：北京市西城区永安路 106 号 2 层 218 室
电话 / 传真：（86）10-83163293
电子邮件：renyina@chinaprint.org.cn

上海出版印刷高等专科学校
SHANGHAI PUBLISHING AND PRINTING COLLEGE

上海版专　全力培养印刷传媒创新人才

新闻出版总署领导参观版专国家数字印刷实验中心

数字出版体验中心（国家级重点实验室）

上海出版印刷高等专科学校（简称上海版专）是新中国第一所出版印刷类专科学校，国内出版印刷高等职业教育的先行者，新闻出版总署与上海市共建的特色院校，国家示范性骨干高职院校，国家级专业教学资源库“印刷与数字印刷技术”项目建设的主持单位，并承担了数字版权保护技术研发工程等一批国家重大科技工程项目。作为国家出版印刷行业技术与管理人才的培养基地，上海版专依托行业，构筑全新的职业教育模式，培养具有创新意识、掌握新技术和新技能的印刷传媒创新人才。

上海版专办学特色鲜明，底蕴深厚。秉持部市共建、工学结合、校企合作的办学方式，培养知识型、发展型高端技能人才。2008年、2010年连续两届夺得全国印刷行业职业技能大赛学生组冠军；在第三届全国印刷行业职业技能大赛暨第42届世界技能大赛选拔赛中也取得骄人成绩；数次荣膺新闻出版总署授予的“技能人才培育突出贡献奖”和“全国印刷行业社会责任突出贡献奖”；学生的高质量就业率逐年提升，就业率保持在98%以上。

上海版专依托上海理工大学的大学体系，建立了专本硕连读的通道，每年专升本率在20%左右，给学生提供深造的途径；同时积极拓展国际化办学大平台，引入国际先进的职业教育资源，培养具有国际视野的高技能人才。

2013年上海版专将迎来60华诞。学校将在国家示范性特色高职院校这一新的起点上，全面提升办学水平和教学质量，为我国文化产业的大发展、大繁荣作出新的贡献。

参加第三届全国印刷行业职业技能大赛暨第42届世界技能大赛选拔赛启动仪式的领导和部分选手

地址：上海市杨浦区水丰路100号　电话：65673587　网址：www.sppc.edu.cn

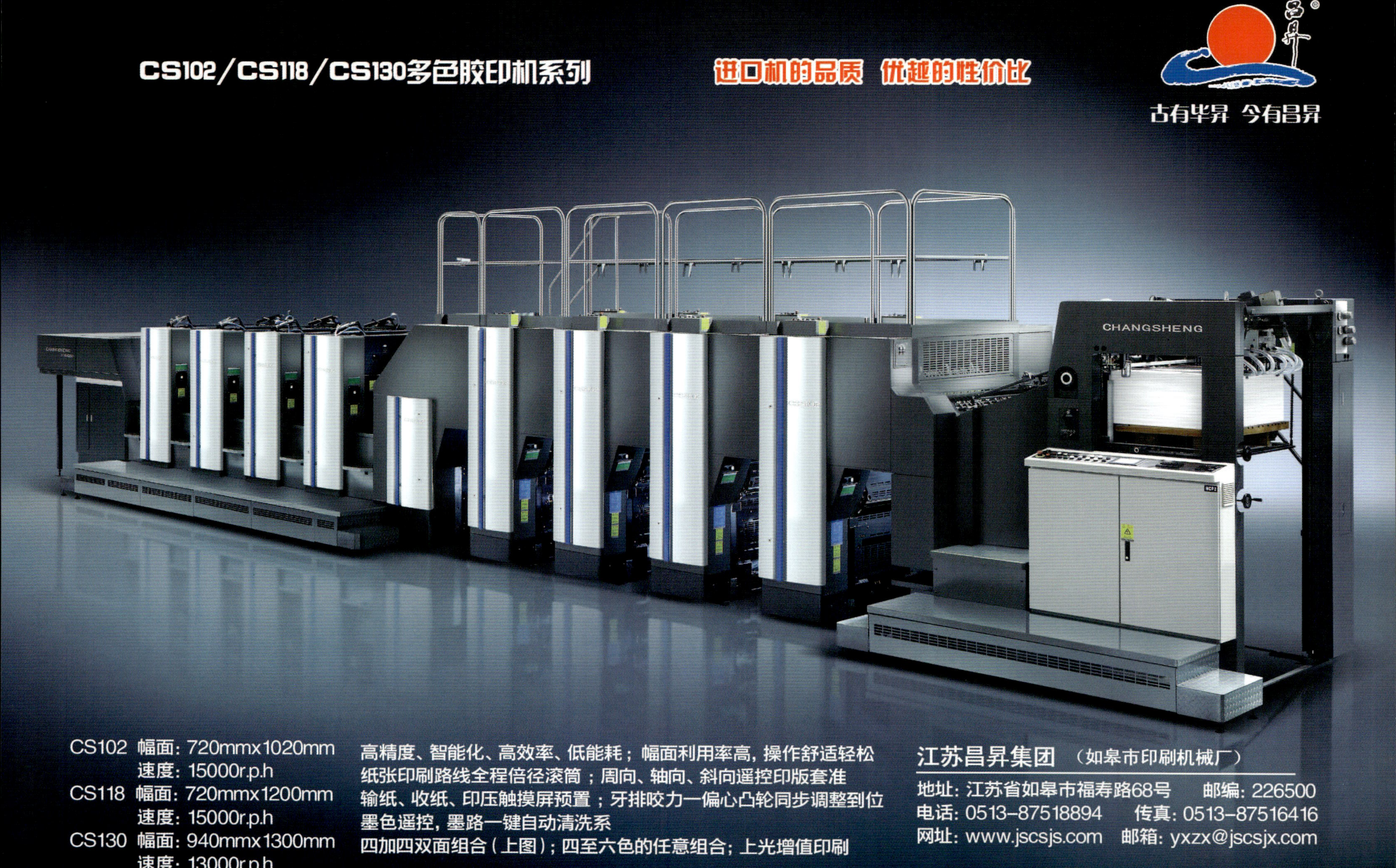

CS102/CS118/CS130多色胶印机系列

进口机的品质 优越的性价比

CS102 幅面：720mmx1020mm
速度：15000r.p.h
CS118 幅面：720mmx1200mm
速度：15000r.p.h
CS130 幅面：940mmx1300mm
速度：13000r.p.h

高精度、智能化、高效率、低能耗；幅面利用率高，操作舒适轻松
纸张印刷路线全程倍径滚筒；周向、轴向、斜向遥控印版套准
输纸、收纸、印压触摸屏预置；牙排咬力一偏心凸轮同步调整到位
墨色遥控，墨路一键自动清洗系
四加四双面组合（上图）；四至六色的任意组合；上光增值印刷

江苏昌昇集团 （如皋市印刷机械厂）
地址：江苏省如皋市福寿路68号 邮编：226500
电话：0513-87518894 传真：0513-87516416
网址：www.jscsjs.com 邮箱：yxzx@jscsjx.com

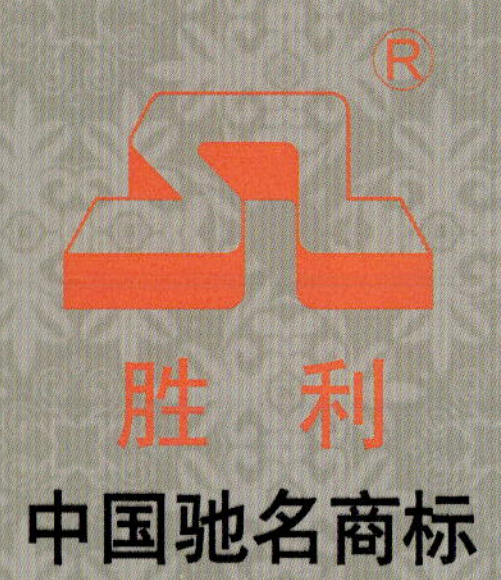

中国驰名商标

印后加工 整套解决方案

西南（重庆）分公司
华南（广州）分公司
东南（杭州）分公司
华东（上海）分公司
华中（武汉）分公司
华北（天津）分公司
东北（沈阳）分公司
西北（西安）分公司
同庆海贺胜利公司成立17周年

SL-1060MT 全自动平压平模切烫金机

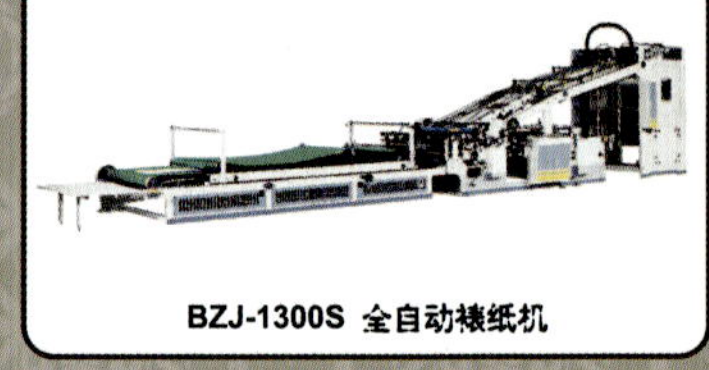
BZJ-1300S 全自动裱纸机

SL-1060CR 全自动平压平热压模切机

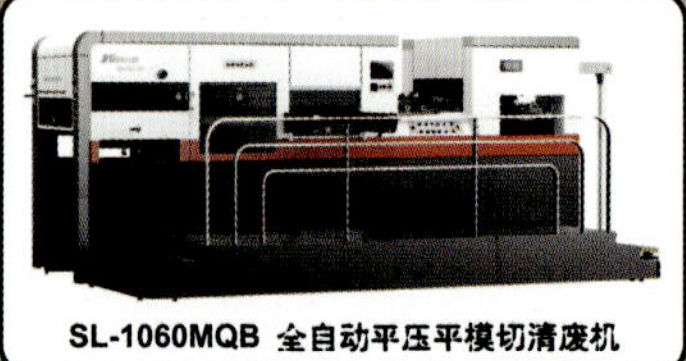
SL-1060MQB 全自动平压平模切清废机

Http://www.slg.com.cn
Email: info@slg.com.cn
客服热线：400 888 9399

河北海贺胜利印刷机械集团有限公司
地址：河北省玉田县玉泰工业区(064100)
电话：0315-6188888 传真：0315-5051991

北京胜利伟业印刷机械有限公司
地址：北京市国家环保产业园区景盛中街13号(101102)
电话：010-60501800 传真：010-60501831

欧洲标准 品质共享

Cambridge(剑桥)-12000全自动胶装联动线

- **更高速**，最高机械速度可达12000本/小时
- **更精确、更安全**，全新三面切设计
- **更稳定、更智能化、更高装订质量**

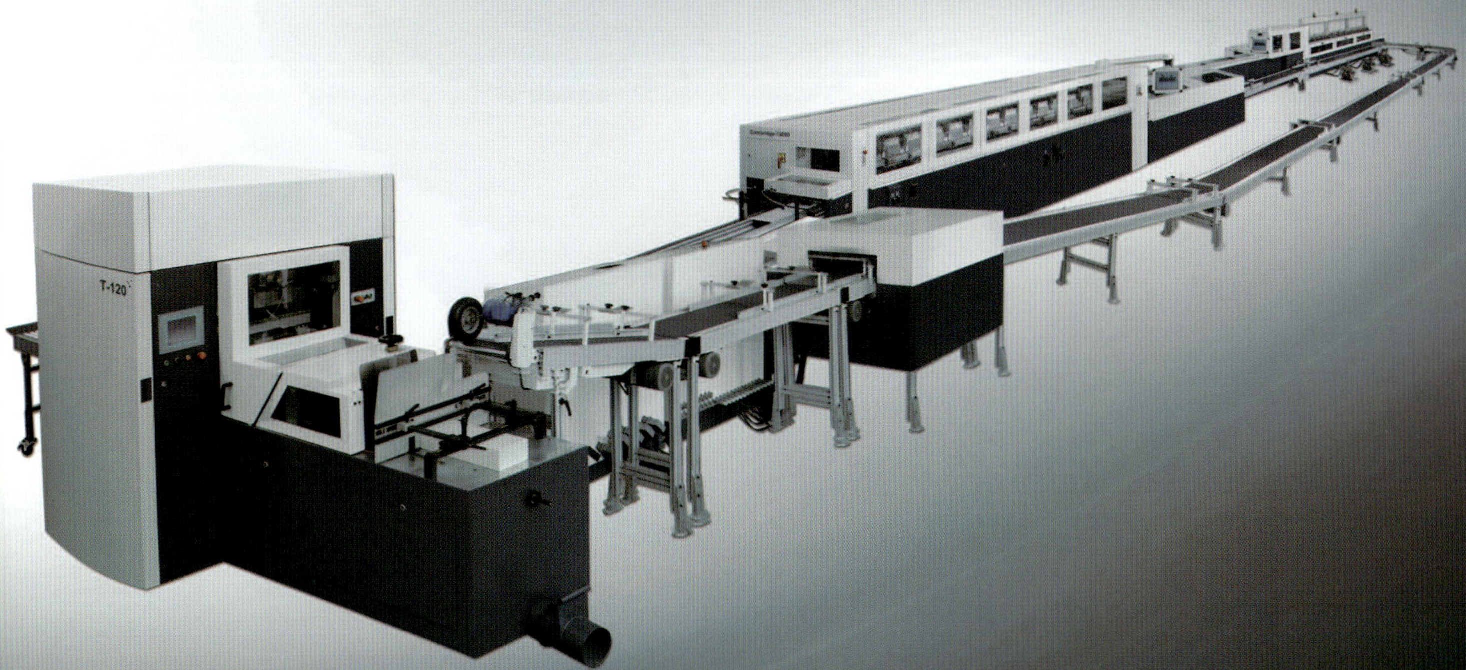

深圳市精密达机械有限公司

总部地址：中国深圳市宝安区松岗街道罗田第三工业区精密达工业园 电话:86-755-83411431 传真:86-755-29866065 邮箱:info@jmd-group.com 网址：www.jmd-group.com

包装 包容 包含

烫金模切设备及纸塑印后整饰方案供应商

www.yoco-sh.com

● 2012德鲁巴展会上海耀科展团

上海耀科印刷机械有限公司

全球合作伙伴: NIKKO iijima Focusight征图 TANABE田边 mms kohmann

地址：上海市闵行区双柏路688号1幢 邮编：201108 总机：+86 21 64341640 直线：+86 2164345883

传真：+86 2164347019 +86 21 64345642 网站：www.yoco-sh.com 邮箱：sales@yoco-sh.com yocoinc@online.sh.cn

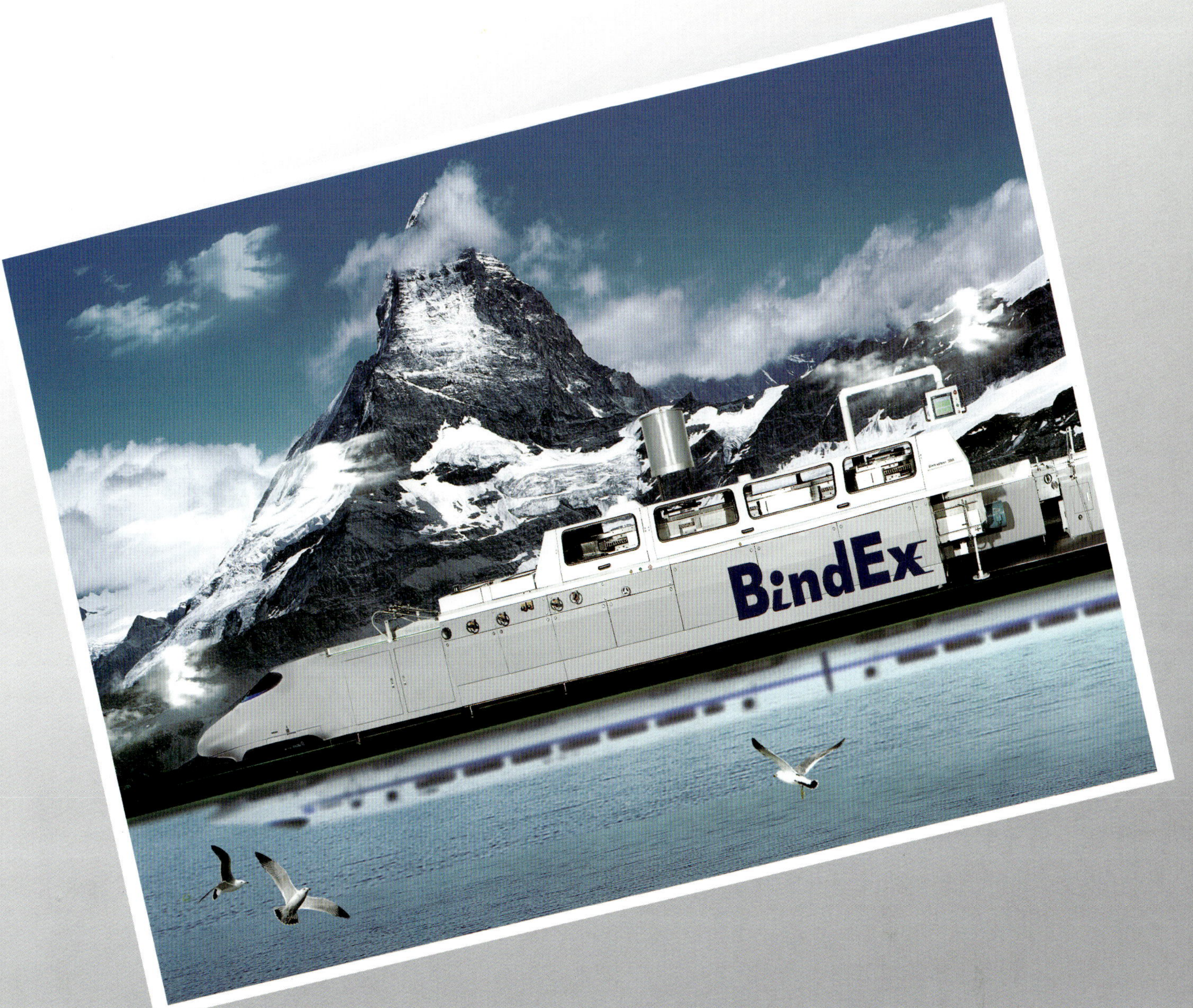

英厚机械 BindEx

印后工艺 装订快车

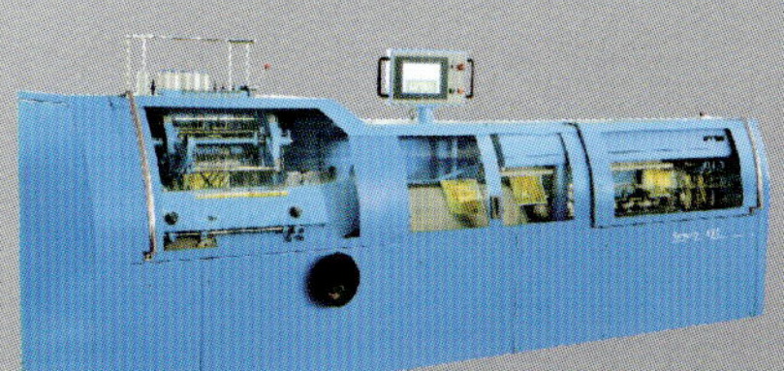

舒乐370全自动锁线机

20年的锁线机制造经验

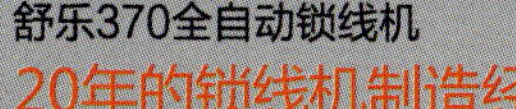

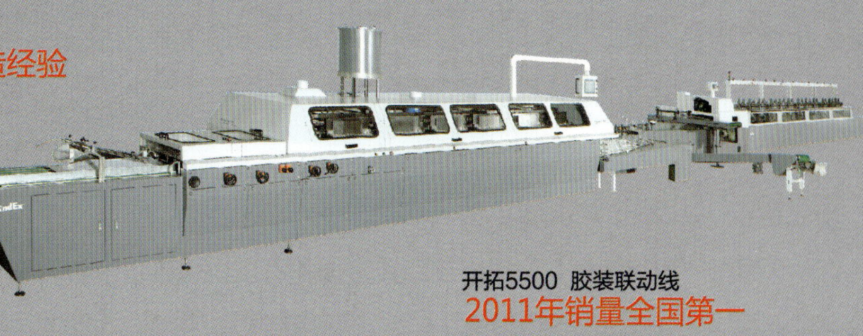

开拓5500 胶装联动线

2011年销量全国第一

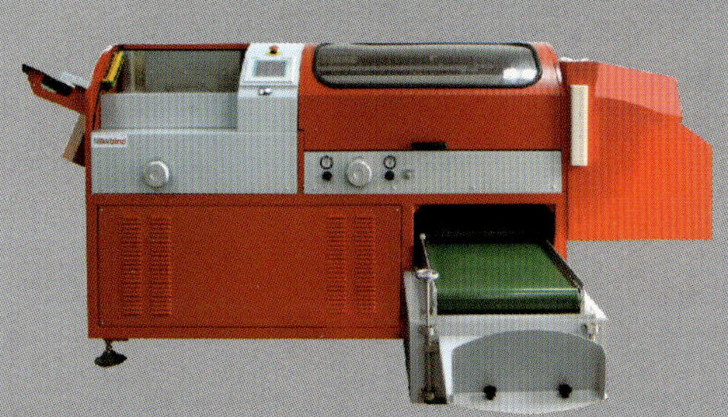

探索PUR胶装机

代替锁线 绿色环保

浙江平湖英厚机械有限公司

ZHEJIANG PINGHU BINDEX MACHINERY CO.,LTD

地址:浙江省平湖市黄姑工业园5区2号 邮编:314203

电话:0573-85860000 85860887 传真:0573-85860889

网址:www.bindex.cn E-mail:info@bindex.cn

GMB GUANGMING

温州光明印刷机械有限公司

Wenzhou Guangming Printing Machinery Co., Ltd.

SFML-520
Semi-auto Laminator
半自动覆膜机

针对做数码

SFML-920A
Semi-auto Laminator
半自动覆膜机

SWAFM-1050
Fully Automatic Laminator
全自动覆膜机

SAFM-800A
Fully Automatic Laminator
全自动覆膜机

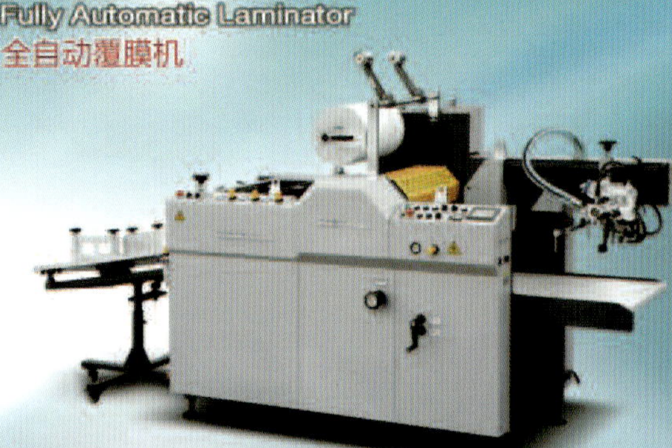

SADF-540
Fully Automatic Laminator
全自动覆膜机

针对做数码

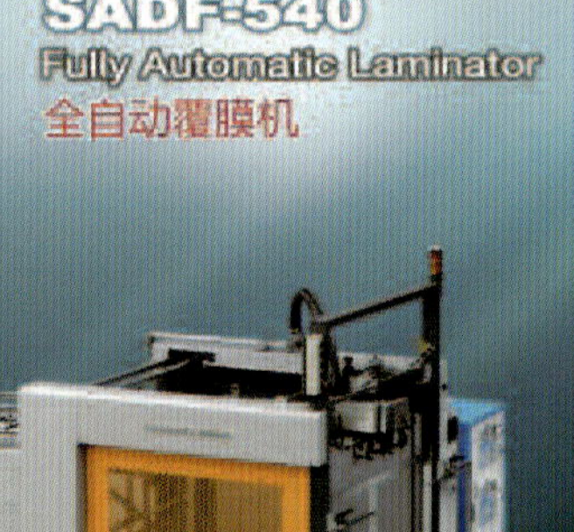

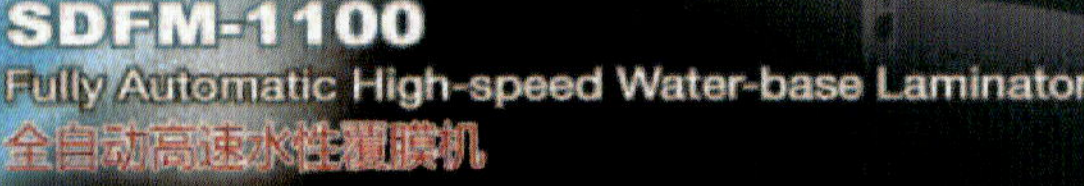

SDFM-1100
Fully Automatic High-speed Water-base Laminator
全自动高速水性覆膜机

中国覆膜机制造的领航者　全面解决复膜解决方案

地址：浙江温州经济技术开发区四明山路105号
电话(Tel)：+86-577-86539333 86539222　外贸部(Exporting Dpt.)：+86-577-86532992
传真(Fax)：+86-577-86537366　P.C：325011　Http://www.china-guangming.com

TOYO INK
Visible Science for Life

中国驰名商标
中国环境标志产品认证
SONY绿色合作伙伴认证企业
美国大豆油协会SOYOIL认证企业
ISO9001质量管理体系认证企业
ISO14001环境管理体系认证企业
GB/T28001职业健康安全管理体系认证企业
中国印刷机械器材“用户满意品牌”

重点推荐绿色环保型系列产品
无芳豆油型胶印高光快干油墨 TK THK系列
无芳豆油型胶印高光不结皮油墨 TK TNSG系列
无芳豆油型胶印轮转油墨 TOW系列
无芳豆油型热固胶印轮转油墨
TT WD系列 TOH系列 THW系列
无芳豆油型书刊胶印轮转油墨 TNW系列
紫外线固化油墨和光油 FD系列
UV固化油墨/模拟压纹光油/涂布UV光油
GC FINE无苯无酮一液型高性能凹版复合油墨

天津東洋油墨有限公司
地址：中国天津市西青经济开发区兴华二支路12号 邮编：300385 电话：022-23974597 传真：022-23979440
www.tjtoyoink.com.cn

中山富洲胶粘制品有限公司
中山富洲纸塑制品有限公司

中国驰名商标
广东省著名商标

创新紧贴市场需求
专心营造富洲团队

产品系列

纸类：特光纸、铜版纸、书写纸、铝箔纸、荧光纸
合成纸、绒纸、热敏纸

膜类：PET印刷膜、PET镀铝膜、PVC印刷膜、胶片、
镭射膜、静电膜、PP膜、PE膜、彩虹膜等

其他：上光膜、哑光膜、布类、双面胶、泡棉、
离型纸、淋膜纸、格拉辛纸

在提供以上系列产品的同时，
可按客户需求提供个性化产品！

产品认证

安全方面：通过美国UL认证

环保方面：RoHS、欧美玩具标准、PAHs、PFOS、卤素、
包装指令、邻苯二甲酸盐、CPSIA、REACH

专业制造不干胶标签印刷系列材料！

公司地址：广东省中山市火炬开发区逸仙路32号
电话：0760-23898888 23898928 23898918
传真：0760-23898801~03 23898805~06
Http://www.fuzhouadhesive.com
E-mail:sales@fuzhouadhesive.com

江苏：江苏省太仓市双凤镇凤桦路1号
电话：0512-53118333 53118332 传真：0512-53118331
上海：上海市真南路1051弄15号楼100室
电话：021-66080623 传真：021-66080613
广州：广州市越秀区天成路116号首层
电话：020-81062308 020-88905222 传真：020-81062623

天津：天津市北辰区风电产业园
电话：022-86908188 传真：022-86908333
香港：香港九龙荃湾沙咀道11-19号达贸中心5字楼6-7
电话：00852-24930919 传真：00852-24379389

HDC
华太企业

印刷数字化

PCC-印刷机控制和色彩管理中心

- 集成看样、墨色遥控、印刷机操作等功能于一身
- 两种分区墨斗结构可选
- 可应用于320-1620mm各种幅面机型
- 配备自动色彩测量系统后，可实现在线墨量自动控制
- 配备高质量标准光源

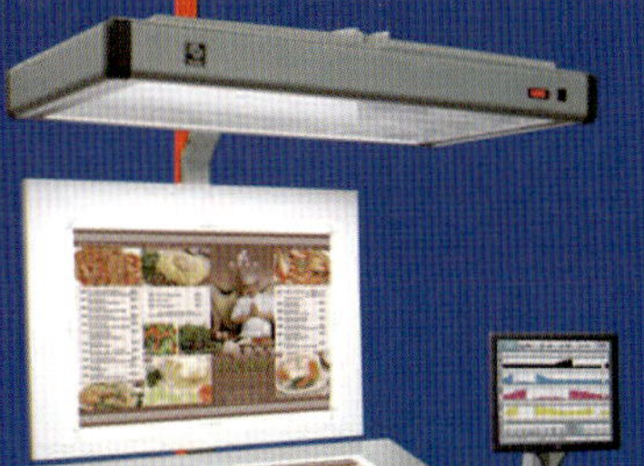

CIP3/CIP4数据接口

- 印刷数字化流程的重要环节
- 读取CTP生成的CIP3/CIP4文件，自动完成墨量预置，提高效率
- 降低对操作人员经验的依赖

覆膜救星

EPS-1 精确定量电子式自动喷粉装置

EPS-2 经济型电子喷粉

电子喷粉系统

- 使用特殊计量机构，精确控制喷粉量，协助印件干燥
- 单张纸间断喷粉，根据纸张幅面和印刷速度自动调整喷粉时间
- 减低喷粉消耗量和对环境造成的污染
- 长寿命运行

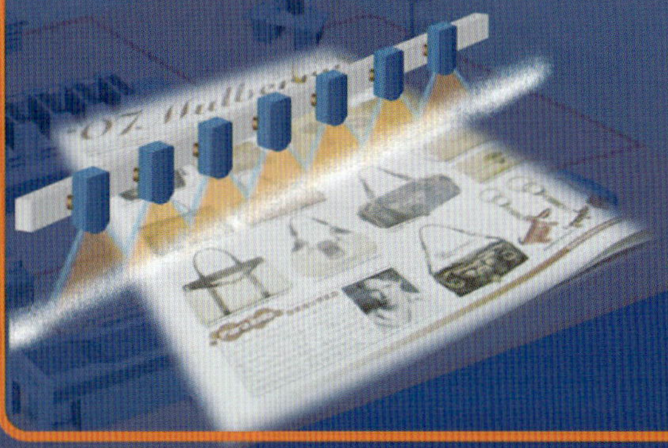

上海华太信息技术有限公司

SHANGHAI HUATAI INFORMATION TECHNOLOGY CO.,LTD

中国上海嘉定马陆博学路388号

388 Boxue Rd, Jiading District, Shanghai , China(factory)

电话/Tel: 86-21-6915 0900

传真/Fax: 86-21-6915 0910

邮编/P.C: 201801

客服热线：400 820 1058

Email: sales@chinahdc.com / 网址: www.chinahdc.com

玉田县诚远印刷包装机械有限公司

Yutian Chengyuan Printing&packing Machinery Corp.,Ltd

客服电话：400-018-0588

质创通途 诚以致远

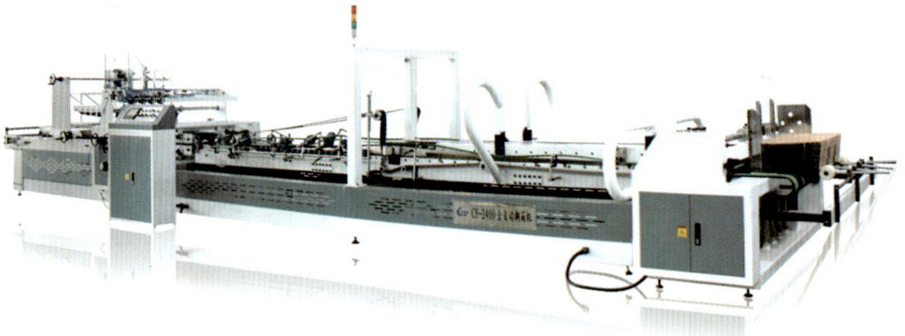

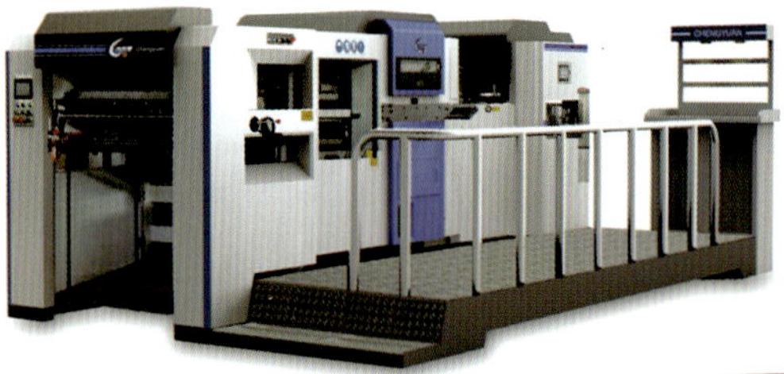

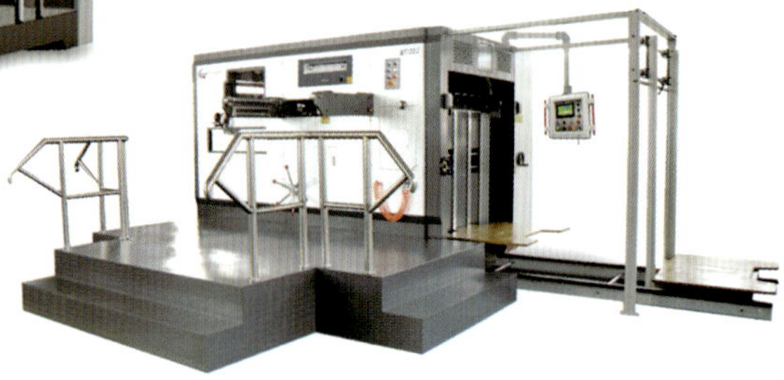

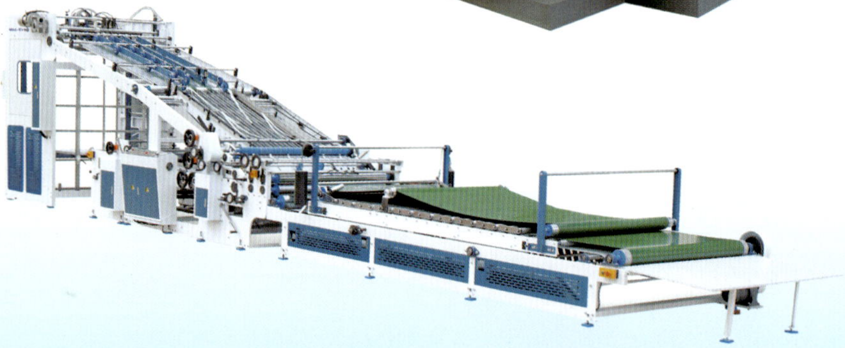

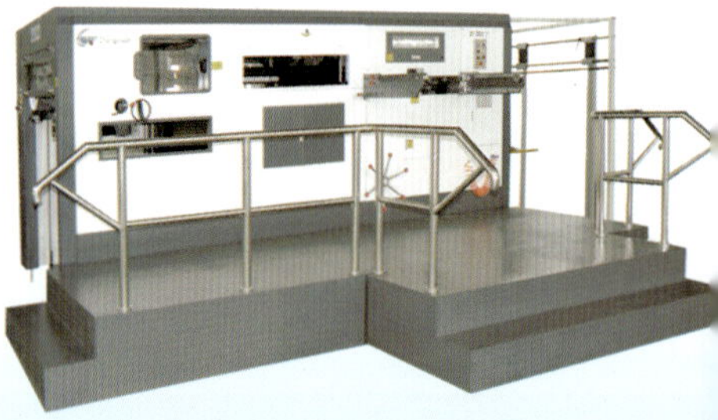

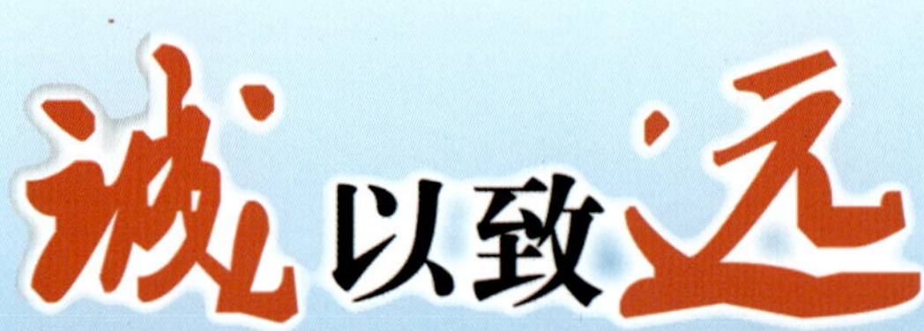

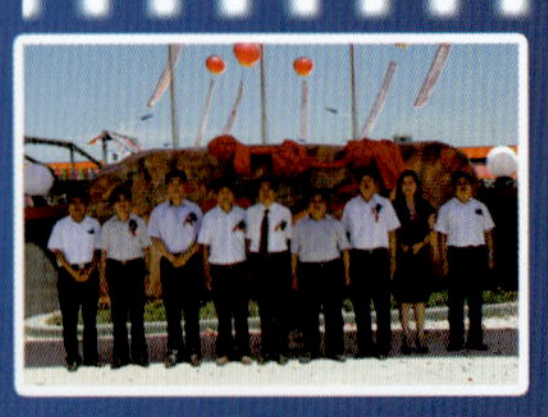

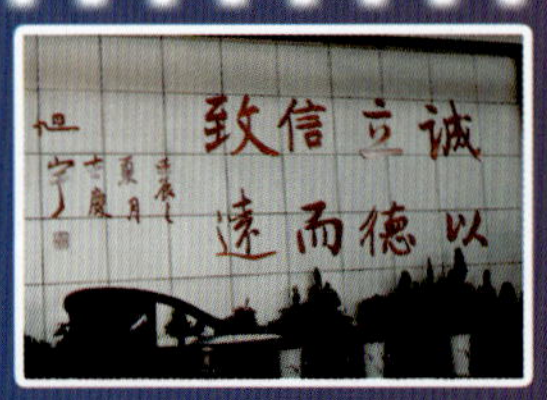

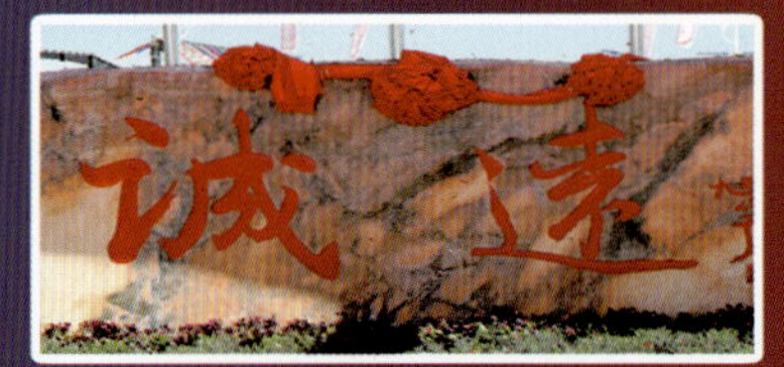

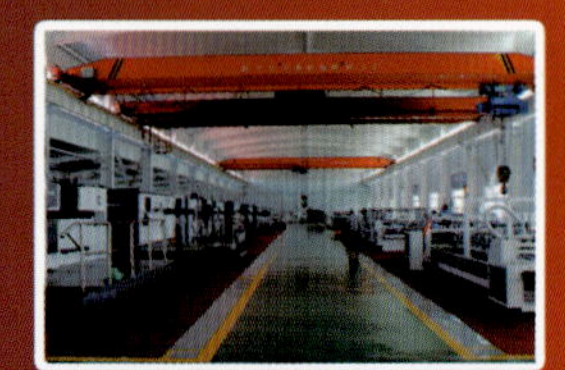

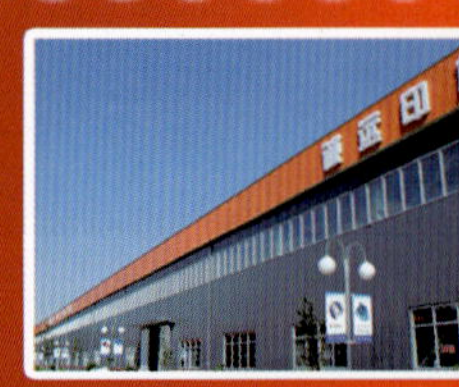

地址：河北省玉田县北外环西端印机工业区

电话：0315-6196777/6117　传真：0315-6156777　手机：13582936777

网址：http//www.ytct.net　邮箱：sales@ytcy.net　邮编：064100

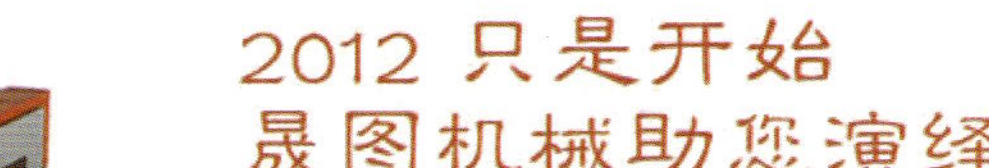

2012 只是开始
晟图机械助您演绎皮壳艺术

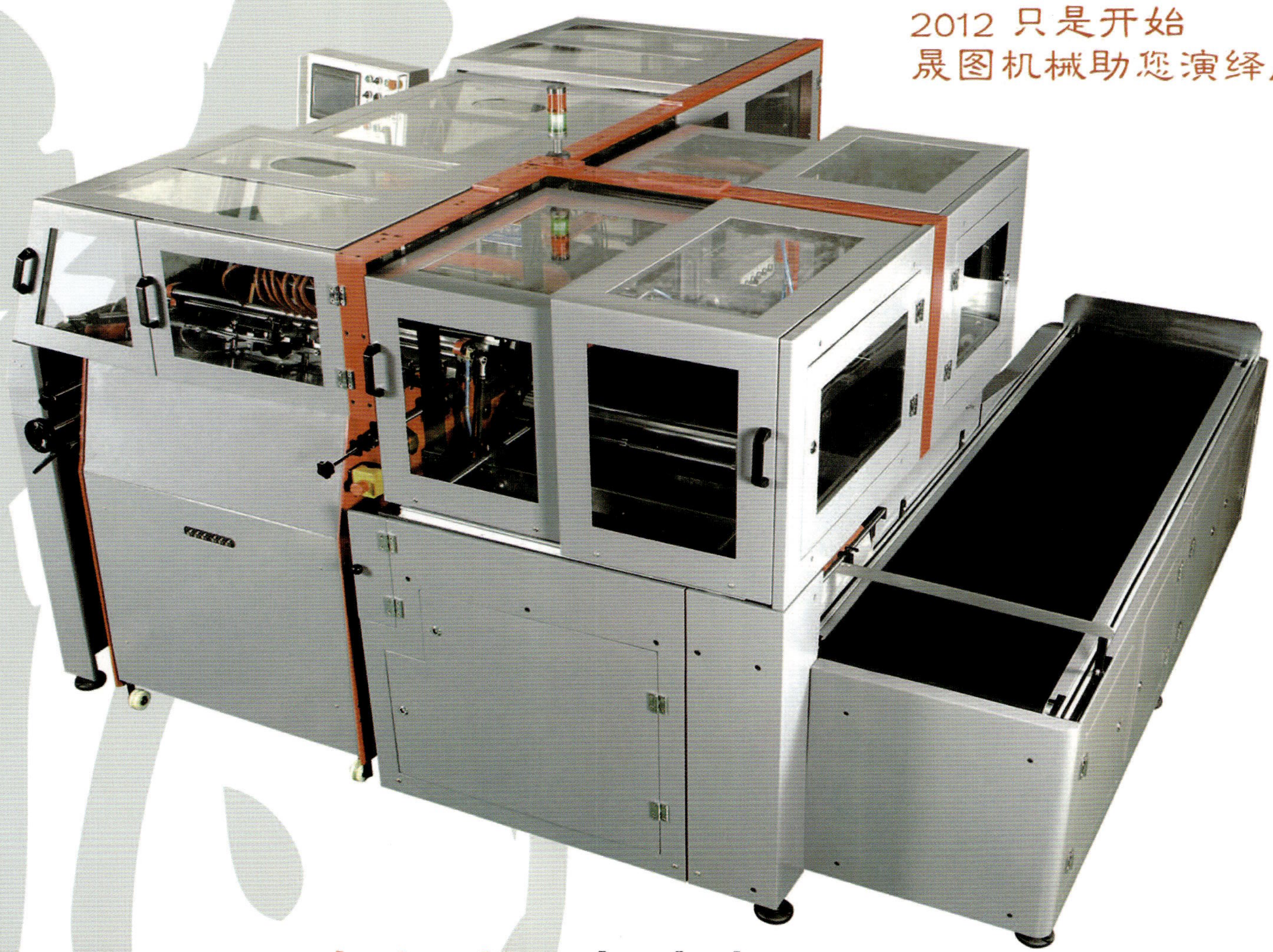

ST 036B 睿智龍 皮壳机

ST036B-R.Z. 龍 Automatic Hardcover Machine

CE
认证号: DGST-0809

东莞市晟图钉装机械设备有限公司

地址：东莞市长安镇厦岗村第二工业区S358省道旁
电话：0769—85416326 85378278 传真：0769—85534248

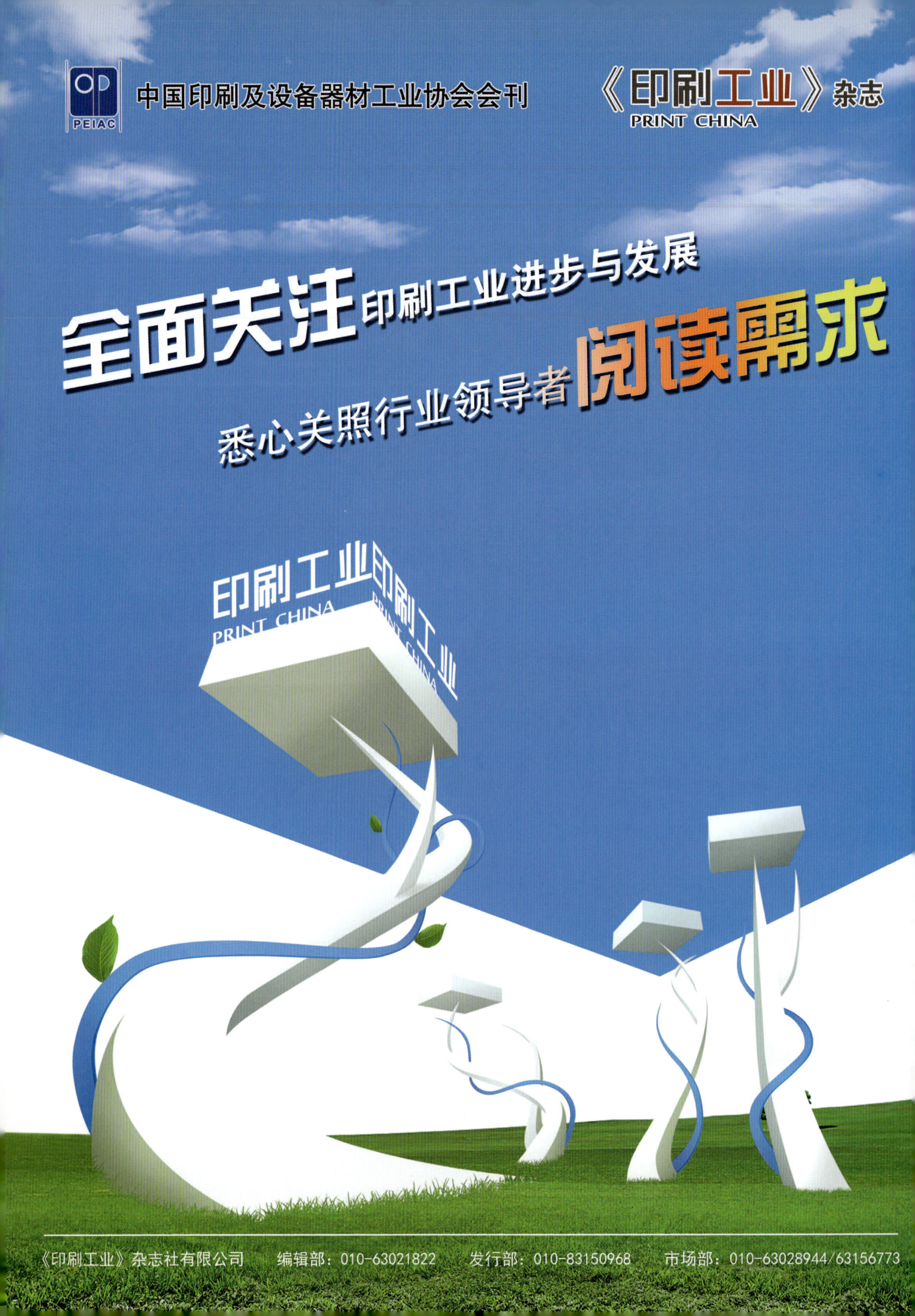

中国印刷及设备器材工业协会会刊

《印刷工业》杂志
PRINT CHINA

全面关注印刷工业进步与发展

悉心关照行业领导者阅读需求

印刷工业
PRINT CHINA

《印刷工业》杂志社有限公司　编辑部：010-63021822　发行部：010-83150968　市场部：010-63028944/63156773

印刷篇

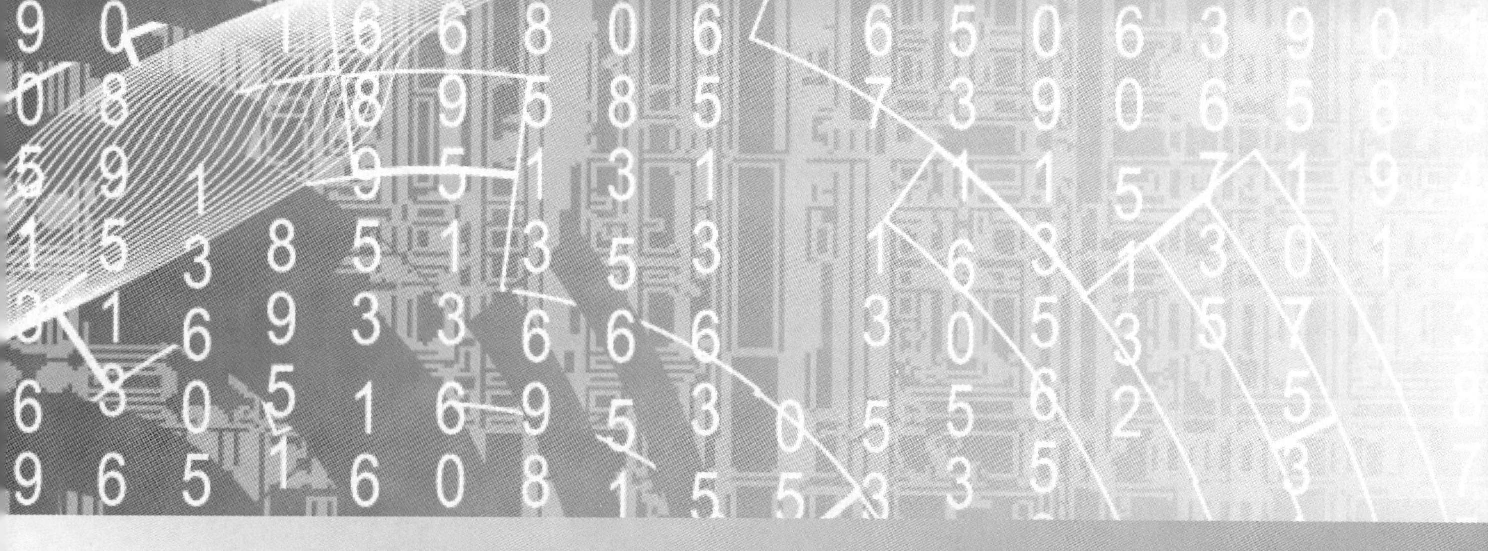

把握发展机遇 加强行业管理

王岩镔

我国印刷业健康快速发展

近来，业界有许多疑问，说世界发达国家的印刷业出现增长乏力的情况，有的国家甚至出现衰退，中国印刷业的高速增长能持续多久？中国印刷业何时走到转折点？一年一度的印刷业年度核验工作已基本结束，我们作了一个简要分析，可以看到以下几个特点。

1.中国印刷业仍在快速发展轨道上

"十一五"期间，我国印刷业年均增长率为19.34%，远高于同期国民经济11.2%的增长率。随着国民经济的增长，我国印刷业保持着更快的发展速度，呈现出较高的增长弹性，它已成为扩大内需、促进国民经济增长的重要产业和我国国民经济的"风向标"。

2011年，我国印刷业继续保持了较高的增长速度，工业总产值达到8600多亿元，同比增长12%以上；资产总额超过1.14万亿元，同比增长25%以上；利润总额为700多亿元，同比增长8%以上；对外加工贸易额为680亿元，同比增长2.9%；印刷企业数量为10.25万家，比上一年减少了1.8%；从业人员为356万人，比上一年减少了2.7%。这些数据反映了我国印刷业发展的良好态势，表明我国印刷业总体上仍处在健康快速发展的轨道上。

2.规模以上印刷企业产值大幅提升

2011年，全国规模以上印刷企业，即印刷产值5000万元以上的企业有2439家，比2010年增加了292家，增长了13.6%，企业数量占全国的2.4%；工业总产值为4396.89亿元，比2010年增加了805亿元，增长了22.4%，总产值占全国的50.7%。规模以上印刷企业数量的增长，企业生产总值的增加，占全国行业总产值比例的提升，充分表明规模以上企业已成为我国印刷业发展的主力军，我国印刷业的集约化程度已大幅提升。

3.加工贸易呈现新特点

2011年，我国印刷对外加工贸易额为680亿元，比2010年增长了2.9%。这个数字由于受国际需求、汇率及成本上升等因素的影响，增长相对缓慢，特别是珠三角地区外向型经济特点明显，受到的冲击较大，2011年对外加工贸易额减少了近17%。但同时，上海、江苏、福建等省（市）的对外加工贸易额却增长迅速，带动了全国对外加工贸易总额的上涨。其中，上海市2011年对外加工贸易额为69.61亿元，比2010年增长了50.5%；江苏省2011年对外加工贸易额为80.70亿元，比2010年增长了46.2%。

这些数据表明，我国印刷业对外加工贸易开始由集中于珠三角，逐步向珠三角、长三角及其他沿海地区共同发展转变。

在人民币汇率上升、劳动力成本上升、原材料成本上升的背景下，对外加工贸易额仍能保持大幅上升，这突显了上海、江苏等地在世界印刷业中的竞争优势和发展潜力。这些优势还缘于这些地区，包括北京、上海、江苏、广东等地，积极推广实施绿色印刷，加快推动产业结构调整和转型升级。

4.绿色印刷战略实施已取得成效

按照环境保护部、新闻出版总署《关于实施绿色印刷战略合作协议》和《关于实施绿色印刷的公告》的部署，新闻出版总署认真落实有关职责，在环境保护部的具体指导下，推动行业协会积极开展绿色印刷宣传，推动标准编制单位尽快出台完善绿色印刷标准，推动认证机构加快组织绿色印刷认证，使我国绿色印刷实施工作稳步推进。今年4月，新闻出版总署、教育部、环境保护部还联合印发了《关于中小学教科书实施绿色印刷的通知》，我国绿色印刷进入了具体实施环节，再过1～2年，将实现中小学教科书绿色印刷的全覆盖。此外，截至2012年5月底，全国获得环境标志产品认证的企业已达118家，商业票据绿色印刷标准也将在今年颁布。

目前，绿色印刷理念已经深入到我国印刷业中，各地在推动绿色印刷实施中也做了大量的工作。北京市新闻出版局今年投入200多万元专项经费，为企业提供免费的绿色印刷认证技术服务，还组织开展了“北京市绿色印刷婴幼儿读物试点项目”，通过选择最受社会关注的婴幼儿绿色健康读物为示范，引导阅读消费向绿色印刷产品聚焦。

5.数字印刷加快发展

数字印刷是我国印刷业“十二五”发展规划中的重点方向，是我国未来印刷业发展的主角，是最具发展潜力的一个领域。据不完全统计，2011年，全国共有专营数字印刷企业144家，同比增长27%，全国生产型数字印刷机装机数量为2100多台，专营企业的工业总产值为11.51亿元，同比增长了58%。传统印刷企业兼营数字印刷的企业全国共有663家，工业总产值为29.57亿元。两者相加，全国数字印刷企业共有807家，数字印刷总产值达到41.08亿元，占印刷业总产值的0.47%。

这组数据说明两点，一是当前推动数字印刷发展的主力军还是以传统印刷企业为主，二是相对于印刷业总产值，数字印刷所占比重仍较小，也就是说，数字印刷的发展还有非常大的空间。

目前，数字印刷是我国印刷业缩小与发达国家差距的最大有可为的领域，这需要数字印刷设备供应商、软件开发商、印刷企业以及用户的通力合作。值得一提的是，美国柯达、瑞士汉格拉（Hunkeler）和深圳精密达“组团”解决江苏凤凰集团数字出版印刷“联线”的成功经验，为减少库存、提高出版物质量、满足个性化需求提供了很好的解决方案。

减少库存、建立快捷便利的物流体系是新闻出版总署更是印刷发行管理司着重研究解决的最急迫的问题。希望印刷界同仁能够针对我们发展中急迫解决的问题，加强合作、扬长避短，推动实施一些切实可行的方案和项目，如上海对无线射频技术的研发，在印刷、仓储方面的应用就十分具有现实意义。

6.印刷业面临的主要问题

近年来，我国印刷业虽然取得了长足的发展，但仍然存在不少问题，主要表现在：一是产业集约化程度仍然不高，小、散、滥的问题仍然存在。二是技术创新的主动性不强，自主创新能力不足，特别是对新工艺、新技术的要求，缺乏积极性、没有主动性。企业劳动生产率水平相对较低，管理水平不高。三是对行业转型发展的认识不足，特别是对绿色印刷的认识缺少自觉，一些企业工作重心不在推进实施绿色印刷标准上下工夫，而是考虑如何快速获取认证，试图走捷径。四是行业总体素质仍不高，人才结构不合理，职业经理人队伍尚不成熟等。

面临的严峻挑战和历史机遇

2011年的中央经济工作会议对当前的国内外形势进行了全面客观的分析，半年来，国内外经济形势更加复杂严峻，不稳定、不确定因素增多，世界经济下行压力明显加大，外需萎缩，给我国印刷业发展带来挑战。

1.世界经济增长放缓，影响因素增多

今年以来，世界经济增长放缓，美国、欧元区和日本经济增长率降低，国际需求总量减少，特别是欧债危机的持续使得我国的出口遭遇严峻的挑战，国际贸易增速回落。据海关总署统计，今年1～5月，我国出口总额为7744亿美元，同比增长仅为8.7%，今年2月还出现了贸易逆差。从1978年至2010年，我国出口总额年均增长率为17.2%，许多年份的增长率都在20%以上。通过数据的对比，可以看出我国出口当前面临的巨大压力。由于加工贸易占我国出口总额的近一半，而外需持续不振的局面短期又难以改变，因此，出口的下降对中国印刷业的影响还是存在的。

近年来，随着劳动力成本的不断上升，招工难、留工难问题日益明显，结构性用工短缺现象突出，这在印刷业更加明显。自2005年汇改以来，人民币汇率不断上升，人民币对美元累计升值超过30%.同时，部分发展中国家和新兴经济体货币对美元竞相贬值，加上印刷工价又多少年保持不变，印刷企业面临着巨大的压力。据北京一家大型出版物印刷企业的老总反映，今年一季度他们基本没有赢利。总而言之，我国的印刷企业面临着很大的挑战。

2.我国印刷业比较优势仍然存在

从国内看，我国正处在加速工业化、城镇化和农业现代化的发展阶段，国内投资和消费的需求将逐步释放，人民生活水平也会不断提高，这将释放出巨大的内需潜力。因此，会派生出新的市场和新的订单方向，如印刷与艺术、印刷与新型教育、印刷与电子商务等相结合的产品，上海瑞时彩印公司甚

至还印制了纸质货架，这些都给我们许多新的启示。印刷业作为为各产业服务的“穿衣戴帽”的一个行业，可以预计，需求总量会在一个时期相对稳定。

从国际看，我国制造业，包括印刷业在内，综合比较优势总体没有改变。首先，我国当前最大的比较优势就是拥有大量勤奋的、掌握一定技能的技术工人，拥有大量有一定学历和专业技能的工程师，而且人力成本仍然相对较低。其次，就是中国已拥有完备的产业链和产业基地，能够迅速提供产业链上下游所需要的原材料和产品。再次，就是我们的产品与发达国家和发展中国家的产品存在互补。这些比较优势使中国仍然是“世界工厂”。

3.文化产业大发展大繁荣为印刷业提供了发展的历史机遇

近年来，我国印刷业总产值约占全国新闻出版业总产出的60%，约占我国文化产业总产出的20%，印刷业已经成为我国文化产业发展的主力军。面对当前国际印刷业整合和技术升级的新趋势，我国印刷业也在孕育着新一轮转型升级的新机遇。“十二五”期间，我国不少地区已经明确将印刷业作为未来文化产业新的经济增长点之一。

党的十七届六中全会确定了文化建设是中国特色社会主义事业总体布局的重要组成部分，文化大发展大繁荣是全面建设小康社会的重要目标和重要保证。随着文化产业逐步成为我国国民经济的支柱性产业，我国印刷业也将迎来新的一轮成长期。

加强管理，促进行业发展

印刷业在努力实现从“印刷大国”向“印刷强国”转变的历史进程中，应首先将国家安全，将全心全意为人民群众，特别是为广大青少年服好务放在第一位。今年下半年，我们的工作将主要从以下几方面着手。

1.加强行业监督管理，营造良好市场秩序

为全面贯彻落实党的十七大和十七届六中全会精神，为党的十八大胜利召开营造良好氛围，新闻出版总署印刷发行管理司深入推动印刷复制发行监管专项行动，和各地印刷复制发行管理部门一起，对印刷企业展开了全面检查，查处了一批违法违规行为，整改了一批违规企业，收到了一定的成效。

2.继续推动绿色印刷，促进产业结构调整

推动绿色印刷实施，目的有两个：第一，促进印刷业发展方式的转变，全面推动我国印刷业的结构调整与转型升级，用更健康、更环保的印刷产品服务广大人民群众。第二，推动企业更好地执行绿色印刷标准，加快技术改造升级，推广新工艺、新技术和新材料，提高印刷产品质量，增加新的业务增长点，减少工作环境污染给印刷业员工身体带来的危害，进一步促进资源节约型和环境友好型社会建设。

开展绿色印刷环境标志产品认证，是印刷业实施绿色印刷的重要途径之一。认证是企业在自愿的原则下，提出申请。最近，环境保护部科技标准司有关领导明确强调，行业协会和相关单位要为企业做好技术服务，严格按国家的相关规定开展规范、优质的认证，切实帮助企业提高绿色印刷观念和生产水平。

下一步，我们将规范工作体系，配合环境保护部制定好商业票据绿色印刷标准，与教育部、环境保护部一起实施好中小学教科书的绿色印刷，开展绿色印刷培训，我们已委托中国印刷科学技术研究所在11月5—9日继续开展今年的绿色印刷宣传周，组织“绿色印刷在中国”有奖知识竞赛，对绿色印刷进行广泛宣传。

3.评定印刷示范企业，加快培育优势企业

2011年12月6日，新闻出版总署印发了《国家印刷复制示范企业管理办法》，鼓励具有先进印制水平、经济规模和效益突出、有能力参与国际竞争的规模以上重点印刷企业挂牌成为国家印刷示范企业，通过对具有示范作用的骨干印刷复制企业或者企业集团的认定、挂牌、扶持和宣传，进一步优化产业结构、培育优势企业，加快自主创新和技术进步，鼓励节能减排，倡导绿色印刷，引导整个产业实现转型和升级。

成为国家印刷示范企业，能得到产业发展专项资金、产业政策、财税政策和管理措施等方面的扶持。其中，最重要的一条是，认定成为国家印刷复制示范企业的中外合资、中外合作出版物印刷企业、其他印刷品印刷企业，外方可以控股或者占主导地位，外方比例或者权益最高可达70%，这是鼓励印刷企业做大做强，进一步扩大行业开放程度的重要尝试。截至6月底，全国已有9个省（市）的65家印刷企业申请国家印刷示范企业。到“十二五”期末，希望在全国范围内建立100家左右的国家印刷示范企业。

4.推动实施重大项目，促进技术管理创新

“绿色印刷和数字化印刷工程”作为新闻出版业“十二五”时期的重大项目，是实现印刷技术、工艺、管理创新和产业化的重要途径。我们将积极配合国家发改委、新闻出版总署出版产业发展司、财务司等有关部门，积极参与重大项目的组织、评审和资助，重点支持在行业中具有带动作用、自主研发新技术、具备产业化条件的项目。通过工程的实施，充分发挥绿色印刷和数字技术对整个印刷产业实施创新驱动、内生增长的引导作用，带动产业转型和升级，实现集约经营和可持续发展。

（本文系新闻出版总署印刷发行管理司司长王岩镔2012年7月11日在上海国际印刷周主论坛上的讲话，刊发时有删节）

2011年书刊印刷企业面临的机遇和挑战

中国印刷及设备器材工业协会
书刊印刷专业委员会

2011年是"十二五"开局之年，书刊印刷企业在市场的推动下和政策的扶持下，努力改变经营思路，探索新的经营模式，在变化中求稳定，以改革促发展，技术迅速得到提高，设备越来越先进，出版周期越来越短。

过去一年，书刊印刷企业围绕新闻出版总署协调申报的印刷产业两大工程"数字印刷与印刷数字化"和"印刷环保体系建设及绿色印刷新技术开发"快马加鞭地工作，首批获得绿色印刷认证的60家企业中有33家是书刊印刷企业。

一、从数据看书刊印刷企业现状

1.新闻出版总署数据

根据新闻出版总署统计，2010年我国有印刷企业10.44万家，从业人员366.37万人，工业总产值7706.5亿元。其中，出版物印刷1301.7亿元，包装装潢印刷5238.9亿元，其他印刷品印刷835.29亿元人民币，来料加工出口印刷661.65亿元，利润总额683.1亿元。2010年印刷总产值比2009年增加了1338.77亿元，增长率为21.02%，在刚刚过去的"十一五"期间，印刷总产值平均年增长率为19.34%。

2.中国印刷及设备器材工业协会数据

根据中国印刷及设备器材工业协会提供的2010年我国印刷行业的有关数据，全国印刷工业总产值为5760亿元，书刊印刷只占17.53%（见表1）。2005年～2010年书刊印刷年产值逐年增长（见表2）。

以上数据显示书刊印刷稳步发展。

表1 2010年印刷工业产值分布情况

	产值（亿元）	占总量（%）
印前	280	4.86
书刊印刷	1010	17.53
报业印刷	600	10.42
包装装潢印刷	2000	34.72
本册印刷	180	3.13
商业印刷	210	3.65
外贸印刷	565	9.81
标签印刷	160	2.78
丝网印刷	125	2.17
大型广告	65	1.13
其他印刷	565	9.81
合计	5760	100

表2 2005～2010年书刊印刷产值

年份	产值（亿元）	同比增长（%）	书刊产值占印刷工业总产值比例（%）
2005	750	6.10	24.19
2006	810	8.00	21.32
2007	850	4.94	19.32
2008	890	4.71	18.74
2009	955	7.30	18.54
2010	1010	5.76	17.53

2008年受世界经济危机影响，增速较2007年缓慢，2009年增长率高于2008年近三个百分点，2010年增长率低于2009年两个百分点，但书刊产值占总印刷产值比例却逐年下降，这说明书刊印刷的增长速度要低于印刷工业的整体增速。

3.全国主要书刊印刷企业统计数据

作为一项重要工作，书刊印刷专业委员会继续对全国主要书刊印刷（含其他印刷）企业主要经济效益指标完成情况进行了统计，共有119家企业提供了2011年主要经济效益指标数据。这些企业分布在全国31个省、自治区、直辖市。其中：北京隆达印刷包装集团6家，天津新闻出版局5家，上海印刷（集团）有限公司4家，在京部队印刷企业8家，中央在京各部委印刷企业及其他在京印刷企业31家，分布在各省的印刷企业65家。主要经济指标总量、主要产品产量完成情况及企业盈利情况见表3～表5，从中可见2011年全国主要书刊印刷企业的发展情况。

从2011年主要经济指标总量和主要产

表3 2011年全国主要书刊印刷(含其他印刷)企业主要经济指标完成情况

主要经济指标	2011年	2010年	同比增长（%）
工业总产值（现价）	107亿元	107.2亿元	−0.17
工业销售产值（现价）	110亿元	107.3亿元	2.52
工业增加值（生产法）	36亿元	39亿元	−7.69
主营业务收入	113亿元	109.1亿元	3.54
实现利税	10.6亿元	10.1亿元	4.95
实现利润	3.8亿元	4.1亿元	−7.32
人均创利税	20425元/人	17868元/人	14.31
人均工资	35296元/人	30059元/人	17.42

表4 2011年全国主要书刊印刷（含其他印刷）企业主要产品产量完成情况

主要产品	2011年	2010年	同比增长（%）
照相排字	39.6亿字	33.7亿字	17.51
书刊印刷	2904万令	2768万令	4.91
胶印印刷	14390万对开色令	13837万对开色令	4.00
书刊装订	3197万令	2800万令	14.18

表5　2011年全国主要书刊印刷（含其他印刷）企业印刷企业盈利情况

	2011年	2010年
盈利企业	82家（占71 %）	100家（占85%）
盈利100万元以上	45	46
盈利200万元以上	37	35
盈利300万元以上	30	28
盈利500万元以上	23	21
盈利1000万元以上	13	16
实现利税		
完成千万元以上	26	25
完成500万元以上	48	41

品产量完成情况看，工业销售产值、主营业务收入、实现利税、人均创利税、人均工资五项经济指标和四项产品产量与上年同期相比增加，工业总产值、工业增加值、实现利润与上年同期相比减少。尽管减少的幅度并不大，但是可以看出，传统的书刊印刷业在当前信息化发展冲击下，已经开始走向下坡。主要原因是：在119家书刊印刷企业中，国有书刊印刷企业占90%，长期以来由于工价太低、人工成本上涨，加之教材循环使用、电子阅读对出版物印刷的冲击，特别是国有企业机制不灵活，致使2011年三项指标与上年同期相比减少。

国有书刊印刷企业大部分有30年或更长的历史，长期以来与出版社等相关单位建立了牢固的业务关系，特别是教材印刷业务。由于政府部门的扶植，大部分国有书刊印刷企业仍有30%～50%的生产任务来自教材。近年来，国内印后设备的品种增多、质量提高、价格降低，书刊印刷企业为了提高效率、稳定质量、减少用工成本、增加效益，开始购置印后设备，使装订产量大幅增加。从2010年开始，国家提倡绿色印刷、数字印刷和发展文化产业，促进了书刊印刷业的发展，因此我们欣喜地看到，2011年九项印刷经济和产量指标比上年同期增加。

二、全面认清形势，抓住主线，加快发展

1.项目带动战略促进行业发展

2010年，新闻出版总署收到国家发改委的正式批复，从中央预算内投资的结构性调整资金中专项拨付5420万元，对印刷产业两大工程“数字印刷与印刷数字化”、“印刷环保体系建设及绿色印刷新技术开发”中的10个项目，给予中央预算内投资支持。10个项目所获投资额分别是：北大方正集团数字喷墨技术与设备产业化项目1280万元；北京中印周晋科技有限公司热敏数字化直接制版机（CTP）产业化项目340万元；北京科印近代印刷技术有限公司免化学处理CTP版材产业化项目180万元；北人印刷机械股份有限公司数字化单张纸对开多色胶印机产业化项目1090万元；北京康得新复合材料股份有限公司数字预涂膜技术研发及产业化项目540万元；中国印刷科学技术研究所印刷环保技术产业化重点实验室建设项目90万元；无锡市万力粘合材料有限公司PUR书本装订热熔胶产业化项目200万元；新东方油墨有限公司食品包装用环保油墨项目820万元；广东天龙油墨集团股份有限公司水性油墨及其核

心树脂研发及产业化项目550万元；陕西北人印刷机械有限责任公司宽幅卫星式高速柔性版印刷机产业化项目330万元。

项目带动战略是“十二五”期间政府主管部门推动印刷产业发展的三大战略之一，即以项目建设带动印刷产业整体发展，加快印刷技术的创新升级。项目带动战略的实施将鞭策并带动印刷产业在引导升级转型的关键性技术及产业化能力方面有所突破。

推动印刷产业转型升级和技术改造主要依托印刷装备的技术研发和改造，两大工程主要侧重于喷墨数字印刷设备和绿色环保印刷设备以及相关材料的研发。数字印刷与印刷数字化工程旨在实现当今世界最先进的数字印刷技术并使之产业化，同时对传统印刷产业进行数字化技术改造，以加快我国印刷产业结构调整和转型升级步伐。印刷环保体系建设及绿色印刷新技术开发工程旨在落实国务院关于节能减排的工作部署，通过研发我国自主知识产权的绿色环保印刷设备、技术、工艺和原材料，加快推进印刷企业的环保生产，推动整个印刷产业实现节能减排。

2.数字印刷与印刷数字化和绿色印刷势在必行

从政策层面上，“数字印刷与印刷数字化”、“印刷环保体系建设及绿色印刷新技术开发”两大工程的实施为印刷业的进一步发展指明了方向；从市场层面上，数字时代的到来和社会环保意识的增强，也使数字印刷与印刷数字化和绿色印刷成为印刷企业无法回避的发展趋势。

一方面，近年来数字出版发展迅猛，数字阅读成为时尚。据统计，截至2011年底，中国网民总数达到5.13亿人，手机网民总数达到3.56亿人。在线阅读、手机阅读等移动终端阅读消费需求日益旺盛。现在，在全球范围内，手持阅读器、平板电脑、智能手机等数字阅读终端销量均呈现大幅增长的势头，一个庞大的新兴数字出版消费市场正在形成。

无论是出版业还是印刷业，均处于数字革命的大潮中。出版业数字化极大地冲击着下游印刷业，印刷企业要想获得发展就必须融入数字的洪流中。这也是提出数字印刷与印刷数字化目标的原因之一。可以说，目前印刷企业已经具备了数字化的条件，很多印刷企业甚至早已开始实践，并作出了一定成绩。数字化印刷工作流程、CTP设备等已成为企业必要的配置，而这两年数字印刷技术不断得到普及，在书刊企业也多有应用。

另一方面，从2010年开始实施绿色印刷认证工作至今，在近两年的时间里，绿色印刷的观念逐渐为社会大众和出版社等印刷产业链上游企业所接受，越来越多的印刷企业开始顺应市场需求，参与绿色认证。政府部门也因势利导，通过标准制定和监督检测等手段促进绿色印刷的健康、有序发展。继2011年3月2日，国家环境保护标准HJ 2503—2011《环境标志产品技术要求 印刷 第一部分：平版印刷》正式颁布后，2012年下半年凹版印刷和商业票据印刷国家环境保护标准也将出台。同时，新闻出版总署出版产品质量监督检测中心以及各地印刷检测站逐渐获得了绿色印刷产品的质量检测资质，绿色印刷产品的质量检测能力达到了环保部的要求，检测场地、使用仪器、检测人员素质等方面都在逐步完善。

三、积极应对变革，趁势而上，迎接挑战

1.加快数字化技术改造，实现绿色环保印刷

2011年，国内印刷企业数字化技术改造和向绿色环保方向发展的步伐加快。以山东临沂新华印刷物流集团有限责任公司（原山东新华印刷厂临沂厂）为例，该公司"绿色印刷数字化印刷技术提升项目"经临沂市发改委批复，并在山东省委宣传部和新闻出版总署立项。该项目共需投资1.05亿元，其中，2011年已投资6500万元，2012年计划投资4000万元，银行贷款和企业自筹2000万元。

以山东临沂新华印刷物流集团为主研发的水性胶覆膜技术，已经获得山东省科技厅省级科技成果鉴定证书。山东临沂新华印刷物流集团是全国印刷标准化技术委员会成员单位，参与了水性胶覆膜国家标准制定。受全国印刷标准化技术委员会的委托，参与印后材料分类、精装、平装三项国家标准的起草工作。

2.提升印刷物流信息化水平，创新发展模式

山东临沂新华印刷物流集团在提升印刷物流信息水平，扩大印刷物流规模方面同样做出了成绩。山东省委、省政府印发的《山东省文化产业发展专项规划（2007—2015）》中明确提出"建设以临沂为重点的印刷、物流基地"，并将其作为山东省三大基地之一。临沂市委、市政府也明确要求以临沂新华印刷物流集团为龙头，建设山东一流、全国有影响的印刷物流集团。为此，临沂新华印刷物流集团成立了物流公司，新建30000平方米仓储库房，通过与临沂多家物流公司合作，将承印的图书直接配送全国，使出版社减少了发行环节，缩短了图书配送时间，降低了20%的运行成本，收到了良好的经济效益和社会效益。正是由于印刷物流的优势，目前山东出版集团、人民教育出版社、教育科学出版社、清华大学出版社等十几家著名出版社图书配送基地已落户临沂新华印刷物流集团，印刷物流已成为其在激烈的市场竞争中开拓市场的利器。山东省以及临沂市经信局将新华印刷物流集团基地列为临沂生产服务物流四大基地之一，拟将其作为省物流税收试点企业，并同意支持部分物流发展技改基金。为了进一步扩大规模和提升信息化水平，2012年计划投入3500万元，主要用于建设物流信息化平台，如增加仓储面积、配置物流设备、购买运输工具等。通过扩大物流规模和提升物流水平，逐步向第三方物流发展，真正使临沂新华印刷物流成为全国知名的文化产业品牌。

3.充分利用地方政策支持，谋求企业发展

一些书刊印刷企业充分利用地方政策的支持，获得进一步的发展。新疆新华印刷厂就是在政策扶持下获益的。2011年，新疆维吾尔自治区新闻出版局、财政厅等相关部门给予企业多方关怀和政策支持，使新疆新华印刷厂获得了文化产业发展专项资金、所得税减免、增值税先征后返、流

动资金贷款贴息、“东风工程”出版物的发印等优惠政策扶持，为企业发展创建了很好的平台。

4.结合企业自身特点，选择特色化发展道路

2011年，部分书刊印刷企业结合自身特点，找到了适合本企业的特色化发展道路。如上海柯创规模不大，但在激烈的市场竞争中，走出了一条以出版带动印刷的特色化发展道路，树立了独特的核心竞争力。百年前创建的中华书局与商务印书馆走的都是编印发一体化道路，建国以后编印发被人为地分开运作了。如今，以印刷起家的上海柯创，为了企业的可持续发展，通过儿童读物这一突破口，重新走上自主编辑、自我印刷、自办发行的道路，并且在2011年又开始涉足儿童音像读物领域。

这些成功的企业案例告诉我们，书刊印刷企业要想获得持续成功就必须变革。中国要从印刷大国成为印刷强国，印刷企业应该更多地关注这些成功企业，学习他们不走寻常路的精神、敢于创新发展的精神和从实际出发脚踏实地工作的精神。

四、书刊印刷企业面临的问题和对策

现在，市场竞争日趋激烈，印刷工价持续低迷，招人难、留人难，用工成本不断上升，这些都是包括书刊印刷企业在内的印刷企业生存发展面临的实际问题。此外，印刷企业生产规模不断扩大与人才短缺之间的矛盾也越来越突出。近几年，书刊印刷企业引进新设备、新工艺较多，但由于职工队伍存在知识结构老化、年龄结构偏大等问题，操作人员的技术水平不能完全达到要求，跟不上企业发展的需要。全国承印中小学教材的部分印刷企业基础性管理工作还很差，ISO 9000质量管理体系认证、ISO 14000环境管理体系认证、ISO 27000信息安全体系认证、GB/T 28000职业健康安全体系认证等都没有完成。对于目前的重点工作绿色印刷认证，有些企业还在观望，其中有些是对中国环境标志认证的印刷原辅材料认识不清，还有的不知何处采购获证的原辅材料（油墨、胶黏剂、预涂膜等）。这些都需要我们加大宣传力度，将绿色认证工作作为行业的头等大事来抓。同时应加大人才选拔、引进、培养的力度；进一步增强系统性、实效性、创新性工作；大力实施挖潜降耗，实现高效化生产；努力开发新的经济增长点。转型、求变、抓管理将是书刊印刷企业的主基调。在此基础上进行开源节流、转型，统筹管理、集约经营，以稳中求变、全面发展。

书刊印刷企业要紧跟党中央的精神，坚持走中国特色新型工业化道路，推进经济结构战略性调整，根据科技进步新形势，积极发展结构优化、技术进步、清洁安全、附加值高、吸纳就业能力强的现代化产业体系，提高企业发展质量和效益。

2011年我国包装印刷行业发展状况

中国印刷及设备器材工业协会
包装印刷分会

我国包装印刷行业在2011年平稳发展的基础上进入2012年。回顾过去的一年，世界金融危机对我国经济影响尚未完全消除，经济形势复杂多变，出口包装因产品出口总量的下滑而减少，国内经济增速放缓。受双重经济形势的影响，我国包装印刷工业总产值已连续数年高速增长的态势随之回落。

一、包装印刷行业发展态势

根据中国印刷及设备器材工业协会综合经济数据统计、分析、汇总，2011年我国包装印刷工业总产值完成2240亿元，比2010年增长12%。

经过改革开放多年的稳步发展，我国印刷业已经完全能够适应国民经济发展的要求。包装印刷在印刷工业中一直发展最快，包装印刷的快速发展主要是依托我国经济的持续发展和国内市场的刚性需求。

我国包装印刷企业目前已形成不同经济类型，不同层次，国有、集体、民营、个体、股份制、外资等多种所有制经济共存格局。从统计资料分析，国有、集体所有制的企业比例在逐年减小，民营、股份制企业所占比例明显上升。多年来包装印刷行业的发展，验证了市场主体多元化，有利于企业间公平竞争和资源合理配置，有利于包装印刷行业向市场化发展。

包装印刷企业不断引进新设备、新技术。对技术改造趋于理性，对自身的装备改造与更新，主要依据客户产品加工装备需求进行决策。总体上印刷设备以单张纸、厚纸型、高印速为首选。对印后整饰装备的要求是，加工速度高、操作人员少、功能齐备。

在硬件投入的同时，企业对于人力资源的配置也十分重视，人才的引进和员工的培训力度加大。企业的管理向专业化、规模化发展，具有了一定应对市场变化的能力，有着良好的发展前景。

中印工协包装印刷分会的年度统计数据表明，有一定规模的龙头包装印刷企业2011年销售总额仍保持良好的增长势头。如力嘉包装、四川宜宾丽彩、浙江广博、浙江新雅投资集团、上海画中画、上海古林、北京利丰雅高、北京印刷集团二厂等。反之，规模较小，尤其是年产值不足千万元的中小包装印刷企业，业绩有所下滑，有些企业陷入难以维持经营的困境。从产品加工分类看，烟酒包装印刷企业、医药包装印刷企业、票据印刷企业、高档标签印刷企业都保持了良好的增长态势。上游客户的经营状况直接影响包装印刷企业的发展与生存。

印刷行业有不少企业是上市公司，年报数据显示，2011年，14家印刷业上市公司共实现营业总收入约290亿元，同比增长12.38%，但净利润只是微涨。

纵观2011年，我国包装印刷行业的总体发展呈现先扬后抑的态势。2011年前三个季度，国内无论印刷企业还是印刷设备制造企业都保持良好的发展形势，但从10月下旬开始，全行业的发展形势急转，都出现了订单骤减、业绩下滑的情况。

国家统计局公布的2011年上半年我国宏观经济运行数据，更进一步反映出人们消费意愿的减弱。上半年社会消费品零售总额为85833亿元，同比增长16.8%，增速较去年同期下滑1.4个百分点。数据还显示，上半年我国GDP同比增长9.6%。前后比较可以发现，上半年我国城镇居民的人均收入增速慢于经济增长速度。物价上涨，通胀压力加大，影响居民消费意愿。市场整体消费需求呈现下降必然导致产品生产企业生产下降，随之影响到下游包装印刷业。可以说，包装印刷工业总产值和国家总的经济形势是绑定在一起的。

二、包装印刷行业发展亮点

虽然经济形势增速下滑，但是2011年对于包装印刷行业还是个不平凡的一年，经历了具有历史性意义的大事件。2011年包装印刷工业发展趋势和亮点集中表现在以下方面。

包装产品向中、高档，多样、多色化方向发展，并且在功能上，向易运输、易进行仓储、轻量化发展，最大程度体现出在为客户提供“服务”。

低克重、高强度、轻量化的高档纸箱、纸盒发展迅速。包装不单起到保护产品的作用，表现出产品的使用功能，还可以作为礼品，体现出内在产品的高品质，因此，要求设计具有较高的文化内涵，所以包装设计的投入比包装制作的更高出一筹。

微型瓦楞得到广泛应用。从2002年新型的微瓦楞纸板问鼎欧洲市场，以其强度高、抗弯刚度、破裂强度、抗压性好的优势，得到市场的认可。微瓦楞能更好地满足对包装的重量轻、稳定性好的要求，外观精美、漂亮，在近几年中获得了快速发展，且部分替代了350～400g/m^{2}的卡纸类折叠纸盒，广泛应用在食品、饮料、酒类、茶品、保健品、小家电、服装、玩具、体育用品、电子等行业产品的包装。

目前，我国拥有数以万计大大小小纸箱厂，共有瓦楞纸生产线7000余条。由于国内对瓦楞纸箱需求量逐年增加，国内已先后出现一批瓦楞纸板加工设备制造企业。国产瓦楞生产线在国内市场占有率在逐年上升。

从目前市场来看，软包装的应用领域越来越宽广，越来越普及。由于生活水平提高，人们对健康关注度大为提升，饮料和乳制品的需求量明显增加，使我国乳业和饮品市场进入了黄金发展期，并成为我国食品工业中发展最快、成长性最好的产业之一。乳业和饮品市场的扩大，带动了软包装的大发展，在我国软包装市场中，鲜奶、果汁饮料采用的利乐包、康美包、屋顶包有着很大的发展商机。因此，它是当前我国软包装产品发展的重点。

我国不少包装印刷企业已经用自主研发的工艺技术生产出无菌纸包装，并已出口，打破了利乐一家垄断的市场格局。

三、包装印刷行业发展热点

1.开展绿色印刷认证

2011年，绿色印刷的呼声在印刷行业中持续走高。印刷行业虽然不是我国污染最重的行业，却是VOC污染排放较多的行业之一。印刷企业要积极推动绿色印刷，开展绿色认证。随着国家环境保护力度的加强和人们对空气质量要求的提高，国家对印刷行业的环保要求也将提高。

在推行绿色印刷的实践中，各省协会、印刷集团采取了很多行之有效的做法。如上海印刷行业协会组建了绿色印刷工作部，请专家解读绿色环保政策，为企业提供服务；江苏印刷协会召开现场会，举办培训班，传播环保知识；北京隆达印刷包装集团公司组织相关职能部门，下到各所属分公司现场指导绿色印刷认证工作。

新闻出版总署2010年开展了秋季中小学教材使用环保材料印制试点工作，并提出了三年内实现中小学教材绿色印刷全覆盖的目标。为实现这一目标，2011年教材印制企业已率先开始绿色印刷认证，没有获得认证的企业则不能印制中小学教材。截至2012年4月，已有103家印刷企业经过培训、审核取得了绿色印刷的资质认可。这些企业为此投入了很大的人力和物力。企业在管理上建立了绿色印刷相关的程序，培训了员工，同时在社会层面，尽到了企业社会责任。

广东省印刷复制业协会对包装印刷制品进行了VOC残留量的检测工作，准备出台包装印刷制品的绿色标准，全国印刷标准化技术委员会也准备制定有关包装印刷材料及环保标准。

绿色印刷企业资质的认证是一个系统工程，103家印刷企业取得绿色印刷的资质认证与全国十万多家印刷厂相比较，还只是一个开端，如何从倡导到推行，使整个印刷行业步入绿色与环保，还要走更长的路。政府政策调控和引导作用十分重要，减轻印刷企业因使用环保设备、环保原辅材料而带来的生产成本上升的负担，是关乎绿色印刷推行效果的重要问题。建议对获得绿色印刷资质的企业给予相应的政策优惠和财政补贴，以调动印刷企业实施绿色印刷的积极性，让绿色印刷得到可持续的发展。

2.印刷行业的文化建设

近年来，我国相继建立了多家印刷博物馆，除中国印刷博物馆外、上海印刷博物馆、扬州的中国雕版印刷博物馆相继落成。

行业性博物馆之外，印刷企业建设企业博物馆正在成为一个潮流。继中华商务联合印刷（广东）有限公司、上海烟草包装印刷有限公司建成企业印刷博物馆后，上海界龙、上海新星印刷器材、东港安全印务、天津长荣等印刷及印刷机械企业，都在筹建专业性印刷包装博物馆。力嘉包装（深圳）12万平方米的创意印刷文化区，已成为深圳文博会的分会场。

印刷行业的文化建设，有助于弘扬中华民族辉煌的印刷文化，彰显我国印刷业的发展成就，推动印刷包装业科学进步和企业自身的文化建设。

3.数字印刷与传统印刷共存

随着社会文化素质的提高，人们对个性化包装的设计有了更高的要求，个性化创意设计、按需印刷为包装印刷业带来一个新的经济增长点。印刷技术的进步和印后加工的多样化，使产品包装的形式更为丰富多彩，迎合了时尚和个性化包装需求，满足了消费者的消费心理和消费品位。数字印刷作为一种新技术、新的印刷方式冲击着包装印刷企业多年来延用的传统印刷。许多包装印刷企业开始关注数字印刷，积极开拓数字印刷的市场，力求在数字印刷领域有所作为。有些企业已经添置了数字印刷设备，设立了市场开发部进行尝试性的经营。印刷媒体基本都在宣传数字印刷是今后印刷的发展方向，数字化印刷和印刷数字化已成为持续升温的主题。

就目前包装印刷行业来看，可变数据印刷方式具有传统印刷所不具备的优越性，数字印刷技术、设备及相关的耗材在的市场实际应用中不断改进和发展。数字印刷是具发展潜力的一种新的印刷方式，但在包装印刷行业中传统印刷方式还是主流，数字化印刷作为一种补充，会挤占一定的份额。

在包装印刷领域，传统印刷方式拥有设备完善，印前、印刷、印后的技术工艺成熟，产品质量稳定等特点，在大批量、高画质的高端精品包装印刷领域具有绝对的优势，其产品色彩耐久性好、光泽度高、色差小，单个产品的成本低，均被市场所接受。所以在处理数字印刷与传统印刷的关系上，不要一哄而上，不能认为数字印刷一定要取代传统印刷。对于一个企业而言，印刷方式的选择取决于所服务的客户及其产品，要树立稳步推进、长期发展的理念，传统印刷与数字印刷是相辅相成的互补关系。传统印刷企业要适时根据自身的发展要求引入数字化印刷的技术、设备和人才。

4.印刷企业的多元化经营

经济环境的波动、印刷行业的竞争、微利时代的到来，使不少包装印刷企业思考并实施印刷企业的多元化经营。

企业的多元化经营是企业壮大竞争实力的需要，在其生产产品上增加品种的经营策略。有些企业在主业经营的同时，开拓延伸相关的增值服务，有些企业跨到行业之外，利用已有的自身资源开拓另一行业的经营尝试，最大限度地利用市场资源获取最大的利润。有些企业在本身经营的产品上进行升级转型，如有些原本是印刷企业，现涉足印刷机械制造、印刷材料生产。总之，企业的多元化经营的目标是提升企业的绩效，保持企业的可持续发展。

四、2012年包装印刷行业发展分析

国资委在2011年底曾发出信号，要央企〞充分认识当前形势的严峻性和紧迫性，抓紧做好3～5年的渡难关、过寒冬的

应对准备”。这是国资委对全球经济大局的一个判断。

自2011年下半年以来，企业已经有“过冬”的意识，国际经济大环境的不确定因素，全球经济回暖步伐仍然迟滞，国内经济又处在转型期，随着购买力的下降，进入2012年，人工成本提高，原材料价格上涨，使企业的经营环境会变得更加严峻。“过冬”的困境公平地摆在所有企业面前，消化新的成本上涨，捕捉新的增长机遇是企业唯一的途径，把握市场需求是唯一的选择。

多年来，我国包装印刷行业发展的特点是，行业内企业素质、规模参差不齐；企业分布多集中在沿海经济发展带，产业集中度不高；大企业相对少。这是我国地域广大、经济发展不平衡等多因素所造成。包装印刷作为服务性、配套性、从属性行业，只要能够满足当地的市场需求，促进产业的发展，就符合产业发展的规律。在经济发展不平衡的客观存在条件下，要求包装印刷行业追求齐、高、大的发展是不客观的。

包装印刷发展的先决条件是要发展当地的经济，当地的经济发展必然会有包装的需求，有需求、有市场就会有其相关的包装印刷产业来支持。并且随其需求程度，从低端到中高档包装，逐步发展壮大。随着国家宏观调控的经济布局，包装印刷业随经济的发展会全面崛起。

展望2012年，就印刷行业而言，文化创意将改变传统印刷的概念和范围，促进传统印刷企业“改型”换代，个性化需求将为数字印刷打开发展通道，文化创意将给印刷企业带来发展机遇。随着国家调控政策的实施，我国包装印刷业不会受国际经济大动荡的干扰，会保持良性的平稳增长，仍然会保持平稳发展态势。伴随我国经济的发展与世界经济全球化的推进，我国包装印刷行业将会创造更大的经济效益。

2011年报业印刷稳步发展

中国报业协会印刷工作委员会

2011年我国的报业印刷，在延续2010年走出连续两年负增长、实现全面回升的良好态势下，又获得了稳步发展。

一、报纸印量稳步提高

在中国报业协会印刷工作委员会对2011年度全国报纸印刷总印量的调查统计中，共有中央，各省市自治区，各计划单列市、经济特区及部分地市报纸印刷厂145家单位报来数据。这145家报纸印刷厂2011年的报纸总印刷量为1174.86亿印张（见表1）。由于本次调查的范围有所扩大，有较大印量的单位报来了数据，因此，本次调查的总印量占全国报纸总印量的比例调整为70%。以此计算，2011年度全国报纸印刷总印量为1678亿印张，较2010年的1613亿印张增长4.03%。全年耗用新闻纸377万吨，较2010年的363万吨增长3.86%。

表1　2011年全国主要报纸印刷厂按印量分档统计

年印量分档	家数	2011年印量		2010年印量（亿对开印张）
		亿对开印张	较上年±%	
10亿印张以上	36	787.05	2.79	765.71
5亿～10亿印张	34	245.05	6.32	230.49
2亿～5亿印张	31	99.51	8.13	92.03
1亿～2亿印张	22	32.31	7.70	30.00
1亿印张以下	22	10.94	0.27	10.91
合计	145	1174.86	4.05	1129.14

2011年度的报纸印量调查，仍以年印量大小顺序列表，从中可以看出，年印量在10亿印张以上的单位数量增长了9.09%。而2011年印量呈现正增长的单位有118家，占本次调查145家单位的81.38%，且其中印量增速超过10%的单位有42家，占本次调查145家单位的28.97%，延续了2010年调查的较好形势。此外，2011年印量呈现负增长的单位数量为27家，占本次调查145家单位的18.62%，较2010年调查数据（142家被调查单位中呈现负增长的有24家，所占比例为16.90%）而言，虽然负增长的单位数量稍有增长，但明显好于前几年调查中均有25%左右的单位负增长的数据。

从地区上来看（见表2），2011年全国各大区的报纸印量都取得了正增长，大部分地区的增长率都在4%左右，从中可以看出，虽然各大区增势缓于2010年（调查中各大区的增长率均在8%左右），但仍都处于良好状态，其中华东地区、西南地区增长幅度较大，分别为6.30%和5.09%。具体到各省市自治区，负增长的辽宁省和上海市有不到1.3%的负增长，湖北省和广东省则只有0.46%和0.04%的负增长。在8个增速超过10%的省市中，报纸印刷较发达的江苏省以10.18%的增速入列，值得关注。

综观上述2011年相关统计数据，可以看出，全国报纸印量在2010年走出连续两年的负增长、实现全面回升的良好基础下，目前仍处于稳步发展之中。在新兴电子、网络媒体对全球报业冲击严重的情况下，我国报纸印量能稳步发展，与我国国民经济的持续快速发展、人民生活水平的不断提高和国家振兴文化产业的有关政策措施密切相关。与欧美国家不同，我国报纸在各种媒体中还发挥着重要的作用，报纸的公信力以及公众获取信息的习惯，是我国报纸存在及发展的基础。

二、报纸印刷质量全面提升

报纸印刷质量的高低是衡量我国报业印刷发展程度的指标之一。中国报业协会印刷工作委员会自1990年6月开始坚持每年开展经常性的报纸印刷质量检测活动，迄今为止已有22年历史。检测活动开展之初，当时的报纸还有一部分是铅印印刷，且印刷企业质量意识不是很强，参评的53种报纸中只有2种质量合格。报纸印刷质量检测活动促进了各报业印刷厂对报纸印刷质量的重视，每年活动的举办也为他们提供了一个充分交流质量问题、借鉴成功经验的平台，因而促进了其对先进技术的引进及对生产质量管理的改进。

正是在每年的报纸印刷质量检测活动的促进下，我国报业印刷领域的新技术引入步伐加快，因而使得报纸印刷质量有了稳健而又迅速的提升。如报业印刷领域的“铅改胶”大改革，使得各报业印刷厂积极淘汰旧有铅印设备，一改旧有铅印生产问题多、质量差的状况，使报纸印刷质量得以大跨步提升；报纸生产由黑白报向彩报的逐步转变，使得报纸印刷质量有了质的转变，彩报图片的印刷质量不断提升；而CTP制版、数字打样、软打样、色彩管理、数字化工作流程、CIP3数字墨控等新技术的逐步引入，也让报纸印刷质量有了

表2　2011年全国各地区报纸印量分布统计

地区	省、市、自治区	单位数量		2011年省市分列		2011年地区合计		2010年省市分列（亿印张）	2010年地区合计（亿印张）
		省、市、自治区	地区	印量（亿印张）	±%	印量（亿印张）	±%		
华北地区	北京	13	35	92.57	4.13	168.76	4.01	88.90	162.25
	天津	2		28.11	4.03			27.02	
	河北	12		26.70	3.09			25.90	
	山西	3		14.89	2.55			14.52	
	内蒙古	5		6.49	9.81			5.91	
东北地区	辽宁	3	11	56.85	−1.23	102.05	4.30	57.56	97.84
	吉林	4		17.91	18.06			15.17	
	黑龙江	4		27.29	8.68			25.11	
华东地区	上海	6	43	63.29	−1.20	413.21	6.30	64.06	388.72
	江苏	10		65.92	10.18			59.83	
	浙江	10		122.76	4.10			117.93	
	安徽	3		19.04	17.60			16.19	
	福建	5		37.32	7.30			34.78	
	江西	2		14.68	9.80			13.37	
	山东	7		90.20	9.25			82.56	
中南地区	河南	10	31	38.73	4.51	303.81	0.72	37.06	301.63
	湖北	5		52.04	−0.46			52.28	
	湖南	2		15.68	0.97			15.53	
	广东	10		174.04	−0.04			174.11	
	广西	3		15.49	2.11			15.17	
	海南	1		7.83	4.68			7.48	
西南地区	重庆	3	13	29.08	6.13	130.10	5.09	27.40	123.80
	四川	5		66.25	1.66			65.17	
	贵州	2		15.40	17.83			13.07	
	云南	2		18.31	6.08			17.26	
	西藏	1		1.06	17.78			0.90	
西北地区	陕西	5	12	31.68	1.15	56.93	3.70	31.32	54.90
	甘肃	1		8.35	10.89			7.53	
	青海	2		3.02	12.27			2.69	
	宁夏	1		2.72	10.57			2.46	
	新疆	3		11.16	2.39			10.90	
总计	31	145家		1174.86亿印张			4.05	1129.14亿印张	

更高、更稳定的提升空间。

近年来我国报纸印刷质量获得全面提升，这一点在2011年报纸印刷质量检测活动中再度得到验证。在2011年报纸印刷质量检测活动中，共有86家报社印刷厂的90种报纸参检。在送检的样报中，达到精品级的报纸30种，优质级的报纸52种，良好级的报纸8种，没有不合格品。首次参加检测的20余种地市级报纸中，也涌现出了烟台日报、嘉兴日报、三峡晚报等印刷质量优秀的报纸。

在印刷质量获得全面提升的同时，我们还应该注意，当前我国报纸印刷仍存在一些共性的质量问题，主要表现在以下三点：一是文字墨色不均匀，有的标题、文字密度偏低、发灰；二是图片色彩偏色，印前工序和印刷工序脱节，引起图片色彩还原不当；三是彩色套印不准，当前检测套印精度要求≤0.15mm，经过努力是应该能够达到的。

三、报业CTP制版量已超50%

近年来，我国报业印刷领域对引进新技术、新设备十分重视，其中对计算机直接制版（CTP）技术的积极引入与全面普及应用尤其值得关注。中国报业协会印刷工作委员会在本次调查中对2011年报业CTP应用情况进行了全面统计，共有139家报业印刷厂提供了有效数据。这139家报业印刷厂的CTP总制版量约为918万张，据估计，本次调查的CTP总制版量占全国报业CTP总制版量的77%左右，以此计算，2011年全国报业CTP总制版量已达1192万张，占全国报业总制版量的55%。调查还发现，这139家报业印刷厂中，配有CTP设备的单位有116家，占比高达83%，年制版总量在10万张以上的52家单位有49家已上马CTP设备，且CTP制版量占比多在50%以上。

CTP制版工艺在报业印刷厂中广受欢迎，不仅因为这种工艺可大幅提高制版速度和质量，节省人力，降低成本，还可使数字化扩展到制版环节，因而可有效提高报业印刷厂的自动化生产控制水平。尤其是在胶片价格不断提高、激光照排机及相关零配件面临断档等紧迫形势下，各报业印刷厂都在抓紧上马CTP制版工艺。而国产版材品种数量的增多、产品质量的不断提升和销售价格的下降，以及CTP设备品种、规格的增加可以更好满足报业印刷厂多样化的需求，这些都是促进CTP制版工艺在报纸印刷领域快速推广的重要因素。

在各方面的推动下，部分报业印刷厂正逐步淘汰旧有传统制版工艺或直接全部启用CTP制版工艺，向100%采用CTP制版的目标迈进。仅在北京地区，2011年解放军报印刷厂、北京日报印务中心等报业印刷厂均已引入或计划引进多台CTP设备，以期实现100%CTP制版。据预测，未来两年内我国报业CTP制版量将占到年制版总量的80%左右。

全球标签印刷市场发展趋势及我国标签行业发展情况

谭俊峤

一、全球标签市场

据TARSUS咨询公司调查数据显示：2009／2010年度全球标签的消费量已超过420亿平方米，价值730亿美元。其中中国及亚太地区占21.9%，保持较快增长；西欧占27.1%，比北美的28.4%略低；而东欧仅占7.8%；日本占7.2%；南美占5.6%；印度和其他地区占一小部分。由于市场渐趋饱和，近几年发达国家标签市场增长率年均下降6～7个百分点，而发展中国家保持了相对较快增长（见图1）。

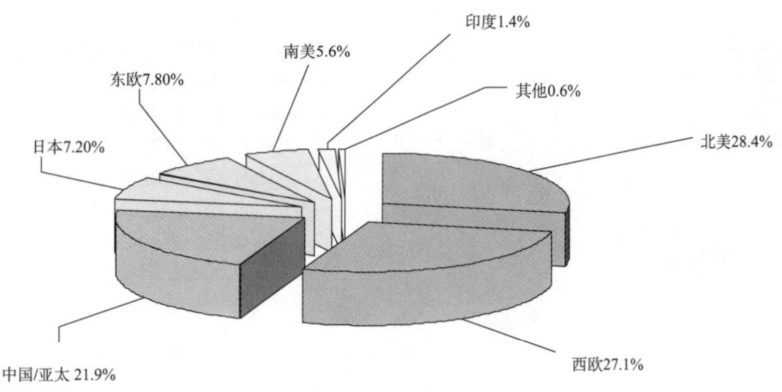

图1 2009/2010年度全球标签市场区域分布情况（数据来源：TARSUS咨询公司）

从另外一个重要指标——人均标签消费量来看，最高的是欧洲的斯堪的纳维亚半岛，为17～18平方米；其次是美国，为15～16平方米；随后是西欧，为12～15平方米；东欧，为6～7平方米。南美、中国、东南亚、印度和非洲的人均消费量都只有2平方米左右，但表现出了强劲的发展势头（见图2）。

从全球标签印刷技术的发展趋势来看，柔印是过去15年内发展最为迅速的技术，已经逐渐成为能和胶印、凹印相媲美的印刷方式。在这其中，创新发挥了十分关键的作用，比如激光雕刻网纹辊、UV油墨在2000年成为行业标准，柔印CTP设备分辨率大幅提高，柔印版材厚度降低等。

以欧洲标签印刷市场为例，就过去30年而言，轮转凸版印刷的应用在20世纪八九十年代，水性柔版发展在90年代和2000年左右。如今，市场上的主角是UV柔印技术，最近数字印刷也逐渐得到应用（见图3）。

近年来，市场对高质量的标签需求呈上升趋势，市场趋向于赋予标签更多的功能，从信息传递到影响消费的选择，以此为产品品牌带来更高的价值。标签作用的日益凸显，势必会刺激企业对标签印刷技术投入的热情。从最近的发展趋势看，充分发挥不同印刷工艺技术优势的组合印刷，正在成为标签印刷今后的发展方向。比如将UV柔印、溶剂柔印、水性柔印、凹版印刷、轮转丝印、胶印等印刷工艺与热烫金、冷烫金、全息插入或转移、联机模切等印后工艺组合在一起。

压敏标签在成熟标签市场中仍占主导地位，在新兴市场发展也极为迅速。近年来新兴市场已面对全球竞争者开放，全球品牌的拥有者和零售集团开始在新兴市场建立生产基地，为国际和当地的标签加工企业提供了发展机会。

1.美国标签印刷行业情况

（1）美国现有5000家标签印刷企业，年产值约60亿美元

美国标牌与标签制造商协会（Tag and Label Manufacturers Institute），即TLMI已有79年历史。协会会员有140家企业和140个工业供应商。TLMI会员2010年的产值比2009年增长12.2%。在标签印刷方面，包装、食品标签占23%，饮料标签占11.2%，个人用品标签占11%。在工艺技术方面，柔印技术、数字印刷发展很快，尤其是高清晰度柔性版印刷。

美国标签及印刷企业现正提倡采用两个百分之百，即100% uptype(最新技术)及

图2 全球主要市场人均标签消费量情况（数据来源：TARSUS咨询公司）

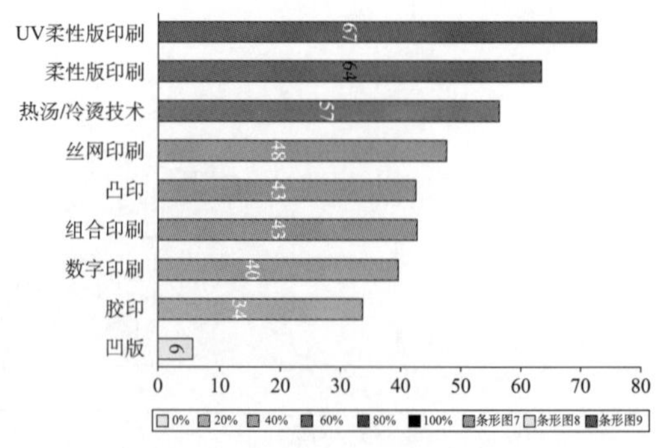

图3 欧洲标签印刷市场各种印刷方式应用情况（数据来源：TARSUS咨询公司）

100% inspection(监测)。百分之百监测是指对每一个标签进行检测，如有错误出现，机器会立即报警提示。

数字印刷在美国发展很快。主要原因有：

①从发展趋势看，短周期、小批量和越来越多的个性化标签需求呈上升态势，特别是客户要求的交货周期越来越短，这显然是传统标签印刷很难做到的。

②近年来，由于数字标签印刷技术不断成熟，使得数字印刷技术在标签印刷中得到长足发展，性能不断提升，成本持续降低。

③相对于传统标签印刷技术，数字标签印刷具有周期短、浪费少等优势。而"按需印刷和可变数据印刷"是数字标签印刷的最大特点，可以根据客户需要，实现个人打印。

数字标签印刷市场有巨大的发展空间，其中UV喷墨数字印刷技术和数字印刷机将成为主流。

（2）标签市场的新趋势

标签市场的发展新趋势有：

①标签订单的批量越来越小，交货周期越来越短是标签市场的重要趋势，而且标签产品日趋个性化。

②标签订单的小批量化趋势主要体现为标签产品的品种越来越多，而印刷量变小，有的订单只有100～200件。

③交货周期缩短主要是适应市场激烈竞争的需要，日常消费品、食品、医药等厂家推出新产品的周期越来越短，而且更加频繁地升级产品，标签印刷必须要跟上这个节奏。

④个性化。在个性化、差异化盛行的时代，产品标签不仅要有漂亮的外观，有时还要需要满足个性化的可变数据印刷的要求。

（3）关于CCL Label情况

CCL Industries Inc.建于1951年，由3个分公司即：CCL Label、CCL Container、CCL Tube组成。公司现有职工近5800人，2010年销售额比上年增长68%。

CCL总部设在美国弗雷明汉市。另有61个企业分别设在美国的加州、肯塔基州、马里兰州、宾夕法尼亚州等11个州。此外，在拉丁美洲、欧洲、亚洲、澳大利亚及非洲都设有公司。据了解，目前在中国天津、广州、合肥等地设有3个标签印刷企业。

2.欧洲标签行业状况

2011年3月15日，欧洲标签协会发布报告称，2010年欧洲国家对不干胶标签材料的需求继续强劲复苏，重回国际金融危机前的水平，欧洲地区全年不干胶标签材料消耗量约为5.7亿平方米，同2009年相比增幅达11.4%。

从标签印刷承印材料上看，2010年欧洲消耗的不干胶卷筒纸材料占比最大，为70%，其增幅达到9.5%；薄膜类标签材料（聚乙烯、聚丙烯、其他材料）占22.5%，超过之前最高15%的水平，增幅为15.3%（见图4）。

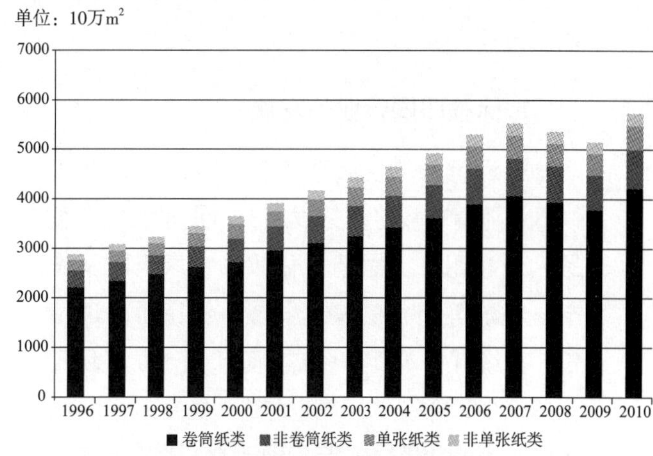

图4 欧洲市场各类标签材料消费情况变化趋势（数据来源：欧洲标签协会）

从地域上划分来看，标签材料需求的增长主要是在东欧和南欧（包括土耳其）两大区域，这两个地区均取得两位数的增长，分别为20.6%和13%。在两个地区当中，土耳其、俄罗斯、保加利亚和罗马尼亚的年增长率超过20%。在市场相对成熟的地区，不干胶标签需求的增长较为温和，为4.5%～8.5%，但德国、荷兰、意大利和西班牙取得了超过两位数的增长，增幅位于前列。

二、中国标签印刷行业的现状与发展

中国标签印刷行业的发展始于20世纪70年代末期。起步之初，中国标签印刷所用的技术、设备、工艺、材料均主要来自当时的日本不二纸工（现在的Lintec），在地区分布上，沿海城市天津、青岛和广州率先起步，随后逐渐推向全国。

据统计，目前全国有6046家企业从事标签印刷，主要分布在长三角地区（华东2850家，占47%）、珠三角地区（华南1593家，占26%）、环渤海地区（华北、东北1344家，占22%）。

1.标签印刷行业的发展

从近年来的发展态势看，我国的标签印刷行业随着市场经济的发展，特别是日化、食品、洗涤用品、医药、化妆品、家电以及超市、物流等行业的快速发展，保持了高速增长。据统计，2011年我国标签印刷行业实现工业总产值230亿元，产量达到30亿平方米，同比增长率均为20%。而2010年的工业总产值、产量也较2009年增长20%。这个增长速度是中国印刷行业的其他门类无法企及的。

当前标签印刷行业良好的发展形势离不开国家政策的支持，近两年由中国印刷及设备器材工业协会上报国家有关主管部门，经国务院批准，2010年和2011年先后对标签印刷所需的主要设备给予关税减免：卫星式柔印机进口关税从10%降到3%；机组式柔印机从10%降到5%；喷墨数字印刷机从8%降到3%；喷墨数字压电式打印头从6%降到3%。这对标签印刷行业的发展和电子监管码的实施极为有利。

标签印刷的迅速发展带动了整个标签产业链的进步，目前我国已经形成标签印刷、标签设备和标签材料三大主要方面相对完整的标签产业链。其中：

（1）国内提供标签印刷设备的制造企业有：上海太阳机械、上海紫光、北京北人富士、东莞多威龙、青州意高发、潍坊东航、浙江炜冈、温州中天、山西太行等。

此外，中国每年还从美国麦安迪，丹麦纽博泰，瑞士捷拉斯，意大利欧米特、新基杜，日本的琳得科、三起宏，加拿大亿迪，英国伊地尔，我国台湾地区的罗铁等知名厂家进口标签印刷设备。

目前，国内柔性版印刷机的拥有量在900台左右，其中一半是进口的。此外每年还进口凸版印刷机250台左右，大部分也用于标签印刷。

（2）全国现有标签材料企业（涂布）20多家，主要分布在广东省、江苏省、浙江省等和上海市、天津市。其中包括艾利、蓝泰、琳得科、雷特玛等国外企业在中国投资开设的企业。

国内年标签材料涂布量为36亿～40亿平方米，其中80%为纸类，20%为薄膜类。国内规模较大的企业首推广东中山富洲，年涂布量在10亿平方米，销售额达11亿元，其次是中山金利宝和湛江冠豪等。另据艾利公司总裁兼首席执行官Dean Scarborough介绍，艾利标签材料每年在大中华区销售为10亿美元。

2.标签相关技术装备的创新

近年来，我国在标签相关技术装备创新方面也取得了很大突破。

（1）柔性版印刷机。为了满足标签印刷需要，国内一些设备制造企业已开发并生产适合标签印刷需要的六色以上机组式柔性版印刷机，速度为150m/min。部分企业能生产适合软包装需要的八色卫星式柔性版印刷机，速度为350m/min。

（2）喷墨数字印刷机。为了满足食品、药品实施电子监管码赋码和数字印刷方面的需要，目前已有北大方正、北京赛捷图文、圣德安讯、欣健隆、蒙泰、鼎恒联合等企业研发生产喷墨数字印刷机，速度在30～100m/min（最高达150m/min）。

（3）电子监管码赋码技术。从2006年起国家对食品、药品等产品实施电子监管码。由中国印刷及设备器材工业协会标签印刷分会组织设备制造企业、标签和包装印刷企业的技术力量在国家质检部门和药监部门指导下，研制、开发电子监管的赋码设备和技术，已正式用于医药、食品、酒类、种子、化肥等产品的赋码并取得了较好的成果。

（4）组合印刷技术。组合印刷技术的推广使标签印刷变得更为简单。如安装在机组中间的冷烫金装置可以代替热烫金，实现高速运行；模内标签印刷加工可一次完成。组合印刷既降低了消耗，又提高了生产效率，是具有发展前途的技术。

（5）柔性版版材的研制、开发和生产。由乐凯华光印刷科技有限公司自主研发生产的3.94mm、2.28mm、1.70mm柔性树脂版已批量生产，广泛用于柔印生产，填补了国内空白。

三、中国标签印刷市场的构成

2011年中国标签消费量为30亿平方米，占亚太区市场总量的25%。我国的标签产品主要服务于以下行业和产品：个人护理、家庭护理；医药、医疗器械；食品、水果、饮料、酒类；电子、家电；超市、物流、办公用品；轮胎、石油化工；电子监管码等。在各类标签产品中，不干胶和热收缩膜标签增长迅速，湿胶标签和模内标签增长缓慢。

下面重点介绍标签产品七大终端市场的状况和发展趋势。

1.日化行业状况和发展趋势

2011年日化行业销售额接近2600亿元，涵盖了衣物护理品、护肤品等20余类产品，其所用包装和标签通常可以分为装饰类、功能类、促销类等。日化产品采用的标签主要包括缠绕标签、模内标签、不干胶标签、收缩膜标签和直接印刷标签五大类型。

2.食品行业发展状况和发展趋势

（1）中国食品标签市场情况

食品行业2011年增长率为13%～15%，标签总用量为9.5亿平方米，其中不干胶应用量为4.5亿平方米，约占中国不干胶市场的15%。食品行业所用标签以直接印刷标签、湿胶标签、不干胶标签、收缩膜标签四大类标签为主。

(2) 国内食品包装及标签的发展趋势

①终端用户重视产品包装对消费者的影响。产品外包装及标签需要简洁明了，第一时间把品牌、产品质量等信息明确地传递给消费者。

②包装及标签不断创新。终端用户十分重视包装形式的转变，以凸显货架效应和产品特性，实现销售增长；创新的功能性包装日益受到消费者及最终用户的青睐。

③更环保的包装形式。终端用户和消费者日益重视环保型食品包装及标签，跨国公司正努力减少PVC材料的使用。

④全社会高度关注食品安全问题。近年来陆续发生的苏丹红、毒奶粉、染色牛肉事件，强烈打击了消费者的信心。借鉴国外相关食品安全规范，我国正在不断完善食品安全法律法规，这也必将对食品包装及标签提出新的要求。

3. 饮料不干胶标签市场状况和发展趋势

中国软饮料市场保持快速增长，2011年软饮料产量11762.32万吨，同比增长22%，预计未来五年仍可以保持10%～15%的发展速度。其中饮用水消费量占比超过40%，2011年产量达4788.99万吨，同比增长25.67%；各类果汁饮料和即饮茶饮料各占20%的市场份额；碳酸饮料占约14%的市场份额，其增长率也是较高的，2011年较上年增长26.46%；其他小品类如咖啡和运动饮料也获得快速发展，逐步成为普及型的饮料产品。

在软饮料产品包装中，塑料瓶（主要是PET瓶）是发展最快的一种包装形式。塑料瓶包装在设计和生产上追求轻量化以减低成本，在市场和营销上追求差异化以提升产品形象。纸盒（利乐包）在饮料市场中继续保持较快的发展速度。2011年全年销售600亿个，较上年增长25%。金属罐包装仍集中在少数饮料品类，其未来方向将取决于是否有低成本的新技术出现。玻璃瓶总量略有增长，以迎合高档饮料和餐饮消费渠道的需求。

2011年，中国饮料标签的使用量在13亿平方米左右。由于饮料包装的特点，不干胶标签的使用量比较少，只占1%左右。金属罐和纸盒采用包装材料直接印刷的方式，因而不需使用其他二次标签。绝大多数塑料瓶由于表面的不平整性，现有的不干胶标签在技术上还无法采用。

塑料膜类标签由于其材料成本和贴标速度的优势成为塑料瓶包装的主要方式。其中，收缩膜标签由于生产的灵活性和出色的货架效果成为使用最广泛的标签方式和材料。环绕膜标签由于其生产和使用的经济性，在碳酸饮料和饮用水领域独领风骚。

未来饮料包装和标签的发展将向低成本的方案、差异化货架效果及可持续性的材料发展。随着越来越多适合贴不干胶标签的塑料瓶开始出现，不干胶作为一种新的贴标方式越来越被最终客户考虑，成为包装差异化的一种重要手段。

4. 化妆品市场概况

中国化妆品市场发展迅猛，在1982～2003年的21年时间里消费额从2亿元上升到的500亿元。2010年，中国化妆品市场销售总额为1200亿元左右，人均化妆品消费额从9.6元增长至85.7元，其主要增长来自于护肤品和彩妆。

5. 3C制品

随着国民经济的发展和人们生活水平

的提高，3C（Computer、Communication、Consumer）电子产品行业在中国每年都在飞快发展，年增长速度超过20%。家用电器的普及，手机、电脑以及各种创新电子产品的出现，都给电子产品标签带来广阔的市场空间。

各类电器上一般都有耐久性不干胶标签，这些标签单位面积大、数量多。随着IT产品的迅速普及，不干胶标签作为产品说明标识也得到了广泛的应用。标签产品在3C产品中的应用形式主要有手机标签、电器标签、压纹胶标签、耐高温标签、卤阻燃标签等。

6.葡萄酒标签市场状况和发展趋势

近两年，中国的葡萄酒消费量以每年25%～30%的比例增长。据中国酿酒工业协会的统计数据显示：2011年中国葡萄酒产量为115.6万千升，同比增长13.02%；2011年葡萄酒消费量达到19亿瓶，消费额达450亿元，中国成为世界第五大葡萄酒消费国。

目前葡萄酒包装多采用湿胶标签，这种形式的标签只能选择固定形状如长方形等，其缺点是易脱落，不适合冷藏或存放在冰水中。未来葡萄酒标将被不干胶标签所代替，不干胶标签灵活可变，可适合各种特殊需要，更加个性化。采用不干胶做葡萄酒标，不仅彰显其美观、华丽品质，更重要的是增加产品的附加值。

7.医药业电子监管码市场

中国从2006年起实施药品电子监管项目，已完成三期：特殊药品、四大类药品、国家基本药物。2011年12月7日由温家宝总理主持召开的国务院常务会议讨论通过了《国家药品安全规划（2011～2015年）》。《规划》明确规定，到2015年对已批准上市药品实行统一编码管理，电子监管覆盖所有药品品种（包括进口药品）。上述《规划》的实施，给标签和包装印刷企业带来巨大商机。

目前涉及药品生产企业3200多家，入网药品品种数量已达53507种。目前，国内外已有10多家企业提供数字喷墨设备和技术，已有七八百家标签和包装印刷企业从事喷码和赋码业务。随着药品数量增加，喷码和赋码标签和包装印刷企业相应增加。目前已有北大方正、圣德安讯、欣健隆、杰鸣、柯达、蒙泰等一批国内外厂家可以提供数字喷墨印刷设备和技术。

四、中国标签印刷行业的差距

中国的标签印刷行业虽然取得了巨大的发展成绩，但同发达国家相比，仍存在不小的差距，主要体现在：

（1）企业集中度不够，中小企业较多，具有一定规模（年销售额超过2000万元）的标签印刷企业较少，从长远来看，亟待整合、重组。

（2）中国标签年人均消耗量仅有2.3平方米，而发达国家人均消耗量达到15平方米，相差甚为悬殊。

（3）在采用新技术、新设备方面，从总体上讲，也滞后于发达国家。以标签印刷设备为例，美国全部采用柔性版印刷机，欧洲采用柔印比重大于凸印，而中国目前仍以凸印为主，柔印仅仅占一部分，而采用数字印刷技术和设备刚处于起步阶段。

（4）当前倡导的低碳、节能、环保、绿色行动刚刚开始，在推进3R+1D方面，即减量化（Reduce）、再利用（Reuse）和废弃物的回收再生（Recycle）、可降解（Degradable），实施措施尚不够有力，特别是减量化和废弃物处理方面尚未找到有效的办法。

（5）劳动生产率同国外企业相比，相差悬殊，企业管理水平有待提高。

五、中国标签印刷行业发展趋势

1.中国标签印刷“十二五”期间仍将保持快速增长势头

我国与发达国家人均标签消费面积的差距，让我们在看到滞后的同时，也看到中国标签市场仍有巨大的发展空间。未来五年，标签需求的增长仍然主要来自日化、食品、医药、电子、家电以及超市、物流等行业。这些行业同属大消费概念，在中国经济发展由投资驱动向消费驱动转型以及惠民生的政策环境下，其发展趋势依然看好。可以预测，标签印刷在今后五年内仍然可以保持两位数快速增长的发展势头。

2.转型升级，做大做强

由于历史原因，我国规模以上的标签印刷企业较少，中小企业占90%。相对而言，中小企业既面临创新能力匮乏的问题，又缺少融资渠道和人才储备，其发展受到一定制约，亟待转型升级，做大做强。

例如美国CCL公司在全球有61家标签印刷企业，2011年产值达12亿美元，折合人民币78亿元，又如日本大阪的OSP集团共有11家企业，2011年产值60亿元人民币，该集团松口正社长在2012年2月成立85周年庆祝会上宣布预计2012年销售额将达到1000亿日元，折合81亿元人民币。当务之急，企业要进行重组、兼并、合作，提高行业集中度。要发挥龙头企业、大型企业、产业基地、科研中心的核心作用。

企业的转型升级意味着企业发展战略由生产产品价值链低端向生产产品价值链高端转变，企业寻求市场竞争优势靠自然资源和劳动力价格向靠自主知识产权、适应差异化需求以及品牌认知转变，企业发展方式由注重规模扩张、产能扩大向注重技术进步、技术能力聚集，提高发展质量转变。完成这些转变，需要人才、资金支撑，其过程是艰难的、痛苦的，需要付出巨大的努力，因此我们必须做好打“持久战”的准备。

今年，工信部组织发起开展“质量兴业”活动，旨在提高企业核心竞争力，标签印刷企业要积极参与，认真贯彻落实，在标准建设、品牌建设、质量攻关方面扎扎实实下工夫做实事，为把企业做大做强而努力。

3.走绿色、环保之路是标签印刷的必然选择

实施绿色印刷，是中国顺应全球发展趋势，解决产业发展问题的必然选择。2011年3月环境保护部正式颁布了《环境标志产品技术要求 印刷 第一部分：平版印刷》，新闻出版总署与环境保护部联合发

布了《关于实施绿色印刷的公告》。可以说，从国家政策法律层面上，对企业实施绿色印刷的要求会越来越高。

对标签印刷企业来说，实现绿色印刷有很多途径和方法，从目前来看，重点是使用环保型油墨、工艺和设备。抓住以下重点，便可以事半功倍。

（1）使用环保油墨。中国印刷业的油墨消耗量很大，2011年使用量就达到58万吨。油墨溶剂中VOC的挥发，会造成严重的温室效应，甚至会损害人体神经系统。此外，油墨颜料中含有铜、铬、汞等重金属元素，如果把含有重金属的油墨用于印刷食品、医药包装等与人体密切接触的物品，会危及人身健康。为了减少油墨对环境的污染，使用环保型油墨，如水性油墨、UV油墨、大豆油墨等，是印刷行业今后的发展方向。

（2）选择环保印刷方式和设备。与平印、凸印、凹印、网印四大印刷方式相比，柔印最为环保。因为柔印使用水性墨和UV墨，不产生VOC和重金属物质；水性油墨具有不燃不爆、不挥发、不污染空气、没有VOC排放等特点，且可应用在塑料薄膜包装材料上，达到安全环保、绿色印刷的效果。另外无水胶印也是比较环保的，主要是由于无水胶印使用斥墨的硅胶树脂涂布的印版，可省却润版液。

4.技术创新是永恒主题

在过去的几年中，标签产业链的企业在技术创新方面取得了丰硕成果。如开发生产出喷墨数字印刷机、标签胶印机、标签组合印刷机、自动质量检测系统、不停机自动收放卷系统、柔性版版材（填补国内空白）等；开发应用了ERP系统、RFID技术、电子监管码赋码技术等。但是，与国际先进水平相比，我们的差距还很大。目前我国的标签产品科技含量和附加值都不高，多属于中低端产品。鉴于此，一方面我们要加大自主创新力度，在自主创新方面加大投入并争取政策支持。2011年国家发改委、工业和信息化部、科技部等部委出台了一系列鼓励企业自主创新，打造核心竞争力的政策，为企业提供了良好的政策环境。另一方面我们仍需扩大开放，积极引进国外先进技术和设备，以完善标签产业链的布局和生产线配套，并在这一过程中借鉴学习国外先进技术，进而实现技术集成创新和消化吸收后的再创新，并开发出我们自己的新产品。我们欣喜地看到，许多标签产业链的企业正在积极进行新领域的开拓，如彩色数字标签印刷、标签生产用模切机等，以寻求新的赢利渠道。

5.应对挑战

当前，我国标签产业正处于“消费升级”阶段，国外标签印刷巨头看好这一形势，纷纷进入中国，在标签印刷市场，特别是高端市场占据一定市场，而且逐步扩大，我们如何应对，是摆在我们面前要积极应对的大课题。

中国的标签产业正处于“方兴未艾”快速增长时期，当前我们要进一步转变发展方式，抓好技术创新，全面提高管理水平，同国外先进企业进一步加强合作，实现共赢，为发展中国的标签印刷事业而不懈努力！

（本文作者为中国印刷及设备器材工业协会荣誉顾问、标签印刷分会名誉理事长）

数字印刷的发展现状及未来走势

潘晓东

数字技术无疑是20世纪人类最伟大的发明之一，数字技术的出现改变了人们的生活，极大地加快了信息传递速度，有助于提高生产效率。

围绕传统印刷与数字印刷的关系，经过一段时间的讨论与实际运行，已由刚开始时的“取代说”渐渐地转变为现时普遍接受的“并行说”。即数字印刷将以其便捷与满足个性化需求的优势与适合批量印刷的传统印刷并行于印刷领域，依据现在的情况，在出版界为避免预造货图书滞销导致浪费或许会率先走向以数字印刷为主的生产方式，在批量生产为主的包装印刷领域则以传统胶印或柔印方式为主，当然，也会更多地强调印刷要符合绿色生产的要求。

数字印刷技术从20世纪60年代推出，自1994年起投入生产应用，至今已有很大进步。按照可以查到的数据，美国、西欧、日本等发达国家和地区数字印刷设备的装机量已接近70万台，中国也已经达到了3.6万台，数字印刷的产品质量已大体可与传统胶印相媲美，用喷墨高速轮转印刷完成的产品则比之胶印还存在一定的差距。

一、数字印刷在中国的现状

与部分发达国家数字印刷产值已经占到印刷总量的10%，甚至超过20%以上的比重做比较，我国的数字印刷至今只能称之为导入期以后的向上攀升期。业界对数字印刷在生产中的应用已经不存疑虑，而且步入数字印刷领域的大小企业数量也不少，设备总量在逐年增加，其中不乏最先进的采用喷墨印刷的惠普卷筒式数字印刷机T300和单张数字印刷机Indigo7500。按照最近看到的一则数据，我国现有单色数字印刷机7000台、彩色机29000台，此一数字大致是日本的二分之一（78940台，其中彩色机占比87.4%），美国的九分之一

（324600台，其中彩色机占比96.7%），我们同这些发达国家之间确实存在着一定的差距。

按兰达公司在Drupa 2012印刷展期间提供的数据，在全球每年50万亿页的印刷品中由数字印刷完成的量是1万亿页，占到2个百分点。中国数字印刷的年产量尚无准确统计。有专项统计数据的上海市新闻出版局告知：2010年该市数字印刷产值是5.95亿元，仅占当年上海585.7亿元印刷工业总产值的百分之一，按中国印刷科学技术研究所所长陈彦的说法，2010年数字印刷在北京印刷总产值中的占比是1.2%、深圳为1.5%。2011年，上海数字印刷产值升至6.19亿元，增幅为3.88%，这与当年上海印刷工业总产值已经达到689.586亿元（这中间有当纳利中国把总部移至上海的因素）、增幅17.74%显然不在一个水平线上。如若处于中国三个印刷圈的这三座大城市数字印刷的占比仅如此之小，推算至幅员辽阔的全国显然比重就更低。

更为严重的是，2010年上海市的统计数据告诉我们，在4606家印刷企业中，主营数字印刷业务的企业有33家（平均员工数51人），他们以53414万元总资产当年实现销售37460.28万元，一年运营的最终结果是亏损1352万元。显然眼下的数字印刷还难以为投资者带来理想的收益，自然也影响着投资者的加盟热情。

数字印刷处于起步阶段难以盈利的现状也陆续让早期登陆中国的国际性数字印刷企业选择退市，数年前，美国的快印先生宣布退出，今年美国联邦快递下属的金考连锁也宣布退出，这些企业的退出固然有他们自身的原因，但投入产出失衡显然是最根本的因素，企业总是以盈利为目的。

二、数字印刷的发展趋势

在今年5月的Drupa印刷展上风头最劲的无疑是数字印刷设备供应商，他们推出的新产品最多，印刷幅面在扩大（从A3到B2）、印刷速度在提高（柯达公司推出的鼎盛Prosper6000XL连续纸喷墨印刷机每分钟的印刷速度可以达到300米）、适印材料在不断增加（从薄膜到卡纸），陈列数字印刷设备新品的展台前人流量最大，要听兰达公司关于纳米数码印刷的演讲简直是一票难求。事实上也就是在Drupa展会开展前数日，兰达公司先后与海德堡、罗兰、小森等三家著名的传统印刷设备生产商签署了战略合作协议；德国的高宝公司在本次展会上则推出了采用当纳利数字技术的Rota jet76数字印刷机。所有这一切告诉我们，正在迎来以数字技术为代表的第三次工业革命的印刷行业，数字印刷正显现出扑面而来的架势，无论是谁都不能轻易放弃这样一个发展机会。

与数字印刷设备生产商生机勃勃向前发展的态势相对应的是传统印刷设备在全球范围内的销售不景气，2011年在世界上仅次于海德堡的第二大印刷机制造商德国曼罗兰公司申请破产保护，最后不得不对其产品进行拆分，日本的筱原公司也直接出售给了中国的大族冠华，这固然有他们自身经营的问题，也有全球性经济危机的因素，但曼罗兰以及海德堡、小森等国际性生产传统印刷设备的大公司最近数年来经济状况委靡也确实说明新技术对他们构成了挑战。

在发展数字印刷上，尚处于起步阶段的

上海东方网印选择走自愿加盟、连点成网来拓展数字印刷市场的道路符合数字技术发展的方向。东方网印由正在酝酿上市的新闻网站——东方网与香港大一印刷集团公司合资经营，采用连锁加盟的方式从上海起步逐步走向全国，最终达到不断提升数字印刷市场覆盖率的目的。选择连锁加盟是因为扩张速度快，投入资金相对较少。为了改变印刷企业习惯等客上门的做法，他们专程引进美国连锁加盟服务公司作为合作伙伴，用这家美国第一大快印公司的经营理念来改造我们现时的思维定式，最终把东方网印打造成为一个集“提供订单服务、创意设计、集中采购、物流配送、数据处理、教育培训”等于一体的现代服务型企业。

三、影响我国数字印刷发展的原因分析

事物发展总有其自身的规律，按照一家外国咨询公司的说法，对中国这样一个人口众多、市场庞大、收入与文化差别巨大的国家来说，它的发展轨迹不能简单地套用发达国家的经验，必须将别人的经验与我们的国情、现状有机结合，有些方面我们可能会比别国走得快，另一些方面我们也可能会比别国走得慢。在数字印刷的发展道路上也应该如此。

尽管“数字印刷与印刷数字化”已经被列为我国“十二五”印刷业发展的工作重心之一，尽管数字印刷设备供应商把数字印刷的明天描绘得一片光明，但截至眼下，在我国，数字印刷的业务范畴还嫌狭窄、业务总量尚嫌不足，B2C市场发育不全，还处于艰难的市场拓展期，真要形成气候还有一段很长的路要走。

影响数字印刷在我国快速增长的原因至少有以下五点。

1.偏高的设备及耗材价格制约了数字印刷产业的发展

迄今为止，我国企业应用的数字印刷机及耗材基本上为洋品牌所垄断，几年来，设备的售价虽有所下降，但同购买者心理价位比还存在不小距离。就像数年前CTP设备在中国推广速度缓慢，在国内自主品牌出现后，价格下降的空间变得愈益明显，普及的速度也随之大大加快。

2.传统出版向数字出版转型迟缓制约了数字印刷产业的发展

除了数字游戏出版机构显得欣欣向荣外，传统出版向数字出版转型的工作还显得十分迟缓，而数字出版又恰恰是数字印刷的重要服务对象，出版社转型不快自然影响了数字印刷的快速发展。与大部分人都对数字出版具有一定需求不同，建筑出图与企业的商务印刷量毕竟显得偏小。

3.与设备捆绑在一起的维修与耗材供应方式制约了数字印刷产业的发展

现时通行的设备销售后由供应商负责日常维护与耗材供应的方法让供应商成了攀附在生产商身上的寄生虫，他们不但通过设备销售挣钱，而且在生产商的生产过程中跟着抽成。因为几家国际性大公司现有设备兼用性较差，决定了设备购买后的耗材非向相应的设备供应商采购不可，变相垄断使得他们开出的价格居高不下，也使得购买者不得不敬而远之。一张A3彩色打印的抄表收费标

准在中国台湾据说是3角，在大陆却是7角，因之，最终产品的市场售价也理所当然地被推高，客观上限制了市场的消费总量。

4.短周期、低工价的小胶印制约了数字印刷产业的发展

遍布各地的小胶印以其特有的短周期、低工价满足了部分印刷产品的市场需求，这些企业往往白天接活，晚上组织生产，次日清晨交付客户。与数字印刷比，他们在价格上具有优势，对加工大众产品，他们的产品质量也能满足用户需求，这在一定程度上分流了市场。

5.统计困难客观上也让人难以把握数字印刷产业的真实状况

数字技术广泛应用于印刷领域的各个范畴，难有准确统计。比如，最先采用可变数据印刷的票据印刷，这部分产值就计算在票据印刷的总产值中，在数字印刷产值统计中难有反映，由此也降低了数字印刷的真实产值。

但无论如何，可以相信伴随着数字印刷设备及耗材价格的下降，伴随着数字印刷设备与耗材的国产化，数字印刷加速发展的春天将会到来，我们只是期盼这春天能早来一点罢了。

四、对我国数字印刷未来发展的思考

1.政府在推动数字印刷向前发展中的作用

中国的现状决定着政府对行业发展起着引领作用，是政府在制定行业发展规划，是政府在制定与发展目标相配套的优惠政策，是政府在协调关联各方的关系，是政府在确定实现目标的路径，在推进数字印刷发展上政府的作用也是如此。最早提出把“数字印刷与印刷数字化”列入“十二五”发展规划的是政府，在国内数地先后建立数字出版园区的也是政府，公允地说，积极推行用数字印刷取代传统印刷的也是政府，因为他们有承受能力，何况数字印刷对生产场地的需求与对周边环境的影响都较小。但有时政府确定的导向也会出现不接地气的情况，与现状有差异，目标设定后也不一定有明确的路线图，这是值得引起注意的。

比如“十二五”规划提出，到2015年我国数字印刷产值要占到印刷总产值的20%，如果印刷总产值以设定的10000亿元计，意味着数字印刷产值要达到2000万元，从现在到2015年大致还有三年半时间，按现有的发展态势，要实现上述目标还真让人感到忐忑。

再有，电子阅读器同样对数字印刷产品构成挑战，要阅读的对象完全可以不依赖纸媒介，在制定数字印刷发展目标的时候又是否考虑到这一因素的干扰？

毫无疑问，政府部门提出奋斗目标的本意是为了推进数字印刷行业的发展，提出的发展方向是对的，问题出在对国内的发展现状把握不够，提出发展目标后对如何实现的路径欠思考，在发展中遇到问题后有针对性地予以解决也不力。这些环节存在的问题如果不能得到切实改进，必然会影响政府部门的公信力，也会影响该行业的健康发展。

2.期盼我国的印机制造企业尽早进入数字设备制造领域

CTP技术在中国发展的历程证明，只有

相关设备与耗材的国产化才有助于行业的发展，只有掌握产品的核心技术才能在国际上有自己的一席之地。数字印刷产业期待能以较快的速度进步，同样要求数字生产设备与耗材的国产化，唯如此才有可能打破国外企业对市场的垄断，以公平合理的价格去开发市场。

现时北大方正等企业已经着手这一领域的产品开发，上海电气下属的印包机械集团也在积极酝酿进入数字印刷设备的生产领域。在他们召开的座谈会上，与会的众多企业家都表达了同一个声音：希望快点确定方向，早日拿出产品。如若是通过收购国外企业实现产品国产化，也应该在别人的基础上积极地加以消化、吸收、改造、提高，而不应满足于简单的拿来主义。

实事求是地说，中国的市场很大，地区之间的差异也很大，在需要高端设备满足市场的同时，不少地区同样需要低端的入门级产品，为此，国内的其他生产厂商也可以选择不同档次的数字生产设备作为自身企业的研发对象，从低端起步积累经验后再迈向高端。

与此同时，内地企业也应该在开发耗材上下工夫，争取把与设备市场同步扩张的耗材市场紧紧地抓在自己手上。

3. 印刷企业谨慎选择进入数字印刷业的时间

数字印刷是未来印刷业的重要一脉，这一点不容置疑，但数字印刷在国内的现状，也决定着较早进入这一领域是机遇与风险并存，我们不应因为设备供应商的诱惑过于看好眼下的市场，但有实力的单位确实不应放弃这块正在成长中市场，重要的是要清晰认识自己所处城市对数字印刷产品的需要与发展前景。只有做到"知己知彼"，才有可能"百战不殆"，在"该出手时就出手"。

俗话说："兵马未动，粮草先行"，发展数字印刷最关键的当然是员工队伍的培养，只有做好了这方面的准备，无论企业选择何时进入这一领域都能做到"手中有粮，遇事不慌"。

看清方向、储备力量、伺机出手，是国内数字印刷现状对企业工作提出的要求。让我们积极行动起来，争取数字印刷产品在整个印刷市场中占有越来越大的份额。

（本文作者为上海数字印刷行业协会秘书长、上海印刷集团顾问）

充满活力的喷墨印刷行业

中国印刷及设备器材工业协会
喷墨印刷分会

一、喷墨印刷行业发展综述

1.年度热点

（1）国产高速喷墨印刷机取得了突破。北大方正电子有限公司研制成功P5200型高速数字喷墨印刷机和L1400型标签喷墨印刷机，并代表中国喷墨印刷企业参加Drupa 2012展会。

（2）国内喷墨企业研制出陶瓷喷墨印刷机，实现了喷墨技术在陶瓷行业的成功应用。深圳市润天智数字设备股份有限公司研制的Cjet 1000型陶瓷数字喷墨印刷机荣获中国陶瓷行业新锐榜2011年度“优秀新锐产品”，上海泰威技术发展有限公司荣获“年度风云企业”。

（3）国家相继颁布并实施喷墨印刷行业的国家标准GB/T 25676.1《印刷机械 宽幅面喷绘机 第1部分：卷材型宽幅面喷绘机》和GB/T 25676.2《印刷机械 宽幅面喷绘机 第2部分：平板型宽幅面喷绘机》。

（4）国内喷墨企业相继研制成功卷材型超宽幅面五米UV喷绘机，主要研制企业有深圳润天智、上海泰威和北京恒泽基业。

（5）沈阳飞行船数码喷印设备有限公司研制出具有自主知识产权的同步双面喷绘机，并在中央电视台科教频道《我爱发明》专栏报道。

（6）国内传统印刷设备企业进入喷墨印刷行业。例如：上海电气已有喷墨印刷机生产，多元电气已与国外公司合作，贴牌销售宽幅面喷墨印刷机。

2.重点企业

（1）深圳市润天智数字设备股份有限公司。2000年3月8日成立，是我国最早研制生产数字喷墨印刷设备的企业，主要产品为卷材型喷绘机、平板型喷绘机、陶瓷喷墨印刷机等，产品销往国内外，2011年销售额为2.3亿元，拥有员工总数538人，是宽幅面喷绘机国家标准的负责起草单位。

(2) 杭州宏华数码科技股份有限公司。2001年11月21日变更设立，主要产品为纺织数字喷墨印刷机、地毯数字喷墨印刷机、广告喷绘机等，产品销往国内外，2011年销售额为1.97亿元，拥有员工总数276人。

(3) 北大方正电子有限公司。2005年起介入喷墨印刷业务，主要产品为可变数据喷墨印刷系统、标签喷墨印刷机和书刊喷墨印刷机。

(4) 上海泰威技术发展有限公司。主要产品为卷材型喷绘机、平板型喷绘机、陶瓷喷墨印刷机等。

(5) 北京恒泽基业科技有限公司。主要产品为卷材型喷绘机、平板型喷绘机等。

(6) 沈阳飞行船数码喷印设备有限公司。主要产品为卷材型喷绘机、平板型喷绘机。

(7) 浙江工正科技发展有限公司。主要产品为卷材型广告喷绘机、卷材型写真喷绘机等。

(8) 上海锐颜数码科技有限公司。主要产品为卷材型喷绘机、平板型喷绘机。

(9) 上海雅色兰数码设备有限公司。主要产品为卷材型喷绘机。

(10) 上海骜巍机电科技有限公司。主要产品为卷材型喷绘机、热升华喷绘机。

3.技术研发

喷墨印刷技术是随着计算机信息技术的进步而发展起来的，最早在广告喷绘行业得到应用，随后在纺织品印刷、陶瓷印刷、出版印刷、标签印刷、包装印刷等方面得到广泛应用。

我国喷墨印刷技术是从20世纪初开始起步的，经过十几年的技术攻关，已在多个领域取得了技术突破。

(1) 在广告喷墨印刷领域。2000年，深圳润天智、上海雅色兰研制出我国最早的宽幅面广告喷绘机，打破了国外产品垄断中国市场的局面，填补了国内空白。随后，UV型喷绘机、平板型喷绘机、超宽幅面喷绘机等陆续问世，在全国各地不断有新的喷墨印刷设备生产企业诞生，行业规模越来越大，技术水平越来越高，整体技术已经赶上国际先进水平，部分技术为世界领先水平。

(2) 在纺织品喷墨印刷领域。杭州宏华于2000年研制出我国最早的纺织品喷墨印刷机，接着又研制出纺织品导带式喷墨印刷机、地毯喷墨印刷机等，成为我国纺织品喷墨印刷生产的主要企业。

(3) 在高速喷墨印刷领域。北大方正从2005年开始作喷墨印刷的普及性调研，是国内最早做高速喷墨印刷设备的企业。目前，已经形成了H、L、P三个系列的产品，H系列为可变数据喷墨印刷，P系列为标签喷墨印刷，L系列为书刊喷墨印刷。

(4) 在陶瓷喷墨印刷领域。上海泰威和深圳润天智分别于2010年和2011年研制成功陶瓷数字喷墨印刷机，得到了陶瓷企业的普遍认可，在陶瓷界掀起喷墨热潮，加快和促进了中国陶瓷喷墨印刷的进程。

我国喷墨印刷技术水平不断提高和完善，已经积累了丰富的自主知识产权。截至2011年，已经拥有发明专利30多项，实用新型专利120多项。其中，深圳润天智拥有发明专利14项，实用新型19项；北大方正拥有喷墨印刷发明专利13项，实用新型8项；杭州宏华拥有发明专利6项，实用新型52项；沈阳飞行船拥有发明专利2项，实用新型3项；上海泰威拥有发明专利1项，实用新型21项；浙江工正拥有实用新型15项，北京恒泽基业拥有实用新型1项。

4.喷墨印刷设备分类

由于喷墨印刷技术具有非接触、无压力、数字化等特点，除了用于传统广告领域外，在其他领域喷墨印刷技术也得到了广泛的应用。按照应用行业或承印介质的不同，喷墨印刷设备细分为以下几类。

（1）广告业喷墨印刷机。喷墨印刷技术起源于广告印刷业，主要用于户外户内广告、标识、装饰等，包括卷材型宽幅面喷绘机、平板型宽幅面喷绘机、平卷两用型宽幅面喷绘机等。

（2）出版业喷墨印刷机。主要用于书籍、报纸、刊物的喷墨印刷，可以做到一本或一份起印、按需出版，包括单张纸喷墨印刷机和卷筒纸喷墨印刷机等。

（3）纺织业喷墨印刷机。用于各类纺织面料的喷墨印刷，包括坯布直喷印刷机和热转印喷墨印刷机等。

（4）陶瓷业喷墨印刷机。用于地面瓷砖和墙面瓷砖的喷墨印刷，主要有非扫描型陶瓷喷墨印刷机和扫描型陶瓷喷墨印刷机。

（5）服装业喷墨印刷机。用于各类服装的喷墨印刷，包括成品服装喷墨印刷机（如T恤衫喷墨印刷机）和半成品喷墨印刷机（如衣片喷墨印刷机）等。

（6）包装业喷墨印刷机。用于各类包装制品的防伪和可变数据喷墨印刷，例如烟酒包装喷墨印刷系统、化妆品包装喷墨印刷系统、药品包装喷墨印刷系统。

（7）玻璃业喷墨印刷机。主要用于各类玻璃的装饰装潢的喷墨印刷，例如移门玻璃、幕墙玻璃、汽车玻璃、橱窗玻璃、家电面板玻璃、家具玻璃等。

（8）制版业喷墨印刷机。主要包括胶片喷墨印刷机和网版直接喷墨印刷机。

（9）其他喷墨印刷机。如模型喷墨成型机、食品喷墨印花机、皮革喷墨印刷机等。

5.喷墨印刷的主要上游技术

（1）计算机与软件技术。计算机信息和数据处理技术是喷墨印刷技术的基础，并且促进喷墨印刷技术不断发展。

（2）喷头制造技术。喷头是喷墨印刷机的核心部件，喷墨印刷的很多技术是围绕喷头来展开的。

（3）机械、电子及自动化技术。喷墨印刷设备是一种自动化程度较高的设备，喷头运动、介质运动、喷墨控制等，都是自动有序运行的。

（4）墨水制造技术。喷墨墨水是喷墨印刷设备的主要印刷原料。某种新型墨水的开发成功，就意味着一种新型喷墨印刷设备的出现。

6.喷墨印刷的主要下游领域

（1）房地产业。房地产墙体立柱等户内外广告一般都是用喷墨印刷制作的。

（2）出版业。小批量的出版物用喷墨印刷成本将更低。

（3）高速公路。高速公路两旁的大型广告多为喷墨印刷。

（4）展览业。各种展览会的展板、标识、背景墙等大多是用喷墨印刷制作的。

（5）家居装修业。个性化的家居装修经常需要用喷墨印刷来表现个性化的图案和效果。

（6）包装业。小批量包装印刷以及可变数据包装，例如高档烟酒可变数据包装、化妆品和药品的可变数据包装等，喷墨印刷在此可以大显身手。

（7）家电业。家电面板装饰（如冰

箱、空调等），使用喷墨印刷来替代丝网印刷的越来越多。

（8）商场超市百货。大型商品宣传海报多数是用喷墨印刷机印刷的。

（9）纺织印花业。传统的纺织印染技术由于能耗高、污染大等，将有一部分被喷墨印刷取代。

（10）陶瓷印花业。传统的陶瓷丝网印花和辊筒印花技术，由于不能适应陶瓷墙地砖多品种、小批量、时尚化的发展趋势，陶瓷喷墨印刷将有广阔的发展空间。

（11）服装印花业。传统的服装印花工艺，由于精度低、废品率高、工期长、小批量成本高等缺点，将逐渐被喷墨印刷替代。

（12）大型活动。各种大型活动，如演出、促销、运动会、节庆、典礼、集会、论坛、演讲等，都需要用喷墨印刷制作背景墙、展示板等来造势助威。

二、喷墨印刷行业发展态势及未来走势

1.中国喷墨印刷行业得到国家重点支持，未来几年将稳健增长，快速发展

《印刷机械行业“十二五”发展规划》指出：数字印刷和印刷数字化成为印刷工业发展的主要方向，数字印刷机重点是喷墨数字印刷机。“十二五”期间，印刷装备制造业要加大数字印刷机，尤其是喷墨数字印刷机的研发力度。主要目标是：研发具有自主知识产权的系列化喷墨数字印刷机，关键部件研发取得突破，打破进口产品的垄断局面。2015年国内市场占有率达到35%。

喷墨印刷是一门新型技术，中国喷墨印刷行业是一个朝阳行业，除了广告领域和装饰装潢领域外，多个工业经济领域（如出版印刷、陶瓷工业、印染工业、服装工业等）对喷墨印刷技术的需求也十分迫切，未来几年中国喷墨印刷行业必将稳健增长，快速发展。

2.多种新型喷墨印刷机将研制成功，喷墨印刷成为多个行业的主流印刷技术

喷墨印刷技术将向多个技术领域渗透，在多个工业经济领域得到广泛应用。在国家有关部委的支持下，在国内重点喷墨印刷企业和科研院所奋发努力、协同攻关下，我国将研制成功多种新型喷墨印刷机（如单张纸喷墨印刷机、卷筒纸喷墨印刷机、高速纺织面料喷墨印刷机、工业服装喷墨印刷机、包装喷墨印刷机、玻璃喷墨印刷机、PCB喷墨印刷机等），已有的广告喷墨印刷机、陶瓷喷墨印刷机、标签喷墨印刷机、可变数据喷墨印刷系统等将更加完善，喷墨印刷将成为多个行业的主流印刷技术。

3.喷墨印刷技术将列入教科书，高等院校开设相关专业

喷墨印刷技术的快速发展和在多个工业经济领域的普及应用，带来了对喷墨印刷技术的知识需求和人才需求。高等院校有关专业将把喷墨印刷技术列入教科书，推广普及喷墨印刷技术知识；甚至有高等院校将增设喷墨印刷专业，为中国喷墨印刷行业培养更多的专业技术人才。

4.中国喷墨印刷技术逐步走向成熟，赶超世界先进水平

经过几十年的技术积累，中国的喷墨印

（下转41页）

2011年机关文印工作的发展特点

中国印刷及设备器材工业协会
快速印刷分会

随着国家机关电子政务的飞速发展，机关文印部门承担了许多政务电子化的工作。机关内部电子公文的定稿、成型、印制、发送、上网的电子公文及其标准格式，皆由文印部门完成。事实证明，机关文印工作是机关政务工作的延伸，对党、政机关颁布政策、政令重要环节之一，在贯彻落实党和国家的各项方针政策，保证本机关各项工作的有效运转方面，发挥了重要作用。

当前机关文印工作呈现如下几个特点：急件多、份数少、时间紧、要求高、彩色活增多。数字印刷设备非常适应机关文印小批量、多品种和急件的印刷，为机关文印〝快速、准确、高效、优质、保密〞完成印刷任务提供了物质基础和保证。近几年，全国党政机关文印部门基本都引进并采用了数字印刷设备和技术。目的是解决机关应急的印刷任务。党政机关文印部门的服务内容、服务对象、服务要求极其严格、严密，工作不能出现一丝差错，错一点就会造成很大的原则问题。认真完成每一单任务是机关文印从业人员的最低工作准则。〝优质、高效、保密〞三原则决定了机关文印设备要高品质、高效率、服务至上。国内外几大品牌印刷设备都有力地推动了我国党政机关文印从传统印刷向数字印刷的发展。但目前我国机关文印部门使用的数字印刷设备完全依赖进口，设备价格高，维修成本高，零部件更换昂贵，造成了印刷成本高，如果以上问题得以解决，数字印刷就会在全国党政机关迅速发展和广泛应用。随着党政机关电子政务不断深入发展，机关文印人员逐年减少，数字印刷一体化（即时成册）将是机关文印的发展趋势和需求。

（上接40页）

刷技术与世界先进技术的差距正在缩小，有些技术已经接近世界先进水平。过去我国的喷墨印刷技术主要是靠企业自身研发和发展的，逐渐形成了一定的规模。今后有了国家的政策支持和资金支持，必然会加快我国喷墨印刷技术向前发展的步伐。

我国喷墨印刷设备将趋向环保化、节能化、集成化、自动化、高速化、网络化、信息化、远程化；喷墨印刷企业将走向国际化、集团化、现代化；喷墨印刷工艺将实现多品种、小批量、一件起印、按需印刷、随用随印；喷墨印刷产品将实现个性化、自助化、时尚化。喷墨印刷技术的核心关键部件将实现国产化，喷墨印刷技术应用成本大幅度降低并应用到多个工业经济领域，喷墨印刷技术将促进多个工业经济领域的技术革命以及产品与工艺的升级换代。

我国的喷墨印刷技术水平能够尽快赶上世界先进技术水平，部分技术将成为世界先进水平。我国的喷墨印刷将形成一条或多条产业链，喷墨印刷产业将成为国民经济不可或缺的重要组成部分。

我国印刷专业教育的发展现状

蔡吉飞 杜明芳

我国印刷专业教育从20世纪50年代起到现在走过了近60年的发展历程，在老一辈教育家、科学家和工程技术人员的共同努力下，取得了巨大的进步。据统计，到目前为止，印刷高等教育毕业生累计达5万人以上，职业教育毕业生累计达30万人以上。印刷专业教育的发展为我国印刷业的进步作出了巨大贡献，但近年来印刷业技术和产业革命的深化也对印刷专业教育提出了新要求。

一、主要印刷专业院校

我国印刷高等教育的典型代表是北京印刷学院、西安理工大学、武汉大学、郑州工程大学等。以印刷高等教育为主的北京印刷学院前身是中央工艺美术学院的印刷工艺系，1978年国务院正式批准以该系为基础成立北京印刷学院。经过20多年的快速发展，北京印刷学院目前已成为在校生规模近万人，以印刷、出版为特色的传媒类大学。近年来随着印刷业的快速发展，在原有典型院校之外，上海理工大学、南京林业大学、曲阜师范大学、江南大学等近20家院校也陆续开设了印刷方面的相关专业。

我国印刷职业教育的典型代表是北京人民机器厂（现北人集团）和上海人民机器总厂（上海电气印刷包装机械集团）当初所开设的职工技术学校。当时这两所学校主要用来为自己培养技术工人，没有真正为社会提供教育服务。20世纪60年代成立的上海出版印刷高等专科学校是我国印刷职业教育人才培养的摇篮，她是一所真正面向全社会招生、面向全社会服务的印刷职业学校，其培养的很多人才都成为印刷行业的骨干力量。直至今日这所学校仍然持续焕发出巨大的活力，是印刷行业职业教育的典范。除了上海出版印刷高等专科学校外，我国还有很多公办和民营的印刷职业教育学校，在中等职业教育层次，广东、江西、辽宁、山东、江苏、上海、广西、安徽、陕西、新疆等省市区新闻出版系统都设有以印刷、出版专业为特色的职业技术学校；在高等职业教育层次，深圳职业技术学院、安徽新闻出版职业技术学院等十几所院校都开设有印刷专业。据统计，全国每个省至少有2～3所学校开设印刷相关专业。

作为印刷专业教育体系的重要组成部分，北京印刷学院和西安理工大学的继续教育也为印刷行业人才队伍质量的改善提供了方便条件。北京印刷学院从1985年开始开办函授教育，至今已有上万人毕业于继续教育学院。继续教育的特点是多样化，有学历教育，又有短期的培训学习，充分考虑了在职人员的特点和需求，在印刷专业人才的培养中发挥了独特的作用。

二、印刷专业教育存在的问题

从发展历程看，过去30年是我国印刷专业教育发展最快的阶段，印刷专业教育又为我国印刷业的进步提供了有力支撑。正是由于大量受过专业教育的人才进入企业一线，我国印刷企业的管理水平得到了持续、稳定的提高，国际竞争力不断增强，一举改变了20世纪80年代初我国印刷技术水平落后，大量高档画册需要到国外印刷的局面，并在国际竞争中树立了“中国印刷”的声誉，目前中国已成为世界最大的印刷基地之一。

尽管印刷专业教育取得了巨大进步，但是与我国庞大的印刷行业相比，印刷专业教育的发展远远不能够满足行业对专业人才的需求。据了解，部分内陆中小型印刷厂几乎从来没有接收过受过专业教育的印刷员工，个别企业甚至不知道国内有印刷类专业院校。除了人才数量不能满足行业需求外，人才培养的质量也与印刷企业的期望有一定距离。多数企业希望印刷专业毕业生能够表现出“技高一筹”的能力，但部分学生的表现与此相差甚远。

关于人才培养质量的问题，有的人说是实践环节问题，有的人说是教材问题，有的人说是师资水平问题，实际上这三方面的问题都不同程度地存在。实践环节问题主要与相关院校的资金实力有关。印刷实践环节需要的实习设备和耗材比较多，所需投资较大，因此很多学校的校内实验基本上都成了走过场，达不到实践锻炼的效果。教材也是影响教育质量的一个重要因素，现在使用的一些教材内容比较陈旧，与企业实际生产的技术要求相差甚远，个别教材甚至出现一些错误观点等。至于教师水平确实也是所有问题中最重要的因素，教师水平低主要体现为理论和实践相结合的能力较弱。能讲不能做，能做不会讲仍然是目前印刷院校存在的普遍问题。

上面所述的这些问题虽然都存在，但也都在不断地改进和完善。进入21世纪以来，以北京印刷学院为代表的印刷专业类高等院校在印刷教育和科研方面的投入大幅增加，教学设备和科研仪器都得到增强，教学环境明显改善，教学和科研成果也逐步增多。

自2008年以来，国家有关部门每两年

组织一次全国印刷行业职业技能大赛，这对职业教育的发展起到了重要的推动作用，主要表现在以下几个方面：一是观念上取得了统一，这是技能大赛最重要的意义之一。原来很多学校都是根据自身情况，制定本单位的相关标准和要求，而有些标准和要求与国家的标准和要求有比较大的差距，现在这种差距正在逐渐缩小，很多学校甚至把全国技能大赛的成绩作为学校办学质量高低的风向标。二是促进了专业教材建设。部分学校直接利用统一发行的职业培训教材作为本单位的教材，也有些单位结合技能大赛的要求编制了一些补充教材，这些教材在与实践结合方面比以往有了很大提高。三是促进了学校的实践教学。为了提高学生的动手能力，部分学校大幅度增加了软硬件投入，有些学校直接把生产一线的高水平技师或工程师聘请到学校给学生带课或指导学生实习。还有些学校修改教学计划，提前将学生送到工厂一线锻炼。由于这些措施的实施，印刷教育质量得到了大幅度的提升。

三、印刷专业教育的发展方向

尽管我国印刷专业教育的发展已取得了巨大进步，但仍然存在很多可以改进的地方，主要表现在以下几个方面：

1.结合国际和国内大赛要求，调整教学标准和要求。按照这个标准和要求，细化教学计划，确保教学内容和教学过程能够满足高技能人才的培养要求。

2.打造一批精品课程，确保学生愿意听，愿意学，有收获，有提高。

3.加强教学方法研究，特别是实训方法研究，探索如何用标准程序在最短的时间内使学生收益最高。

4.培养一批高水平的师资队伍。通过内部培养或将职工组技能大赛表现突出的一线技师请到学校，来指导学生实践实习工作，解决教师队伍实践经验不足的问题。

5.加强本科学生的实验实践能力。本科生理论知识学习过多，实践环节偏少，因此必须通过增加实践环节提高其动手能力，如充分利用假期到工厂进行生产实习等。

6.对于本科生加强综合能力培养，对于专科生要加强专业培养，防止样样通，样样松。

7.加强本科高等院校的科学研究，促进行业技术进步。目前行业上出现的部分问题是单靠现有知识不能解决的，需要通过与高校合作，进行科研探讨，才能找到解决问题的手段和方法。

8.加强国际交流，学习国外的先进教学方法，争取在最短时间内，使我国印刷专业教育达到国际先进水平。

9.改善工作环境，提高工作效率，吸引更多的青年人投入到印刷行业，为推动我国印刷行业向前发展作出更大贡献。

（本文作者任职于中国印刷及设备器材工业协会教育与培训工作委员会）

设备篇

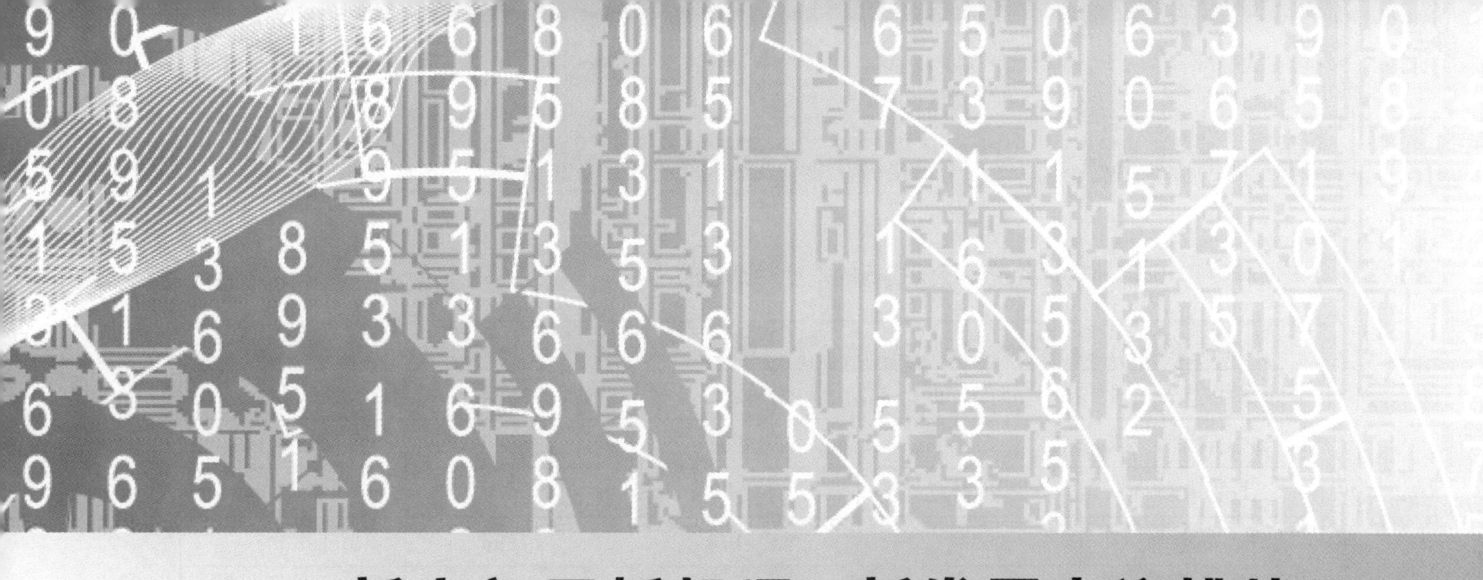

新空间里抓机遇　新发展中迎挑战

——2011 年1～4季度印机行业68家企业经济指标完成情况分析

中国印刷及设备器材工业协会
印刷机械分会

2011年是"十二五"起始之年，从1～4季度主要经济指标的汇总情况看，除利润总额外，其他指标与同期比均是增长态势，其幅度一般为两位数，开局良好。但是，季与季比，增幅回落下降，预计未来将走上平稳增长的正常轨道。

一、 2011年经营情况

从表1、表2可以看出，2011年各项指标完成情况基本走势为：一季度回升，二季度冲顶，三季度下降，四季度微增。主要企业主要经济指标呈现如下特点。

表1　2011年68家印机企业主要经济指标对比情况　　单位：万元

指标名称	2011年 1～4季度	2010年 1～4季度	同比增长 %	2011年 4季度	2011年 3季度	同比增长 %
工业总产值	781303	673209	16.06	207747	195554	6.24
工业销售产值	757504	682896	10.93	197501	183825	7.44
工业增加值	228603	203473	12.35	52346	47469	10.27
产品销售收入	745209	676416	10.17	195922	177624	10.30
利润总额	61466	64017	−3.98	15048	14202	5.96
成本费用总额	665384	604101	10.14	174062	166246	4.70
出口交货值	70524	59255	19.02	18819	18716	0.55
新产品产值	459811	371274	23.85	155513	110159	41.17

表2　2011年68家印机企业主要经济指标的季度对比情况　　单位：万元

指标名称	一季度	二季度	三季度	四季度
工业总产值	171839	206163	195554	207747
工业销售产值	169971	206207	183825	197501
工业增加值	54447	74341	47469	52346
产品销售收入	167487	204176	177624	195922
利润总额	22213	18010	14202	15048
成本费用总额	164431	160645	166246	174062
出口交货值	13843.4	19146	18716	18819
新产品产值	86112.8	108026	110159	155513

1.利润总额增幅低于产品销售收入增长

在68家企业中，产品销售收入同比增长的有49家，占企业总数72%，同比减少的有19家，占28%；其中产品销售收入超过亿元的有20家，占29%，首次突破亿元关口的有海贺胜利和汕樟轻工，青岛瑞普和上海紫宏又恢复至以前较高的水平，再次破亿元大关。

在68家企业中，利润总额同比增长的有35家，占企业总数51.5%；同比减少的有20家，占29.4%；亏损的有13家，占19.1%。其中：赢利超千万元的企业有14家，分别是天津长荣（17609万元）、高斯图文（7354万元）、大族冠华（4727万元）、中山松德（4056万元）、中景集团（3047万元）、深圳精密达（2754万元）、华光精工（2196万元）、海贺胜利（1681万元）、潍坊东航（1491万元）、汕樟轻工（1232万元）、陕西北人（1216万元）、上海紫光（1159万元）、好利旺（1107万元）、光华光神（1102万元）。

2.重点企业主要经济指标完成出色

按照新颁布的企业规模标准，我们将年度产品销售收入超过5000万元以上的38家大中型企业的产品销售收入、工业增加值和利润总额进行统计、比较，从中可以看到企业经济运营情况的趋势。

在38家企业中（见表3），产品销售收入和利润总额较2010年“双增长”的有20家（带“※”企业），这些企业在行业完成2011年各项指标中发挥了举足轻重的作用。

表3　2011年38家大中型企业主要经济指标完成情况　　单位：万元

企业简称	产品销售收入			工业增加值			利润总额		
	2011年	2010年	同比增长%	2011年	2010年	增减%	2011年	2010年	同比增长%
北人	103523	104064	−0.52	22026	16000	37.66	2431	5618	−56.73
※高斯	60165	52305	15.02	17547	16212	8.23	7354	6944	5.91
光华	42178	44853	−5.96	4725	11055	−57.26	−458	1465	−68.74
※长荣	57366	39805	44.12	24889	16491	50.92	17609	9153	92.39

续表

企业简称	产品销售收入			工业增加值			利润总额		
	2011年	2010年	同比增长%	2011年	2010年	增减%	2011年	2010年	同比增长%
大族冠华	35631	38074	−6.42	17998	19316	−6.82	4727	13161	−64.08
陕西北人	37165	30491	21.89	10272	9617	6.81	1216	1448	−16.02
中景	24186	23752	1.83	9973	9856	1.19	3047	3079	−1.04
昌昇	21596	21551	0.21	5250	5311	−1.15	559	793	−29.51
※松德	24739	20158	22.73	8988	5750	56.31	4656	3537	31.64
※华光精工	18577	18196	2.09	7672	6489	18.23	2196	2153	2.00
※亚华	18539	15011	23.50	4795	1736	176.21	503	451	11.53
精密达	10954	12951	−15.42	6565	6513	0.80	2754	1163	136.8
威海	12415	12320	0.77	7582	8373	−9.45	936	966	−3.11
紫光	13767	12271	12.19	4380	4428	−1.08	1159	1624	−28.63
华太	10620	10510	1.05	1539	425	262.12	425	425	持平
菏泽	11919	10129	17.67	2327	2101	10.76	60	164	−63.41
※瑞普	10497	9823	6.86	1791	1761	1.70	718	575	24.87
神力	9603	9765	−1.66	528	469	12.58	224	203	10.34
※汕樟	12076	9745	23.92	1280	832	53.85	1232	786	56.74
※紫宏	10471	9714	7.79	3734	3359	11.16	736	600	22.67
※海贺胜利	13817	9641	43.32	5680	2936	93.46	1681	953	76.39
※东航	9385	9231	1.67	5325	5205	2.31	1491	1488	0.20
蓝宝	9252	8050	14.93	2997	2932	2.22	470	547	−14.08
滨田	6346	8008	−20.75	3379	1402	141.01	408	241	69.29
※申威达	9050	8007	13.03	3034	3660	−17.10	404	164	146.34
紫明	5841	7872	−25.80	886	1944	−54.42	−446	391	−14.07
通业	7176	7034	2.02	2350	2767	−15.07	295	376	−21.54
※爱凯思	7095	6836	3.79	2560	2355	8.70	742	673	10.25
※光华光神	8754	6531	34.04	3032	1695	78.88	1102	1082	1.85
咸阳超越	4942	6247	−20.89	2293	3359	−31.74	495	700	−29.29
※德拉根	7865	6080	29.36	965	680	41.91	246	230	6.96
※利通	6132	6052	1.32	2313	2326	−0.56	374	370	1.08
※新星	6828	5879	16.14	1205	1646	−26.79	888	639	38.97
※好利旺	6433	5581	15.27	1899	1336	42.14	1107	908	21.92
※北人富士	6828	5849	16.74	2730	2328	17.27	204	85	140.00
※正博	5526	5168	6.93	1199	1109	8.12	324	310	4.52
※长春印机	5352	5008	6.87	2079	1961	6.02	304	179	69.83
华威	4907	5058	−2.99	1056	1308	−19.27	343	309	11.00

3.新产品产值占总产值比重大

2011年新产品研制工作成绩突出，产值达459811万元，占总产值58.9%，较去年同期增长3.8%。

据22家科技进步企业调查表统计，共研制新产品77种，申报专利200项。其中发明专利56项，占28%；实用专利135项，占68%；外观专利7项，占4%。22家企业科技总投入24147万元，占其产品销售收入的5.8%。天津长荣、陕西北人、深圳精密达、上海华太、上海紫光、长春印机、浙江蓝宝、浙江通业、上海紫宏、上海光华、华光精工、威海印机和青岛瑞普等企业表现突出。

回顾2011年国家颁布的一系列政策和产业指导方针，都十分明确而突出地提出了"数字印刷"和"绿色印刷"，这也正是印机行业"十二五"期间要不遗余力去奋斗突破的两大主题。经过一年的努力，行业中涌现了不少创新先行者。

上海电气集团全资收购高斯国际实行产地转移战略后，高斯图文（中国）首台环球75彩色轮转胶印机落户中国市场；天津长荣首创MK21060STE机组式双工位烫金模切机和MK420多镜头式品质检查机，为印刷业提升印后加工效率、空间利用率以及降低产成品损耗带来全新的节能降耗产品；深圳精密达与美国柯达公司合作推出两款世界首创的按需印刷一体化印后装订设备数码机器人500和数码机器人2000型；上海紫光与北大方正合作研制PM520数字喷墨印刷机，紫光负责印刷机的机械部分，这一产品不仅填补国内空白，而且完全可以与国际品牌产品相媲美；北人富士推出890mm幅宽的绿色柔版书刊印刷机，完全达到以宽幅柔版印刷规格满足窄幅柔性版精细图文印刷要求，实现产业化；杭州科雷机电工业有限公司推出超大面UV直接制版系统VLF；大族冠华研制开发出HD1160、HD670和HD560热敏计算机直接制版机；陕西北人研制出新型无溶剂环保型复合机……

4.产品出口不稳定

由于国际经济复苏仍处于不稳定状态，加之欧洲债务危机深化，全球经济面临一定威胁，这在印机产品的出口中也有体现。据统计，2011年出口交货值呈现"前低中间高后又低"的状态。

68家企业第一季度出口交货值为13843万元；第二季度为19046万元，增长37.6%；第三季度为18716万元，减少1.7%；第四季度为18919万元，增长1.1%。

5.平张纸多色胶印机小幅增长

在平张纸多色胶印机中，北人销售1.5万/时的对开机共20台，替代了部分进口产品。在对开机生产企业中，又增添了威海印机、华光精工和大族冠华3家，变成7家。从产品结构上看，八开机呈现减少态势，四开机呈现较快增长的态势，全张机呈现增幅较大的态势。这反映了平张纸多色胶印机生产销售在由小幅面向大幅面转向调整。表4是国内11家多色胶印机生产企业2011年市场销售情况。

表4　2011年国内11家多色胶印机生产企业销售情况　　台／万元

产品 年度	八开机	四开机	对开机	全张机	合计
2011	449／27193	896／102441	113／41471	27／12044	1485／183151
2010	508／34725	772／92373	115／39978	17／6238	1412／173314
台数 ±%	−11.7	16.0	−1.8	58.8	5.2
金额±%	−21.7	10.9	3.7	93.1	5.7

二、看准方向 迎接挑战

1.印刷复制业发展空间广阔，升级换代促增长的潜力大

据新闻出版总署发布的《2011年新闻出版产业分析报告》指出，2011年印刷复制业（包括出版物印刷、包装装潢印刷、其他印刷品印刷、专项印刷、打字复印、复制和印刷物资供销）实现营业收入9305.4亿元，增长17.5%；增加值2324.9亿元，增长9.6%；利润总额614.6亿元，增长6.3%。

在新闻出版行业的各个门类中，印刷复制业主要经济指标均位居第一：营业收入占全行业63.9%，增加值占57.8%，总产出占63.9%，利润总额占54.5%。

2.包装装潢印刷市场新地域、新领域扩展的潜力大

据中国印刷及设备器材工业协会统计：2006年包装印刷工业产值达1235亿元，2007年达1400亿元，增长13.4%；2008年达1560亿元，增长11.4%；2009年达1715亿元，增长9.9%；2010年达1980亿元，增长15.4%。“十一五”期间平均以12.9%的速度增长。

根据历年统计分析，在包装装潢印刷的四类基材中：纸质约占50%，塑料约占25%，金属、玻璃约占25%。而新型包装的环保材料不断推出，将会打破传统的四大基材比例，扩展新领域。

在印刷复制业里，东北、中西部仅占总产值20%～30%，其地域的扩张潜力极大。

3.高端印刷机械进口增速超常，替代进口的潜力大

据海关统计：2006年高端印刷机械进口总额为16.5亿美元，2007年为17.8亿美元，增长7.9%；2008年为17.3亿美元，减少3%；2009年为14.2亿美元，减少18%；2010年为22.9亿美元，增长61.3%（2009年基数低）。2011年1～3季度进口总量19.2亿美元，相当于2010年的83.8%。

在进口印机产品中，单张纸多色胶印机每年平均进口额10亿美元（约合63亿元人民币），是各类印机产品中进口最多的一类，占总进口额的40%～42%；2010年数字印刷机进口额8388万美元（约合5.3亿元人民币）、数字喷墨印刷机进口额2.08亿美元（约合13亿元人民币），合计2.92亿美元(约合18.3亿元人民币)，占总进口额的12.7%，跃居印机产品进口第二位，增长速度是第一位；数字印刷机2010年较2009年增长52%，喷墨印刷机增长43%。

4.印刷机械出口量大值低，中高档替代中低档产品潜力大

据海关统计：2006年我国印刷机械出口总额为5.3亿美元，2007年为6.9亿美元，增长30.2%；2008年为9.8亿美元，增长42%；2009年为5.9亿美元，减少40%；2010年为10.9亿美元，增长84.7%（2009年基数低）。2011年1～3季度出口总量9.1亿美元，相当于2010年的83.5%。

在2010年出口的20种产品中，单台价值10万元人民币以上的有8种，其余12种单台价值最贵的为2.78万元人民币，最低的仅700元人民币。部分低端出口产品得以存在，主要仰仗低人工成本，低资源成本和出口退税政策，但长此下去，必将被市场淘汰。

三、2012年，改革为关键

2008年以来，全球经济被危机的阴影笼罩。回首2011年发生的诸多改变，或许不亚于2008年。变化仍将持续，在2012年，变化或许会在更多的地方升级为改革。

2012年，对世界经济很关键，对中国经济更关键。从微观看，企业库存增加、应收货款增加、应收款回收质量低、设备订单不足等等，都能反映出2012年市场形势偏紧，不可低估形势。从宏观上看，温州民营企业的“跑路”现象给中国经济发出了警报，并促使民间借贷走向前台在制度层面获得合法地位；产品的物价指数（CPI），逼迫决策层审视曾经的货币政策，央行提出适时适度预调微调货币政策；2011年前十个月，我国外贸进出口总值2.9万亿美元，超过2010年同期的水平，其中进出口增速均高于上年全年平均水平，贸易顺差1240.2亿美元，收窄15.4%。人民币汇率的升值，有利于进口的增加，再加上国家扩大内需，平衡国际贸易收支，未来进口增速将会继续强于出口。2012年几个突出课题：小微民营企业的发展、通胀的走势、人民币汇率稳定均衡升值的趋势、外贸进出口政策的调整等等，都正在从不平衡到平衡的调控之中，但是要解决深层次的课题，化危为机，必须继续改革。面对2012年的严峻形势，我们改革什么？

1.不能再只靠资源发展。印机行业虽取得快速发展，但其中隐藏的问题不容忽视。我们一定要清醒地认识到，行业赚钱几乎是靠资源换取的，靠劳动密集换取的，靠环境污染换取的。因此，要改革传统的企业发展思路和发展模式，降低资源消耗，提升技术含量，增强民族品牌的竞争力。

2.不能过度依赖出口。由于欧债危机和世界经济缓慢复苏，外部印机产品需求受到巨大冲击，对部分出口型企业讲，这是2012年面临最大挑战。因此，要改革，未来产品结构要更进一步靠近消费者需要，让扩大内需成为促进企业发展的重要因素。要改革，未来出口产品要向中高档结构调整，不能走量大值低的中低档产品出口老路。

3.不能粗线条规划未来。在多变的今天，企业战略决定企业走向，决定企业用什么样的方式参与市场竞争，也决定了企业的商业模式。至于外部经济环境、市场环境、政策环境，大家都处在同一个竞争环境之下，印机企业中成功的很多，失败的也有，区别在于不同的企业确立了不同的定位、采用了不同的策略和战略。部分印机企业尚没有清晰的战略，现有的战略较粗放。譬如：我们要做什么产品，做多大规模？产品做到什么样的高度和水平？产品主攻什么市场，拥有什么样的优势？打造产品竞争力和品牌还缺乏什么……

4.不能低小散发展。印机行业的十个产业聚集地里，有优势龙头企业，但尚有相当数量的技术水准低、规模水平小、区域分布散的企业，在转型升级中，既没有技术再生能力，又没有资本和人才储备，只好跟形势、追潮流盲目发展，稍有风吹草动，便摇摇欲坠，难以维继。这些小微企业首先要走整合提升的道路，整合是指在产业集群里同类产品的企业走向联合，组建相对较大的企业；其次才能走好升级转型之路。

5.不能只埋头机械技术的创新。印机行业中许多企业都是传统机械制造起家，对机械制造富有经验，底蕴深厚。改革开放后，吸取了国外先进技术，不断消化，不断创新，大大推动了我国印刷机制造业水平提升。但是，在当前科技日新月异的年代，网络技术、数字技术、智能技术广泛应用于各行各业，给各行各业的发展带来了本质上的变化，形成新的效益增长点。而我们有些企业对新兴产业不接触、不了解、不熟悉、不参与、不结合、不推进，固守传统，坐等新兴。“十二五”期间，印刷行业将继续走科技创新之路，大力发展数字印刷、绿色印刷。印机制造业要紧紧与IT行业、数字制造行业，智能化技术相结合，以求尽快走上工业化和信息化相结合的发展之路，把产业联盟、技术联盟和产学研用相结合的工作落到实处，让“高不成、低过剩”的产品结构得到调整。

6.不能忽视人才培养。随着技术更新，产品的升级和企业转型，人才已成为企业发展中不可或缺的资源。高端制造业所需人才，既要受过良好的基础教育，也要有一定的实践经验。掌握机械、电气，甚至数字技术、经营管理等知识的全方位人才更需规划和培养，以保证企业的可持续发展。

四、2011年1～4季度印机行业经济效益综合指数及主要经济指标企业排序

表5 印机行业经济效益综合指数

指标 / 标准值 / 年份	经济效益综合指数（%）	总资产贡献率（%）	资产保值增值率（%）	资产负债率（%）	流动资产周转率（次）	成本费用利润率（%）	全员劳动生产率（元/人）	产品销售率（%）
指数值	100	10.7	120	60	1.52	3.71	16500	96
2011年1～4季度	176.99	9.02	105.00	46.23	1.07	9.24	127761.1	96.95
2010年1～4季度	178.48	10.57	104.79	48.79	1.11	10.60	114452.1	101.44
±%	−1.49	−1.55	0.21	−2.56	−0.04	−1.36	11.63	−4.49

表6 工业经济效益综合指数排行榜 国家规定标准值100% 机械行业330.83%

序号	单位名称	经济效益综合指数(%)	序号	单位名称	经济效益综合指数(%)
1	天津长荣印刷设备股份有限公司	528.32	6	河北海贺胜利印刷机械集团有限公司	299.42
2	好利旺机械（上海）有限公司	376.99	7	中山市松德包装机械股份有限公司	289.45
3	深圳市精密达机械有限公司	361.25	8	潍坊华田精工设备有限公司	273.88
4	辽宁大族冠华印刷科技股份有限公司	301.52	9	江西中景集团有限公司	258.00
5	高斯图文印刷系统（中国）有限公司	299.89	10	威海印刷机械有限公司	255.36

表7 总资产贡献率排行榜 国家规定标准值10.7% 机械行业16.46%

序号	单位名称	总资产贡献率(%)	序号	单位名称	总资产贡献率(%)
1	广东汕樟轻工机械有限公司	25.90	6	天津长荣印刷设备股份有限公司	20.55
2	深圳市精密达机械有限公司	25.85	7	浙江蓝宝机械有限公司	20.26
3	汕头市欧格包装机械有限公司	24.85	8	中山市松德包装机械股份有限公司	18.63
4	好利旺机械（上海）有限公司	24.27	9	温州正博印刷机械有限公司	16.61
5	河北海贺胜利印刷机械集团有限公司	21.79	10	瑞安市华威印刷机械有限公司	17.94

表8 资本保值增值率排行榜 国家规定标准值120% 机械行业131.25%

序号	单位名称	资本保值增值率(%)	序号	单位名称	资本保值增值率(%)
1	深圳市精密达机械有限公司	139.73	6	辽宁大族冠华印刷科技股份有限公司	115.32
2	浙江蓝宝机械有限公司	136.62	7	淮南光华光神机械电子有限公司	113.93
3	潍坊华光精工设备有限公司	127.79	8	江西中景集团有限公司	110.26
4	河北海贺胜利印刷机械集团有限公司	122.38	9	潍坊东航印刷科技股份有限公司	110.21
5	长春印刷机械有限责任公司	115.68	10	中山市松德包装机械股份有限公司	110.11

表9 流动资金周转率排行榜 国家规定标准值1.52次 机械行业1.23次

序号	单位名称	流动资金周转率(次)	序号	单位名称	流动资金周转率(次)
1	上海德拉根印刷机械有限公司	4.77	6	潍坊华田精工设备有限公司	2.72
2	温州正博印刷机械有限公司	3.25	7	浙江蓝宝机械有限公司	2.46
3	南通海盟罗兰机械有限公司	2.87	8	常州市永盾机械有限公司	2.44
4	方邦机械有限公司(浙江、江苏)	2.79	9	汕头市欧格包装机械有限公司	2.42
5	瑞安市华威印刷机械有限公司	2.73	10	白山市轻工机械厂	2.37

表10 全员劳动生产率排行榜 国家规定标准值16500元/人 机械行业333490元/人

序号	单位名称	全员劳动生产率(元/人)	序号	单位名称	全员劳动生产率(元/人)
1	天津长荣印刷设备股份有限公司	466960.60	6	威海印刷机械有限公司	244580.65
2	好利旺机械(上海)有限公司	333157.89	7	浙江国威印刷机械有限公司	240000.00
3	高斯图文印刷系统(中国)有限公司	291478.40	8	威海滨田印刷机械有限公司	225266.67
4	辽宁大族冠华印刷科技股份有限公司	252780.90	9	深圳市精密达机械有限公司	218833.33
5	潍坊华田精工设备有限公司	249433.96	10	上海爱凯思机械刀片有限公司	215126.05

表11 产品销售收入排行榜

序号	单位名称	销售收入(万元)	序号	单位名称	销售收入(万元)
1	北人集团公司	103523	6	辽宁大族冠华印刷科技股份有限公司	35631
2	高斯图文印刷系统(中国)有限公司	60165	7	中山市松德包装机械股份有限公司	24739
3	天津长荣印刷设备股份有限公司	57366	8	江西中景集团有限公司	24186
4	上海光华印刷机械有限公司	42178	9	江苏昌昇集团股份有限公司	21596
5	陕西北人印刷机械有限责任公司	37165	10	潍坊华光精工设备有限公司	18577

表12 出口交货值排行榜

序号	单位名称	出口交货值(万元)	序号	单位名称	出口交货值(万元)
1	高斯图文印刷系统(中国)有限公司	12725	6	方邦机械有限公司(浙江、江苏)	3401
2	北人集团公司	6402	7	陕西北人印刷机械有限责任公司	3288
3	天津长荣印刷设备股份有限公司	5515	8	神力集团有限公司	3132
4	上海亚华印刷机械有限公司	4570	9	辽宁大族冠华印刷科技股份有限公司	2793
5	青岛瑞普电气有限责任公司	4500	10	上海光华印刷机械有限公司	2418

CTP技术在我国的应用历程及展望

刘积英

自1996年首台CTP（计算机直接制版）设备被引进以来，CTP技术在我国的应用和发展已经走过了十几个年头。十几年来，伴随着技术上的不断成熟和应用成本的逐步降低，CTP技术在我国已经走过了市场导入和培育期，步入快速发展普及期。尤其是自2008年以来，国产CTP设备品牌批量涌现，加之CTP版材价格的大幅下降和照排制版工艺印刷胶片成本的上升，CTP制版成本高于照排制版的局面得到根本性扭转，这极大促进了CTP技术在我国的应用和普及。据科印传媒“CTP在中国”系列调查统计，2008年我国CTP设备累计装机量突破1000台，2010年年度新增装机量首次超过1000台，截止2011年我国CTP设备累计装机量达到5500台左右。

一、CTP技术发展历程及技术形式

CTP技术是指经过计算机将图文信息直接输出到印刷版材上的工艺过程。作为胶印工艺迈向数字化的重要一环，CTP技术省去了照排制版工艺中的胶片输出、人工拼版和晒版过程，在工艺简便性和绿色环保方面具有突出优势。

CTP技术的构想出现于上世纪70年代，1989年第一台CTP设备研制成功。进入90年代以后，CTP技术进入了快速发展和产业化阶段。1995年，在全球印刷界第一大展德鲁巴上，有23家厂商展出了43种CTP设备；5年以后，在德鲁巴2010上，有90多家厂商展出了近百种CTP设备，CTP技术的研发达到了一个高峰。

根据所用激光光源的不同，目前市场上主流CTP技术可以分为热敏型、紫激光型和UV型。热敏CTP技术采用830nm波长红外激光器，通过控制热能在版材上形成影像；紫激光和UV CTP技术都采用405nm波长蓝紫激光器，但后者的功率要高于前者，可以在普通PS版上曝光成像。相比较而言，热敏CTP技术具有印版解析度高、制版质量好，耐印力高和可明室操作的优势，在欧美发达国家占据市场主流；紫激光和UV CTP技术具有激光器维护成本低、制版速度快的特点，尤其是UV CTP由于采用普通PS版，成本优势更为明显，很受中小印刷企业的欢迎。从技术原理看，UV CTP技术与2000年左右出现的CTcP技术相同，这一技术最初由德国BasysPrint公司研发，近年来随着广州爱司凯机械设备有限公司、杭州科雷机电有限公司的加入，在我国得到了快速发展。

在CTP技术发展早期，银盐CTP技术也曾有所应用，但由于在制版过程中对环境污染较大，现在已经基本被淘汰。我国还曾有公司尝试研发喷墨CTP技术，即利用喷墨打印机直接将图文信息打印在版材上制成印刷版，但由于印版耐印率低，精度不高等原因一直没有得到印刷企业的认可。

二、CTP技术在国外的应用情况

CTP技术自出现后，由于其在提升质量、减少人工等方面的突出优势，在欧美日等发达国家很快得到了应用和普及。据美国印刷技术基金会（GATF）统计，1995年，全球CTP设备装机量为311台，到2000年已经达到12150台，5年时间增长了近40倍。在这期间，发达国家是应用CTP技术的主力。2000年以后，随着普及率的提高，欧美日市场CTP设备装机量增长放缓，全球CTP设备市场重心逐渐发生转移。综合GATF、英国专业咨询机构VSM（Vantage Strategic Marketing）等发布的数据，2003年全球CTP设备装机量约为19000台，到2011年达到77616台。VSM分析指出，在2004～2011年全球CTP设备市场的增量中，欧美整体上仍居于主导地位，亚洲增量最少，但在2007～2011年间，欧美退居“配角”，亚洲成为CTP市场增长的主要“引擎”。在2007～2011年间，全球CTP设备用户复合年增长率为

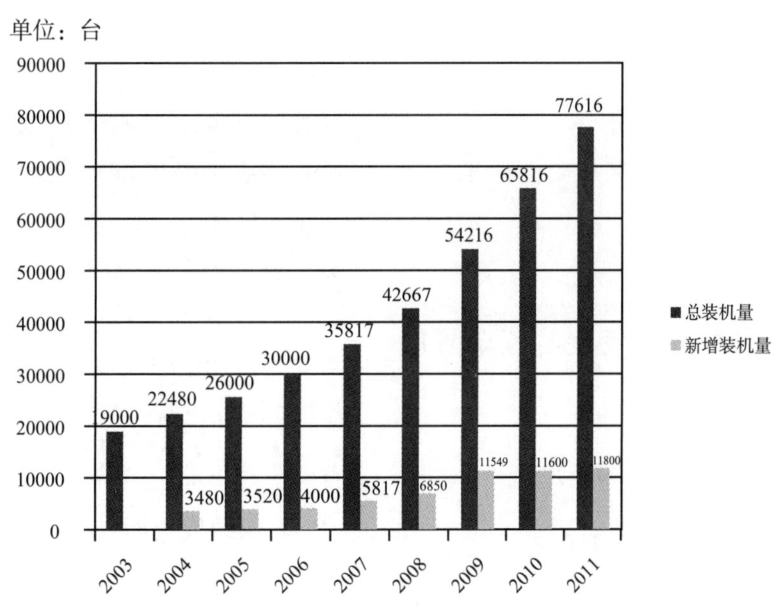

图1　2003～2011年全球CTP设备装机量增长情况
（数据来源：综合GATF、VSM等机构发布的数据）

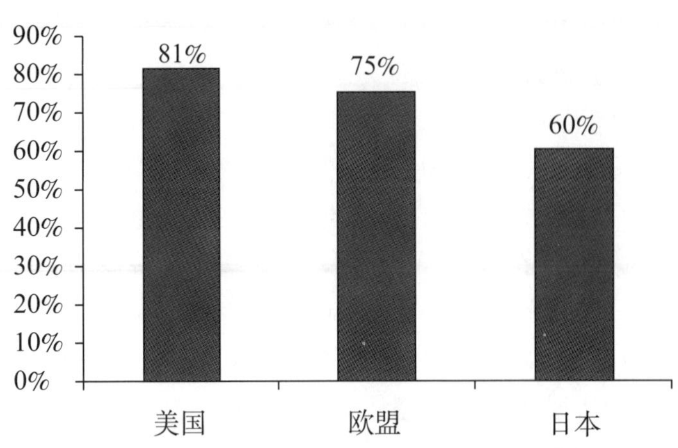

图2　2010年主要发达国家CTP技术渗透率
（数据来源：科印网）

10.7%，其中美国和欧洲均为7.7%，而亚洲为17.7%。预计未来几年，全球CTP设备年度新增装机量仍将稳步增长，总装机量将超过10万台。

欧美市场CTP设备装机量增速的下滑，主要是由于其对CTP技术的接受较早，CTP设备渗透率已经达到较高水平，增长空间相对较小。据业内媒体科印网报道，2010年美国的CTP技术渗透率达到81%，欧洲达到70%～80%，日本达到60%。而亚洲作为新兴市场，在CTP技术的应用上与发达国家比有一个滞后期，因而仍有较大的上升空间。

三、CTP技术在我国发展的三个阶段

1.导入期（1996～2000年）

CTP技术在发展初期即引起了我国企业的关注，1996年中国标准出版社从美国引进了一台Optronics CTP设备，这是我国内地引进的第一台CTP设备。但由于在发展之初，CTP设备价格昂贵，CTP版材成本也远高于照排制版工艺“胶片+PS版”的成本，因而在2000以前CTP技术在我国的推广一直进展缓慢，据科印传媒“CTP在中国”系列调查统计，截止2001年9月，我国CTP设备装机量仅有61台。

2.培育期（2001～2009年）

进入2000年以后，国内企业对CTP认知逐步深化，部分大型印刷企业，尤其是对时效性要求较高的报纸印刷企业和主要服务欧美客户的珠三角地区外向型企业，率先开始采用CTP技术，这带动了我国CTP设备装机量的增长。“CTP在中国”调查显示，在这一时期，我国CTP设备累计装机量年均增长率达到近55%，截止2009年9月累计装机量达到2019台，内地31个省市均有CTP设备安装使用。

3.快速成长期（2010年至今）

2010年，我国CTP设备年度新增装机量首次突破千台大关，达到1506台，而上年度仅有570台，这标志着CTP技术在我国的应

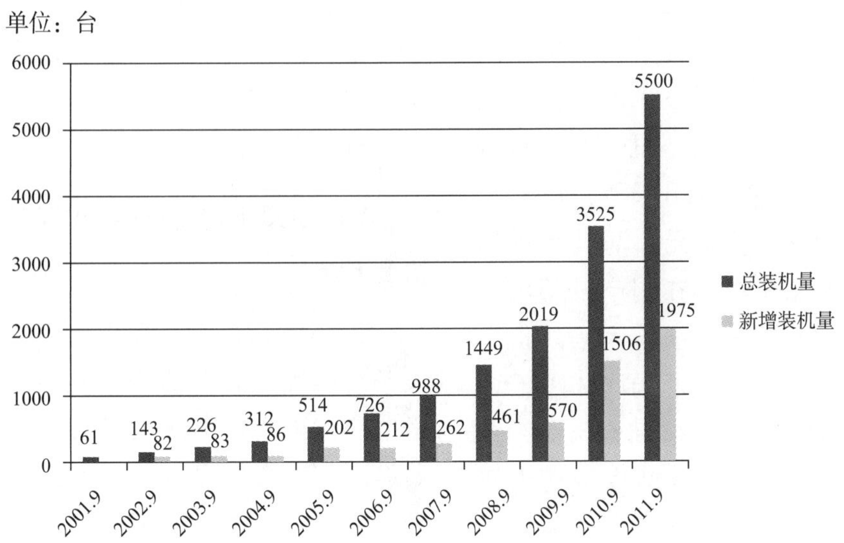

图3　2001.9～2011.9我国CTP设备装机量增长情况
（数据来源：科印传媒“CTP在中国”系列调查）

用进入了快速增长期。截止2011年9月，我国CTP设备装机量达到5500台左右，年度新增装机量近2000台，再上新台阶。

四、推动我国CTP设备市场快速增长的主要因素

1.国产CTP设备的批量出现及技术日趋成熟

在CTP技术发展初期，我国没有自主品牌CTP设备制造商，所需产品全部依赖进口。进口CTP设备大多价格高昂，远高于当时的主流制版设备照排机，这在相当程度上阻碍了CTP技术在我国的应用。据了解，我国引进的首台CTP设备价格高达三四百万元。虽然随着技术的成熟，进口CTP设备价格也成呈下降趋势，但相对我国中小印刷企业的投资能力仍有一定距离。

我国自主品牌CTP设备的研发始于上世纪90年代中期。德鲁巴1995之后，杭州的东方通信公司和北京的北大华通公司作为国内企业的先行者，先后涉足CTP设备研发，并在1998年分别开发出了各自的首台CTP设备。这两家企业的产品均采用银盐版，在技术上与国际接轨，但由于种种原因迟迟未能在产业化上取得进展。2000年前后，我国还有多家企业宣布开发成功喷墨CTP设备，但由于制版速度慢、质量不稳定，大多不了了之。此后陆续有一些企业投入国产CTP设备研发，但同样是无果而终。

国产CTP设备的真正崛起始于2007年。在这一年，杭州科雷和爱司凯分别研发出各自第一台具有自主知识产权的CTP设备，方正电子自有品牌的雕龙CTP设备也推向市场。当前我国CTP设备制造企业已达10家左右，杭州科雷和爱司凯都是其中的佼佼者。

国产CTP设备延续了“中国制造”物

美价廉的传统，价格只有进口设备的60%左右，这进而带动了进口品牌定价策略的调整，印刷企业应用CTP技术的门槛大幅度下降。据业内人士介绍，进口CTP设备在进入我国初期，价格在300万元以上，2000年前后约为200多万元，2005年前后均价仍在150万元左右。在国产设备出现之后，进口品牌CTP设备纷纷大幅降价，据海关数据显示，2011年我国进口的CTP设备平均到岸单价为10.23万美元，约合65万元人民币，市场终端销售价格大概在75万元左右，仅是10年前的1/3左右。目前国产CTP设备的售价大致在35万～65万元的区间内，主流价格在50万元左右，与进口产品相比有较大竞争优势。

在富于市场竞争力的定价策略之外，部分国产CTP设备制造商还根据中小印刷企业一次性投资能力弱的特点推出了灵活的营销模式。比如爱司凯在一次性付款购买之外还可为客户提供CTP设备租赁和分期付款购买模式。这准确把握住了我国印刷业中小企业为主体的特征，促进了CTP技术在我国的应用。

此外相对进口设备，国产设备在售后服务上也具有一定优势，由于立足本土，服务响应可以更为迅速，易损件更换成本也相对较低。在租赁模式下，一些供应商，如爱司凯甚至可以为客户免费提供安装调试、维护保养、人员培训、维修保障等服务。

特别值得一提的是，在国际主流的热敏技术之外，国产CTP设备制造商在UV CTP技术研发和推广上取得了巨大的成绩，并带动UV CTP成为我国市场上的主流设备之一。国产UV CTP设备由杭州科雷于2008年首次推出，爱司凯也于同年推出了相关设备，目前杭州科雷和爱司凯也是国内UV CTP设备的主要供应商，并且在国际市场也占有一定份额。

2.版材本土化生产带动CTP应用成本大幅度下降

在2003年之前，我国的CTP版材与CTP设备一样完全依赖进口，这导致了CTP技术的应用成本远高于当时居于主流地位的照排工艺。资料显示，2000以前，我国市场上的CTP版材售价超过100元/平方米，至2003年左右缓慢降至90元/平方米左右，仍远高于PS版的价格。

我国CTP版材的本土化生产起步于2004年左右，迅速涌现出了乐凯华光、成都新图、浙江康尔达等一批知名国产CTP版材品牌，此外，柯达、爱克发、富士胶片等国际三大CTP版材供应商均已在我国投资设厂。据中国印刷及设备器材工业协会印刷器材分会统计，2004年，我国本土生产的CTP版材尚只有180万平方米，至2011年已经达到1.78亿平方米，增长十分迅速，在本土化生产的带动下，CTP版材价格快速下降，2005年降至约70元/平方米左右，2008年前后降至60元/平方米左右，已经与照排制版工艺"胶片+PS版"的成本相当。近年来，随着产能扩张，CTP版材价格继续下滑，目前主流价格已经降至30～40元/平方米的区间，而由于国际白银价格飙升，印刷胶片价格上扬，采用照排工艺的制版成本已经远高于CTP制版工艺，这极大激发了印刷企业应用CTP技术的热情，成为推动我国CTP设备市场快速增长的重要源动力。

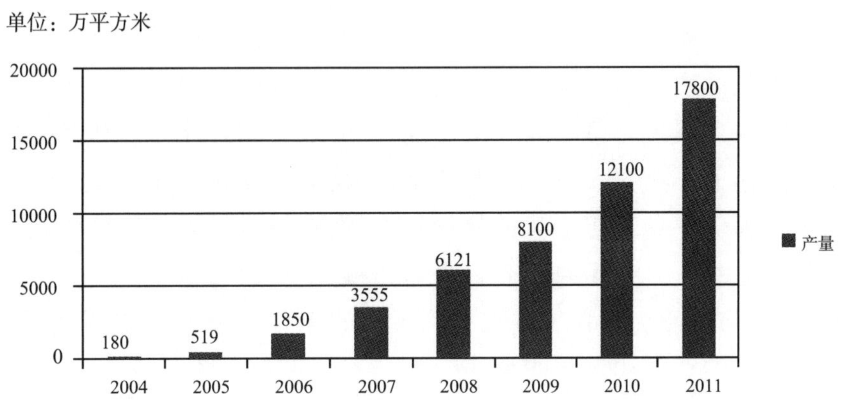

图4　2004～2011年我国本土生产的CTP版材产量增长情况
（数据来源：中国印刷及设备器材工业协会印刷器材分会）

五、CTP技术在我国的应用展望

近年来，欧美日等发达国家CTP技术应用基本普及，CTP设备市场趋于饱和，而在中国等新兴市场国家，CTP市场还有较大增长潜力。在2012年5月举行的德鲁巴2012展会上可以发现，CTP设备不再是国际厂商的重点展品，而来自中国的杭州科雷和爱司凯均以大面积参展，主推CTP设备，是展会最受关注的的CTP设备制造商。这在一定程度上映照出了当今全球CTP设备市场的格局："西方不亮东方亮"。可以预期，在未来3～5年时间内，新兴市场国家将成为CTP设备市场增长的主要推动力，而我国受益于印刷业的快速发展，将引领新兴市场国家这一波CTP设备普及潮。

1.影响CTP技术在我国应用的有利因素

①我国印刷业规模大、发展快，为CTP设备提供了可观的潜在市场空间。印刷行业属于劳动力密集、资金密集、技术密集型行业，改革开放以来，受益于本土市场需求的爆发和印刷品出口的大幅增长，我国印刷业保持了持续、快速的发展势头。近两年，尽管国内外经济环境不确定性增加，我国印刷工业总产值仍保持了两位数以上增长，这为CTP设备市场的发展带来了前所未有的机遇。据新闻出版总署统计，当前我国共有10万多家印刷企业，2011年印刷工业总产值达到8600多亿元，同比增长12%，规模位居全球前三位，增速远高于发达国家。而截止2011年9月，我国CTP设备装机量只有5500台，按10万家印刷企业计算渗透率约为5.5%。如果考虑到中国印刷业小微企业数量偏多的实际情况，预计其中约有30%的企业有应用CTP设备的潜在需求，渗透率也只有16%左右，远低于目前欧美日等发达经济体超过60%的渗透率。

②成本因素将成为加速CTP应用的重

要推动力。当前受国内外宏观经济环境影响，我国印刷企业普遍面临成本上升、利润率下滑的压力，如何有效控制成本成为企业可持续发展必须面对的课题。而随着CTP版材价格的大幅度下降，CTP工艺的制版成本已经远低于照排工艺，主要体现在以下两个方面：一是直接使用的耗材。CTP工艺完全省去了出胶片的环节（目前胶片价格约在45元/平方米）。其二，CTP工艺用数字拼版完全取代了人工拼版，大大节省了人力成本，提高了工作效率。对平均利润率只有5%左右的中小印刷企业而言，这具有很大的吸引力。同时，CTP技术相对照排工艺，由于省去了出胶片等中间环节，采用了全数字化流程，使制版质量大幅提升，这都将成为加速CTP技术在我国应用的有利因素。

③技术的更新换代迫使印刷企业必须应用CTP技术。CTP技术取代的是传统的照排制版工艺，伴随着技术更新换代的加速，自2009年起国内外主流供应商全面停止照排机生产，印刷胶片生产企业目前也仅剩3家，且生产规模不断缩小。随着市场上现有照排机逐渐进入淘汰期和相关耗材供应量的缩减，CTP技术将逐步成为印刷企业制版环节技术更新的唯一选择。

2.影响CTP技术在我国应用的不利因素

①部分中小印刷企业流程不规范，数字化基础薄弱。CTP技术作为一种数字化制版工艺，要求应用企业具备较为规范和完善的生产流程，并具备一定的数字化基础。但我国印刷企业量多面广，发展不够均衡，部分中小印刷企业管理粗放，技术力量薄弱，缺少必备的数字化基础，这将对其应用CTP技术形成阻碍。

②专业化的CTP设备操作、维护和维修人才匮乏。作为一种新兴工艺，CTP技术进入我国只有十五六年时间，真正走向大范围应用则是近两三年的事情。由于缺少必备的人才储备和专业化的培训机构，当前我国熟练掌握CTP设备操作、维护和维修技能的人才十分匮乏，这导致部分印刷企业已经引进的CTP设备难以完全发挥效用，也将成为未来一段时间阻碍我国CTP设备市场发展的主要瓶颈。

③数字印刷技术发展的潜在挑战。数字印刷技术与CTP技术几乎同时兴起，相对胶印等主流印刷工艺，在小批量、个性化和可变数据印刷方面具有独特的优势。数字印刷在印刷过程中省去了印版，因而在应用上与CTP技术有一定的替代性。但是由于目前数字印刷设备的购买和使用成本过高，在未来10年内不可能大量取代胶印，因而不会对CTP工艺的发展产生大的冲击。

3.CTP技术在我国应用发展的趋势

①未来3～5年内，CTP设备装机量继续保持快速增长。当前，我国CTP技术应用正处于加速普及期，CTP装机量保持高位增长，但由于市场存量基数不断加大，预计未来3～5年均复合增长率会有所下降。结合当前我国CTP设备安装量和CTP版材销售量的对应关系以及CTP应用成本持续下降的趋势和设备的更新换代周期，预计在2015年之前，我国CTP市场仍可保持年均30%左右的复合增长率，届时我国CTP设备的累计装机量将达到近17000台，按3万家印刷企业有CTP设备潜在需求计市场渗透率超过50%，但由于更新换代的因素，CTP设备市场实际存量要少于累计装

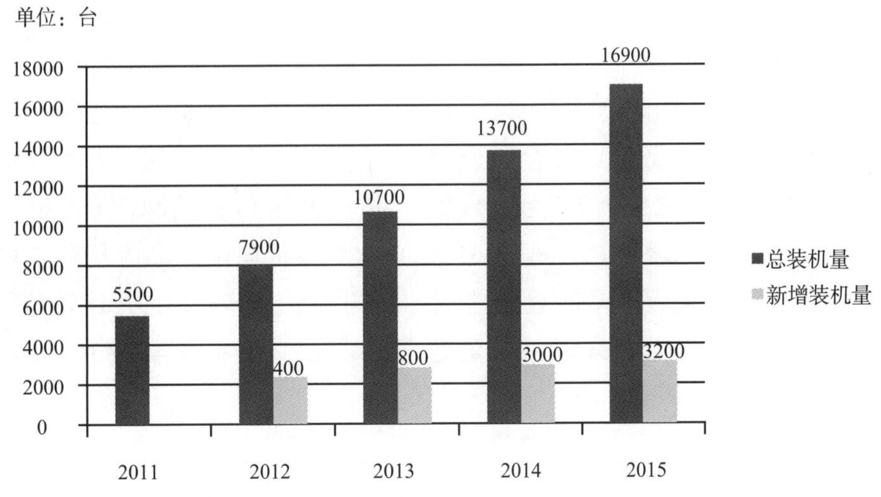

图5 我国CTP设备装机量预测

机量。

②我国自有品牌CTP设备将逐步成为市场主导。在2007年之前，由于国产设备尚不成熟，我国的CTP设备市场基本被国外品牌垄断，柯达、爱克发、网屏、海德堡作为主要CTP设备供应商稳稳占据历年“CTP在中国”调查市场占有率排行榜前四位。2007年之后，随着国内企业的崛起，我国自有品牌CTP设备在国内市场的占有率稳步提高。据科印传媒“CTP在中国”调查显示，在截止2008年9月的年度内，我国自有品牌CTP设备销售量达到149台，占当年新增装机量的35%。此后几年，我国自有品牌CTP设备装机量快速增长，在国内市场CTP设备累计装机量中占有率稳步提升，杭州科雷、方正电子、爱

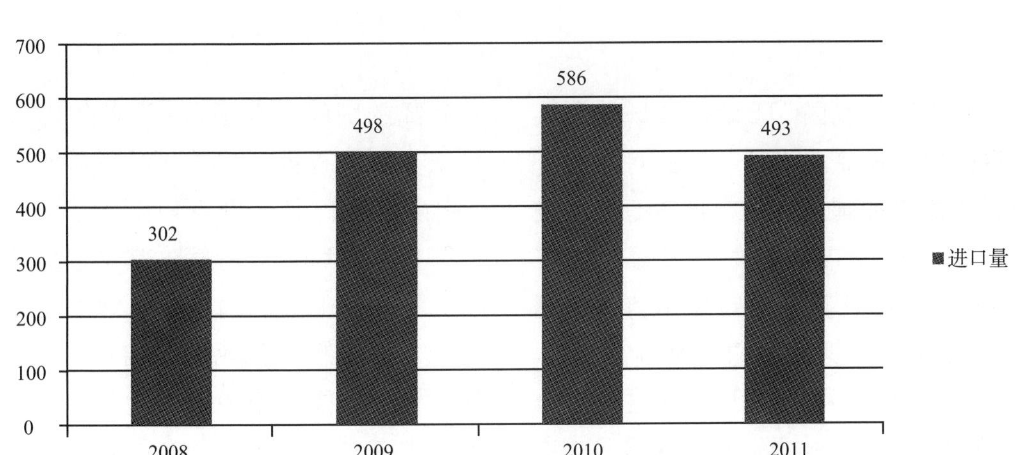

图6 2008～2011年我国CTP设备进口量

（数据来源：海关总署）

司凯等我国自有品牌CTP设备的领先企业成为市场上新的主导力量。

综合各方数据，截止2011年9月，杭州科雷在国内市场装机量为1112台，爱司凯CTP设备在国内装机量约为900台（数据来源："CTP在中国"调查）；截止2011年5月，方正电子雕龙品牌CTP设备在国内装机量突破800台（数据来源：方正电子）。据此估计，再加上其他国内品牌的装机量，截止2011年，国产CTP设备在国内市场的占有率已经达到50%左右。另据了解，在2011年国内CTP设备的新增装机量，我国自有品牌CTP设备企业爱司凯、杭州科雷与国际品牌柯达、网屏销售量基本相当，四家企业共计销售CTP设备1500台左右，市场占有率约80%。

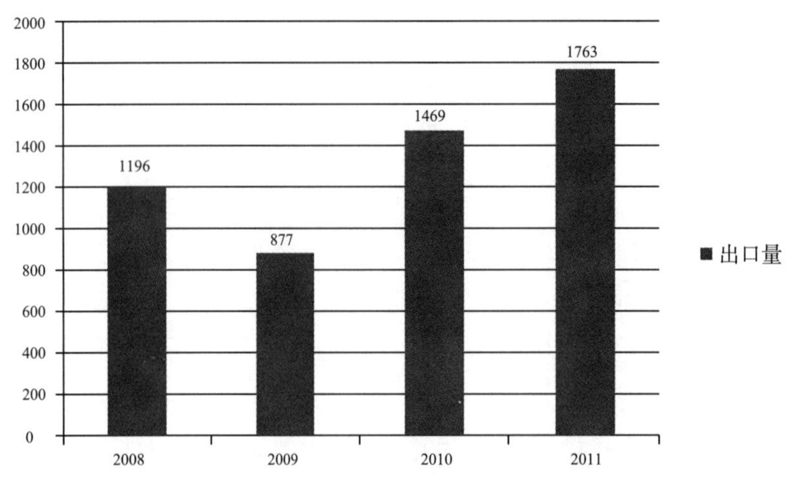

图7 2008～2011年我国CTP设备出口量
（数据来源：海关总署）

未来几年，我国CTP设备市场的主要方向将是向中小企业渗透，因此可以预计占据成本优势的国产设备市场占有率将进一步提高，成为市场的主导力量。这一点从今年我国CTP设备进口量走势中已经可以看出端倪，据海关总署统计数据，2008～2011年间，我国CTP设备进口量分别为302台、498台、586台、493台，在2010年达到高点后出现负增长，2011年同比下降15.87%。而同期，我国CTP设备新增装机量保持稳步上升态势。在进口量稳中有降的同时，我国CTP设备的出口量却呈稳步提升态势，2008～2011年间，我国CTP设备出口量分别为1196台、877台、1469台、1763台，尽管这其中包含了部分国际品牌企业在国内生产基地的出口量，但也从一个侧面说明我国自有品牌CTP设备不仅受到国内用户的欢迎，在海外市场也有较高市场竞争力。在国内企业中爱司凯和杭州科雷出口量居前，而且保持较快增长，其他企业也有不同数量的出口。

③各种类型CTP设备均有市场空间。

在起步之初，我国CTP设备市场以热敏技术为主流，后来随着市场重心的下移，中小企业成为推动市场增长的主要力量，更具版材成本优势的UV CTP设备受到欢迎。在未来一段时间内，热敏技术仍将受到对质量和耐印力要求较高的印刷企业的亲睐，而UV CTP设备将会成为中小企业应用CTP技术的主流。目前，我国自有品牌CTP设备企业，已经可以提供包括热敏、UV CTP在内的各种主流技术类型的设备，部分企业还可同时提供多种类型的产品供客户选择，这为其更好地抓住CTP设备市场的增长机会创造了条件

④CTP设备的区域分布将更加平衡。我国CTP设备的区域分布与各地印刷业的发达程度紧密相关。广东是我国第一印刷大省，拥有2万多家印刷企业，且大型企业集中，加之毗邻香港，海外业务所占比重大，因而对新技术敏感度高，在CTP技术应用上长期领跑全国，在2007年之前，我国CTP设备装机量的半数以上都集中在广东地区，紧随其后的是上海、北京、江苏、浙江、山东等印刷业发达地区。近年来，随着市场渗透率的不断提高，CTP设备在我国的区域分布更加均匀，广东地区装机量仍然保持领先，但其比重已经降至30%～40%之间。尤其是随着产业转移的加速，广东印刷业增速放缓，而部分中西部省市增长迅速。如2011年，广东印刷工业总产值比上年增长6.42%，而江西的增长率为38.4%，广西为22.16%，重庆为18.37%。随着全国印刷业区域布局的再均衡，CTP设备的区域分布也将会更加平衡，中西部地区在CTP设备装机量中的比例会明显上升。

（本文作者为中国印刷及设备器材工业协会副秘书长、《印刷工业》杂志社有限公司总编辑、“CTP在中国”系列调查发起人）

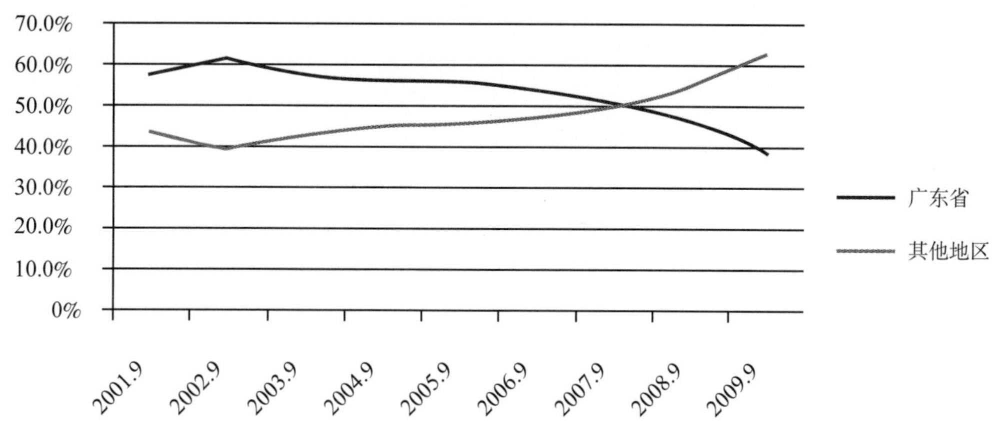

图8　2001.9～2009.9广东省与国内其他地区CTP设备装机量占比对比

（数据来源：科印传媒“CTP在中国”系列调查）

器材篇

2011年我国胶印版材生产销售分析

刘万瑞

一、2011年胶印版材生产销售概况

按中国印刷及设备器材工业协会印刷器材分会汇总统计，2011年我国胶印版材（含PS版和各类CTP版，下同）产量为37038万平方米，较2010年增长6.9%；其中PS版19211万平方米，较2010年下降14.7%；CTP版17827万平方米，较2010年增长58.7%。2011年我国胶印版材销售36049万平方米，较2010年增长7.8%，占2011年产量的97.3%；其中PS版销售18892万平方米，较2010年下降12.5%，占2011年产量的98.3%；CTP版销售17157万平方米，较2010年增长46.1%，占2011产量的96.2%。2011年总销售金额与2010年基本持平（见表1）。

表1　2011年胶印版材生产与销售　　　　**数量单位：万平方米**

版材类型	生　产		销　售		
	产量	较上年	数量	占总产量	较上年
PS版	19211	−14.7%	18892	98.3%	−12.5%
CTP版	17827	58.7%	17157	96.2	46.1%
合计	37038	6.9%	36049	97.3%	7.8%

二、近几年胶印版材生产销售走势

从近三年的生产、销售及出口的走势可以看出技术发展给我国胶印版材行业带来的影响。

从表2可以清楚看出：对于PS版而言，2011年是一个转折点：经过2009年、2010年的缓慢增长后，2011年的生产、销售出现大幅度下滑，出口同样呈下滑态势，不过幅度稍小。与此相反，CTP版则是一路向上，生产、销售连续呈现两位数增长。

在协会统计范围内，国内有近70%的版材生产企业已经推出CTP版材产品，并且其中有近60%以上的企业实现了产品的出口。目前，国内已经可以生产各种不同类型的CTP产品，包括国际公认的难度最大、科技含量最高的“绿色产品”免处理版材国内也已经实现工业化生产。

由于CTP设备和版材价格的大幅下降，加之银价上涨导致的制版胶片价格的上扬，预计国内外CTP版的需求还会有大幅度的增长，这对版材生产企业无疑是一个发展机遇。目前，对于PS版生产用的铝版基、感光胶及其他配套材料国内生产技术已经十分成熟，相对而言CTP版配套材料的生产技术还有欠缺，尤其是铝版基和感光胶生产的相关技术。

近年来，国家相关部委相继出台多项推进绿色印刷的政策措施，在印刷业绿色化、环保化发展的过程中，包括版材在内的印刷器材是相当重要的一环。为行业提供绿色、环保的产品，对版材生产企业而言既是一个机遇，同时也是一个使命。

表2　2009～2011年胶印版材生产、销售及出口　　　　**数量单位：亿平方米**

版材类型	年份	生产		销售		出口	
		数量	增减%	数量	增减%	数量	增减%
PS版	2009	2.18	—	2.13	—	0.60	—
	2010	2.25	3.2	2.16	1.4	0.67	11.7
	2011	1.92	−14.7	1.89	−12.5	0.65	−2.8
CTP版	2009	0.81	—	0.75	—	0.25	—
	2010	1.21	49.4	1.17	56.0	0.40	60.0
	2011	1.78	58.7	1.72	46.1	0.46	15.3

三、版材生产企业的地域性与所有制属性

1.版材生产销售的地域性

由于各种原因，我国版材生产企业在地域上呈现“扎堆”分布。综合目前的生产销售情况来看，大体上可以作如下划分：以外商独资企业、民营企业为主的江、浙、沪板块；以国有企业、民营企业为主的河南板块；国有企业、外商独资企业、民营企业并存的河北燕郊、涿州板块；以合资企业、集体企业为主的四川、重庆板块；以外商独资企业为主的福建板块。从出口地区的排名上也可看出这样的布局（见表3）。

2.版材生产企业的所有制属性

按企业所有制属性划分，各类企业的市场占有率情况如表4所示。

由表4可以看出：占总数5.6%的国有企业生产了近总量1/5的胶印版材，且两种版材的比例也基本一致；占总数13%的外商独资企业PS版产量占了近20%，但CTP版的产量占了近60%；占了总数近75%的民营企业占PS版产量的半壁江山，但CTP版产量仅占13%。

表3 胶印版材出口数量按地区的分布比例 %

版材类型	江浙沪	河南	河北	川渝	福建	合计
PS版	43.33	18.52	22.65	3.40	3.33	91.23
CTP版	42.27	14.87	1.52	8.90	31.36	98.92

表4 胶印版材生产企业的所有制属性 %

	国有企业	合资企业	外商独资企业	集体企业	民营企业
企业数量占比	5.6	3.7	13.0	3.7	74.1
PS版产量占比	20.8	2.4	19.7	5.5	52.1
CTP版产量占比	18.3	7.0	57.8	3.7	13.1

四、2011年胶印版材进出口情况

海关数据显示：2011年胶印版材出口11144万平方米，较2010年增长3.98%；总价4.6253亿美元，较2010年增长7.3%。其中PS版出口6519万平方米，较2010年下降2.8%，出口金额2.1008亿美元，与2010年持平；CTP版出口4625万平方米，较2010年增长15.3%，出口金额2.5345亿美元，较2010年增长14.7%。

值得注意的是，我们每年还有一定数量胶印版材的进口，通过数据观测近年CTP版进口总的趋势是下降的，但有波动；PS版进口数量近几年变化不大。

表5 2010年、2011年胶印版材出口情况　　数量单位：万平方米 金额单位：亿美元

	2010年		2011年		增减/%	
	数量	金额	数量	金额	数量	金额
PS版	6705	2.1002	6519	2.1008	−2.8	0
CTP版	4012	2.2105	4625	2.5345	15.3	14.7
胶印版材	10717	4.3106	11144	4.6253	3.98	7.3

表6 2010年、2011年胶印版材进口情况　　数量单位：万平方米 金额单位：亿美元

	2010年		2011年		增减/%	
	数量	金额	数量	金额	数量	金额
PS版	34	742	34	879	0	18.5
CTP版	136	980	140	1069	2.94	9.1
胶印版材	170	1722	174	1947	2.35	13.1

五、几个值得关注的问题

经过近20年发展，国内胶印版材的生产销售已经取得很大成绩，可以说从零到有，至现在已经成为世界第一。但我国胶印版材行业也存在一些需要注意的问题。

1.国内市场饱和导致竞相出口

我国胶印版材生产起步较晚，但发展势头很猛，尤其是在上世纪90年代末至本世纪初的十年左右时间产能快速增加，导致目前

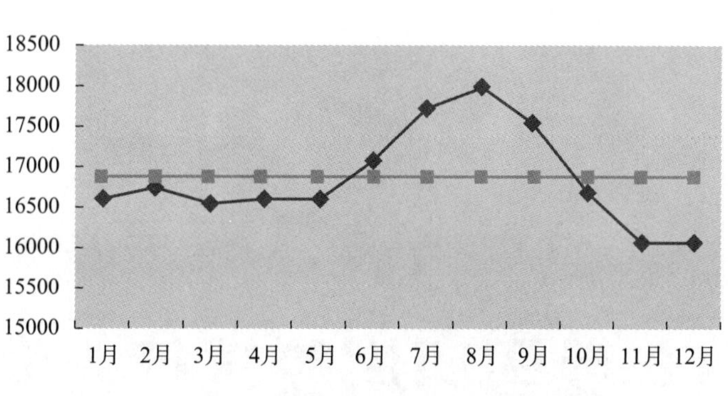

图1 2011年市场铝价走势

生产能力远超过国内实际用量的局面。国内市场的日趋饱和促使胶印版材企业竞相出口，但在出口数量逐年大幅度上升的同时，部分生产企业出口价格的激烈竞争导致了部分国外市场采取反倾销措施。

由于在胶印版材生产中铝版基成本占总成本的50%以上，加之生产技术的普及（主要是PS版），各企业的版材生产成本相差无几，而管理成本的压缩也有一定限度，这就导致生产企业对铝版基价格的极大关注，又由于铝版基的加工费是定数，最终是“国际（国内）铝价”极大地影响着版材生产商的“运行”。近年来铝价大幅波动，这对版材生产企业的经营造成了很大压力，对中小企业而言更是如此。图1显示的是2011年铝价的变化走势。

2. 挑战重重，远景清晰

对于众多中小企业而言，这几年印刷技术的进步可谓令其眼花缭乱：PS版生产技术刚刚普及，CTP技术就迎面而来；CTP技术尚在推广，数字印刷技术又如“洪水猛兽”现身。从长远来看，数字印刷技术的发展前景是毋庸置疑的，因此PS版还能存在多久，胶印版材还有多大发展前景，何时介入、投入多寡一直是困扰胶印版材生产企业的难题。

信息纷繁复杂，但最终决策只能靠企业自己。就目前来看，数字技术对印刷业的冲击首先体现在出版物印刷领域。现在我国出版物印刷总量年增幅呈下降趋势，但还不是负增长。目前，印刷业的“重头”还是在包装印刷领域，因为包装物本身目前看来还是无可取代的，而且包装装潢巨大的印数正是目前数字印刷的“劣势”。近年来的统计数字也表明，我国的包装印刷还在迅猛发展中，这为胶印版材的发展提供了保障。

3. 整合发展，做大做强

企业“多而小”，是我国胶印版材行业的一个特色，按发达国家的经验这种行业格局会逐渐向“少而强”转变。这个过程是通过商业竞争实现的，而且是必然的。小，一般意味着规模小、实力弱，这就会在竞争中处于劣势，在市场上没有话语权。因此，对版材生产企业而言，放弃自己的一些“传统观念”，走联合、整合之路，形成一个具有一定实力的“集体”，增加市场竞争话语权，应该是一个十分值得思考的问题。

（本文作者任职于中国印刷及设备器材工业协会）

2011年我国印刷胶辊行业发展综述

孙洪良

一、总体分析

胶辊行业涉及印刷行业众多类型的印刷设备，是印前、印中、印后设备不可或缺的关键部件，胶辊的质量状况直接影响整个设备的运转效率和最终产品的质量，可以说，胶辊的发展水平将直接影响到我国印刷装备制造业的发展进程。

2011年是我国胶辊行业发展速度较快、效益较好的一年，全行业呈平稳发展态势。这主要得益于：一是全球经济的好转和国内经济的持续增长；二是国家金融政策等相关政策措施的支持和宏观调控效应的延迟释放；三是国内印刷机企业继续保持较高的增长速度，像大族冠华、天津长荣等印机厂家增长速度较快，北人股份也有恢复性增长；四是国内对印刷机质量的要求不断增高，市场更新换代速度明显加快。

这些积极因素极大地促进了我国印刷胶辊企业产销量的快速增长，各企业增长速度一般达到15%以上。市场需求量的增长甚至导致了一些企业生产能力的不足，客户等辊装机、等辊上机的现象时常发生。

据不完全统计，目前我国印刷胶辊生产厂家超过500家，2011年销售额接近6亿元，包胶销售额5亿元，销量达到45亿立方厘米，比上年增长20%以上。

二、2011年印刷胶辊行业发展特点

1.利用国外混料胶、合成胶的胶辊厂家明显增多。我国印刷胶辊的生产厂家以

中小企业居多，年均销售规模仅为100多万元，大部分为中低档产品，大多数印刷胶辊生产企业存在装备水平差、技术落后、生产规模小的现状。而随着国内市场对高档印刷胶辊的需求量不断增长，一些胶辊企业为了适应市场的变化就要设法生产质量较好的高档印刷胶辊，但限于研发能力的不足，大部分国内企业无法依靠自身力量生产高档印刷胶辊所用的胶料，因此国外厂家趁势而入，迅速占领了这部分市场空间。据了解，国内一些生产企业，从国外进口混炼胶和合成胶，直接用于胶辊的包胶。这种做法看上去直接提高了印刷胶辊的质量，但是从长期看，没有研发能力，靠直接购买的做法，无益于从整体上提高中国胶辊行业的研发、制造水平。

2.胶辊行业进入门槛较低，导致无序竞争加剧。胶辊行业是一个进入门槛较低、投资较少、回报稳定的行业，一般几个工人、几台车磨床、一台硫化罐就能开一家小型的胶辊厂，总投资不超过100万元。近两年来，随着市场需求的增长，有几十家小胶辊厂先后上马。由于无序竞争和缺乏宏观引导，小企业加工制造水平较低，质量根本无法保证正常的使用要求，只是一味地靠低价格来吸引客户，扰乱了正常的市场秩序，损害了胶辊行业整体的发展质量。长期来看，低质低价没有市场竞争力，必将被市场所抛弃。

3.大型胶辊企业高起点引进和改造胶辊工艺设备，促进了胶辊行业的进步和发展。在部分大型企业的努力下，投料包胶机械化，计量控制电脑化，表面加工数字化以及通过技术创新增加胶辊品种，已成为用高新技术改造胶辊行业，跟上时代发展步伐的大趋势。2012年5月，河北春风银星胶辊有限公司为了加强对混炼胶的控制，投巨资引进的自动配料轧胶生产线投入运行。这套生产线是全球胶辊行业最先进的自动化数控胶料生产设备，集配料、炼胶、轧胶、晾片、切片功能于一体，彻底改变了我国胶辊行业几十年一贯制传统的人工配料轧胶的生产方式，在胶辊行业发展史上具有重要意义。该生产线具有五大特点：一是有效节省30%～50%的用工；二是增强配方技术的保密性；三是提高了生产效率和产能；四是有效提升胶料质量和产品性能的稳定性，大幅提高成品率；五是有效改善作业场所环境，利于环保。

4.随着社会需求的扩大，印刷之外的其他用辊行业越来越多。近些年来，造纸、纺织印染、木工机械等行业的发展，带动了为这些行业配套的胶辊行业的发展。如冶金行业，主要用辊集中在冷轧生产线、连轧退火生产线、镀锌线、彩涂板生产线以及各类板材精加工生产线中，用辊量较大，促进了胶辊行业整体发展。

5.区域性企业利用距离近、服务好的优势，通过在本地区打好根基，进一步打造全国性品牌。特别是像环渤海、长江三角洲、珠江三角洲等区域的胶辊企业，依靠自身的区位优势，不断扩大销售份额，促进了自身实力的逐步扩大。

6.我国已经成为全球最大的印刷胶辊市场之一，国外厂商纷纷前来分一杯羹。国外厂商，如德国博星、美国诺丹、日本加贯等通过与国内企业合资，利用其技术优势、品牌优势、人才优势，从高端客户开始攻城掠地，逐渐扩大市场份额。国产胶辊通过这些年的努力，逐步树立了较好的产品形象和市场影响力。河北春风银星作为民族胶辊企业的优秀代表，经过33年的发展，在中国印刷胶辊行业逐步建立起了较强的技术优势、品牌优势、质量优势和服务优势，通过与美国、日本的胶辊同行和国内大专院校开展广泛的技术合作，大大缩小了与国外同行业的差距，树立了民族品牌发展的旗帜。

三、用辊设备类型

按照印刷工艺过程的先后顺序划分，印刷机可分为印前、印中和印后设备，设备不同，所用胶辊的类型也不尽相同，这种划分方法是目前胶辊企业比较通行的做法。

印前设备主要用辊设备有显影机、冲版机等。

印中设备是主要的用辊设备，包含几乎所有类型的印刷机，像胶印机、凹印机等。

印后设备主要用辊设备有冷裱机、覆膜机等。

四、胶辊企业类型

根据市场区域、企业规模、生产能力、研发能力、品牌影响力等进行划分，可分为全国性胶辊企业、区域性胶辊企业、小型胶辊企业三类。

1.全国性胶辊企业：市场面向全国区域，并实现出口，这类企业年销售收入一般在2000万元以上，研发能力较强，市场影响力较大，为主要的印刷机械厂提供配套服务，客户范围较广，有较强品牌影响力，代表性的企业有河北春风银星胶辊有限公司、昆山诺丹舜浦胶辊有限公司、博星印刷器材（苏州）有限公司等。

2.区域性胶辊企业：市场面向区域市场，这类企业年销售收入一般在500万～2000万元之间，研发能力较弱，在本区域内具有一定的市场影响力，一般为本区域的印刷客户提供配套服务。

3.作坊式小企业：这类企业年销售收入一般在500万元以下，专为某几家客户提供胶辊配套及维修服务，生产规模较小。我国绝大部分印刷胶辊生产厂家为作坊式小企业。

三类胶辊企业的并存，客观来看，满足了不同客户的胶辊需求，但随着印机厂家和大型印刷企业对高品质胶辊需求的加大，规模较小的胶辊厂家的市场份额会逐渐降低，被一些规模较大、实力较强同时具备一定研发实力的厂家所替代。

五、胶辊行业存在的主要问题

我国印刷胶辊行业虽然近年来取得了一定的进步和发展，但是也要清醒地看到，我国印刷胶辊的整体发展水平还较低，绝大部分印刷胶辊企业还处于较为初级的发展阶段。

1.研发能力较弱，科技创新明显不足。这是我国印刷胶辊行业面临的最大的问题，也是最核心的问题。主要表现在：一是绝大多数胶辊企业没有研发能力或者研发能力较弱，只是单纯的生产制造，没有属于自己的核心技术、核心工艺、核心产品；二是注重短期利益，从国外进口高价合成胶，受制于人，难以提升自身的制造能力；三是工艺落后，自动化、机械化程度较低，一般使用的都是几十年来沿用下来的老工艺，已经不能适应市场发展的需求。

2.低质低价的无序竞争扰乱了正常的市场秩序，影响了印刷胶辊行业的健康发展。国内大部分胶辊企业是产值在500万元以下的小企业，他们在市场上立足的唯一法宝就是低质低价，一味地拼价格，不注重质量的提升。他们往往在原材料上以次充好，或者假冒名牌，用较低的价格占领一部分中低端市场，但由于质量较差，很难保证客户的使用要求，在给客户造成使用问题的同时，也损害了胶辊行业整体的发展质量。

3.质量有差距，无法满足市场对高档产品的需求。随着印刷机朝高速、多色化方向发展和人们环保意识的增强，市场对高档印刷胶辊的需求量越来越大。但国产印刷胶辊在质量上与国外高端产品还存在一定的差距，主要表现在加工精度、传水传墨性能、耐腐蚀性、胶料硬度及持久性等方面，需要着重予以提高，以适应不断发展的市场需求。

4.绝大部分印刷胶辊厂家都是中小企业，存有"小富即安"思想，没有实力也没有意愿进行科研投入、技术研发、工艺改进、新项目建设和品牌推广等相关工作，难以从整体上提升印刷胶辊行业的发展水平，迫切需要一批优秀的民族企业来引领我国印刷胶辊行业的持续发展进步。

六、我国印刷胶辊行业发展态势预测

我国印刷胶辊行业的发展离不开国内外经济发展和市场需求的大气候，把握市场的发展脉搏，有利于未雨绸缪，提前应对市场变化，以促进我国印刷胶辊行业的持续健康发展。

1.更加注重绿色环保

"绿色环保"是人类进入21世纪以来为应对日益严重的环境危机，实现可持续发展而提出的一项重要命题，是逐渐深入人心的一个基本词汇。印刷行业与国计民生息息相关，印刷耗材的绿色环保无污染对整个印刷行业的节能降耗来说至关重要。我国《印刷业"十二五"时期发展规划》明确提出，要"构建环保体系，促进绿色发展"。对于印刷胶辊而言，重点是要实现胶辊无毒化，即邻苯二甲酸酯类含量控制在0.1%以下。河北春风银星在实现胶辊无毒化方面领先一步，在2007年就通过了欧盟ROHS环保认证，在出口产品全部达标的基础上，也满足了国内众多客户在食品包装、学校教材等领域实现环保印刷的要求。

2.对接印刷数字化发展要求

数字印刷是数字技术与原有印刷技术的结合，是印刷过程数字化的产物。印刷工艺的核心是油墨转移，数字印刷通过数字技术与机电一体化印刷技术装备系统的结合，使印刷过程实现数字化控制，完成油墨转移。目前，数字印刷技术快速发展，印刷机的数字化进程加快，这将对印刷胶辊的发展提出新的需求。

3.适应印刷机高速多色化的发展方向

高速多色化是印刷业发展的一个重要方向，高速多色印刷机将逐渐成为印刷的主流机型。其中，“高速”指的是单张纸多色胶印机印刷速度在12000张/时以上，筒纸胶印机印刷速度60000张/时以上的，“多色”指的是4色及4色以上。印刷胶辊行业必须适应印刷业的发展趋势，推出更多满足高速多色化印刷要求的产品。

4.重视无水胶印的发展

与一般胶印工艺相比，无水胶印不需要使用润湿液，可减少对环境的伤害。按一年时间估算，一台中型印刷机，采用无水工艺可节省10万升水和1万升酒精，并且印刷质量优良。无水胶印技术现在虽然还不普及，但正在快速发展中，是未来印刷行业重要的发展趋势。印刷胶辊行业对此要给予充分重视。

环保无毒、高速多色、数字印刷和无水胶印是印刷业当前的几个重要发展趋势，这些对印刷胶辊的使用寿命、弹性、硬度、精度、平衡性能等性能指标提出了更高的要求。这就要求印刷胶辊行业要主动适应市场变化，提高自主创新能力，为推动我国印刷业的持续发展进步贡献力量。

在未来发展中，印刷胶辊行业在技术上，要增强自主研发能力，提高科技含量，打造拥有自主知识产权的核心技术、核心工艺和核心产品；在生产上，继续用先进的设备弥补人员素质的不足，通过引进工装设备、改进现有工艺流程，提高配料、轧胶、包胶、磨削等工序的自动化水平，从而提升整个行业的制造水平；在服务上，要以满足顾客需求、超越顾客期望为出发点，满足客户对产品质量、交货期的需求，缩短响应时间，提高反应速度，不断提升服务管理水平。

（本文作者为中国印刷及设备器材工业协会印刷器材分会综合器材专业委员会副主任、河北春风银星胶辊有限公司总经理）

2011年印刷橡皮布行业发展概述

徐毛清

印刷橡皮布在印刷行业中是个小门类，但作为一种高科技含量的产品，印刷橡皮布对胶印印刷质量有着重要的影响，这使得印刷橡皮布行业的发展受到业界越来越多的关注。

我国印刷橡皮布的发展是在全球印刷橡皮布市场的竞争与合作中和我国印刷行业大发展的背景下进行的。2011年是我国"十二五"规划的第一年，尽管受到了美国"金融海啸"和"欧债危机"的影响，我国印刷橡皮布产业仍然克服种种困难，延续了稳步增长的势头，取得了较大的成绩。

一、全球印刷橡皮布生产"五强"的形成

上世纪80年代，微球体气垫印刷橡皮布刚刚兴起，亚洲"四小龙"经济快速发展，促进全球印刷业的大发展，进而带动了印刷橡皮布行业的快速进步。据统计，上世纪80年代全球印刷橡皮布产量年仅500万平方米，现在已近800万平方米，其中70%是由我国经济发展贡献的。进入21世纪以来，"金砖四国"经济进一步发展，西方发达国家则出现一系列经济、金融、债务危机，经济发展受到严重阻碍。印刷业是经济的"晴雨表"，全球经济的剧烈变化和印刷产业迁移变化的演变，使得印刷橡皮布产业按地区分布的格局正逐渐被打破，在生产企业不断的兼并重组过程中，产业集中度有所提升。目前，全球印刷橡皮布生产基地主要集中分布为5大块，这就是印刷橡皮布生产"五强"。这五强分别是：富林特集团、特瑞堡集团、康迪泰克集团、日本、中国，三个集团二个国家。此外，意大利、斯洛文尼亚、巴西分别有2家、1家、1家印刷橡皮布制造企业。据不完全统计，在全球30家左右印刷橡皮布制造企业近800万平方米的年产量中，亚洲产300万平方米，占37.5%；欧洲

产280万平方米，占35%；美洲产220万平方米，占27.5%。

富林特集团有“DAY”、“DUCO”两个国际化印刷橡皮布品牌，在美国、英国有两个生产企业；特瑞堡集团有“Vulcan”、“罗林”两个国际化品牌，在美国、法国、意大利、中国有四大生产基地；康迪泰克集团有“康迪”、“凤凰”两大国际化品牌，在德国有两个生产企业；日本有“金阳”、“藤仓”、“住友”、“明治”四大印刷橡皮布品牌，日本企业在日本、美国、中国、匈牙利共拥有七个印刷橡皮布生产基地。这些国际企业对中国市场都十分重视，富林特集团在中国香港设立了办事处，康迪泰克集团在上海设立了办事处和加工厂，日本明治在上海设立了合资企业，特瑞堡集团在上海设立了独资企业。

二、我国印刷橡皮布行业基本情况

我国11家印刷橡皮布生产企业，2011年总产量达168万平方米，占全球印刷橡皮布产量的21%，我国已成为国际印刷橡皮布生产基地的“五强”之一。2011年，我国9家民营印刷橡皮布企业共生产115万平方米民族品牌的印刷橡皮布，成为一支不断发展、快速崛起的重要力量。印刷橡皮布行业取得的发展成绩是我国改革开放政策的胜利，是我国印刷行业“告别铅与火、走进光与电”的第二次革命浪潮的丰硕成果，也是我们老一辈印刷界领导、专家和印刷橡皮布制造企业员工团结奋斗的成功。下面是对我国2011年印刷橡皮布生产情况的详细解读。

1.2011年我国印刷橡皮布总产量168万平方米，比2010年的151.3万平方米增长11.24%。

2.在2011年168万平方米的产量中，普通印刷橡皮布28万平方米、气垫印刷橡皮布140万平方米，气垫印刷橡皮布占全部产量的83.33%。

3.2011年我国印刷橡皮布销售量为161.1万平方米，销产比为95.89%。

4.2011年我国印刷橡皮布总销售额为40594万元，平均每平方米印刷橡皮布的价格为251.98元，与2002年平均单价218.70元相比，提高了33.28元，涨幅为13.21%。这说明国产印刷橡皮布的档次在提高，气垫印刷橡皮布的占有率在上升。

5.2011年我国印刷橡皮布出口量为48.4万平方米，比2002年出口量18万平方米增长了169%，出口的主力是民族品牌印刷橡皮布，占全部出口量的86.78%。

6.根据不完全统计，2011年印刷橡皮布进口量约为55万平方米，主要是轮转印刷橡皮布、UV印刷橡皮布、表格印刷橡皮布、上光切割印刷橡皮布等专业细化印刷橡皮布，这说明我国印刷橡皮布行业对细分市场产品研发不足。

7.2011年我国印刷橡皮布生产能力为305万平方米，实际产量为168万平方米，仅占产能的55%，有45%的生产能力空放，这说明国内印刷橡皮布产业至少存在以下几个问题。

①中低端印刷橡皮布供大于求。

②设备工艺落后导致部分生产能力成为摆设。部分企业的生产设备由于老化落后，只能生产普通印刷橡皮布或技术要求不高产品，而印刷市场对这类产品的需求逐年减

少，导致这些生产能力实际上是无效的。笔者统计了2002年以来印刷橡皮布行业十年的设备利用率，都在55%左右，这说明这个问题由来已久。

③投资严重不足。我国印刷橡皮布的"大宗产品"与国外品牌印刷橡皮布在技术质量上基本处于同一档次，我们与国外企业的主要差距是投资不足造成的厂房设备改造能力差，技术管理、经营模式跟不上市场需求。此外，印刷橡皮布生产企业对印刷橡皮布印刷适性研究不足，是一个值得全行业关注的大问题。

表1 部分国内印刷橡皮布制造企业及品牌

上海新星	上海明治	上海三鼎	上海特瑞堡	上海宝春	上海游龙	杭州远洋	北京三友	上海三甲	南通信源	南阳日升
星牌 SNR牌 Compres 春蕾牌	明治牌	三鼎牌	Roollin Vulcan	宝春牌	红叶牌 游龙牌	康科牌	北方牌 三友牌	三甲牌	Dot	星牌

表2 2011年我国印刷橡皮布生产、销售总体情况

项目	数量（平方米）	占全球产量比例（%）
国内需求量	175万	22
国内生产量	168万	21
出口量	48万	6
国内产品实际用量	120万	15
进口量	55万	7

表3 我国印刷橡皮布生产企业区域分布

上海	浙江	江苏	北京	河南	总计
7家	1家	1家	1家	1家	11家

三、发展是我国印刷橡皮布行业的主流

近年来，美洲、欧洲、日本三大印刷橡皮布生产基地的产量在下降，销售量也呈现萎缩势头，唯独中国市场产销量均保持持续增长。虽然市场竞争会日趋激烈，

但对国内印刷橡皮布企业来说，这正是大显身手的好时机，发展仍是我国印刷橡皮布行业的主流。

1.密切关注印刷技术发展新动态

由于印刷橡皮布的产生和发展完全服从于胶印技术的产生和发展，所以胶印技术的进展决定了印刷橡皮布发展的方向。当前影响印刷橡皮布发展有两大因素，一是印刷市场需求的变化促进胶印技术的改进，进而对印刷橡皮布提出新的要求；二是印刷技术数字化进程的加快，使数字印刷和胶印共同发展成为趋势，这也将对印刷橡皮布的发展产生影响。当前，印刷橡皮布生产企业尤其需要关注以下几个技术动向。

①关注新型卷筒纸轮转机“窄缝”和“无缝”技术的应用，研究以金属板为底层的金属板印刷橡皮布和金属圆桶型印刷橡皮布。

②关注单张纸胶印机的细分市场，加速开发印铁、UV、表格等专业细化印刷橡皮布新产品，向先进品牌看齐。

③密切关注大型精细喷绘印刷技术发展和数字化印刷技术发展对胶印技术的影响。尽管这两项印刷技术会蚕食部分胶印市场，但胶印技术也在不断创新和发展之中，在相当长的时间里，两者共存的局面不会改变，对印刷橡皮布的需求不会减少。

④密切关注在德鲁巴2012上展出的Landa纳米喷墨数字印刷机。Landa印刷机所使用的环形印刷橡皮布与当前使用的一般印刷橡皮布有很大不同，具有很高的科技含量，其发展动向不容忽视。对我国橡皮布行业来说，这既是一种挑战，也可能是一次难得的发展机遇。

2.“十二五”时期，将是我国印刷橡皮布行业发展的黄金期

①技术工艺因素：经过20多年时间的引进、消化、吸收、再创新，高速气垫印刷橡皮布技术工艺已趋于成熟，特别是高速气垫印刷橡皮布的发泡技术、硫化工艺、在线检测以及环保措施等，已被我国印刷橡皮布企业掌握。

②主要原材料因素：在全球经济一体化的趋势下，印刷橡皮布的部分关键原材料，已经可以在国内外市场采购到，特别是国外企业对我国企业封锁最严密的低伸长、高强度基布，已经不再是阻碍我国高速气垫印刷橡皮布发展的障碍了。

③价格因素：随着国际棉花、石油制品、橡胶等价格的波动，国内外企业的印刷橡皮布成本和价格都难免受到影响，但相对而言国内企业对原材料价格波动的承受和消化能力，比国外企业要强，所以在竞争中我们会占据一定主动。

④市场因素：2011年我国尚有55万平方米印刷橡皮布需要依赖进口，全球共有800万平方米的市场空间可以竞争，所以对国内企业而言印刷橡皮布市场还有很大的发展空间。特别是，由于受“金融海啸”和“欧债危机”影响，生存压力加剧，美国、日本、欧洲等发达国家印刷企业对成本比以前更为敏感，这为我国印刷橡皮布产品出口海外提供了机会。

由此可见，我国印刷橡皮布行业要发展，在技术、原材料、价格和市场等方面都具有众多有利因素，因此“十二五”时期将是我国气垫橡皮布发展的黄金时期。当然国外印刷橡皮

布企业和产品也将会继续进入我国市场，参与国内市场份额的争夺。对国内印刷橡皮布企业而言，这既是与国外同行进行合作的好时机，也将直面国外企业的有力竞争。

3.印刷橡皮布专业委员会成立有利于我国印刷橡皮布行业整体发展

长期以来，由于种种原因我国印刷橡皮布生产企业相互之间交流联系较少，这严重阻碍行业的整体发展。2007年7月，响应行业需求，中国印刷及设备器材工业协会印刷器材分会组建了“印刷橡皮布专业委员会”，委员会成员中既有印刷橡皮布生产企业又有专门的销售企业，受到了行业的热烈欢迎。印刷橡皮布专业委员会的成立，有利于业内企业探讨我国行业整体发展规划，制订相关标准，便于业内企业加强联系，互相合作，共同发展。利用印刷橡皮布专业委员会的平台，业内企业可以与各级印刷行业协会、印刷教育科研单位及印刷企业合作，进行产学研攻关，集全行业之力，坚定不移地创建民族品牌，稳定质量，扩大产能，培训胶印机长，加强机台服务，提高客户忠诚度。

4.对橡皮布行业发展的建议

去年，笔者曾提出促进印刷橡皮布行业发展的三条建议，在此笔者再次建议如下。

①国家发布的《文化产业振兴规划》把印刷复制业列入文化产业加以扶持，而印刷复制业的发展需要技术投入，主要是相关设备、器材（包括印刷橡皮布）。所以，印刷设备、器材的研发和生产也应列入文化产业之中，使其能享受到相应的国家政策扶持。

②大力培育发展印刷设备、器材（包括印刷橡皮布）领域的民族品牌。印刷产业的普遍发展必须以国内自有技术和品牌的设备、器材为支持，国家应有计划地扶持民族企业，特别是中小企业。笔者建议，由印刷协会出面，在国家宏观规划下，制订一个发展计划，在整顿、调整、发展的基础上，为具备一定条件的印刷设备、器材（包括印刷橡皮布）民族企业上市融资创造条件。

③在行业中应以龙头企业为主体，设立产学研结合的研发中心，研究印刷橡皮布及相关材料的适用性，找出行业共性问题，并进行攻关；制订行业技术标准；设立行业培训中心。

（本文作者为中国印刷及设备器材工业协会印刷器材分会橡皮布专业委员会主任、上海新星印刷器材有限公司董事长）

贸易篇

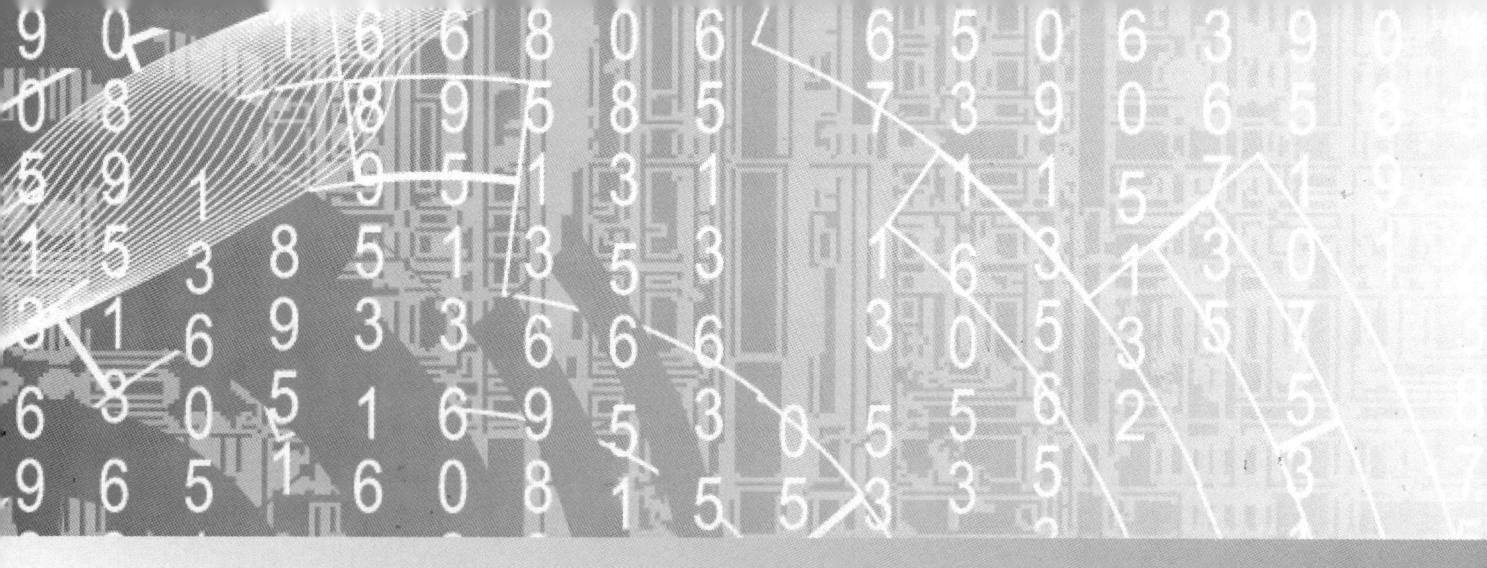

2011年印刷设备器材进出口统计

刘万瑞

一、全年概况

2011年印刷设备、器材进出口总金额为54.95亿美元，较2010年的49.48亿美元增长11.04%，其中进口额增长10.2%，出口额增长12.7%。详细数据见表1。印刷设备、器材按历年分类进行整理，其进出口金额及增长情况见表2和表3。

表1　2010～2011年印刷设备、器材进出口情况　　单位：亿美元

进出口	年份	印刷设备	印刷器材	印刷设备、器材
进口	2010	22.95	9.59	32.55
	2011	25.40	10.46	35.85
	增长	10.6%	9.1%	10.2%
出口	2010	10.96	5.97	16.94
	2011	12.51	6.58	19.09
	增长	14.1%	10.2%	12.7%

表2 2010～2011年印刷设备、器材进口情况 金额单位：亿美元

项　目	2010年		2011年		金额增长(%)
	数量	金额	数量	金额	
印刷设备：	—	22.95	—	25.40	10.6
其中：印前设备	—	1.06	—	1.01	−0.5
印后设备	—	1.45	—	2.44	68.1
印刷机	261196台	17.15	236013台	19.09	11.4
辅机、零件	—	3.29	—	2.85	−13.45
印刷器材：	—	9.59	—	10.46	9.0
其中：印刷油墨	3.70万吨	4.07	3.26万吨	4.12	1.1
胶印版材	170万m^2	0.17	174万m^2	0.19	13.1
制版软片	9784万m^2	5.35	9284万m^2	6.14	14.8
印刷设备、器材合计：	—	32.55	—	35.85	10.2

表3 2010～2011年印刷设备、器材出口情况 金额单位：亿美元

项目	2010年		2011年		金额增长(%)
	数量	金额	数量	金额	
印刷设备：	—	10.96	—	12.51	14.1
其中：印前设备	—	1.20	—	1.51	25.2
印后设备	—	1.63	—	1.87	14.8
印刷机	234706台	6.14	312092台	7.58	23.4
辅机、零件	—	1.99	—	1.55	−21.8
印刷器材：	—	5.97	—	6.58	10.2
其中：印刷油墨	2.87万吨	1.09	2.71万吨	1.16	6.3
胶印版材	10717万m^2	4.31	11144万m^2	4.64	7.5
制版软片	1122万m^2	0.57	1748万m^2	0.79	38.0
印刷设备、器材合计：	—	16.94	—	19.09	12.7

由表2和表3看出，2011年同2010年相比，除辅机、零件的进出口额有较大幅度下降、印前设备进口额与上年持平外，其他各类均有不同幅度的上升。

表4则显示了各类商品在进出口总金额中所占比例及变化走势。

表4 2010～2011年各类印刷设备、器材进出口金额占总金额比例情况及变化走势 单位：%

项目	进口			出口		
	2010年	2011年	走势	2010年	2011年	走势
印刷设备	70.52	70.84	↑	64.73	65.52	↑
其中：印前设备	3.27	2.82	↓	7.10	7.89	↑
印后设备	4.47	6.82	↑	9.63	9.80	↑
印刷机	52.68	53.26	↑	36.26	39.69	↑
辅机零件	10.10	7.94	↓	11.73	8.13	↓
印刷器材	29.48	29.16	↓	35.27	34.48	↓
其中：印刷油墨	12.51	11.49	↓	6.46	6.09	↓
胶印版材	0.53	0.54	↑	25.45	24.28	↓
制版软片	16.44	17.14	↑	3.36	4.12	↑
合计	100	100	—	100	100	—

由表4可以看出，仅有印刷机、印后设备和制版软片的进出口额所占比例处于全面上升趋势，又由于软片的特殊性，表现在这里的数字并非全部用于印刷，可将其剔除，故仅有印刷机、印后设备的进出口全面“走红”。

二、印刷设备

印刷机，其归类还是与往年一样，分为胶印机、其他传统印刷机和数字式印刷机。

表5 2010～2011年印刷机进口情况

商品名称	2010年		2011年		2011年较2010年增长	
	数量（台）	金额（亿美元）	数量（台）	金额（亿美元）	数量（%）	金额（%）
胶印机	1450	10.89	1364	11.11	−5.93	2.02
其他传统印刷机	11138	3.31	13426	4.70	20.54	41.99
数字式印刷机	248608	2.94	221223	3.28	−11.02	11.56
合计	261196	17.15	236013	19.09	−9.64	11.31

表6　2010～2011年印刷机出口情况

商品名称	2010年		2011年		2011年较2010年增长	
	数量（台）	金额（亿美元）	数量（台）	金额（亿美元）	数量（%）	金额（%）
胶印机	1500	0.59	1623	0.74	8.20	25.42
其他传统印刷机	93321	2.07	110101	2.01	17.98	−2.90
数字式印刷机	139885	3.47	200368	4.83	43.24	39.19
合计	234706	6.14	312092	7.58	32.97	23.45

从表5中进口金额所占比例来看，胶印机占第一位（2010年占63.5%，2011年占58.20%），其他印刷机占第二位（2010年占19.3%，2011年占24.62%），数字式印刷机占第三位（2010年占17.14%，2011年占17.18%）；但出口则呈现一个相反的格局：数字式印刷机占第一位（2010年占56.51%，2011年占63.72%），其他印刷机仍占第二位（2010年占23.71%，2011年占26.52%），胶印机反倒成了第三位（2010年占9.61%，2011年占9.76%）。

究其发展速度，无论是进口还是出口，数字式印刷机远超过胶印机。

其他传统印刷机则是进口大幅增加，出口反倒略有下降，这一现象值得我们关注。

1.胶印机进出口

由表7和表8可以看出进出口金额差距巨大。2010年进口金额是出口金额的18倍，2011

表7　2010～2011年胶印机进口情况

商品名称	2010年		2011年		2011年较2010年增长	
	数量（台）	金额（亿美元）	数量（台）	金额（亿美元）	数量（%）	金额（%）
卷取进料式胶印机	39	0.9132	34	0.5736	−12.82	−37.19
办公室用片取进料式胶印机	16	0.0011	3	0.0003	−81.25	−76.20
平张纸进料式单色胶印机	9	0.0038	5	0.0013	−44.44	−67.01
平张纸进料式双色胶印机	9	0.0499	13	0.0850	44.44	70.26
平张纸进料式四色胶印机	883	4.7517	801	4.4385	−9.29	−6.59
其他平张纸进料式胶印机	407	4.8717	416	5.6250	2.21	15.46
未列名胶印机	87	0.2964	92	0.3906	5.75	31.77
合计	1450	10.8878	1364	11.1142	−5.93	2.08

表8 2010～2011年胶印机出口情况

商品名称	2010年		2011年		2011年较2010年增长	
	数量（台）	金额（亿美元）	数量（台）	金额（亿美元）	数量（%）	金额（%）
卷取进料式胶印机	221	0.2172	152	0.2462	−31.22	13.36
办公室用片取进料式胶印机	19	0.0003	32	0.0002	68.42	−32.28
平张纸进料式单色胶印机	427	0.0337	371	0.0318	−13.11	−5.70
平张纸进料式双色胶印机	78	0.0205	82	0.0156	5.13	−23.98
平张纸进料式四色胶印机	65	0.0896	57	0.1045	−12.31	16.57
其他平张纸进料式胶印机	89	0.1624	120	0.2521	34.83	55.25
未列名胶印机	601	0.0701	809	0.0863	34.61	23.16
合计	1500	0.5937	1623	0.7366	8.20	24.07

年是15倍；2011年进口以平张纸进料式四色胶印机（占总金额的40%，下同）、其他平张纸进料式胶印机（50.6.%）为主，出口则以卷取进料式胶印机（33.4%）、其他平张纸进料式胶印机（34.2%）为主；即使是出口主打产品之一的卷取进料式胶印机，其进口金额仍是出口金额的2.3倍。

胶印机的大量进口既说明国内胶印机制造业提供的商品不能满足国内市场需求，同时也说明印刷市场、尤其是胶印市场还被印刷企业看好；但同时也难免有一丝忧虑：在数字化风起云涌的当今，如此大量进口是否有潜在的风险？

2.其他传统印刷机进出口

该类印刷机最引人注意的是进口数量、金额的大幅上扬（20.54%、41.75%）、出

表9 2010～2011年其他传统印刷机进口情况

商品名称	2010年		2011年		2011年较2010年增长	
	数量（台）	金额（亿美元）	数量（台）	金额（亿美元）	数量（%）	金额（%）
*卷取进料式凸版印刷机	69	0.0746	124	0.1604	79.71	115.03
*非卷取进料式凸版印刷机	89	0.2084	93	0.1316	4.4	−36.83
苯胺印刷机	53	0.2490	69	0.4464	30.19	79.26
凹版印刷机	67	0.4264	92	1.3722	37.31	221.80
圆网印刷机	82	0.2482	80	0.2675	−2.44	7.76
平网印刷机	1666	0.9520	1757	0.8870	5.46%	−6.82

续表

商品名称	2010年		2011年		2011年较2010年增长	
	数量（台）	金额（亿美元）	数量（台）	金额（亿美元）	数量（%）	金额（%）
其他网式印刷机	1342	0.7682	2064	0.9808	53.80	27.68
未列名印刷机	7770	0.3879	9147	0.4527	17.72	16.71
合计	11138	3.3146	13426	4.6986	20.54	41.75

备注：*该类印刷机不包含苯胺（柔版）印刷机

表10 2010～2011年其他传统印刷机出口情况

商品名称	2010年		2011年		2011年较2010年增长	
	数量（台）	金额（亿美元）	数量（台）	金额（亿美元）	数量（%）	金额（%）
*卷取进料式凸版印刷机	723	0.1490	950	0.1476	31.40	−0.97
*非卷取进料式凸版印刷机	361	0.1347	336	0.1429	−6.93	6.05
苯胺印刷机	487	0.1461	682	0.1832	40.04	25.42
凹版印刷机	1810	0.3014	1801	0.3334	−0.50	10.61
圆网印刷机	312	0.0641	396	0.0559	26.92	−12.81
平网印刷机	7242	0.3304	20743	0.2347	186.43	−28.96
其他网式印刷机	981	0.0626	1742	0.0900	77.57	43.74
未列名印刷机	81405	0.8854	83451	0.8257	2.51	−6.75
合计	93321	2.0738	110101	2.0133	17.98	−2.92

备注：*该类印刷机不包含苯胺（柔版）印刷机

口数量上升（17.98%）及金额的下跌（2.92%）。进口商品中金额增幅最大的分别是凹版印刷机（221.80%）、卷取进料式凸版印刷机（115.03%）和苯胺（柔版）印刷机（79.26%）。详见表9和表10。

这样的形势反映出我国印刷方式（或称印刷工艺）的变化仍在持续，且其进程正在加速。

柔版印刷机的大量引进也说明人们在印刷领域环保意识的提高。

3.数字印刷机进出口

表11 2010～2011年数字印刷机进口情况

商品名称	2010年		2011年		2011年较2010年增长	
	数量（台）	金额（亿美元）	数量（台）	金额（亿美元）	数量（%）	金额（%）
喷墨印刷机,可接	206656	1.9693	202055	2.2629	−2.23	14.91
静电照相（激光）印刷机，可接	3042	0.6242	2742	0.7381	−9.86	18.25
其他印刷设备,可接	5120	0.2080	5314	0.1369	3.79	−34.18
喷墨印刷机	24554	0.1135	4123	0.1125	−83.21	−0.89
静电照相（激光）印刷机	17	0.0066	1	0.0037	−94.12	−44.74
其他印刷设备	9219	0.0224	6988	0.0280	−24.20	25.08
合计	248608	2.9440	221223	3.2821	−11.02	11.49

备注：可接，指该印刷机可与数据处理装置或网络连接

表12 2010～2011年数字印刷机出口情况

商品名称	2010年		2011年		2011年较2010年增长	
	数量（台）	金额（亿美元）	数量（台）	金额（亿美元）	数量（%）	金额（%）
喷墨印刷机,可接	118543	2.8523	173576	4.3152	46.42	51.29
静电照相（激光）印刷机，可接	1248	0.0835	2023	0.1094	62.10	30.95
其他印刷设备,可接	631	0.0144	6900	0.0260	993.50	80.72
喷墨印刷机	17386	0.4907	7722	0.2711	−55.5	−44.74
静电照相（激光）印刷机	2	0.0002	3	0.0004	50.00	184.55
其他印刷设备	2075	0.0332	10144	0.1068	388.87	221.49
合计	139885	3.4742	200368	4.8289	43.24	38.99

由表11和表12可知，数字印刷机总体来讲，一是进出口发展速度均超过其他两种印刷机；二是绝对数量，可与数据处理装置或网络连接的数字印刷机绝对大于不可连接式印刷机；三是喷墨印刷机（无论是否可连接）进出口绝对量均大大超过其他两种类型。

数字印刷机的发展的确很“辉煌”，可我们不要忽略一个事实：制造（或组装）喷墨印刷机的元器件中最重要、最关键的基本元件——喷墨头现在是百分之百地依赖进口，无疑它将是喷墨印刷机发展的最大“障碍”。

三、印前设备

2011年印前设备进出口情况见表13和表14。该类商品值得关注的是计算机直接制版设备，因为它是目前胶印实现"印刷数字化"的一个重要手段。由于国内的技术进步，进

表13　2010～2011年印前设备进口情况　　金额单位：亿美元

商品名称	2010年		2011年		2011年较2010年增长	
	数量	金额	数量	金额	数量（%）	金额（%）
铸字机	11台	0.0029	11台	0.0007	0.00	−75.5
计算机直接制版设备	586台	0.5522	493台	0.5041	−15.87	−8.71
其他制版机器、器具及设备	202台	0.0692	177台	0.0715	−12.38	3.35
品目8442其他机器、器具及设备	2429台	0.0162	26台	0.0102	−98.9	−37.10
制版用机器、器具及设备的零件	345吨	0.2100	287吨	0.1814	−16.72	−13.60
印版、滚筒等；制成供印刷用的版	814吨	0.2129	886吨	0.2418	8.90	13.61
合计	—	1.0634	—	1.0098	—	−5.04

表14　2010～2011年印前设备出口情况　　金额单位：亿美元

商品名称	2010年		2011年		2011年较2010年增长	
	数量	金额	数量	金额	数量（%）	金额（%）
铸字机	554台	0.0027	1211台	0.0080	118.59	200.35
计算机直接制版设备	1469台	0.7164	1763台	0.8460	20.01	18.10
其他制版机器、器具及设备	2389台	0.0939	2199台	0.0874	−7.95	−7.00
品目8442其他机器、器具及设备	1751台	0.0132	1086台	0.0124	−37.98	−6.03
制版用机器、器具及设备的零件	125吨	0.0428	135吨	0.0509	7.88	18.76
印版、滚筒等；制成供印刷用的版	5056吨	0.3339	6754吨	0.5015	33.59	50.20
合计	—	1.2029	—	1.5062	—	25.21

口数量和总价均有较大幅度降低：数量降低15.87%，总价降低8.71%；而出口数量上升20.01%，总价上升18.10%。该商品占了印前设备进口总额的50%，出口总额的56.2%。

四、印后设备

印后设备中最值得关注的是切纸机，一是进出口数量巨大，尤其是出口；二是出口与进口单台设备巨大的价差。

2011年切纸机的进口有一个有趣的现象：进口数量下降78.01%，总价上升110.71%。仔细考察发现是"由中国进口"这一因素影响造成。2010年由中国进口18620台，总价153870万美元，单台价格8.26万美元；2011年由中国进口1707台，总价46103万美元，单台价格27万美元。剔除该因素，2010年境外进口2227台，总价6394万美元，平均单价2.87万美元；2011年境外进口2878台，总价13501万美元，平均单价4.19万美元。从单价上判断，商品档次应有较大提高。

切纸机的出口也有可喜进步，尽管数量下降1.29%，但总价却上升了18.9%，说明其技术水准也在提高。再有就是作为印刷设备的出口，单项商品出口过亿美元的仅有排在第一位的可与数据处理装置或网络连接的数字式喷墨印刷机（2011年为4.31亿美元），第二位的就是切纸机，2011年达到1.27亿美元。

表15　2010～2011年印后设备进口情况　　金额单位：亿美元

商品名称	2010年		2011年		2011年较2010年增长	
	数量	金额	数量	金额	数量（%）	金额（%）
锁线装订机	50台	0.0763	53台	0.0720	6.00	−5.63
胶订机	89台	0.1104	236台	0.2675	165.17	142.24
其他书本装订机器	1238台	0.3518	1916台	0.3706	54.77	5.36
书本装订机器的零件	83吨	0.0452	110吨	0.0583	32.53	29.06
切纸机	20847台	0.6410	4585台	1.3506	−78.01	110.71
制造包、袋或信封的机器	60台	0.0962	46台	0.1061	−23.33	10.35
切纸机零件	395吨	0.1335	914吨	0.2187	131.39	63.79
合计	—	1.4543	—	2.4439	—	68.04

表16 2010～2011年印后设备出口情况　　　　金额单位：亿美元

商品名称	2010年		2011年		2011年较2010年增长	
	数量	金额	数量	金额	数量（%）	金额（%）
锁线装订机	8141台	0.0163	4899台	0.0157	−39.82	−3.48
胶订机	3400台	0.0554	64617台	0.0565	1800.50	1.94
其他书本装订机器	343191台	0.1537	12632台	0.1536	−63.10	−0.06
书本装订机器的零件	195吨	0.0133	243吨	0.0145	24.62	9.21
切纸机	2808297台	1.0653	2771983台	1.2666	−1.29	18.90
制造包、袋或信封的机器	1457台	0.1845	1553台	0.2105	6.59	14.09
切纸机零件	2181吨	0.1424	2061吨	0.1544	−5.50	8.41
合计	—	1.6308	—	1.8718	—	14.78

五、印刷器材

此处印刷器材主要指的是印刷油墨、胶印版材和制版软片。2011年印刷器材进出口情况见表17和表18。

表17 2010～2011年印刷器材进口情况　　　　金额单位：亿美元

商品名称	2010年		2011年		2011年较2010年增长	
	数量	金额	数量	金额	数量（%）	金额（%）
印刷油墨	37023吨	4.0712	32596吨	4.1178	−12.0	1.14
其中：黑色印刷油墨	5160吨	0.6787	4615吨	0.6882	—	—
其他印刷油墨	31863吨	3.3926	27981吨	3.4296	—	—
胶印版材	170万m^2	0.1722	174万m^2	0.1947	2.35	13.07
其中：PS版	33.8万m^2	0.0742	34万m^2	0.088	—	—
CTP版	136.1万m^2	0.0980	140万m^2	0.1069	—	—
制版软片	9784万m^2	5.3512	9284万m^2	6.1433	−5.11	14.80
合计	—	9.5945	—	10.4559	—	8.98

表18 2010～2011年印刷器材出口情况 金额单位：亿美元

商品名称	2010年		2011年		2011年较2010年增长	
	数量	金额	数量	金额	数量(%)	金额(%)
印刷油墨	28677吨	1.0937	27098吨	1.1621	−5.51	6.25
其中：黑色印刷油墨	5300吨	0.2178	4686吨	0.2161	—	—
其他印刷油墨	23376吨	0.8759	22411吨	0.9460	—	—
胶印版材	10717万m^2	4.3106	11144万m^2	4.6353	3.98	7.53
其中：PS版	6705万m^2	2.1002	6519万m^2	2.1008	—	—
CTP版	4012万m^2	2.2105	4625万m^2	2.5345	—	—
制版软片	1122万m^2	0.5697	1748万m^2	0.7864	55.79	38.04
合计	—	5.9741	—	6.5837	—	10.20

印刷油墨进出口数量均有下滑，幅度为12.0%和5.51%，但总价均有上升。截止到目前我国仍是印刷油墨净进口国，一般在1万吨左右，近两年持续下降，2010年降到8300吨，2011年又下降到5500吨。进出口平均单价差距较大，2011年进口单价为12.6美元/千克，出口为4.3美元/千克。

胶印版材进出口数量、金额均有不同幅度上升；CTP版材占胶印版材出口数量比例由2010年的37.4%上升到2011年的41.5%，总价由2010年的51.3%上升到2011年的54.7%。

相当数量的出口企业表示，PS版的出口利润已经很低，基本上无利可图，但货款到位相对及时。

国际驰名的版材生产企业柯达、富士胶片、爱克发均已在我国内地建厂，对2011年的CTP版材出口而言，其中两家CTP版材出口之和在数量上已占56%，金额上占了62%，单价也远高于其他出口企业。因此在说CTP版材大量出口的同时，也要注意到这个因素。

印刷制版软片实际上有三个用途：印刷制版、医疗、线路板制作，尽管我们无法作出精确的区分，但可以按进口单价作出一个大体的推断：如果我们对其进口单价作图则可明显看出三个不同单价“区域”，结合市场因素，第一区域应属制版软片。2011年用于印刷的制版软片的进口数量应在4800万m^2左右，较2010年的6200万m^2降低21%。

（本文作者任职于中国印刷及设备器材工业协会）

附表 2011年印刷设备器材进出口额地区排名情况

说明：1.本表基础数据采用的是海关修订过的2011年进出口数据；

2.表中地区排名最多取前20名；

3.表中金额单位均为美元。

计算机直接制版设备 数量单位：台

进口部分					出口部分				
地区	数量	金额	数量占比	金额占比	地区	数量	金额	数量占比	金额占比
全国	493	50431289	100.00%	100.00%	全国	1763	84602024	100.00%	100.00%
上海	140	13688370	28.40%	27.14%	上海	1415	63651467	80.26%	75.24%
广东	66	10038553	13.39%	19.91%	浙江	267	17279630	15.14%	20.42%
北京	120	8005336	24.34%	15.87%	广东	50	2832623	2.84%	3.35%
江苏	36	4584829	7.30%	9.09%	四川	6	354000	0.34%	0.42%
天津	40	4399907	8.11%	8.72%	辽宁	4	200464	0.23%	0.24%
浙江	16	2357835	3.25%	4.68%	山东	2	114000	0.11%	0.13%
四川	29	2267651	5.88%	4.50%	新疆	1	63000	0.06%	0.07%
河南	23	1047626	4.67%	2.08%	河北	4	53828	0.23%	0.06%
河北	1	1000000	0.20%	1.98%	江苏	2	26712	0.11%	0.03%
重庆	4	640721	0.81%	1.27%	北京	1	20000	0.06%	0.02%
湖北	2	357469	0.41%	0.71%	河南	1	5200	0.06%	0.01%
福建	2	339932	0.41%	0.67%	安徽	10	1100	0.57%	0.00%
云南	2	328983	0.41%	0.65%	—	—	—	—	—
湖南	2	279237	0.41%	0.55%	—	—	—	—	—
海南	2	261788	0.41%	0.52%	—	—	—	—	—
辽宁	4	236018	0.81%	0.47%	—	—	—	—	—
江西	1	176425	0.20%	0.35%	—	—	—	—	—
安徽	1	157334	0.20%	0.31%	—	—	—	—	—
山东	1	154378	0.20%	0.31%	—	—	—	—	—
山西	1	108897	0.20%	0.22%	—	—	—	—	—

切纸机

数量单位：台

进口部分					出口部分				
地区	数量	金额	数量占比	金额占比	地区	数量	金额	数量占比	金额占比
全国	4615	135134916	100.00%	100.00%	全国	2770676	126749109	100.00%	100.00%
广东	282	53987790	6.11%	39.95%	浙江	1806253	41571132	65.19%	32.80%
上海	1193	13032967	25.85%	9.64%	广东	604211	33584686	21.81%	26.50%
山东	33	12908849	0.72%	9.55%	上海	214411	19712775	7.74%	15.55%
江苏	104	10413600	2.25%	7.71%	天津	5745	8384216	0.21%	6.61%
天津	756	9570828	16.38%	7.08%	江苏	20575	7803986	0.74%	6.16%
浙江	1940	7878860	42.04%	5.83%	山东	1920	5276691	0.07%	4.16%
广西	9	7445651	0.20%	5.51%	湖北	76	3616784	0.00%	2.85%
内蒙古	2	3544414	0.04%	2.62%	河北	439	1561555	0.02%	1.23%
重庆	28	3232921	0.61%	2.39%	福建	750	1383168	0.03%	1.09%
福建	27	2803823	0.59%	2.07%	安徽	112360	1080977	4.06%	0.85%
北京	161	2108733	3.49%	1.56%	北京	1186	727270	0.04%	0.57%
四川	11	2007567	0.24%	1.49%	河南	246	510688	0.01%	0.40%
辽宁	20	1665358	0.43%	1.23%	甘肃	24	279605	0.00%	0.22%
河南	5	1646444	0.11%	1.22%	辽宁	208	242604	0.01%	0.19%
湖北	17	1134045	0.37%	0.84%	陕西	7	222248	0.00%	0.18%
安徽	3	847620	0.07%	0.63%	广西	79	154460	0.00%	0.12%
河北	6	678276	0.13%	0.50%	四川	37	141567	0.00%	0.11%
宁夏	1	116000	0.02%	0.09%	新疆	31	113928	0.00%	0.09%
江西	1	43000	0.02%	0.03%	西藏	29	89528	0.00%	0.07%
陕西	2	29322	0.04%	0.02%	黑龙江	348	79699	0.01%	0.06%

平张纸进料式四色胶印机

数量单位：台

进口部分					出口部分				
地区	数量	金额	数量占比	金额占比	地区	数量	金额	数量占比	金额占比
全国	801	443847427	100.00%	100.00%	全国	52	10414720	100.00%	100.00%
广东	144	108151086	17.98%	24.37%	上海	19	7932286	36.54%	76.16%
上海	265	77820029	33.08%	17.53%	辽宁	8	1330000	15.38%	12.77%
浙江	76	51766677	9.49%	11.66%	广东	8	482371	15.38%	4.63%
北京	74	32698788	9.24%	7.37%	山东	4	282471	7.69%	2.71%
江苏	46	32373569	5.74%	7.29%	新疆	1	200000	1.92%	1.92%
河南	19	14519235	2.37%	3.27%	浙江	10	100445	19.23%	0.96%
山东	21	14496709	2.62%	3.27%	内蒙古	2	87147	3.85%	0.84%
安徽	18	13475329	2.25%	3.04%	—	—	—	—	—
湖北	16	11090864	2.00%	2.50%	—	—	—	—	—
福建	13	9773571	1.62%	2.20%	—	—	—	—	—
辽宁	13	8970022	1.62%	2.02%	—	—	—	—	—
陕西	11	8403195	1.37%	1.89%	—	—	—	—	—
河北	11	7371547	1.37%	1.66%	—	—	—	—	—
湖南	8	6996107	1.00%	1.58%	—	—	—	—	—
四川	7	6486494	0.87%	1.46%	—	—	—	—	—
江西	8	6322492	1.00%	1.42%	—	—	—	—	—
天津	10	5473680	1.25%	1.23%	—	—	—	—	—
重庆	7	5322358	0.87%	1.20%	—	—	—	—	—
广西	7	5173211	0.87%	1.17%	—	—	—	—	—
新疆	6	4581888	0.75%	1.03%	—	—	—	—	—

其他平张纸进料式胶印机

数量单位：台

进口部分					出口部分				
地区	数量	金额	数量占比	金额占比	地区	数量	金额	数量占比	金额占比
全国	416	561010542	100.00%	100.00%	全国	90	25091379	100.00%	100.00%
广东	126	178686934	30.29%	31.85%	广东	73	23110106	81.11%	92.10%
浙江	84	93950745	20.19%	16.75%	辽宁	7	1263411	7.78%	5.04%
江苏	43	66128984	10.34%	11.79%	北京	1	468008	1.11%	1.87%
上海	30	40651961	7.21%	7.25%	山东	3	200000	3.33%	0.80%
北京	29	36706401	6.97%	6.54%	新疆	3	27920	3.33%	0.11%
四川	12	20355410	2.88%	3.63%	浙江	2	17850	2.22%	0.07%
山东	13	17997887	3.13%	3.21%	福建	1	4084	1.11%	0.02%
河南	9	13588748	2.16%	2.42%	—	—	—	—	—
福建	9	12023979	2.16%	2.14%	—	—	—	—	—
天津	8	10576080	1.92%	1.89%	—	—	—	—	—
辽宁	12	9415601	2.88%	1.68%	—	—	—	—	—
湖北	8	9067641	1.92%	1.62%	—	—	—	—	—
江西	5	8196885	1.20%	1.46%	—	—	—	—	—
贵州省	3	6796432	0.72%	1.21%	—	—	—	—	—
重庆	4	6321002	0.96%	1.13%	—	—	—	—	—
黑龙江	3	5410700	0.72%	0.96%	—	—	—	—	—
云南	3	4928305	0.72%	0.88%	—	—	—	—	—
湖南	3	4636521	0.72%	0.83%	—	—	—	—	—
河北	3	4154654	0.72%	0.74%	—	—	—	—	—
安徽	4	3929508	0.96%	0.70%	—	—	—	—	—

卷取进料式胶印机

数量单位：台

进口部分					出口部分				
地区	数量	金额	数量占比	金额占比	地区	数量	金额	数量占比	金额占比
全国	34	57357877	100.00%	100.00%	全国	146	24587459	100.00%	100.00%
北京	4	14201086	11.76%	24.76%	上海	33	16685918	22.60%	67.86%
四川	1	8768535	2.94%	15.29%	浙江	19	4018169	13.01%	16.34%
天津	2	7524277	5.88%	13.12%	北京	3	1440500	2.05%	5.86%
浙江	2	5960604	5.88%	10.39%	江苏	10	1094832	6.85%	4.45%
江苏	5	5357803	14.71%	9.34%	山东	55	1017218	37.67%	4.14%
辽宁	6	4576942	17.65%	7.98%	湖北	2	147130	1.37%	0.60%
湖南	1	4199000	2.94%	7.32%	广东	19	140092	13.01%	0.57%
广东	4	2237073	11.76%	3.90%	辽宁	2	18300	1.37%	0.07%
福建	1	1446500	2.94%	2.52%	内蒙古	2	12000	1.37%	0.05%
河北	2	1350220	5.88%	2.35%	四川	1	4300	0.68%	0.02%
上海	1	700493	2.94%	1.22%	—	—	—	—	—
山东	2	652800	5.88%	1.14%	—	—	—	—	—
湖北	3	382544	8.82%	0.67%	—	—	—	—	—

未列名胶印机

数量单位：台

进口部分					出口部分				
地区	数量	金额	数量占比	金额占比	地区	数量	金额	数量占比	金额占比
全国	92	39057822	100.00%	100.00%	全国	676	8570683	100.00%	100.00%
广东	19	6856626	20.65%	17.56%	广东	328	4586452	48.52%	53.51%
天津	6	6782806	6.52%	17.37%	江苏	122	3288689	18.05%	38.37%
福建	3	5151809	3.26%	13.19%	浙江	91	355883	13.46%	4.15%
浙江	6	4298620	6.52%	11.01%	山东	30	135689	4.44%	1.58%

续表

进口部分					出口部分				
地区	数量	金额	数量占比	金额占比	地区	数量	金额	数量占比	金额占比
江苏	34	3732914	36.96%	9.56%	福建	15	111524	2.22%	1.30%
四川	2	2865007	2.17%	7.34%	上海	72	71818	10.65%	0.84%
山东	4	2797847	4.35%	7.16%	辽宁	14	16268	2.07%	0.19%
湖北	1	2526664	1.09%	6.47%	湖北	2	4000	0.30%	0.05%
上海	4	1657873	4.35%	4.24%	天津	2	360	0.30%	<0.01%
北京	1	1442314	1.09%	3.69%	—	—	—	—	—
河北	1	721920	1.09%	1.85%	—	—	—	—	—
辽宁	11	223422	11.96%	0.57%	—	—	—	—	—

卷取进料式凸版印刷机，不包括苯胺印刷机　　数量单位：台

进口部分					出口部分				
地区	数量	金额	数量占比	金额占比	地区	数量	金额	数量占比	金额占比
全国	124	16036803	100.00%	100.00%	全国	925	14672416	100.00%	100.00%
广东	78	6638687	62.90%	41.40%	浙江	617	4880425	66.70%	33.26%
江苏	21	5004933	16.94%	31.21%	广东	109	3583522	11.78%	24.42%
重庆	8	1816782	6.45%	11.33%	天津	17	3574557	1.84%	24.36%
湖北	1	770000	0.81%	4.80%	上海	69	1412191	7.46%	9.62%
上海	6	747607	4.84%	4.66%	江苏	57	668103	6.16%	4.55%
浙江	2	608403	1.61%	3.79%	山东	9	415467	0.97%	2.83%
河南	2	290950	1.61%	1.81%	河北	3	56110	0.32%	0.38%
辽宁	1	55100	0.81%	0.34%	河南	4	40779	0.43%	0.28%
山东	2	53889	1.61%	0.34%	安徽	2	15256	0.22%	0.10%
黑龙江	1	39000	0.81%	0.24%	辽宁	29	8794	3.14%	0.06%
天津	1	10207	0.81%	0.06%	湖北	4	6862	0.43%	0.05%
安徽	1	1245	0.81%	0.01%	重庆	1	5387	0.11%	0.04%
—	—	—	—	—	北京	1	3622	0.11%	0.02%
—	—	—	—	—	福建	2	1300	0.22%	0.01%
—	—	—	—	—	陕西	1	41	0.11%	<0.01%

非卷取进料式的凸版印刷机，不包括苯胺印刷机

数量单位：台

进口部分					出口部分				
地区	数量	金额	数量占比	金额占比	地区	数量	金额	数量占比	金额占比
全国	93	13161763	100.00%	100.00%	全国	336	14288187	100.00%	100.00%
浙江	19	3250809	20.43%	24.70%	湖北	33	5878591	9.82%	41.14%
重庆	6	2853425	6.45%	21.68%	广东	110	3981156	32.74%	27.86%
北京	2	1711518	2.15%	13.00%	上海	24	2402045	7.14%	16.81%
广东	11	1055171	11.83%	8.02%	浙江	76	1297599	22.62%	9.08%
福建	13	926634	13.98%	7.04%	河北	6	192969	1.79%	1.35%
山东	2	882424	2.15%	6.70%	河南	2	183095	0.60%	1.28%
辽宁	1	810437	1.08%	6.16%	天津	2	149387	0.60%	1.05%
陕西	1	750000	1.08%	5.70%	江苏	9	102225	2.68%	0.72%
新疆	5	372400	5.38%	2.83%	广西	1	39062	0.30%	0.27%
江苏	8	269950	8.60%	2.05%	山东	3	35358	0.89%	0.25%
上海	7	190580	7.53%	1.45%	福建	70	26700	20.83%	0.19%
天津	11	43582	11.83%	0.33%	—	—	—	—	—
安徽	4	21665	4.30%	0.16%	—	—	—	—	—
河北	2	15755	2.15%	0.12%	—	—	—	—	—
四川	1	7413	1.08%	0.06%	—	—	—	—	—

苯胺印刷机

数量单位：台

进口部分					出口部分				
地区	数量	金额	数量占比	金额占比	地区	数量	金额	数量占比	金额占比
全国	69	44764858	100.00%	100.00%	全国	674	18350211	100.00%	100.00%
广东	17	14943778	24.64%	33.38%	浙江	319	8320273	47.33%	45.34%
上海	9	5126941	13.04%	11.45%	山东	146	2940573	21.66%	16.02%
山东	4	5079949	5.80%	11.35%	广东	127	2164962	18.84%	11.80%
内蒙古	1	4047747	1.45%	9.04%	江苏	9	1983387	1.34%	10.81%
甘肃	1	3312560	1.45%	7.40%	上海	42	1862297	6.23%	10.15%

续表

进口部分					出口部分				
地区	数量	金额	数量占比	金额占比	地区	数量	金额	数量占比	金额占比
江苏	9	2432837	13.04%	5.43%	安徽	12	747734	1.78%	4.07%
北京	1	1874894	1.45%	4.19%	河北	10	201096	1.48%	1.10%
浙江	6	1639395	8.70%	3.66%	北京	2	60232	0.30%	0.33%
河南	2	1410000	2.90%	3.15%	新疆	2	47702	0.30%	0.26%
四川	2	1375336	2.90%	3.07%	福建	5	21955	0.74%	0.12%
安徽	2	1307000	2.90%	2.92%	—	—	—	—	—
湖北	1	790000	1.45%	1.76%	—	—	—	—	—
天津	2	434708	2.90%	0.97%	—	—	—	—	—
辽宁	2	394611	2.90%	0.88%	—	—	—	—	—
重庆	1	368000	1.45%	0.82%	—	—	—	—	—
福建	9	227102	13.04%	0.51%	—	—	—	—	—

凹版印刷机

数量单位：台

进口部分					出口部分				
地区	数量	金额	数量占比	金额占比	地区	数量	金额	数量占比	金额占比
全国	92	137215300	100.00%	100.00%	全国	1793	33287928	100.00%	100.00%
上海	10	33950518	10.87%	24.74%	广东	1118	8895108	62.35%	26.72%
四川	3	26907132	3.26%	19.61%	浙江	178	8470996	9.93%	25.45%
北京	2	25084668	2.17%	18.28%	上海	29	5262139	1.62%	15.81%
天津	19	13058347	20.65%	9.52%	陕西	18	4875704	1.00%	14.65%
浙江	10	10681270	10.87%	7.78%	江苏	76	4152258	4.24%	12.47%
广东	9	7299029	9.78%	5.32%	山西	2	530446	0.11%	1.59%
湖北	1	4095762	1.09%	2.98%	北京	5	447921	0.28%	1.35%

续表

进口部分					出口部分				
地区	数量	金额	数量占比	金额占比	地区	数量	金额	数量占比	金额占比
福建	4	3914622	4.35%	2.85%	福建	359	402412	20.02%	1.21%
河南	2	3847910	2.17%	2.80%	新疆	1	134000	0.06%	0.40%
重庆	2	3817322	2.17%	2.78%	河北	3	85294	0.17%	0.26%
山东	13	2255388	14.13%	1.64%	辽宁	3	26750	0.17%	0.08%
河北	1	1330816	1.09%	0.97%	山东	1	4900	0.06%	0.01%
江苏	15	970791	16.30%	0.71%	—	—	—	—	—
江西	1	1725	1.09%	<0.01%	—	—	—	—	—

圆网印刷机

数量单位：台

进口部分					出口部分				
地区	数量	金额	数量占比	金额占比	地区	数量	金额	数量占比	金额占比
全国	77	26745997	100.00%	100.00%	全国	395	5585758	100.00%	100.00%
江苏	23	10877689	29.87%	40.67%	福建	7	2072842	1.77%	37.11%
浙江	24	9059624	31.17%	33.87%	河北	21	1418312	5.32%	25.39%
山东	6	2194354	7.79%	8.20%	浙江	25	783524	6.33%	14.03%
福建	4	1444832	5.19%	5.40%	广东	315	616872	79.75%	11.04%
广东	5	1216773	6.49%	4.55%	湖北	1	322250	0.25%	5.77%
上海	6	1129644	7.79%	4.22%	上海	10	237600	2.53%	4.25%
安徽	2	548335	2.60%	2.05%	辽宁	5	78426	1.27%	1.40%
辽宁	2	164274	2.60%	0.61%	江苏	10	54362	2.53%	0.97%
北京	2	107239	2.60%	0.40%	黑龙江	1	1570	0.25%	0.03%
天津	2	2106	2.60%	0.01%	—	—	—	—	—
河北	1	1127	1.30%	<0.01%	—	—	—	—	—

平网印刷机

数量单位：台

进口部分					出口部分				
地区	数量	金额	数量占比	金额占比	地区	数量	金额	数量占比	金额占比
全国	1756	88661571	100.00%	100.00%	全国	20518	23407364	100.00%	100.00%
广东	825	31308375	46.98%	35.31%	江苏	1074	6060663	5.23%	25.89%
江苏	382	20073273	21.75%	22.64%	广东	17614	5631569	85.85%	24.06%
福建	160	13186778	9.11%	14.87%	天津	79	3731667	0.39%	15.94%
浙江	29	6772107	1.65%	7.64%	浙江	495	3316776	2.41%	14.17%
上海	71	5382370	4.04%	6.07%	上海	74	3039955	0.36%	12.99%
江西	22	3998093	1.25%	4.51%	重庆	95	489250	0.46%	2.09%
天津	53	2541435	3.02%	2.87%	山东	906	462415	4.42%	1.98%
山东	10	1154161	0.57%	1.30%	河北	5	299587	0.02%	1.28%
重庆	21	1098307	1.20%	1.24%	福建	152	262125	0.74%	1.12%
湖南	150	916792	8.54%	1.03%	辽宁	12	67771	0.06%	0.29%
辽宁	13	542410	0.74%	0.61%	新疆	2	27015	0.01%	0.12%
北京	4	385406	0.23%	0.43%	湖南	3	17304	0.01%	0.07%
湖北	4	334817	0.23%	0.38%	河南	7	1267	0.03%	0.01%
安徽	5	295502	0.28%	0.33%	—	—	—	—	—
四川	1	259745	0.06%	0.29%	—	—	—	—	—
贵州省	1	192000	0.06%	0.22%	—	—	—	—	—
河南	3	135000	0.17%	0.15%	—	—	—	—	—
吉林	1	45000	0.06%	0.05%	—	—	—	—	—
广西	1	40000	0.06%	0.05%	—	—	—	—	—

其他网式印刷机

数量单位：台

进口部分					出口部分				
地区	数量	金额	数量占比	金额占比	地区	数量	金额	数量占比	金额占比
全国	2056	98076631	100.00%	100.00%	全国	1725	8995347	100.00%	100.00%

续表

进口部分					出口部分				
地区	数量	金额	数量占比	金额占比	地区	数量	金额	数量占比	金额占比
广东	1045	49838403	50.83%	50.82%	广东	446	3477006	25.86%	38.65%
湖南	744	33235567	36.19%	33.89%	浙江	939	2474459	54.43%	27.51%
江苏	162	6361689	7.88%	6.49%	上海	61	1435570	3.54%	15.96%
上海	25	1974201	1.22%	2.01%	福建	119	688085	6.90%	7.65%
福建	20	1649575	0.97%	1.68%	辽宁	2	418860	0.12%	4.66%
浙江	15	1109136	0.73%	1.13%	北京	14	156576	0.81%	1.74%
山东	5	881548	0.24%	0.90%	江苏	10	133944	0.58%	1.49%
天津	13	844950	0.63%	0.86%	山东	112	94670	6.49%	1.05%
辽宁	9	744681	0.44%	0.76%	河北	14	45941	0.81%	0.51%
北京	7	636904	0.34%	0.65%	黑龙江	1	22900	0.06%	0.25%
安徽	8	588154	0.39%	0.60%	陕西	1	17844	0.06%	0.20%
重庆	1	205803	0.05%	0.21%	天津	2	14393	0.12%	0.16%
江西	2	6020	0.10%	0.01%	安徽	1	5300	0.06%	0.06%
—	—	—	—	—	吉林	1	4082	0.06%	0.05%
—	—	—	—	—	新疆	1	3250	0.06%	0.04%
—	—	—	—	—	湖南	1	2467	0.06%	0.03%

未列名印刷机　　　　数量单位：台

进口部分					出口部分				
地区	数量	金额	数量占比	金额占比	地区	数量	金额	数量占比	金额占比
全国	9146	44418344	100.00%	100.00%	全国	82846	82527585	100.00%	100.00%
广东	6689	14936431	73.14%	33.63%	广东	33908	37357788	40.93%	45.27%
福建	1984	8078577	21.69%	18.19%	福建	14406	14710418	17.39%	17.82%
上海	82	6647067	0.90%	14.96%	江苏	1932	6491236	2.33%	7.87%

续表

进口部分					出口部分				
地区	数量	金额	数量占比	金额占比	地区	数量	金额	数量占比	金额占比
江苏	105	4625846	1.15%	10.41%	辽宁	1460	6374160	1.76%	7.72%
北京	7	4185507	0.08%	9.42%	上海	11368	5761518	13.72%	6.98%
安徽	2	2176633	0.02%	4.90%	山东	3279	4110791	3.96%	4.98%
山东	253	1856062	2.77%	4.18%	浙江	13831	4089701	16.69%	4.96%
辽宁	6	543860	0.07%	1.22%	河北	1392	1964499	1.68%	2.38%
浙江	6	516740	0.07%	1.16%	北京	224	724997	0.27%	0.88%
四川	4	480937	0.04%	1.08%	陕西	2	230127	0.00%	0.28%
天津	5	319519	0.05%	0.72%	湖北	42	192881	0.05%	0.23%
吉林	1	47000	0.01%	0.11%	重庆	41	142660	0.05%	0.17%
海南	1	2315	0.01%	0.01%	天津	72	137767	0.09%	0.17%
江西	1	1850	0.01%	<0.01%	安徽	280	121738	0.34%	0.15%
—	—	—	—	—	黑龙江	494	61900	0.60%	0.08%
—	—	—	—	—	河南	100	35588	0.12%	0.04%
—	—	—	—	—	广西	2	11900	<0.01%	0.01%
—	—	—	—	—	新疆	1	5327	<0.01%	0.01%
—	—	—	—	—	江西	12	2589	0.01%	<0.01%

数字式喷墨印刷机，可与数字处理装置及网络连接　　　　数量单位：台

进口部分					出口部分				
地区	数量	金额	数量占比	金额占比	地区	数量	金额	数量占比	金额占比
全国	202055	226288262	100.00%	100.00%	全国	173564	431531912	100.00%	100.00%
上海	146158	143957252	72.34%	63.62%	广东	101605	222250743	58.54%	51.50%
北京	26687	38549009	13.21%	17.04%	江苏	53799	104183503	31.00%	24.14%
广东	28624	26041789	14.17%	11.51%	上海	10096	64750288	5.82%	15.00%

续表

进口部分					出口部分				
地区	数量	金额	数量占比	金额占比	地区	数量	金额	数量占比	金额占比
江苏	265	7552768	0.13%	3.34%	浙江	3299	16151067	1.90%	3.74%
浙江	141	3901873	0.07%	1.72%	辽宁	239	6821083	0.14%	1.58%
山东	49	2314967	0.02%	1.02%	安徽	438	6667909	0.25%	1.55%
河北	19	1762378	0.01%	0.78%	北京	483	6261957	0.28%	1.45%
福建	47	707588	0.02%	0.31%	福建	2816	1452203	1.62%	0.34%
天津	34	505108	0.02%	0.22%	新疆	234	1017817	0.13%	0.24%
辽宁	8	445023	<0.01%	0.20%	湖北	117	537367	0.07%	0.12%
江西	2	315479	<0.01%	0.14%	山东	51	397925	0.03%	0.09%
黑龙江	4	53600	<0.01%	0.02%	河南	181	343376	0.10%	0.08%
安徽	5	53040	<0.01%	0.02%	天津	50	268952	0.03%	0.06%
湖南	1	46000	<0.01%	0.02%	河北	47	157830	0.03%	0.04%
四川	3	38409	<0.01%	0.02%	四川	29	130502	0.02%	0.03%
湖北	6	31229	<0.01%	0.01%	黑龙江	41	88934	0.02%	0.02%
宁夏	1	7700	<0.01%	<0.01%	内蒙古	23	19550	0.01%	<0.01%
河南	1	5050	<0.01%	<0.01%	云南	4	11997	<0.01%	<0.01%
—	—	—	—	—	湖南	8	9327	<0.01%	<0.01%
—	—	—	—	—	西藏	1	7641	0.00%	0.00%

数字式喷墨印刷机　　数量单位：台

进口部分					出口部分				
地区	数量	金额	数量占比	金额占比	地区	数量	金额	数量占比	金额占比
全国	4122	10476335	100.00%	100.00%	全国	7723	27124997	100.00%	100.00%
山东	26	4426693	0.63%	42.25%	广东	6093	18013875	78.89%	66.41%
广东	3591	1801998	87.12%	17.20%	上海	481	6233589	6.23%	22.98%

续表

进口部分					出口部分				
地区	数量	金额	数量占比	金额占比	地区	数量	金额	数量占比	金额占比
江苏	58	1100673	1.41%	10.51%	北京	546	1579165	7.07%	5.82%
陕西	2	907578	0.05%	8.66%	浙江	324	429623	4.20%	1.58%
北京	152	616903	3.69%	5.89%	福建	154	283973	1.99%	1.05%
福建	109	471283	2.64%	4.50%	江苏	51	253339	0.66%	0.93%
天津	50	441343	1.21%	4.21%	天津	28	181827	0.36%	0.67%
上海	70	312799	1.70%	2.99%	新疆	6	37085	0.08%	0.14%
湖北	4	162655	0.10%	1.55%	湖北	18	35211	0.23%	0.13%
湖南	29	78211	0.70%	0.75%	安徽	6	18747	0.08%	0.07%
四川	7	39400	0.17%	0.38%	河北	1	13726	0.01%	0.05%
江西	2	36948	0.05%	0.35%	西藏	2	12562	0.03%	0.05%
安徽	4	30800	0.10%	0.29%	湖南	2	11118	0.03%	0.04%
浙江	4	25233	0.10%	0.24%	吉林	1	8400	0.01%	0.03%
吉林	13	21818	0.32%	0.21%	广西	3	5042	0.04%	0.02%
河北	1	2000	0.02%	0.02%	山东	4	4100	0.05%	0.02%
—	—	—	—	—	陕西	1	2149	0.01%	0.01%
—	—	—	—	—	辽宁	1	966	0.01%	<0.01%
—	—	—	—	—	内蒙古	1		0.01%	<0.01%

黑色印刷油墨

数量单位：千克

进口部分					出口部分				
地区	数量	金额	数量占比	金额占比	地区	数量	金额	数量占比	金额占比
全国	4615570	68888310	100.00%	100.00%	全国	4686069	21608443	100.00%	100.00%
上海	1187678	19467224	25.73%	28.26%	广东	2264817	10192419	48.33%	47.17%
广东	1696009	19453054	36.75%	28.24%	上海	197363	3915674	4.21%	18.12%

续表

进口部分					出口部分				
地区	数量	金额	数量占比	金额占比	地区	数量	金额	数量占比	金额占比
北京	467179	8593354	10.12%	12.47%	福建	526351	1831695	11.23%	8.48%
江苏	194310	8262452	4.21%	11.99%	江苏	361431	1424668	7.71%	6.59%
浙江	264266	4998827	5.73%	7.26%	天津	366346	1114072	7.82%	5.16%
天津	260169	2114440	5.64%	3.07%	浙江	261022	1054510	5.57%	4.88%
福建	390919	1863814	8.47%	2.71%	山东	207113	711899	4.42%	3.29%
山东	76363	1176826	1.65%	1.71%	河南	209765	503337	4.48%	2.33%
安徽	36962	1134724	0.80%	1.65%	北京	109617	238751	2.34%	1.10%
湖南	11105	900041	0.24%	1.31%	江西	31517	170080	0.67%	0.79%
湖北	4087	279239	0.09%	0.41%	山西	57464	159945	1.23%	0.74%
河北	4219	204819	0.09%	0.30%	辽宁	42009	140626	0.90%	0.65%
辽宁	15608	186398	0.34%	0.27%	新疆	9320	57634	0.20%	0.27%
吉林	4430	162770	0.10%	0.24%	湖北	1721	28682	0.04%	0.13%
江西	1904	66375	0.04%	0.10%	河北	6684	18595	0.14%	0.09%
广西	157	12914	<0.01%	0.02%	广西	4500	12150	0.10%	0.06%
重庆	65	3626	<0.01%	0.01%	黑龙江	10593	10646	0.23%	0.05%
四川	40	3137	<0.01%	0.00%	四川	3000	9660	0.06%	0.04%
内蒙古	24	2710	<0.01%	0.00%	内蒙古	13750	6496	0.29%	0.03%
黑龙江	4	706	<0.01%	0.00%	吉林	1644	4033	0.04%	0.02%

其他印刷油墨

数量单位：千克

进口部分					出口部分				
地区	数量	金额	数量占比	金额占比	地区	数量	金额	数量占比	金额占比
全国	27986666	343007422	100.00%	100.00%	全国	22411426	94598285	100.00%	100.00%
广东	12847039	145732319	45.90%	42.49%	广东	8231320	38449804	36.73%	40.65%

续表

进口部分					出口部分				
地区	数量	金额	数量占比	金额占比	地区	数量	金额	数量占比	金额占比
江苏	5222011	69443968	18.66%	20.25%	江苏	4435441	19197667	19.79%	20.29%
上海	4774910	57290320	17.06%	16.70%	天津	3745438	14684299	16.71%	15.52%
北京	1214766	17984235	4.34%	5.24%	上海	2002141	8605750	8.93%	9.10%
浙江	1059481	14837003	3.79%	4.33%	山东	1387270	5481062	6.19%	5.79%
天津	813945	9790602	2.91%	2.85%	北京	1209304	2920002	5.40%	3.09%
福建	460761	8962153	1.65%	2.61%	河南	332040	1248549	1.48%	1.32%
山东	886898	6961323	3.17%	2.03%	福建	369072	1214244	1.65%	1.28%
湖南	41624	3457210	0.15%	1.01%	江西	184013	831236	0.82%	0.88%
辽宁	388671	3132779	1.39%	0.91%	浙江	178434	741981	0.80%	0.78%
河北	24643	1580685	0.09%	0.46%	辽宁	137044	439267	0.61%	0.46%
江西	88585	1117847	0.32%	0.33%	山西	101368	376165	0.45%	0.40%
河南	33252	566503	0.12%	0.17%	广西	36632	123005	0.16%	0.13%
吉林	37555	508528	0.13%	0.15%	河北	30253	121304	0.13%	0.13%
湖北	4658	461719	0.02%	0.13%	黑龙江	9946	96803	0.04%	0.10%
安徽	11004	367338	0.04%	0.11%	安徽	12454	32101	0.06%	0.03%
陕西	21247	238782	0.08%	0.07%	四川	2757	16797	0.01%	0.02%
山西	1219	206831	0.00%	0.06%	湖北	841	8661	0.00%	0.01%
广西	47895	179745	0.17%	0.05%	陕西	3944	7804	0.02%	0.01%
四川	1152	94855	<0.01%	0.03%	云南	6	882	<0.01%	<0.01%

PS版，任一边＞255mm

数量单位：千克

进口部分					出口部分				
地区	数量	金额	数量占比	金额占比	地区	数量	金额	数量占比	金额占比
全国	914124	8767871	100.00%	100.00%	全国	45014128	210093480	100.00%	100.00%
广东	731687	4934597	80.04%	56.28%	河北	8249943	47589511	18.33%	22.65%
上海	122863	1582279	13.44%	18.05%	上海	10736994	46510659	23.85%	22.14%
北京	11149	940693	1.22%	10.73%	河南	9672290	38908784	21.49%	18.52%
天津	28343	396682	3.10%	4.52%	江苏	5393308	26104722	11.98%	12.43%
四川	3530	334336	0.39%	3.81%	浙江	4131629	18415390	9.18%	8.77%
江苏	8857	242073	0.97%	2.76%	福建	1264659	7044034	2.81%	3.35%
河北	2053	116699	0.22%	1.33%	重庆	1297990	5431056	2.88%	2.59%
陕西	938	94846	0.10%	1.08%	湖北	771833	4362408	1.71%	2.08%
江西	626	62103	0.07%	0.71%	北京	748403	3217916	1.66%	1.53%
辽宁	428	48599	0.05%	0.55%	陕西	656949	2850740	1.46%	1.36%
浙江	3650	14964	0.40%	0.17%	山东	633963	2694703	1.41%	1.28%
—	—	—	—	—	湖南	474866	2457034	1.05%	1.17%
—	—	—	—	—	四川	350396	1724827	0.78%	0.82%
—	—	—	—	—	广东	311005	1462925	0.69%	0.70%
—	—	—	—	—	安徽	99224	451417	0.22%	0.21%
—	—	—	—	—	新疆	104933	386203	0.23%	0.18%
—	—	—	—	—	广西	52738	267035	0.12%	0.13%
—	—	—	—	—	天津	26387	94220	0.06%	0.04%
—	—	—	—	—	辽宁	10637	62344	0.02%	0.03%
—	—	—	—	—	内蒙古	25265	54459	0.06%	0.03%

CTP版，任一边＞255mm

数量单位：千克

进口部分					出口部分				
地区	数量	金额	数量占比	金额占比	地区	数量	金额	数量占比	金额占比
全国	1241270	10687613	100.00%	100.00%	全国	33969692	253445469	100.00%	100.00%
福建	671964	4684752	54.14%	43.83%	江苏	10000452	87459847	29.44%	34.51%
上海	248771	2191936	20.04%	20.51%	福建	10219080	79477950	30.08%	31.36%
广东	263038	2106365	21.19%	19.71%	河南	6446342	37687540	18.98%	14.87%
内蒙古	40684	1480904	3.28%	13.86%	四川	2772782	21511168	8.16%	8.49%
江苏	4060	92775	0.33%	0.87%	上海	2018758	12434444	5.94%	4.91%
浙江	6071	62935	0.49%	0.59%	浙江	1292439	7246817	3.80%	2.86%
四川	6466	61448	0.52%	0.57%	河北	649237	3840228	1.91%	1.52%
北京	42	3555	0.00%	0.03%	广东	155746	1257730	0.46%	0.50%
河南	168	2830	0.01%	0.03%	重庆	179594	1039878	0.53%	0.41%
山东	6	113	<0.01%	<0.01%	北京	119733	745687	0.35%	0.29%
—	—	—	—	—	天津	92710	584308	0.27%	0.23%
—	—	—	—	—	山东	10167	58938	0.03%	0.02%
—	—	—	—	—	新疆	6098	53921	0.02%	0.02%
—	—	—	—	—	内蒙古	2412	22420	0.01%	0.01%
—	—	—	—	—	广西	2520	14669	0.01%	0.01%
—	—	—	—	—	辽宁	1167	6592	<0.01%	<0.01%
—	—	—	—	—	湖南	295	2452	<0.01%	<0.01%
—	—	—	—	—	安徽	120	660	<0.01%	<0.01%
—	—	—	—	—	江西	40	220	<0.01%	<0.01%

报告篇

中国印刷工业年鉴2012

2011年新闻出版产业分析报告
（节选）

新闻出版总署 发布

编者按： 本《报告》由新闻出版总署于2012年7月9日发布，《报告》本着严谨、客观、求实、创新的原则，通过历史与现状的对比，从宏观和微观两个层面入手，全面深入地分析了2011年新闻出版产业的发展状况。

一、产业主要经济指标持续向好

1.实现营收14568.6亿元

2011年，全国出版、印刷和发行服务实现营业收入14568.6亿元，较2010年增长17.7%；增加值4021.6亿元，增长14.8%，占同期国内生产总值（GDP）的0.9%；利润总额1128.0亿元，增长4.8%；不包括数字出版的资产总额为14417.5亿元，增长13.2%；所有者权益（净资产）为7344.8亿元，增长12.5%；纳税总额为787.9亿元，增长11.3%。

2.出版图书37.0万种

2011年，全国共出版图书37.0万种，较2010年增长12.5%。其中，新版图书20.8万种，增长9.6%；重版、重印图书16.2万种，增长16.5%。总印数77.1亿册（张），增长7.5%；总印张634.5亿印张，增长4.7%；定价总金额1063.1亿元，增长13.6%。图书出版实现营业收入664.4亿元，增长19.8%；增加值225.3亿元，增长4.8%；利润总额94.2亿元，增长22.2%。

3.出版期刊9849种

2011年，全国共出版期刊9849种，较2010年降低0.4%；总印数32.9亿册，增长2.2%；总印张192.7亿印张，增长6.4%；定价总金额238.4亿元，增长9.5%。期刊出版实现营业收入162.6亿元，增长8.0%；增加值152.4亿元，增长114.2%；利润总额22.9亿元，增长23.8%。

4.出版报纸1928种

2011年，全国共出版报纸1928种，较2010年降低0.6%；总印数467.4亿份，增长3.4%；总印张2272.0亿印张，增长5.8%；定价总金额400.4亿元，增长8.9%。报纸出版实现营业收入818.9亿元，增长12.3%；增加值320.2亿元，增长1.0%；利润总额98.6亿元，降低2.2%。

5.出版音像制品19408种

2011年，全国共出版音像制品19408种，较2010年降低10.0%；出版数量4.6亿盒（张），增长9.6%；发行数量3.9亿盒（张），增长3.5%；发行总金额18.3亿元，降低9.3%。音像制品出版实现营业收入26.1亿元，增长29.1%；增加值8.2亿元，增长11.6%；利润总额2.8亿元，增长15.6%。

6.出版电子出版物11154种

2011年，全国共出版电子出版物11154种，较2010年降低0.2%；出版数量2.1亿张，降低17.7%。电子出版物出版实现营业收入6.2亿元，降低15.5%；增加值3.1亿元，增长8.8%；利润总额1.3亿元，增长28.0%。

7.数字出版营收1377.9亿元

2011年，数字出版实现营业收入1377.9亿元，较2010年增长31.0%；增加值389.4亿元，增长34.2%；利润总额106.7亿元，增长19.1%。

8.印刷复制营收9305.4亿元

2011年，全国图书、报纸、其他出版物黑白印刷产量3.0亿令，较2010年增长6.4%；彩色印刷产量15.3亿对开色令，增长7.8%；装订产量2.9亿令，与上年基本持平。印刷复制（包括出版物印刷、包装装潢印刷、其他印刷品印刷、专项印刷、打字复印、复制和印刷物资供销）实现营业收入9305.4亿元，增长17.5%；增加值2324.9亿元，增长9.6%；利润总额614.6亿元，增长6.3%。

9.发行网点16.9万处

2011年，全国新华书店系统和出版社自办发行单位实现出版物总销售额1953.5亿元，较2010年增长11.4%；全国共有出版物发行网点16.9万处，增长0.4%。出版物发行实现营业收入2162.9亿元，增长13.9%；增加值593.3亿元，增长26.0%；利润总额185.1亿元，降低10.5%。

10.出版物进出口经营单位营收64.4亿元

2011年，全国累计进口图书、报纸、期刊、音像制品、电子出版物113.5万种次，较2010年增长25.4%；数量3019.5万册（份、盒、张），增长2.5%；金额42508.0万美元，增长13.7%。全国累计出口图书、报纸、期刊、音像制品、电子出版物148.7万种次，数量1557.5万册（份、盒、张），金额7396.6万美元。进出口总额49904.6万美元（其中，全国出版物进出口经营单位进出口总额46448.7万美元，增长12.9%）。出版物进出口经营单位实现营业收入64.4亿元，增长4.8%；增加值4.9亿元，降低39.0%；利润总额1.8亿元，增长1.7%。

11.版权输出、引进品种比例提高到1:2.1

2011年，全国共引进版权16639种（其中，图书14708种，录音制品278种，录像制品421种，电子出版物185种），较2010年增长0.2%（图书、音像制品与电子出版物合计增长7.0%）；共输出版权7783种（其中，图书5922种，录音制品130种，录像制品20种，电子出版物125种），增长36.8%（图书、音像制品与电子出版物合计增长50.7%）；版权输出品种与引进品种比例由2010年的1:2.9提高到1:2.1。

二、产品获利能力逐步增强

1.报纸总量大，期刊增长快

2011年全国共出版图书、期刊、报纸、音像制品和电子出版物总印数（出版数量）584.1亿册（份、盒、张）。其中报纸占总量80.0%，位居第一；录像制品占总量不足0.4%，增长17.6%，增速位居第一。

2011年全国共出版图书、期刊和报纸总印张3099.1亿印张。其中报纸占总量73.3%，位居第一，期刊增长6.4%，增速位居第一。

2011年全国出版图书、期刊、报纸和音像制品的定价（出版）总金额为1720.1亿元。其中图书、期刊、报纸合计占到99.0%。

2.图书新版与重版、重印品种比为1.3:1

书籍和课本合计，分别占到图书品种的99.8%、总印数的99.9%、接近总印张的100.0%和定价总金额的99.9%。新版图书与重版、重印图书品种之比为1.3:1。

①书籍

书籍的品种数量占图书的78.6%，位居第一，较2010年减少0.4个百分点；增长11.9%，增速位居第三。总印数占55.0%，位居第一，提高2.2个百分点；增长11.9%，增速位居第一。总印张占图书的56.9%，位居第一，提高1.6个百分点；增长7.7%，增速位居第二。定价总金额占68.7%，位居第一，提高3.2个百分点；增长18.5%，增速位居第一。

②课本

品种数量占图书的21.2%，位居第二，提高0.4个百分点；增长14.9%，增速位居第二。总印数占44.9%，位居第二，减少2.2个百分点；增长2.5%，增速位居第二。总印张占43.1%，位居第二，减少1.6个百分点；增长1.0%，增速位居第三。定价总金额占31.2%，位居第二，减少2.7个百分点；增长4.2%，增速位居第二。

3.文化教育类期刊增长迅速

期刊按照内容划分为综合、哲学社会科学、自然科学技术、文化教育和文学艺术5类。

①综合类期刊

总印数占期刊的7.7%，位居第五，较2010年减少4.9个百分点；降低37.5%，增速位居第五。总印张占期刊的6.6%，位居第五；与2010年相比减少4.0个百分点；降低33.9%，增速位居第五。

②哲学社会科学类期刊

总印数占期刊的42.3%，位居第一；提高5.1个百分点；增长16.1%，增速位居第三。总印张占期刊的37.3%，位居第一；减少1.6个百分点；增长2.1%，增速位居第四。

③自然科学技术类期刊

总印数占期刊的14.8%，位居第三，提高0.2个百分点；增长3.5%，增速位居第四。总印张占期刊的19.7%，位居第三，提高1.4个百分点；增长14.5%，增速位居第三。

④文化教育类期刊

总印数占期刊的23.9%，位居第二，提高4.9个百分点；增长28.7%，增速位居第二。总印张占期刊的25.6%，位居第二，提高7.1个百分点；增长47.1%，增速位居第一。

⑤文学艺术类期刊

总印数占期刊的11.3%，位居第四，提高2.9个百分点；增长37.5%，增速位居第一。总印数占期刊的10.9%，位居第四，提高3.0个百分点；增长46.5%，增速位居第二。

4.地市级综合类报纸看好

报纸根据地域划分为全国性报纸、省级报纸、地市级报纸、县级报纸等4类。2011年，省级报纸和地市级报纸两类占全国报纸总印数的85.1%，占总印张的91.1%。

全国性报纸：总印数占报纸的14.8%，位居第三，较2010年减少0.6个百分点；降低0.8%，增速位居第三。总印张占报纸的8.8%，位居第三，减少2.0个百分点；降低13.7%，增速位居第三。

省级报纸：总印数占报纸的52.7%，位居第一，减少0.24个百分点；增长2.9%，增速位居第二。总印张占报纸的57.7%，位居第一，提高0.7个百分点；增长7.0%，增速位居第二。

地市级报纸：总印数占报纸的32.3%，位居第二，提高0.9个百分点；增长6.3%，增速位居第一。总印张占报纸的33.4%，位居第二，提高1.4个百分点；增长10.2%，增速位居第一。

县级报纸：总印数占报纸的0.2%，位居第四，与2010年基本持平；降低4.1%，增速位居第四。总印张占报纸的0.1%，位居第四，与2010年基本持平；降低16.2%，增速位居第四。

报纸根据内容划分为综合和专业两大类。

综合报纸：总印数占报纸的69.6%，位居第一，较2010年提高0.2个百分点；增长3.7%，增速位居第一。总印张占报纸的84.3%，位居第一，提高0.5个百分点；增长6.4%，增速位居第一。

专业报纸：总印数占报纸的30.4%，

位居第二，减少0.2个百分点；增长2.7%，增速位居第二。总印张占报纸的15.7%，位居第二，减少0.5个百分点；增长2.7%，增速位居第二。

三、产业结构调整效果初现

1.印刷、发行、数字出版位列前三名

选取营业收入、增加值、总产出和利润总额4个经济规模指标，采用主成分分析法对图书出版、期刊出版、报纸出版、音像制品出版、电子出版物出版、数字出版、印刷复制、出版物发行和出版物进出口共9个新闻出版产业类别的总体经济规模进行综合评价。其中，印刷复制、出版物发行和数字出版分居前三位，三者合计占全行业营业收入的88.2%、增加值的82.2%、总产出的88.2%和利润总额的80.4%，印刷复制和出版物发行两个类别合计占全行业营业收入的78.7%、增加值的72.6%、总产出的79.0%和利润总额的70.9%。

2.印刷复制占半壁江山

图书出版：营业收入占全行业4.4%，位居第五；增加值占5.6%，位居第五；总产出占4.5%，位居第五；利润总额占8.4%，位居第五。

期刊出版：营业收入占全行业1.1%，位居第六；增加值占3.8%，位居第六；总产出占1.2%，位居第六；利润总额占2.0%，位居第六。

报纸出版：营业收入占全行业5.6%，位居第四；增加值占8.0%，位居第四；总产出占5.5%，位居第四；利润总额占8.7%，位居第四。

音像制品出版：营业收入占全行业0.2%，位居第八；增加值占0.2%，位居第七；总产出占0.2%，位居第八；利润总额占0.2%，位居第七。

电子出版物出版：营业收入全行业占比不足0.1%，位居第九；增加值占0.1%，位居第九；总产出占比不足0.1%，位居第九；利润总额占0.1%，位居第九。

数字出版：营业收入占全行业9.5%，位居第三；增加值占9.7%，位居第三；总产出占9.2%，位居第三；利润总额占9.5%，位居第三。

出版物发行：营业收入占全行业14.9%，位居第二；增加值占14.8%，位居第二；总产出占15.1%，位居第二；利润总额占16.4%；位居第二。

出版物进出口：营业收入占全行业0.4%，位居第七；增加值占0.1%，位居第八；总产出占0.4%，位居第七；利润总额占0.2%，位居第八。

印刷复制：营业收入占全行业63.9%，位居第一；增加值占57.8%，位居第一；总产出占63.9%，位居第一；利润总额占54.5%，位居第一。

四、综合实力前十名出炉

1.广东总体经济规模居榜首

选取营业收入、增加值、总产出、资

产总额、所有者权益（净资产）、利润总额、纳税总额7项经济规模指标，采用主成分分析方法对全国31个省（自治区、直辖市）与新疆生产建设兵团新闻出版业（未包括数字出版）的总体经济规模进行综合评价。

广东、北京（包括中央在京新闻出版单位，后同）、浙江、江苏、上海、山东、河北、福建、安徽、四川依次位居全国前10位，10个省（直辖市）合计分别占到全行业营业收入的74.7%，增加值的73.9%，总产出的74.7%，资产总额的73.1%，所有者权益（净资产）的70.7%，利润总额的70.1%和纳税总额的73.1%。其中，广东占全行业营业收入的16.2%，增加值的15.2%，总产出的16.1%，资产总额的12.8%，所有者权益（净资产）的10.9%，利润总额的7.8%和纳税总额的11.7%。

2.主要指标地区分布

①营业收入

超过2000亿元的有1个，即广东；在1000亿～2000亿元之间的有3个，降序依次为浙江、江苏和北京；4个省（直辖市）合计占全国的45.7%。不足10亿元的有2个，降序依次为西藏和新疆生产建设兵团（详见表2）。

②增加值

超过500亿元的只有广东省1个；在200亿～500亿元之间的有5个，降序依次为北京、浙江、江苏、上海和山东；6个省（直辖市）合计占全国的59.6%。不足5亿元的有3个，降序依次为青海、西藏和新疆生产建设兵团（详见表3）。

③总产出

超过2000亿元的有1个，即广东；在1000亿～2000亿元之间的有3个，降序依次为浙江、江苏和北京；4个省（直辖市）合计占全国的45.7%。不足10亿元的有2个，降序依次为西藏和新疆生产建设兵团（详见表4）。

表1　各地区总体经济规模综合评价（前10位）

综合排名	地区	综合评价得分	综合排名	地区	综合评价得分
1	广东	2.7654	6	山东	0.9802
2	北京	2.5178	7	河北	0.2952
3	浙江	2.0470	8	福建	0.1935
4	江苏	1.5714	9	安徽	0.1912
5	上海	1.0703	10	四川	0.1656

说明：1.综合评价得分系选取营业收入、增加值、总产出、资产总额、所有者权益（净资产）、利润总额和纳税总额7项指标，采用主成分分析方法通过SPSS直接计算所得，仅用来显示各地区的相对位置。2.未包括数字出版、版权贸易与服务、行业服务与其他新闻出版业务。

表2　营业收入的地区分布（前10位）　　单位：亿元，%

排名	地区	营业收入	在全国所占比重		排名	地区	营业收入	在全国所占比重	
			比重	累计比重				比重	累计比重
1	广东	2133.17	16.17	16.17	6	上海	889.78	6.75	59.17
2	浙江	1510.08	11.45	27.62	7	福建	617.71	4.68	63.85
3	江苏	1291.02	9.79	37.41	8	河北	599.06	4.54	68.39
4	北京	1089.44	8.26	45.67	9	安徽	446.81	3.39	71.77
5	山东	890.42	6.75	52.42	10	湖南	434.18	3.29	75.07

表3　增加值的地区分布（前10位）　　单位：亿元，%

排名	地区	增加值	在全国所占比重		排名	地区	增加值	在全国所占比重	
			比重	累计比重				比重	累计比重
1	广东	552.80	15.22	15.22	6	山东	220.57	6.07	59.62
2	北京	495.89	13.65	28.87	7	河北	144.52	3.98	63.60
3	浙江	316.88	8.72	37.60	8	安徽	134.33	3.70	67.30
4	江苏	308.48	8.49	46.09	9	四川	124.00	3.41	70.71
5	上海	270.90	7.46	53.55	10	福建	115.69	3.19	73.90

表4　总产出的地区分布（前10位）　　单位：亿元，%

排名	地区	总产出	在全国所占比重		排名	地区	总产出	在全国所占比重	
			比重	累计比重				比重	累计比重
1	广东	2177.00	16.05	16.05	6	山东	910.34	6.71	59.26
2	浙江	1542.63	11.37	27.42	7	福建	625.03	4.61	63.87
3	江苏	1315.32	9.70	37.12	8	河北	613.50	4.52	68.39
4	北京	1161.60	8.56	45.68	9	安徽	460.25	3.39	71.78
5	上海	931.46	6.87	52.55	10	湖南	442.40	3.26	75.04

④资产总额

资产超过1000亿元的有5个，降序依次为广东、浙江、北京、江苏和上海；5个省（直辖市）合计占全国的50.9%。不足10亿元的有2个，降序依次为西藏和新疆生产建设兵团（详见表5）。

⑤所有者权益（净资产）

超过800亿元的有 2 个，降序依次为北京和广东；400亿～700亿元之间的有 4 个，降序依次为浙江、上海、山东和江苏；6个省（直辖市）合计占全国的54.5%。不足10亿元的有3个，降序依次为西藏、青海和新疆生产建设兵团（详见表6）。

⑥利润总额

超过100亿元的有2个，降序依次为江苏和北京；在70亿～100亿元之间的有3个，降序依次为浙江、广东和山东；5个省（直辖市）合计占全国的48.0%。不足2亿元的有5个，降序依次为海南、宁夏、青海、西藏和新疆生产建设兵团（详见表7）。

⑦纳税总额

超过100亿元有北京1个；在50亿～100亿元之间的有4个，降序依次为广东、浙江、上海和江苏；5个省（直辖市）合计占全国的52.4%。不足2亿元的有4个，降序依次为海南、青海、西藏和新疆生产建设兵团（详见表8）。

表5　资产总额的地区分布（前10位）　　单位：亿元，%

排名	地区	资产总额	在全国所占比重		排名	地区	资产总额	在全国所占比重	
			比重	累计比重				比重	累计比重
1	广东	1851.45	12.84	12.84	6	山东	939.32	6.52	57.45
2	浙江	1779.11	12.34	25.18	7	河北	638.14	4.43	61.88
3	北京	1647.64	11.43	36.61	8	福建	600.26	4.16	66.04
4	江苏	1040.27	7.22	43.82	9	四川	599.11	4.16	70.20
5	上海	1025.42	7.11	50.94	10	湖南	494.05	3.43	73.62

表6　所有者权益（净资产）的地区分布（前10位）　　单位：亿元，%

排名	地区	所有者权益（净资产）	在全国所占比重		排名	地区	所有者权益（净资产）	在全国所占比重	
			比重	累计比重				比重	累计比重
1	北京	981.30	13.36	13.36	6	江苏	472.06	6.43	54.48
2	广东	803.55	10.94	24.30	7	河北	349.78	4.76	59.25
3	浙江	693.80	9.45	33.75	8	福建	310.52	4.23	63.48
4	上海	539.24	7.34	41.09	9	湖南	306.55	4.17	67.65
5	山东	511.85	6.97	48.06	10	四川	297.04	4.04	71.69

表7　利润总额的地区分布（前10位）　　单位：亿元，%

排名	地区	利润总额	在全国所占比重		排名	地区	利润总额	在全国所占比重	
			比重	累计比重				比重	累计比重
1	江苏	126.59	12.40	12.40	6	安徽	66.95	6.55	54.50
2	北京	117.15	11.47	23.87	7	上海	59.38	5.81	60.32
3	浙江	94.34	9.24	33.10	8	湖南	44.57	4.36	64.68
4	广东	79.39	7.77	40.88	9	四川	38.27	3.75	68.43
5	山东	72.24	7.07	47.95	10	河北	35.39	3.47	71.89

表8　纳税总额的地区分布（前10位）　　单位：亿元，%

排名	地区	纳税总额	在全国所占比重		排名	地区	纳税总额	在全国所占比重	
			比重	累计比重				比重	累计比重
1	北京	135.87	17.25	17.25	6	山东	46.27	5.87	58.32
2	广东	92.03	11.68	28.93	7	四川	37.42	4.75	63.06
3	浙江	77.73	9.87	38.79	8	河北	26.78	3.40	66.46
4	上海	54.66	6.94	45.73	9	安徽	26.43	3.35	69.82
5	江苏	52.88	6.71	52.44	10	福建	25.84	3.28	73.10

表2～表8说明：未包括数字出版、版权贸易与代理、行业服务与其他新闻出版业务。

以上述指标衡量，几乎所有省（自治区、直辖市）经济规模最大的新闻出版产业类别仍是印刷复制（多占当地新闻出版业经济规模的一半以上）；其次是出版物发行。

五、直接就业人数为467.4万人

2011年，全国共有新闻出版单位34.6万家，较2010年降低2.2%。其中，法人单位15.8万家，增长15.9%，约占单位总数的45.5%，提高7.1个百分点；非法人单位0.9万家，降低13.8%，约占单位总数的2.7%，减少0.4个百分点；个体经营户17.9万家，降低13.4%，约占单位总数的51.8%，减少6.7个百分点。

2011年，全行业共有企业法人单位15.3万家，占全行业法人单位和非法人单位（不包括个体经营户）总数的91.7%，较2010年提高2.3个百分点；企业法人单位营业收入12105.3亿元，增长21.8%，占全行业营业收入的91.8%，提高4.1个百分点；增加值3170.7亿元，增长22.7%，占全行业增加值的88.5%，提高8.1个百分点；总产出12456.2亿元，增长22.2%，占全行业总产出的91.9%，提高4.4个百分点；资产总额12911.4亿元，增长13.6%，占全行业资产总额的89.6%，提高0.4个百分点；所有者权益6495.9亿元，增长9.7%，占全行业所有者权益的88.4%，减少2.2%百分点；利润总额899.1亿元，增长27.9%，占全行业利润总额的88.7%，提高17.5个百分点；纳税总额664.0亿元，增长11.2%，占全行业纳税总额的88.0%，提高3.6个百分点。

国有全资和集体企业所占比重超过16.6%，民营企业所占比重超过81.2%。具体来说，在153113家企业法人单位中，国有全资企业19329家，较2010年降低0.6%，比重占12.6%，减少2.2个百分点；集体企业6017家，降低14.4%，比重占3.9%，减少1.5个百分点；民营企业124340家，增长24.3%，比重占81.2%，提高5.1个百分点；港澳台商投资企业563家，降低10.1%，比重占0.4%，减少0.1个百分点；外商投资企业2290家，降低40.1%，比重占1.5%，减少1.4个百分点；混合投资企业574家，增长30.2%，比重占0.4%。

2011年，全国新闻出版业直接就业人数为467.4万人，较2010年增长1.3%；其中男性246.2万人，女性221.2万人，分别占全行业直接就业人数的52.7%和47.3%，男女比例基本平衡。

印刷复制业直接就业人数351.9万人，增长0.7%；出版物发行业72.4万人，增长0.1%；报纸出版业24.8万人，增长5.6%；期刊出版业10.6万人，增长21.7%；图书出版业6.7万人，增长5.2%。

六、集团和上市公司规模不断壮大

集团总体经济规模排名是选取集团合并报表中的主营业务收入、资产总额、所有者权益和利润总额4项经济规模指标，采用主成分分析法，对经国务院、新闻出版总署或省级新闻出版行政部门批准的中央、各省（自治区、直辖市）和副省级以上城市的119家集团（其中包括出版集团33家、报刊集团47家、发行集团27家、印刷集团12家）的总体经济规模进行综合评价。

2011年，新增6家出版发行和印刷上市公司，其中凤凰传媒首次发行募集资金总额达到44.8亿元。截止到2011年12月31日，我国共有书报刊出版上市公司15家，发行上市公司6家，印刷上市公司11家，合计32家（其中在中国内地上市26家，在中国香港上市5家，在美国上市1家）。

截止到2011年12月31日，共有16家经新闻出版总署批准获得互联网出版许可证的互联网企业在境内外上市，分别为新浪互联网信息服务有限公司、北京搜狐在线网络信息服务有限公司、广州网易计算机系统有限公司、深圳腾讯计算机系统有限公司、上海盛大网络发展有限公司、北京金山数字娱乐科技有限公司、完美世界（北京）网络技术有限公司、上海巨人网络科技有限公司、北京畅游时代数码技术有限公司、上海第九城市信息技术有限公司、福建网龙计算机网络技术有限公司、深圳市中青宝网络科技股份有限公司、北京空中信使信息技术有限公司、北京奇虎科技有限公司、上海淘米网络科技有限公司和上海千橡畅达互联网信息科技发展有限公司。

以2011年12月30日收盘价计算，32家出版发行和印刷上市公司股市流通市值合计835.4亿元人民币。

表9　出版集团总体经济规模综合评价（前10位）

综合排名	出版集团	综合评价得分	2010年排名	排名变化
1	江苏凤凰出版传媒集团有限公司	3.4194	1	0
2	湖南出版投资控股集团有限司	2.1241	2	0
3	中国教育出版传媒集团有限公司	1.6733	—	—
4	安徽出版集团有限责任公司	1.0575	4	0
5	浙江出版联合集团有限公司	0.9667	3	–2
6	江西省出版集团公司	0.8620	5	–1
7	山东出版集团有限公司	0.5865	6	–1
8	中国出版集团公司	0.5489	7	–1
9	广东省出版集团有限公司	0.4629	9	0
10	河北出版传媒集团有限责任公司	0.3596	10	0

说明：1.综合评价得分系选取主营业务收入、资产总额、所有者权益和利润总额四项指标，采用主成分分析方法通过SPSS直接计算所得，仅用来显示各单位的相对位置。2.安徽出版集团有限责任公司不包含安徽新华发行（集团）控股有限公司。

表10　报刊集团总体经济规模综合评价（前10位）

综合排名	报刊集团	综合评价得分	2010年排名	排名变化
1	成都传媒集团	3.4179	4	3
2	广州日报报业集团	3.0333	2	0
3	解放日报报业集团	2.4612	1	–2

续表

综合排名	报刊集团	综合评价得分	2010年排名	排名变化
4	北京日报报业集团	1.9020	3	−1
5	山东大众报业集团	1.3593	6	1
6	文汇新民联合报业集团	1.3211	5	−1
7	南方报业传媒集团	0.7608	7	0
8	杭州日报报业集团	0.5865	9	1
9	深圳报业集团	0.4726	10	1
10	江苏新华日报报业集团	0.4563	11	1

说明：综合评价得分系选取主营业务收入、资产总额、所有者权益和利润总额四项指标，采用主成分分析方法通过SPSS直接计算所得，仅用来显示各单位的相对位置。

表11 发行集团总体经济规模综合评价（前10位）

综合排名	发行集团	综合评价得分	2010年排名	排名变化
1	四川新华发行集团有限公司	2.5319	1	0
2	安徽新华发行（集团）控股有限公司	2.3061	3	1
3	上海新华发行集团有限公司	1.2142	4	1
4	浙江省新华书店集团有限公司	1.1168	5	1
5	山东新华书店集团有限公司	1.0919	8	3
6	湖南新华书店有限责任公司	1.0916	6	0
7	河北省新华书店有限责任公司	0.6557	7	0
8	江西新华发行集团有限公司	0.6084	9	1
9	河南省新华书店发行集团有限公司	0.3302	21	12
10	重庆新华书店集团公司	−0.0751	14	4

说明：1.综合评价得分系选取主营业务收入、资产总额、所有者权益和利润总额四项指标，采用主成分分析方法通过SPSS直接计算所得，仅用来显示各单位的相对位置。2.江苏凤凰新华书业股份有限公司因并入上市公司，不再作为发行集团独立报送数据并参与综合评价。

表12　印刷集团总体经济规模综合评价（前10位）

综合排名	印刷集团	综合评价得分	2010年排名	排名变化
1	中国印刷集团公司	2.8234	1	0
2	上海印刷（集团）有限公司	0.6271	2	0
3	湖南天闻新华印务有限公司	0.3705	3	0
4	北京印刷集团有限责任公司	0.0943	5	1
5	上海印刷新技术（集团）有限公司	−0.1018	9	4
6	江西新华印刷集团有限公司	−0.2258	6	0
7	浙江印刷集团有限公司	−0.2890	7	0
8	辽宁新闻印刷集团有限公司	−0.3178	4	−4
9	河南新华印刷集团有限公司	−0.6407	10	1
10	广西正泰印刷包装集团	−0.7192	12	2

说明：1.综合评价得分系选取主营业务收入、资产总额、所有者权益和利润总额四项指标，采用主成分分析方法通过SPSS直接计算所得，仅用来显示各单位的相对位置。2.安徽新华印刷股份有限公司因并入上市公司，不再作为印刷集团独立报送数据并参与综合评价。

表13　出版发行和印刷上市公司流通市值排名（前10位）　　单位：亿元

排名	上市公司	股票简称	业务类型	上市地点	流通市值
1	华闻传媒投资集团股份有限公司	华闻传媒	书报刊出版	深证A股	60.93
2	深圳劲嘉彩印集团股份有限公司	劲嘉股份	印刷	深证A股	60.86
3	上海新华传媒股份有限公司	新华传媒	发行	上证A股	59.70
4	上海紫江企业集团股份有限公司	紫江企业	印刷	上证A股	57.74
5	成都博瑞传播股份有限公司	博瑞传媒	书报刊出版	上证A股	51.34
6	北京康得新复合材料股份有限公司	康得新	印刷	深证A股	48.39
7	珠海中富实业股份有限公司	珠海中富	印刷	深证A股	44.51
8	北方联合出版传媒（集团）股份有限公司	出版传媒	书报刊出版	上证A股	42.92

续表

排名	上市公司	股票简称	业务类型	上市地点	流通市值
9	中南出版传媒集团股份有限公司	中南传媒	书报刊出版	上证A股	35.98
10	中文天地出版传媒股份有限公司	中文传媒	书报刊出版	上证A股	30.87

说明：1.书报刊出版上市公司包括业务内容描述为出版、出版发行、期刊和报业的上市公司。2.在中国香港和美国上市的出版发行和印刷企业以人民币计价的流通市值系根据人民币对港元或美元当日平均汇率折算。

书报刊出版上市公司：15家书报刊出版上市公司股市流通市值合计385.5亿元人民币，占全体出版发行和印刷上市公司的46.1%。

发行上市公司：6家发行上市公司股市流通市值合计133.7亿元人民币，占全体出版发行和印刷上市公司的16.0%。

印刷上市公司：11家印刷上市公司股市流通市值316.2亿元人民币，占全体出版发行和印刷上市公司的37.9%。

以2011年12月30日收盘价计算，在上海和深圳上市的26家出版发行和印刷上市公司股市总市值合计1524.9亿元。

表14　书报刊出版上市公司流通市值排名（前10位）　单位：亿元

排名	上市公司	股票简称	上市地点	流通市值
1	华闻传媒投资集团股份有限公司	华闻传媒	深证A股	60.93
2	成都博瑞传播股份有限公司	博瑞传播	上证A股	51.34
3	北方联合出版传媒（集团）股份有限公司	出版传媒	上证A股	42.92
4	中南出版传媒集团股份有限公司	中南传媒	上证A股	35.98
5	中文天地出版传媒股份有限公司	中文传媒	上证A股	30.87
6	长江出版传媒股份有限公司	长江传媒	上证A股	27.94
7	时代出版传媒股份有限公司	时代出版	上证A股	25.45
8	广东九州阳光传媒股份有限公司	粤传媒	深证A股	23.83
9	江苏凤凰出版传媒股份有限公司	凤凰传媒	上证A股	23.41
10	浙报传媒集团股份有限公司	浙报传媒	上证A股	21.92

说明：在中国香港和美国上市的出版发行和印刷企业以人民币计价的流通市值系根据人民币对港元或美元当日平均汇率折算。

表15　发行上市公司流通市值排名　　单位：亿元

排名	上市公司	股票简称	业务类型	流通市值
1	上海新华传媒股份有限公司	新华传媒	上证A股	59.70
2	中国当当网公司	当当网	美国纳斯达克	22.18
3	安徽新华传媒股份有限公司	皖新传媒	上证A股	16.57
4	广东广弘控股股份有限公司	广弘控股	深证A股	16.23
5	四川新华文轩出版传媒股份有限公司	新华文轩	香港联交所	11.28
6	湖南天舟科教文化股份有限公司	天舟文化	深圳创业板	7.76

说明：在中国香港和美国上市的出版发行和印刷企业以人民币计价的流通市值系根据人民币对港元和美元当日平均汇率折算。

表16　印刷上市公司流通市值排名（前10名）　　单位：亿元

排名	上市公司	股票简称	上市地点	流通市值
1	深圳劲嘉彩印集团股份有限公司	劲嘉股份	深证A股	60.86
2	上海紫江企业集团股份有限公司	紫江企业	上证A股	57.74
3	北京康得新复合材料股份有限公司	康得新	深证A股	48.39
4	珠海中富实业股份有限公司	珠海中富	深证A股	44.51
5	黄山永新股份有限公司	永新股份	深证A股	26.21
6	东港安全印刷股份有限公司	东港股份	深证A股	23.68
7	上海界龙实业集团股份有限公司	界龙实业	上证A股	20.98
8	陕西金叶科教集团股份有限公司	陕西金叶	深证A股	19.04
9	福建鸿博印刷股份有限公司	鸿博股份	深证A股	10.05
10	北京盛通印刷股份有限公司	盛通股份	深证A股	3.51

说明：在中国香港和美国上市的出版发行和印刷企业以人民币计价的流通市值系根据人民币对港元或美元当日平均汇率折算。

表17 出版发行和印刷上市公司总市值排名（前10位） 单位：亿元

排名	上市公司	股票简称	业务类型	上市地点	流通市值
1	江苏凤凰出版传媒股份有限公司	凤凰传媒	书报刊出版	上证A股	212.34
2	中南出版传媒集团股份有限公司	中南传媒	书报刊出版	上证A股	162.72
3	安徽新华传媒股份有限公司	皖新传媒	发　行	上证A股	99.19
4	中文天地出版传媒股份有限公司	中文传媒	书报刊出版	上证A股	93.10
5	成都博瑞传播股份有限公司	博瑞传播	书报刊出版	上证A股	77.87
6	华闻传媒投资集团股份有限公司	华闻传媒	书报刊出版	深证A股	76.02
7	北京康得新复合材料股份有限公司	康得新	印刷	深证A股	73.38
8	浙报传媒集团股份有限公司	浙报传媒	书报刊出版	上证A股	62.01
9	深圳劲嘉彩印集团股份有限公司	劲嘉股份	印刷	深证A股	60.86
10	上海新华传媒股份有限公司	新华传媒	发行	上证A股	59.70

说明：书报刊出版上市公司包括业务内容描述为出版、出版发行、期刊和报业的上市公司。

表18 书报刊出版上市公司总市值排名（前10位） 单位：亿元

排名	上市公司	股票简称	上市地点	流通市值
1	江苏凤凰出版传媒股份有限公司	凤凰传媒	上证A股	212.34
2	中南出版传媒集团股份有限公司	中南传媒	上证A股	162.72
3	中文天地出版传媒股份有限公司	中文传媒	上证A股	93.10
4	成都博瑞传播股份有限公司	博瑞传播	上证A股	77.87
5	华闻传媒投资集团股份有限公司	华闻传媒	深证A股	76.02
6	浙报传媒集团股份有限公司	浙报传媒	上证A股	62.01
7	时代出版传媒股份有限公司	时代出版	上证A股	59.35
8	中原大地传媒股份有限公司	大地传媒	深证A股	59.27
9	长江出版传媒股份有限公司	长江传媒	上证A股	43.44
10	北方联合出版传媒（集团）股份有限公司	出版传媒	上证A股	42.92

说明：书报刊出版上市公司包括业务内容描述出版、出版发行、期刊和报业的上市公司。

书报刊出版上市公司：12家书报刊出版上市公司股市总市值合计942.1亿元，占全体出版发行和印刷上市公司的61.8%。

发行上市公司：4家发行上市公司股市总市值合计219.6亿元人民币，占全体出版发行和印刷上市公司的14.4%。

印刷上市公司：10家印刷上市公司股市总市值合计363.2亿元人民币，占全体出版发行和印刷上市公司的23.8%。

表19 发行上市公司总市值排名 单位：亿元

排名	上市公司	股票简称	上市地点	流通市值
1	安徽新华传媒股份有限公司	皖新传媒	上证A股	99.19
2	上海新华传媒股份有限公司	新华传媒	上证A股	59.70
3	广东广弘控股股份有限公司	广弘控股	深证A股	37.03
4	湖南天舟科教文化股份有限公司	天舟文化	深圳创业板	23.64

说明：书报刊出版上市公司包括业务内容描述为出版、出版发行、期刊和报业的上市公司。

表20 印刷上市公司总市值排名（前10位） 单位：亿元

排名	上市公司	股票简称	上市地点	流通市值
1	北京康得新复合材料股份有限公司	康得新	深证A股	73.39
2	深圳劲嘉彩印集团股份有限公司	劲嘉股份	深证A股	60.86
3	上海紫江企业集团股份有限公司	紫江企业	上证A股	57.74
4	珠海中富实业股份有限公司	珠海中富	深证A股	44.51
5	黄山永新股份有限公司	永新股份	深证A股	26.35
6	东港安全印刷股份有限公司	东港股份	深证A股	24.07
7	福建鸿博印刷股份有限公司	鸿博股份	深证A股	22.23
8	上海界龙实业集团股份有限公司	界龙实业	上证A股	20.98
9	陕西金叶科教集团股份有限公司	陕西金叶	深证A股	19.04
10	北京盛通印刷股份有限公司	盛通股份	深证A股	14.04

说明：书报刊出版上市公司包括业务内容描述为出版、出版发行、期刊和报业的上市公司。

七、图书出版单位经济规模整体看好

选取图书出版单位财务报表中的主营业务收入、资产总额、所有者权益和利润总额4项经济规模指标，采用主成分分析法，对全国550家图书出版单位的总体经济规模经进行综合评价。

表21 全部图书出版单位总体经济规模综合评价（前10位）

综合排名	图书出版单位	综合评价得分	2010年排名	排名变化
1	人民教育出版社	11.9396	1	0
2	高等教育出版社	10.1870	2	0
3	重庆出版社	7.0841	3	0
4	外语教学与研究出版社	5.4156	4	0
5	科学出版社	4.8057	5	0
6	人民卫生出版社	4.7495	6	0
7	江苏教育出版社	3.2778	7	0
8	机械工业出版社	2.9701	8	0
9	中国轻工业出版社	2.6824	50	41
10	上海书画出版社	2.6556	18	8

说明：综合评价得分系选取主营业务收入、资产总额、所有者权益和利润总额四项指标，采用主成分分析方法通过SPSS直接计算所得，仅用来显示各单位的相对位置。

表22 中央各部门各单位图书出版社总体经济规模综合评价（前10位）

综合排名	图书出版单位	综合评价得分	2010年排名	排名变化
1	人民教育出版社	11.9396	1	0
2	高等教育出版社	10.1870	2	0
3	科学出版社	4.8057	3	0
4	人民卫生出版社	4.7495	4	0

续表

综合排名	图书出版单位	综合评价得分	2010年排名	排名变化
5	机械工业出版社	2.9701	5	0
6	中国轻工业出版社	2.6824	21	15
7	中国劳动社会保障出版社	2.0999	7	0
8	中国地图出版社	1.9050	6	−2
9	人民邮电出版社	1.8378	8	−1
10	知识产权出版社	1.7727	10	0

说明：综合评价得分系选取主营业务收入、资产总额、所有者权益和利润总额四项指标，采用主成分分析方法通过SPSS直接计算所得，仅用来显示各单位的相对位置。

表23 大学图书出版社总体经济规模综合评价（前10位）

综合排名	图书出版单位	综合评价得分	2010年排名	排名变化
1	外语教学与研究出版社	5.4156	1	0
2	北京师范大学出版社	2.5589	2	0
3	清华大学出版社	2.3071	3	0
4	上海外语教育出版社	1.9384	4	0
5	中国人民大学出版社	1.5190	5	0
6	北京大学出版社	1.4633	6	0
7	广西师范大学出版社	1.0457	8	1
8	中央广播电视大学出版社	0.9494	7	−1
9	华东师范大学出版社	0.7614	9	0
10	西南师范大学出版社	0.7094	10	0

说明：综合评价得分系选取主营业务收入、资产总额、所有者权益和利润总额四项指标，采用主成分分析方法通过SPSS直接计算所得，仅用来显示各单位的相对位置。

表24　地方图书出版社总体经济规模综合评价（前10位）

综合排名	图书出版单位	综合评价得分	2010年排名	排名变化
1	重庆出版社	7.0841	1	0
2	江苏教育出版社	3.2778	2	0
3	上海书画出版社	2.6556	7	4
4	浙江教育出版社	2.3348	3	−1
5	青岛出版社	2.2252	5	0
6	内蒙古教育出版社	1.6998	4	−2
7	北京出版社	1.6884	6	−1
8	安徽教育出版社	1.4590	9	1
9	山西教育出版社	1.4060	11	2
10	四川教育出版社	1.2870	16	6

说明：综合评价得分系选取主营业务收入、资产总额、所有者权益和利润总额四项指标，采用主成分分析方法通过SPSS直接计算所得，仅用来显示各单位的相对位置。

八、产业集聚效应进一步显现

经国家统计局批准，2011年新闻出版统计年报第一次开展新闻出版产业基地（园区）统计。根据12家新闻出版产业基地（园区）报送的数据汇总，上述基地（园区）2011年共实现营业收入489.0亿元。

在12家新闻出版产业基地（园区）中，营业收入超过100亿元的有1家，即上海张江国家数字出版基地。在50亿～100亿元之间的有4家，降序依次为江苏国家数字出版产业基地、杭州国家数字出版产业基地、中国北京出版创意产业园区和湖南中南国家数字出版基地。前5家基地（园区）合计占到全部基地（园区）的89.8%。不足10亿元的有6家，降序依次为重庆北部新区国家数字出版基地、天津国家数字出版基地、上海金山国家绿色创意印刷示范园区、西安国家印刷包装基地、上海国家音乐产业基地和黑龙江平房国家动漫出版产业基地。

表25　各新闻出版产业基地（园区）的营业收入（前10位）

排名	基地（园区）	营业收入（亿元）	在全体中所占比重（%）	
			比重	累计比重
1	上海张江国家数字出版基地	150.00	30.67	30.67
2	江苏国家数字出版产业基地	93.98	19.22	49.89
3	杭州国家数字出版产业基地	80.49	16.46	66.35
4	中国北京出版创意产业园区	57.96	11.85	78.20
5	湖南中南国家数字出版基地	56.91	11.64	89.84
6	西安国家数字出版基地	23.11	4.73	94.56
7	重庆北部新区国家数字出版基地	8.28	1.89	96.25
8	天津国家数字出版基地	6.94	1.42	97.67
9	上海金山国家绿色创意印刷示范园区	6.45	1.32	98.99
10	西安国家印刷包装产业基地	3.98	0.81	99.80

（来源：《中国新闻出版报》）

中国造纸工业2011年度报告

中国造纸协会 编制

一、全国纸及纸板生产及消费情况

（一）全国纸及纸板生产及消费整体数据

据中国造纸协会调查资料，2011年全国纸及纸板生产企业有3500多家，全国纸及纸板生产量9930万吨，较上年9270万吨增长7.12%；消费量9752万吨，较上年9173万吨增长6.31%；人均年消费量为73千克（13.40亿人），比上年增长5千克。2011年比2001年生产量增长210.31%，消费量增长164.78%。2001～2011年，纸及纸板生产量年均增长11.99%，消费量年均增长10.23%（见图1）。

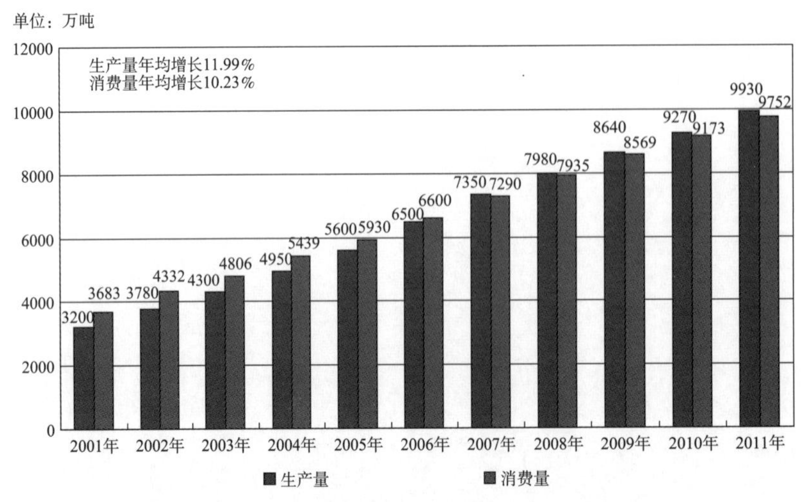

图1 2001～2011年纸及纸板的生产和消费情况

主要产品中：新闻纸生产量390万吨，占纸及纸板总产量3.93%，同比增长-9.30%，消费量389万吨，占纸及纸板总消费量3.99%，同比增长-8.04%；未涂布印刷书写纸生产量1730万吨，占纸及纸板总产量17.42%，同比增长6.79%，消费量1687万吨，占纸及纸板总消费量17.30%，同比增长6.10%；涂布印刷纸生产量725万吨，占纸及纸板总产量7.30%，同比增长13.28%，消费量599万吨，占纸及纸板总消费量6.14%，同比增长9.11%；其中铜版纸生产量640万吨，占纸及纸板总产量的6.45%，同比增长15.32%，消费量532万吨，占纸及纸板总消费量5.46%，同比增长10.83%；生活用纸生产量730万吨，占纸及纸板总产量7.35%，同比增长17.74%，消费量674万吨，占纸及纸板总消费量6.91%，同比增长18.87%；包装用纸生产量620万吨，占纸及纸板总产量6.24%，同比增长3.33%，消费量632万吨，占纸及纸板总消费量6.48%，同比增长3.27%；白纸板生产量1340万吨，占纸及纸板总产量13.49%，同比增长7.20%，消费量1322万吨，占纸及纸板总消费量13.56%，同比增长5.42%，其中涂布白纸板生产量1290万吨，占纸及纸板总产量12.99%，同比增长7.50%，消费量1272万吨，占纸及纸板总消费量13.04%，同比增长5.65%；箱纸板生产量1990万吨，占纸及纸板总产量20.04%，同比增长5.85%，消费量2073万吨，占纸及纸板总消费量21.26%，同比增长6.53%；瓦楞原纸生产量1980万吨，占纸及纸板总产量19.94%，同比增长5.88%，消费量1991万吨，占纸及纸板总消费量20.42%，同比增长5.40%；特种纸及纸板生产量210万吨，占纸及纸板总产量2.11%，同比增长16.67%，消费量179万吨，占纸及纸板总消费量1.84%，同比增长9.15%（见表1、图2）。

表1　2011年中国造纸工业主要产品生产及消费情况　　单位：万吨

品　种	生产量			消费量		
	2010年	2011年	同比%	2010年	2011年	同比%
总量	9270	9930	7.12	9173	9752	6.31
1.新闻纸	430	390	-9.30	423	389	-8.04
2.未涂布印刷书写纸	1620	1730	6.79	1590	1687	6.10
3.涂布印刷纸	640	725	13.28	549	599	9.11
其中：铜版纸	555	640	15.32	480	532	10.83
4.生活用纸	620	730	17.74	567	674	18.87

续表

品　种	生产量			消费量		
	2010年	2011年	同比%	2010年	2011年	同比%
5.包装用纸	600	620	3.33	612	632	3.27
6.白纸板	1250	1340	7.20	1254	1322	5.42
其中：涂布白纸板	1200	1290	7.50	1204	1272	5.65
7.箱纸板	1880	1990	5.85	1946	2073	6.53
8.瓦楞原纸	1870	1980	5.88	1889	1991	5.40
9.特种纸及纸板	180	210	16.67	164	179	9.15
10.其他纸及纸板	180	215	19.44	179	206	15.08

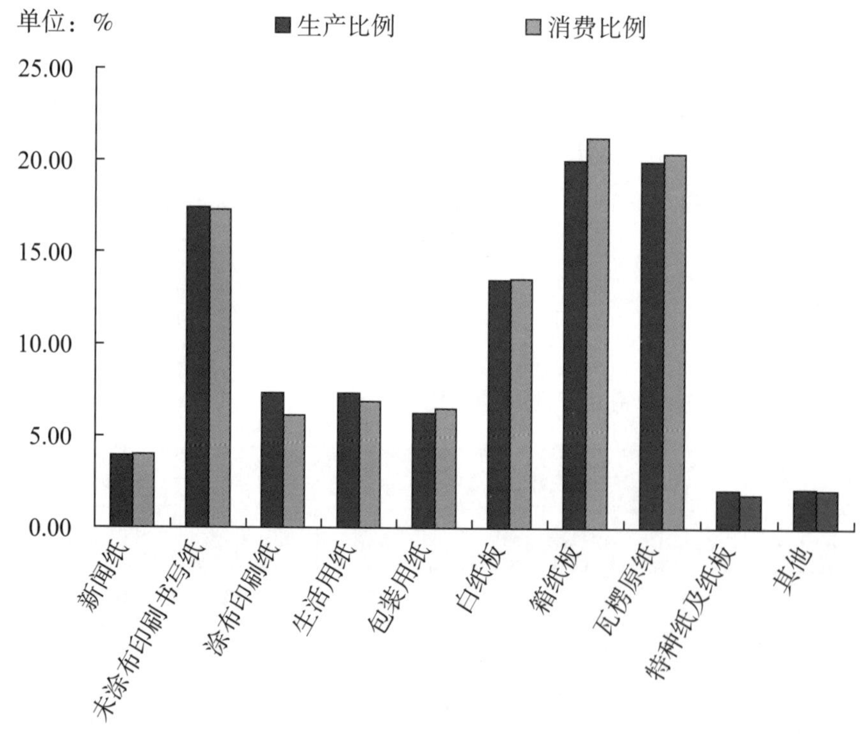

图2　2011年纸及纸板各品种生产和消费比例

从2011年的生产和消费形势分析来看，全年生产和消费均呈平稳增长态势，增速分别比上年回落0.17个百分点和0.74个百分点。

（二）主要产品2001～2011年生产及消费情况

1.新闻纸

2011年新闻纸生产量390万吨，较上年增长-9.30%；消费量389万吨，较上年增长-8.04%。2001～2011年生产量年均增长率8.47%，消费量年均增长率7.60%。

2.未涂布印刷书写纸

2011年未涂布印刷书写纸生产量1730万吨，较上年增长6.79%，增幅回落0.49个百分点；消费量1687万吨，较上年增长6.10%，增幅回落0.11个百分点。2001～2011年生产量年均增长率9.95%，消费量年均增长率9.72%。

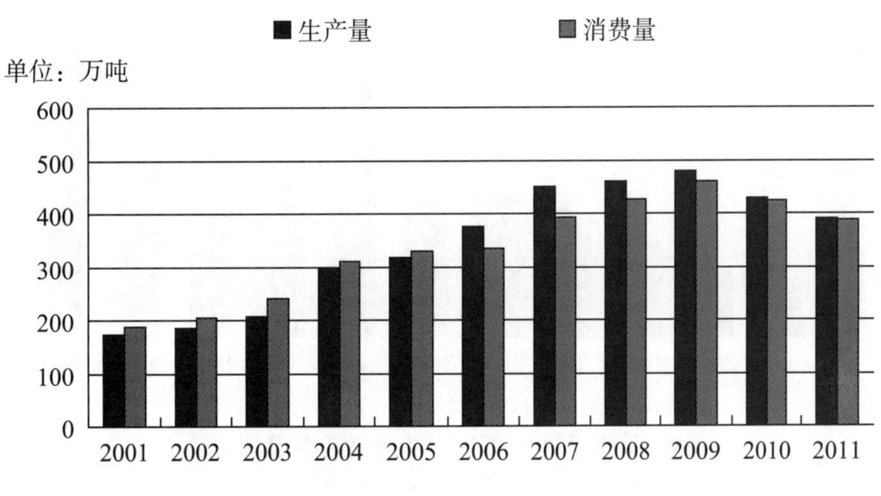

图3 新闻纸2001～2011年生产量及消费量

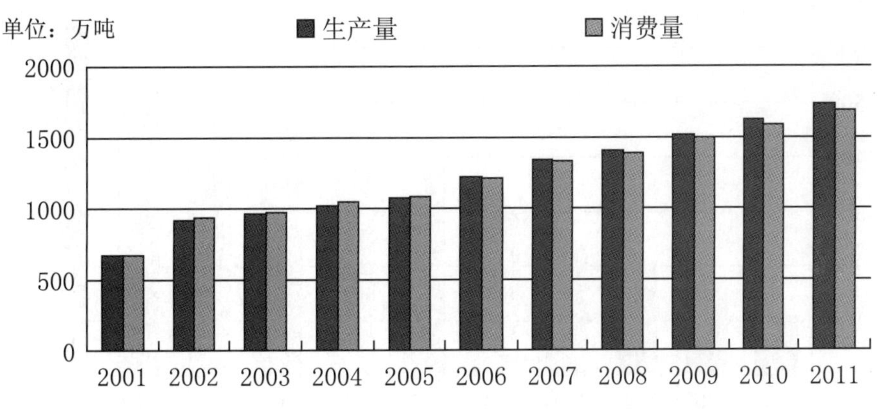

图4 未涂布印刷书写纸2001～2011年生产量及消费量

3.涂布印刷纸

2011年涂布印刷纸生产量725万吨，较上年增长13.28%，增幅增加4.81个百分点；消费量599万吨，较上年增长9.11%，增幅回落9.46个百分点。2001～2011年生产量年均增长率18.75%，消费量年均增长率10.89%。

其中：铜版纸

2011年铜版纸生产量640万吨，较上年增长15.32%，增幅增加4.32个百分点；消费量532万吨，较上年增长10.83%，增幅回落9.47个百分点。2001～2011年生产量年均增长率19.26%，消费量年均增长率10.56%。

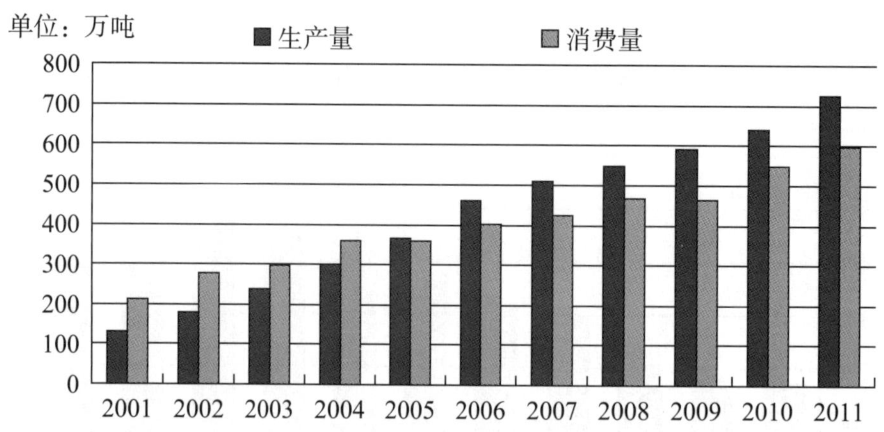

图5 涂布印刷纸2001～2011年生产量及消费量

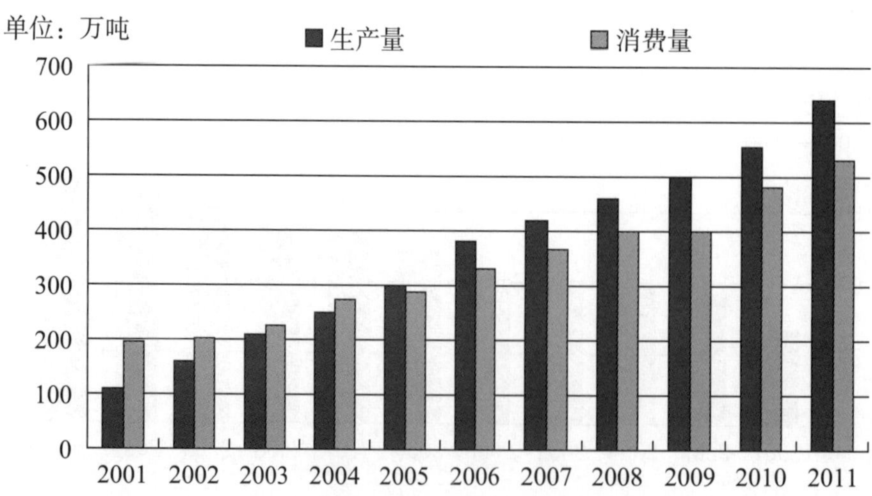

图6 铜版纸2001～2011年生产量及消费量

4.生活用纸

2011年生活用纸生产量730万吨，较上年增长17.74%，增幅增加10.84个百分点；消费量674万吨，较上年增长18.87%，增幅增加11.69个百分点。2001～2011年生产量年均增长率10.46%，消费量年均增长率9.95%。

5.包装用纸

2011年包装用纸生产620万吨，较上年增长3.33%，增幅回落1.02个百分点；消费量632万吨，较上年增长3.27%，增幅回落0.99个百分点。2001～2011年生产量年均增长率4.48%，消费量年均增长率3.09%。

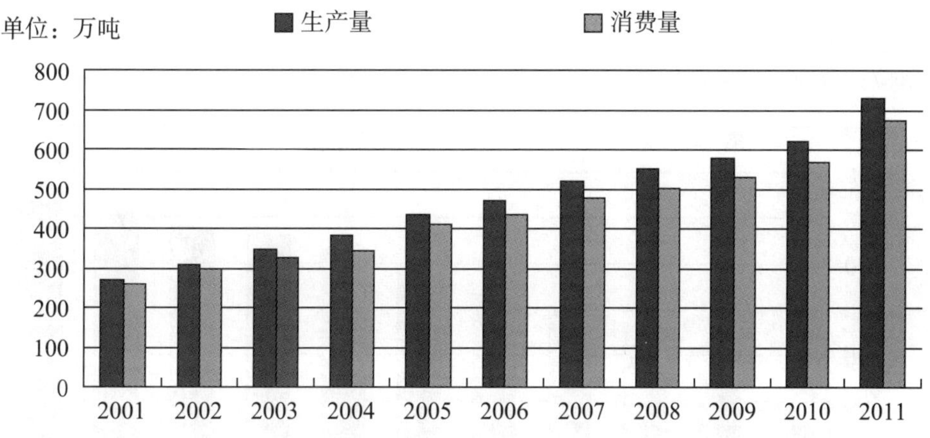

图7　生活用纸2001～2011年生产量及消费量

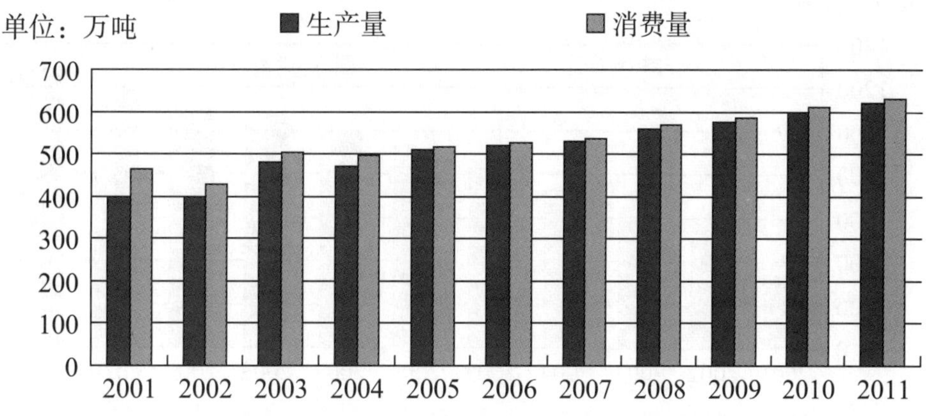

图8　包装用纸2001～2011年生产量及消费量

6.白纸板

2011年白纸板生产量1340万吨，较上年增长7.20%，增幅回落1.50个百分点；消费量1322万吨，较上年增长5.42%，增幅回落2.68个百分点。2001～2011年生产量年均增长率16.14%，消费量年均增长率12.81%。

其中：涂布白纸板

2011年涂布白纸板生产量1290万吨，较上年增长7.50%，增幅回落1.59个百分点；消费量1272万吨，较上年增长5.65%，增幅回落2.82个百分点。2001～2011年生产量年均增长率17.83%，消费量年均增长率14.17%。

单位：万吨

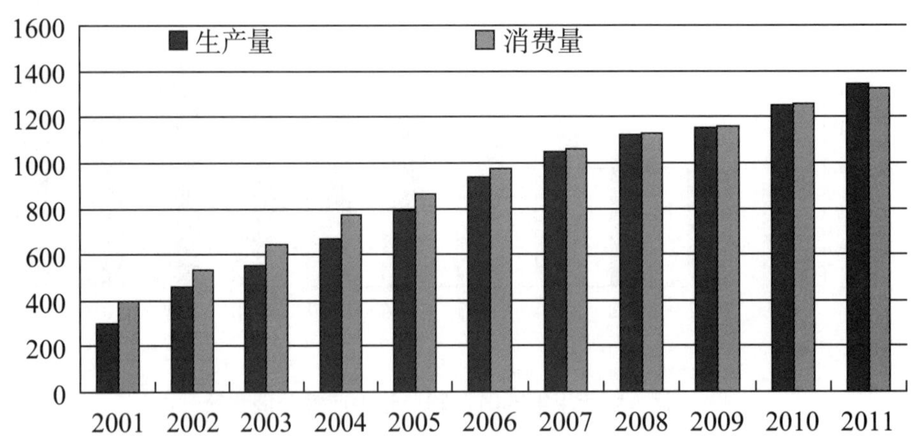

图9　白纸板2001～2011年生产量及消费量

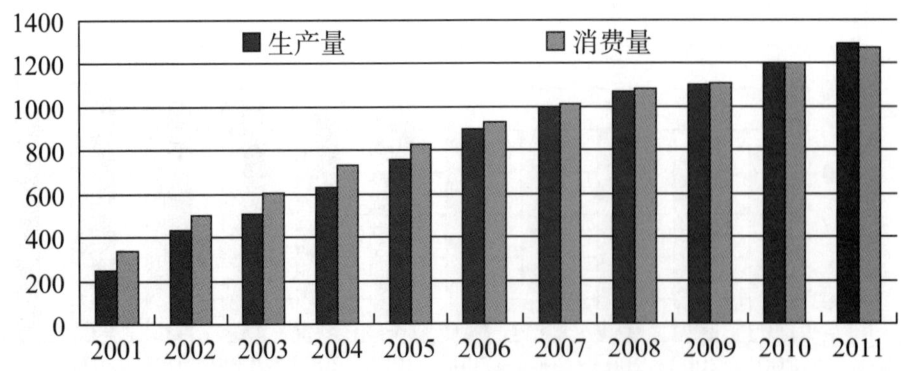

图10　涂布白纸板2001～2011年生产量及消费量

7.箱纸板

2011年箱纸板生产量1990万吨，较上年增长5.85%，增幅回落2.82个百分点；消费量2073万吨，较上年增长6.53%，增幅回落1.04个百分点。2001～2011年生产量年均增长率15.77%，消费量年均增长率14.29%。

8.瓦楞原纸

2011年瓦楞原纸生产量1980万吨，较上年增长5.88%，增幅回落3.16个百分点；消费量1991万吨，较上年增长5.40%，增幅回落2.05个百分点。2001～2011年生产量年均增长率12.68%，消费量年均增长率10.78%。

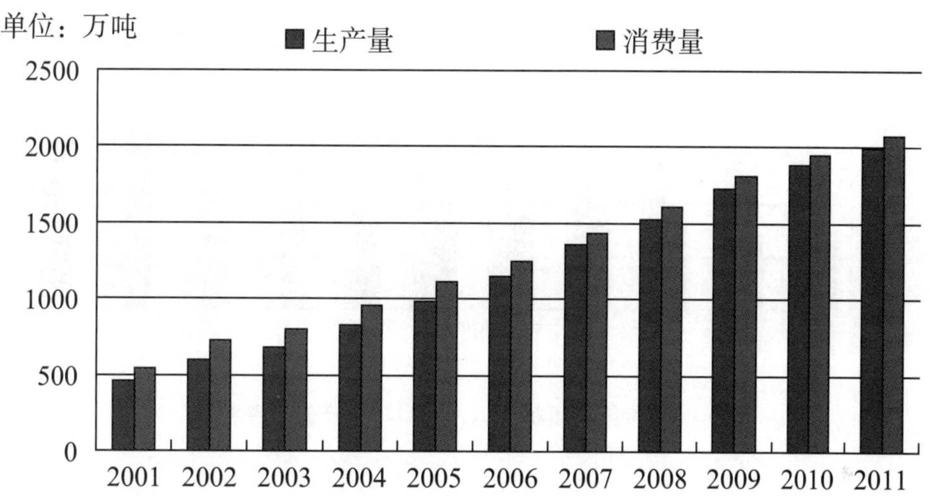

图11　箱纸板2001～2011年生产量及消费量

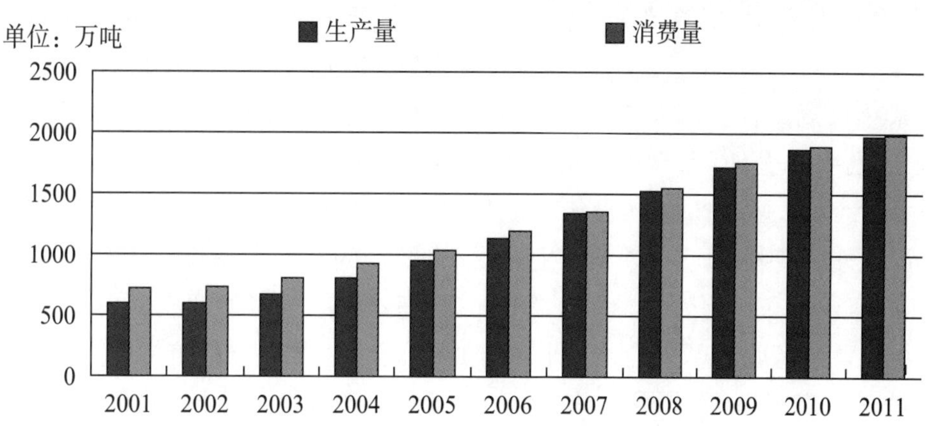

图12　瓦楞原纸2001～2011年生产量及消费量

9.特种纸及纸板

2011年特种纸及纸板生产量210万吨，较上年增长16.67%，增幅回落3.33个百分点；消费量179万吨，较上年增长9.15%，增幅回落4.74个百分点。2001～2011年生产量年均增长率12.44%，消费量年均增长率7.73%。

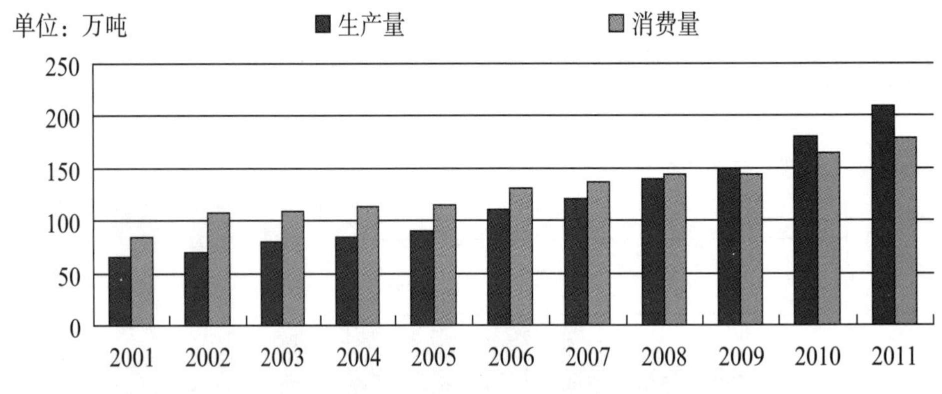

图13 特种纸及纸板2001～2011年生产量及消费量

二、主要生产经济指标完成情况

据国家统计局统计，2011年1～12月规模以上造纸生产企业2620家；从业人员70.85万人；工业总产值（当年价）6911亿元，同比增长23.10%；工业销售产值（当年价）6740亿元，同比增长21.60%；主营业务收入6714亿元，同比增长21.54%；产销率97.50%，较上年98.20%下降0.70个百分点；产成品存货288亿元，同比增长27.70%；利税总额557亿元，同比增长8.44%，其中利润总额362亿元，同比增长6.20%；资产总计6990亿元，同比增长17.58%；资产负债率59.07%，较上年增加1.19个百分点；负债总额4129亿元，同比增长19.99%。在统计的2620家造纸生产企业中，亏损企业有287家，占10.95%。

全年主要生产经济指标完成情况较好，工业总产值和主营业务收入有较大增幅，但利税和利润增幅明显放缓，产成品存货明显增多，产销率下降。

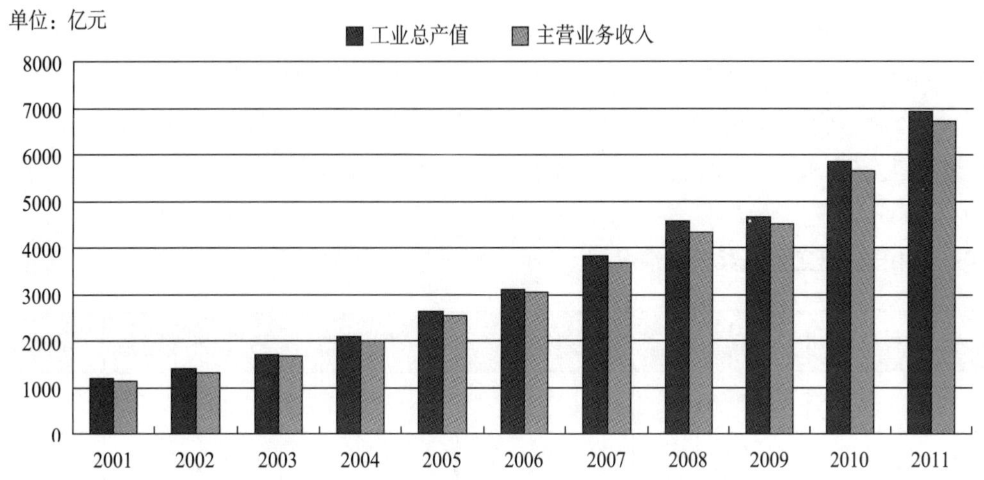

图14　2001～2011年工业总产值（当年价）及主营业务收入

(2007～2010年主营业务收入数据为中国造纸协会分析数据)

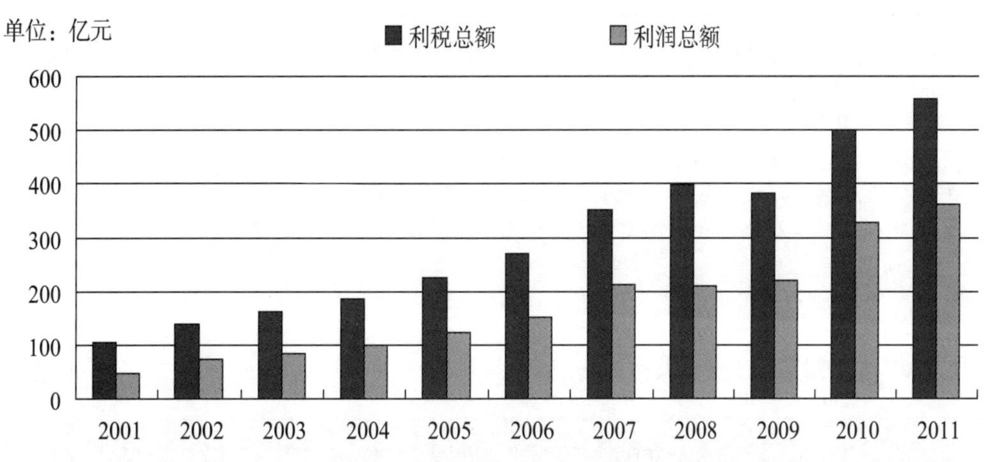

图15　2001～2011年利税总额及利润总额

(2007年～2010年利税总额和利润总额数据为中国造纸协会分析数据)

三、纸浆生产和消耗情况

据中国造纸协会调查资料，2011年全国纸浆生产总量7723万吨，较上年7318万吨增长5.53%。

2011年全国纸浆消耗总量9044万吨，较上年8461万吨增长6.89%，其中木浆2144万吨，较上年增长15.33%，比例占24%；非木浆1240万吨，较上年增长−4.39%，比例占14%；废纸浆5660万吨，较上年增长6.69%，比例占62%。木浆中，进口木浆比例上升1个百分点；废纸浆中，进口废纸浆比例下降1个百分点，国产废纸浆比例与上年持平；非木浆中，稻麦草浆比例比上年下降2个百分点；竹浆比例与上年持平；苇（荻）浆比上年上升1个百分点、蔗渣浆比例比上年上升1个百分点。2011年纸浆总消耗量比2001年增长203%，其中国产纸浆消耗量2011年比2001年增长210%（见表2、表3、图16、图17）。

表2　2011年中国造纸工业纸浆消耗情况　　单位：万吨

品　种	2010年	占比例（%）	2011年	占比例（%）	同比（%）
总量	8461	100	9044	100	6.89
木　浆	1859	22	2144	24	15.33
其中：进口木浆	1151*1	16	1330*3	15	15.55
废纸浆	5305	63	5660	62	6.69
其中：进口废纸浆	2092*2	26	2182	24	4.30
非木浆	1297	15	1240	14	−4.39

*废纸浆＝废纸量×0.8

*1　2010年进口木浆1137万吨，扣除溶解浆96万吨，实际消耗量1151万吨。

*2　2010年进口废纸2435万吨，实际消耗量2615万吨，折合废纸浆2092万吨。

*3　2011年进口木浆1445万吨，扣除溶解浆115万吨，实际消耗量1330万吨。

表3　2001～2011年中国造纸工业纸浆生产情况　　单位：万吨

品种 \ 年度		2001	2002	2003	2004	2005	2006	2007	2008	2009	2010	2011
1.木　浆		200	214	217	238	371	526	605	679	560	716	823
2.废纸浆		1310	1620	1920	2305	2810	3380	4017	4439	4997	5305	5660
3.非木浆	总　量	980	1110	1170	1180	1260	1290	1302	1297	1175	1297	1240
	苇　浆	100	110	115	120	138	144	144	150	144	156	158
	蔗渣浆	30	35	50	40	63	74	90	97	98	117	121
	竹　浆	30	45	60	70	86	95	120	146	161	194	192
	稻麦草浆	736	815	845	900	929	908	849	808	676	719	660
	其他浆	84	105	100	50	44	69	99	97	97	111	109

续表

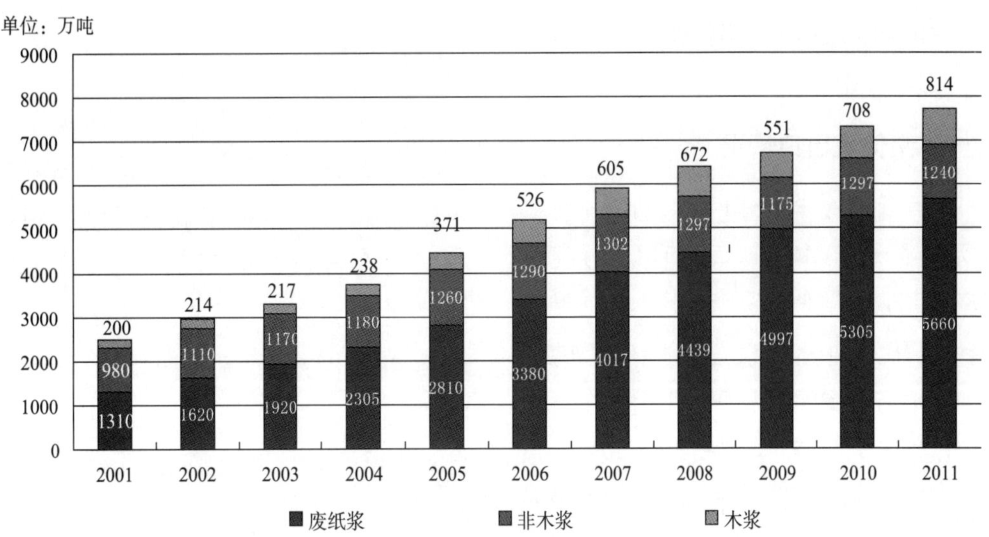

图16　2001～2011年国产纸浆消耗情况

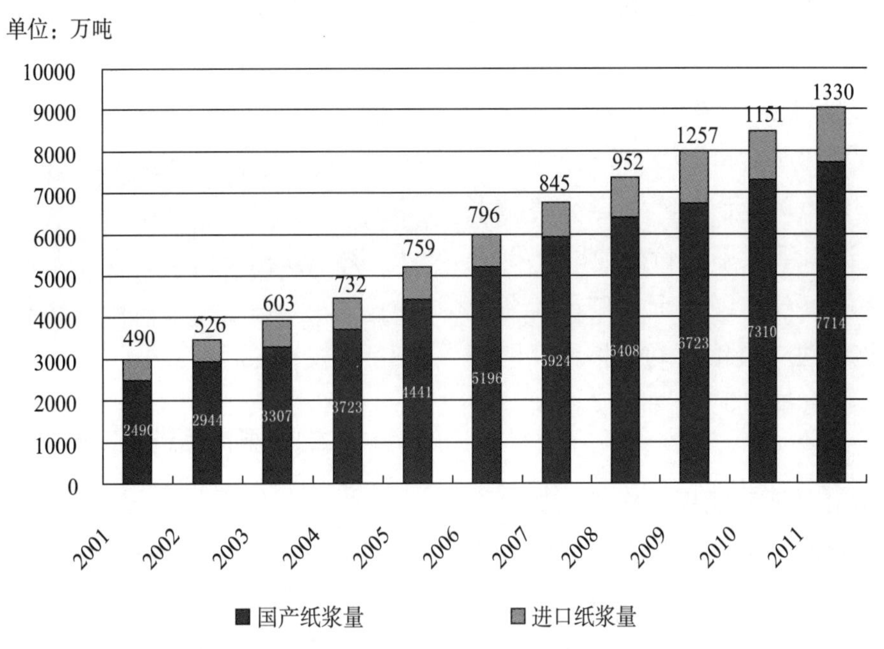

图17　2001～2011年纸浆总消耗情况

四、纸及纸板、纸浆、废纸及纸制品进出口情况

（一）整体进出口情况

2011年纸及纸板进口331万吨，比上年336万吨降低1.49%，出口509万吨，比上年433万吨增长17.55%。出口量比进口量多178万吨；纸浆进口1445万吨，比上年1137万吨增长27.09%，出口9.91万吨，比上年8.10万吨增长22.35%；废纸进口2728万吨，比上年2435万吨增长12.03%，出口0.36万吨，比上年出口量略有增长；纸制品进口17万吨，比上年18万吨降低5.56%，出口243万吨比上年228万吨增长6.58%。

2011年进口纸及纸板、纸浆、废纸、纸制品合计4521万吨，较上年3926万吨增长15.16%，用汇239.54亿美元，较上年187.83亿美元增长27.53%。2011年进口纸及纸板平均价格为1261.54美元/吨，比上年1132.52美元／吨平均价格增长11.39%；进口纸浆平均价格为825.86美元/吨，比上年775.51美元／吨平均价格增长6.49%；进口废纸平均价格为255.39美元/吨，比上年219.80美元／吨平均价格增长16.19%。

2011年出口纸及纸板、纸浆、废纸、纸制品合计762.27万吨，较上年669.18万吨增长13.91%，创汇132亿美元，较上年97亿美元增长36.08%。2011年出口纸及纸板平均价格为1261.04美元/吨，比上年1093.50美元／吨平均价格增长15.32%；出口纸浆平均价格为2323.80美元/吨，比上年1727.18美元／吨平均价格增长34.54%；出口废纸平均价格为215.79美元/吨，比上年191.80美元／吨平均价格增长12.51%。

2011年纸及纸板进出口总量中，进口量较大的品种有箱纸板、涂布白纸板、涂布印刷纸、未涂布印刷书写纸、特种纸及纸板，合计进口量279万吨，约占纸及纸板总进口量的84%。出口量较大的品种有涂布印刷纸、涂布白纸板、未涂布印刷书写纸、生活用纸、特种纸及纸板，合计469万吨，约占纸及纸板总出口量的92%。

2011年我国纸浆和废纸进口量有所增长，其中纸浆进口量较上年增长27.09%，废纸进口量较上年增长12.03%；年平均价格有所上涨，进口纸浆平均价格上涨50.35美元／吨，涨幅6.49%；进口废纸平均价格上涨35.59美元/吨，涨幅16.19%，但从6月份开始进口纸浆和进口废纸的价格都开始回落，到12月份时分别为752.94美元/吨和234.83美元/吨，已经低于2010年的年平均价格。

纸及纸板进口量略有下降，出口量较上年略有增长且大于进口量（见表4、表5、图18、图19）。

(二)主要产品进出口情况

2011年纸及纸板进口量大于出口量的主要品种有：包装用纸、箱纸板、瓦楞原纸；出口量大于进口量的主要品种有：新闻纸、未涂布印刷书写纸、涂布印刷纸、生活用纸、白纸板、特种纸及纸板、其他纸及纸板。

表4 2011年中国纸浆、废纸、纸及纸板、纸制品进口情况　　单位：万吨

品　种	2010年进口量	2011年进口量	同比%
一、纸浆	1137	1445	27.09
二、废纸	2435	2728	12.03
三、纸及纸板	336	331	-1.49
1.新闻纸	4	1	-75.00
2.未涂布印刷书写纸	41	40	-2.44
3.涂布印刷纸	45	37	-17.78
其中：铜版纸	38	30	-21.05
4.包装用纸	17	18	5.88
5.箱纸板	80	93	16.25
6.白纸板	77	79	2.60
其中：涂布白纸板	77	79	2.60
7.生活用纸	8	9	12.50
8.瓦楞原纸	24	17	-29.17
9.特种纸及纸板	31	30	-3.23
10.其他纸及纸板	9	7	-22.22
四、纸制品	18	17	-5.56
总　计	3926	4521	15.16

表5 2011年中国纸浆、废纸、纸及纸板、纸制品出口情况　　单位：万吨

品　种	2010年出口量	2011年出口量	同比%
一、纸浆	8.10	9.91	22.35
二、废纸	0.08	0.36	350.00
三、纸及纸板	433	509	17.55
1.新闻纸	11	2	-81.82

续表

2.未涂布印刷书写纸	71	83	16.90
3.涂布印刷纸	136	163	19.85
其中：铜版纸	113	138	22.12
4.包装用纸	5	6	20.00
5.箱纸板	14	10	−28.57
6.白纸板	73	97	32.88
其中：涂布白纸板	73	97	32.88
7.生活用纸	61	65	6.56
8.瓦楞原纸	5	6	20.00
9.特种纸及纸板	47	61	29.79
10.其他纸及纸板	10	16	60.00
四、纸制品	228	243	6.58
总　　计	669.18	762.27	13.91

注：表4、表5数据来源于海关总署

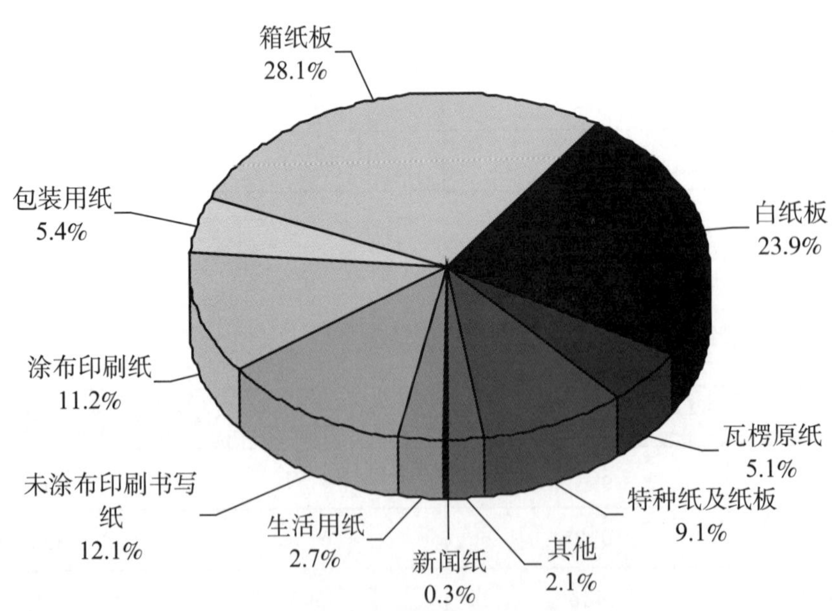

图18　2011年纸及纸板各品种进口量比例

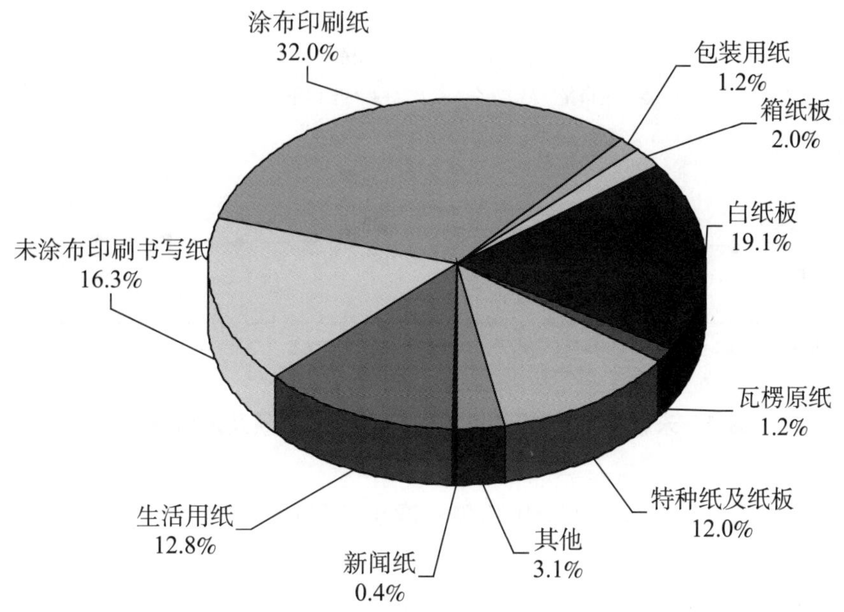

图19　2011年纸及纸板各品种出口量比例

1.新闻纸：2011年出口量大于进口量，净出口量1万吨。

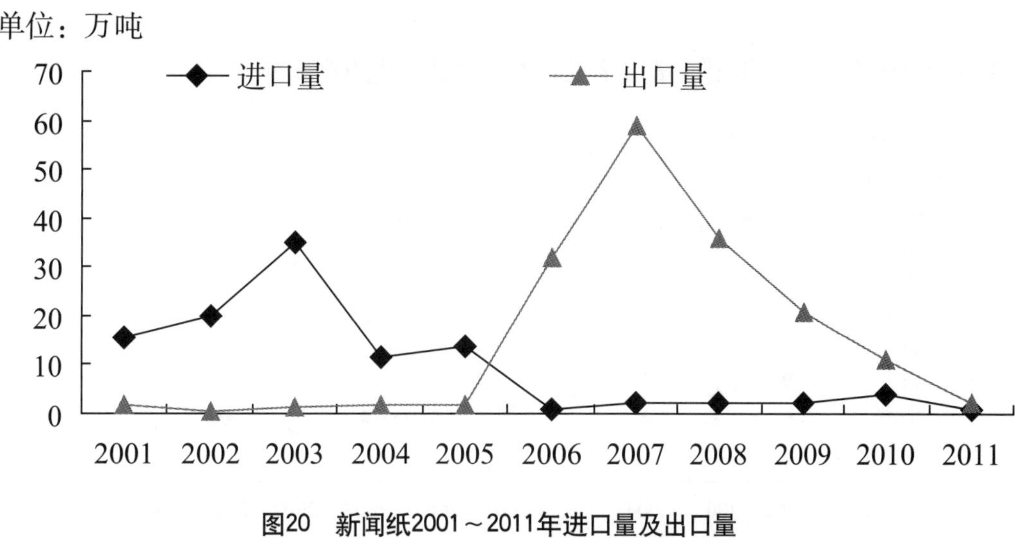

图20　新闻纸2001～2011年进口量及出口量

2.未涂布印刷书写纸：2011年出口量大于进口量，净出口量43万吨。

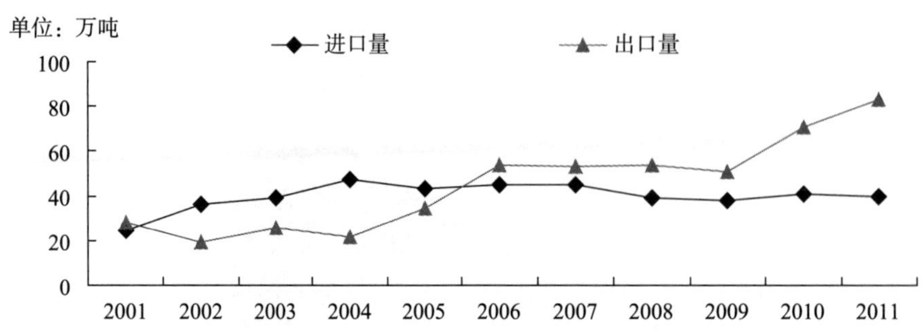

图21　未涂布印刷书写纸2001～2011年进口量及出口量

3.涂布印刷纸：2011年出口量大于进口量，净出口量126万吨。

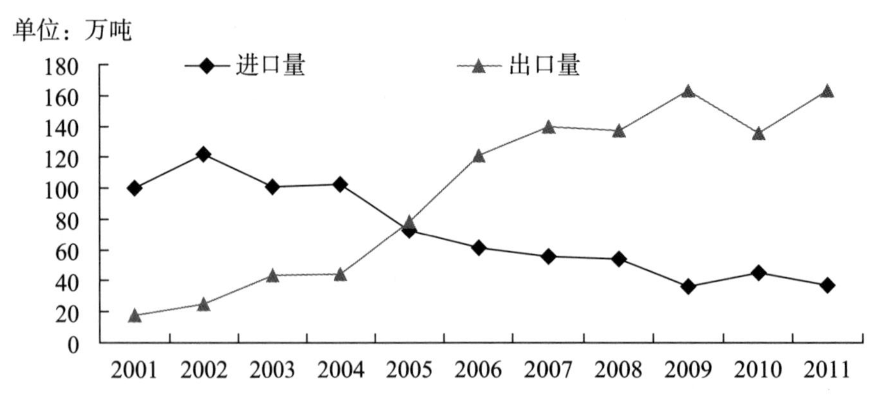

图22　涂布印刷纸2001～2011年进口量及出口量

其中：铜版纸：2011年出口量大于进口量，净出口量108万吨。

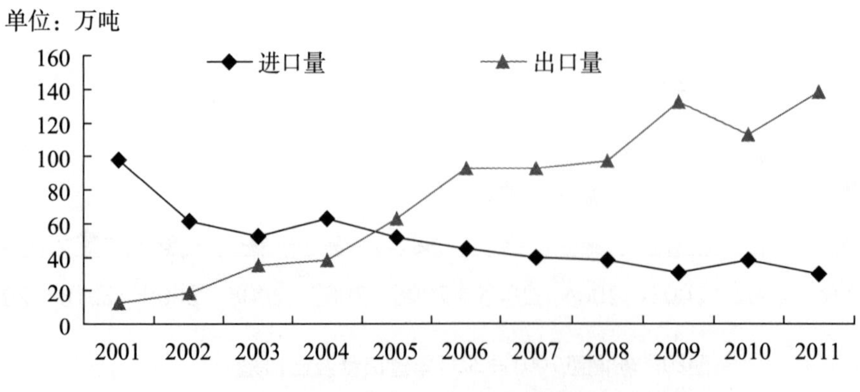

图23　铜版纸2001～2011年进口量及出口量

4.生活用纸：2011年出口量大于进口量，净出口量56万吨。

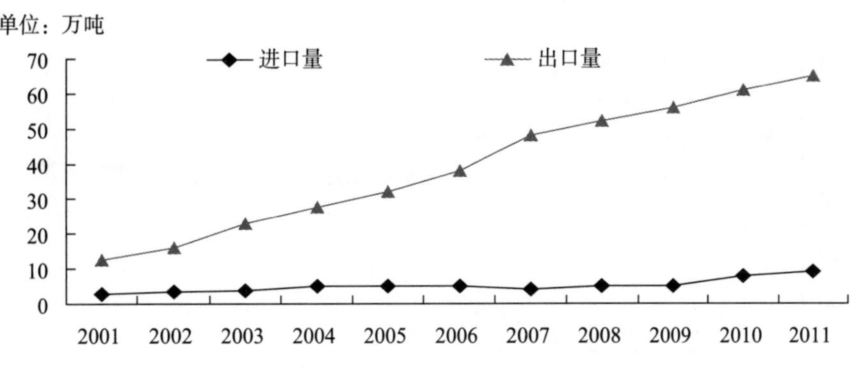

图24　生活用纸2001～2011年进口量及出口量

5.包装用纸：2011年进口量大于出口量，净进口量12万吨。

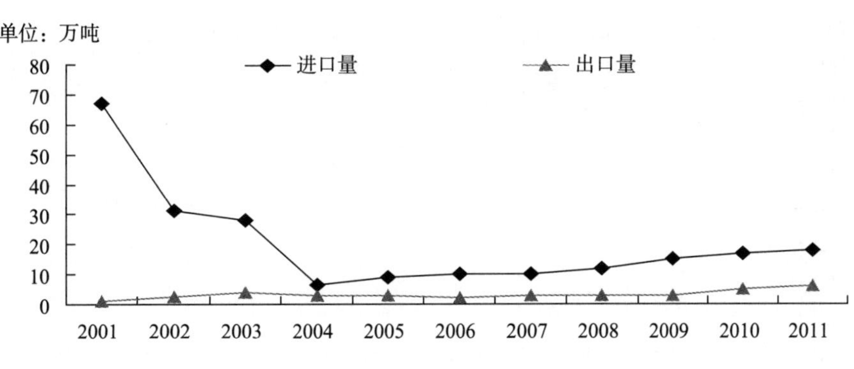

图25　包装用纸2001～2011年进口量及出口量

6.白纸板：2011年出口量大于进口量，净出口量18万吨。

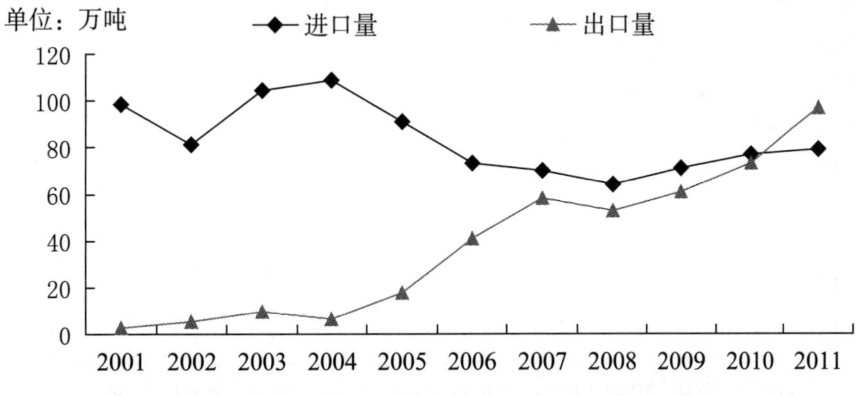

图26　白纸板2001～2011年进口量及出口量

其中：涂布白纸板：2011年出口量大于进口量，净出口量18万吨

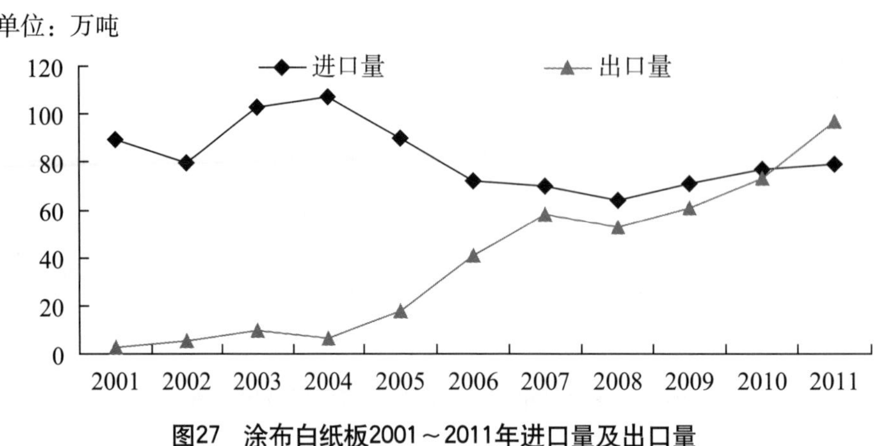

图27 涂布白纸板2001～2011年进口量及出口量

7.箱纸板：2011年进口量大于出口量，净进口量83万吨。

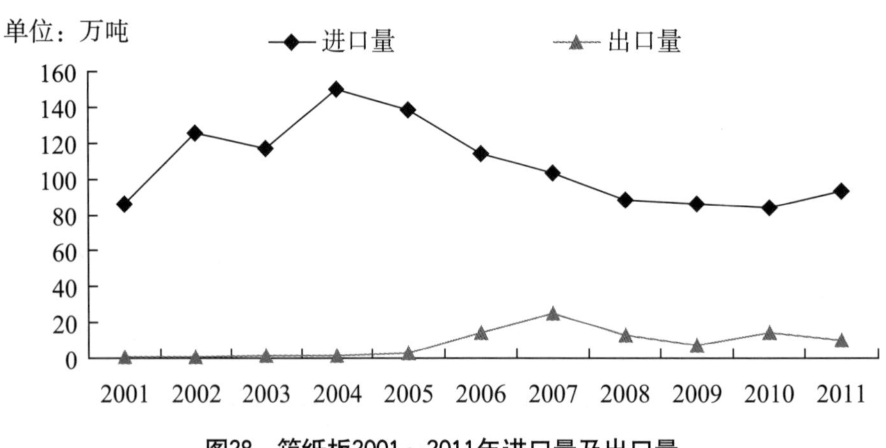

图28 箱纸板2001～2011年进口量及出口量

8.瓦楞原纸：2011年进口量大于出口量，净进口量11万吨

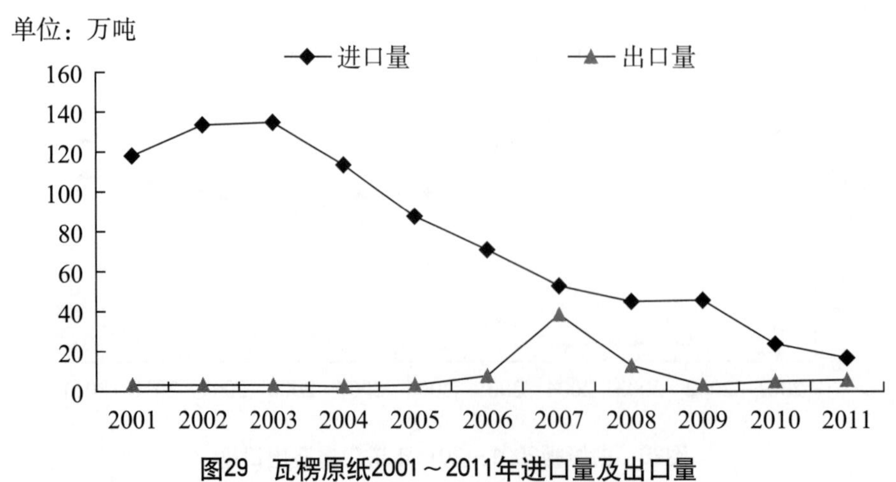

图29 瓦楞原纸2001～2011年进口量及出口量

9.特种纸及纸板：2011年出口量大于进口量，净出口量31万吨

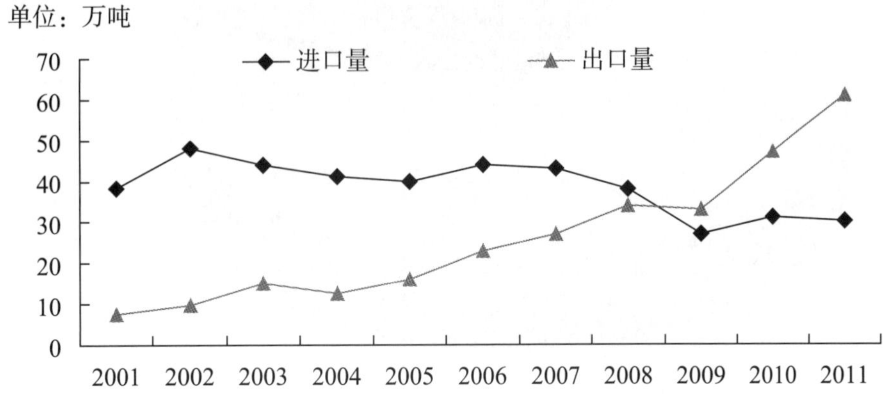

单位：万吨

图30　特种纸及纸板2001～2011年进口量及出口量

五、生产布局与集中度

根据中国造纸协会调查资料分析，2011年我国东部地区12个省（区、市），纸及纸板产量占全国纸及纸板产量比例为71.7%，比上年提高0.1个百分点；中部地区9个省（区）比例占20.4%，比上年提高0.3个百分点；西部地区10个省（区、市）比例占7.9%，比上年降低0.4个百分点（见表6、图31）。

2011年纸及纸板产量超过100万吨的省

表6　2011年中国造纸区域布局变化

	2010年		2011年	
	产量（万吨）	比例%	产量（万吨）	比例%
纸及纸板产量	9270	100	9930	100
其中：东部地区	6636	71.6	7121	71.7
中部地区	1862	20.1	2023	20.4
西部地区	772	8.3	786	7.9

注：据中国造纸协会调查资料

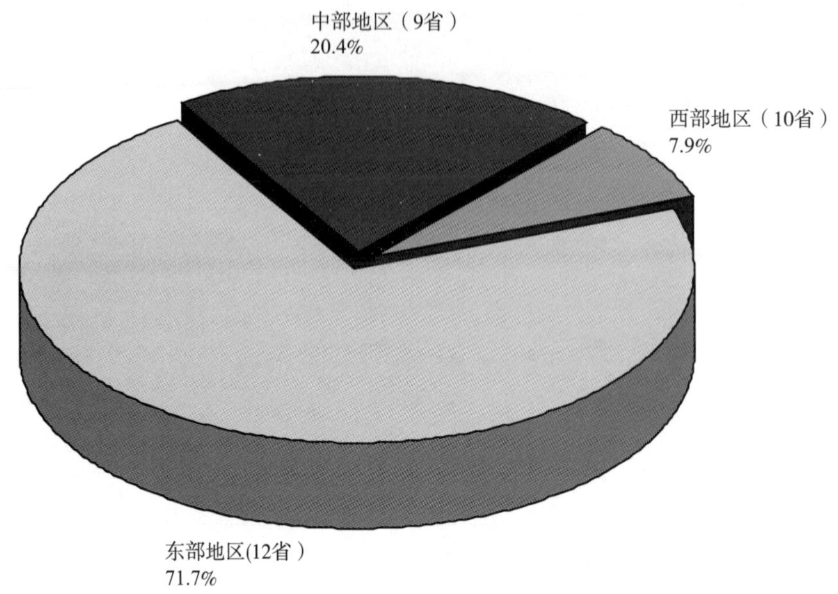

图31 2011年中国造纸区域布局图

份有山东、广东、浙江、江苏、河南、福建、河北、湖南、四川、安徽、湖北、广西、江西、重庆、天津和海南16个省（区、市），产量合计已达9305万吨，占全国纸及纸板总产量的93.71%（见表7、图32）。

2011年纸及纸板年产量超过100万吨的

表7 2011年纸及纸板产量100万吨以上的省（区、市） 单位：万吨

省份 \ 产量	2010年	2011年	产量增长
山东省	1510	1630	120
广东省	1435	1496	61
浙江省	1362	1477	115
江苏省	1101	1051	−50
河南省	814	828	14
福建省	391	480	89
河北省	371	401	30
湖南省	335	372	37
四川省	316	340	24
安徽省	201	235	34

续表

省份＼产量	2010年	2011年	产量增加
湖北省	158	199	41
广西壮族自治区	167	194	27
江西省	157	185	28
重庆市	191	178	−13
天津市	85	126	41
海南省	51	113	62
合　计	8645	9305	660

注：中国造纸协会调查资料

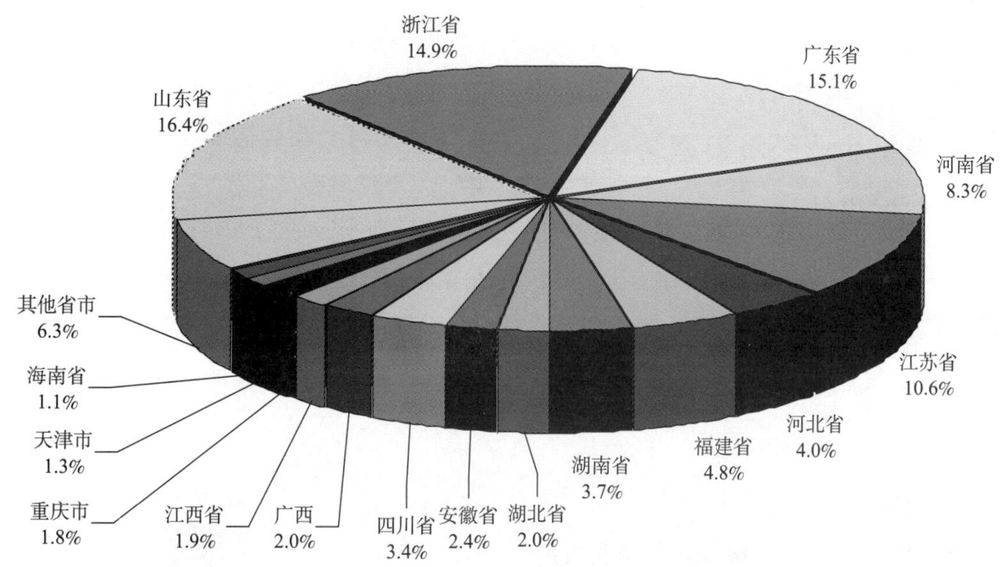

图32　2011年主要省（区）纸及纸板年产量比例图

注：据中国造纸协会调查资料

造纸生产企业有：

玖龙纸业（控股）有限公司年产760万吨；

山东晨鸣纸业集团股份有限公司年产361万吨；

理文造纸有限公司年产354万吨；

华泰集团有限公司年产255万吨；

山东太阳纸业年产242万吨；

金东纸业（江苏）股份有限公司年产220万吨；

中国纸业投资总公司年产210万吨；

宁波中华纸业有限公司（含宁波亚洲浆

纸业有限公司）年产153万吨；

中冶纸业集团有限公司年产131万吨；

山东博汇纸业股份有限公司年产116万吨；

荣成纸业（中国）控股有限公司年产116万吨。

纸浆年产量超过100万吨的企业：

山东亚太森博浆纸有限公司年产169万吨

海南金海浆纸业有限公司年产124万吨。

上述相关数据表明，2011年全国造纸生产布局略有变化，东部地区仍然是我国造纸工业的主要生产区域。重点省（区、市）和重点造纸企业生产集中度有所提高，纸及纸板和纸浆年产量超过百万吨的企业增加了2家。

六、造纸企业经济类型结构与规模结构

根据国家统计局提供的2011年1～12月规模以上造纸生产企业的相关数据分析，2011年国有及国有控股企业有65家，占2.48%，较上年2.15%增加0.33个百分点；“三资”企业有334家，占12.75%，较上年11.12%增加1.63个百分点；集体及其他企业有2221家占84.77%，较上年86.73%减少1.96个百分点。在造纸企业主营业务收入总额中，国有及国有控股企业占11.53%，较上年12.38%减少0.85个百分点；“三资”企业占29.41%，较上年28.79%增加0.62个百分点；集体及其他企业占59.06%，较上年58.83%增加0.23个百分点。在利税总额中，国有及国有控股企业占7.48%，较上年13.58%减少6.10个百分点；“三资”企业占26.95%，较上年29.04%减少2.09个百分点；集体及其他企业占65.57%，较上年57.38%增加8.19个百分点。其中：利润总额中，国有及国有控股企业占4.54%，较上年11.36%减少6.82个百分点；“三资”企业占28.86%，较上年32.00%减少3.14个百分点，集体及其他企业占66.59%，较上年56.64%增加9.95个百分点（见图33）。

2011年国家统计局调整规模以上工业企

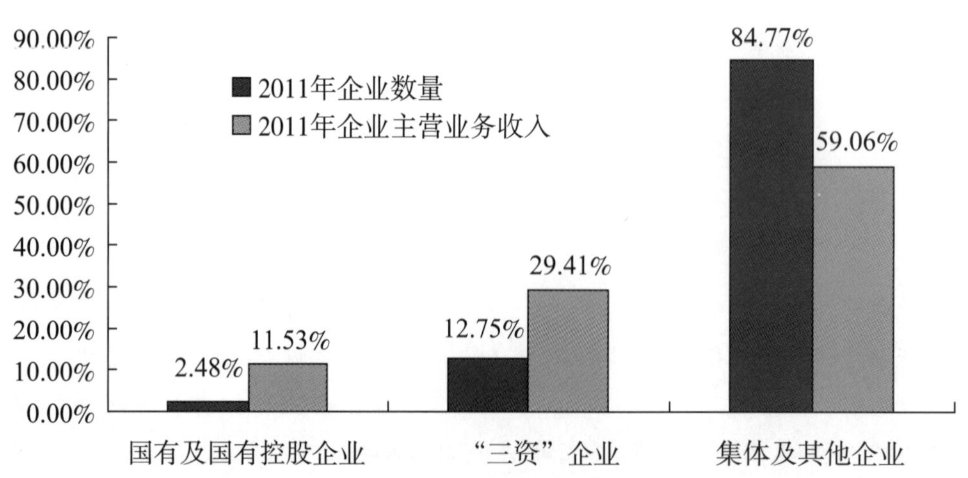

图33　造纸生产企业经济类型结构与规模结构

注：数据来源于国家统计局（规模以上企业统计）

业划分标准，由年主营业务收入500万元及以上提高到2000万元及以上。

2011年我国规模以上造纸生产企业数量2620家，亏损企业数287家，其中：国有及国有控股企业占8.71%，“三资”企业占21.60%，集体及其他企业占69.69%。

按照我国大、中、小型企业划分标准，2011年在2620家规模以上造纸生产企业中，大中型造纸企业435家占16.60%，小型企业2185家占83.40%；在纸及纸板产品主营业务收入中，大中型企业占64.25%，小型企业占35.75%；在利税总额中，大中型企业占62.66%，小型企业占37.34%；在利润总额中，大中型企业占63.62%，小型企业占36.38%（见表8）。

表8 2011年重点造纸企业产量前（30名） 单位：万吨

序号	单位名称	产量		
		2010年	2011年	同比%
1	玖龙纸业（控股）有限公司	723.00	760.00	5.12
2	山东晨鸣纸业集团股份有限公司	327.35	361.43	10.41
3	理文造纸有限公司	354.30	353.98	−0.09
4	华泰集团有限公司	164.20	254.70	55.12
5	山东太阳纸业股份有限公司	224.00	242.26	8.15
6	金东纸业（江苏）股份有限公司	231.00	220.12	−4.71
7	中国纸业投资总公司	244.87	210.00	−14.24
8	宁波中华纸业有限公司（含宁波亚洲浆纸业有限公司）	148.74	152.65	2.63
9	中冶纸业集团有限公司	138.50	131.15	−5.31
10	山东博汇纸业股份有限公司	100.13	116.36	16.21
11	荣成纸业（中国）控股有限公司	110.18	115.80	5.10
12	山东世纪阳光纸业集团有限公司	59.06	96.13	62.77
13	浙江景兴纸业股份有限公司	84.92	96.00	13.05
14	安徽山鹰纸业股份有限公司	92.46	89.36	−3.35
15	芬欧汇川（中国）有限公司	80.00	88.00	10.00
16	海南金海浆纸业有限公司	26.52	86.97	227.94
17	漯河银鸽实业集团有限公司	84.20	84.40	0.24

续表

序号	单位名称	产量		
		2010年	2011年	同比%
18	福建联盛纸业	54.36	79.77	46.74
19	山东泉林纸业有限责任公司	70.61	76.23	7.96
20	东莞建晖纸业有限公司	69.20	75.74	9.45
21	吉安集团股份有限公司	67.50	69.62	3.14
22	新乡新亚纸业集团股份有限公司	58.20	68.30	17.35
23	金红叶纸业集团有限公司	37.50	66.27	76.72
24	金华盛纸业（苏州工业园区）有限公司	62.02	62.98	1.55
25	福建优兰发集团实业有限公司	50.30	57.85	15.01
26	山东贵和纸业集团有限公司	54.02	55.68	3.07
27	山东华金集团有限公司	50.81	55.94	10.10
28	大河纸业有限公司	40.60	52.05	28.20
29	广州造纸集团有限公司	61.27	49.31	−19.52
30	保定市三联纸业有限公司	47.41	46.79	−1.31

注：按已收集到的数据排列

七、环境保护

根据环境保护部统计，2010年制浆造纸及纸制品产业（统计企业5570家，比上年减少201家）用水总量为123.39亿吨，其中新鲜水量为46.15亿吨，占工业总耗新鲜水量543.95亿吨的8.48%。重复用水量为77.24亿吨，水重复利用率为62.59%，比上年提高5.55个百分点。万元工业产值（现价）新鲜水用量为89.6吨，比上年减少18.2吨，降低16.9%。造纸工业2010年废水排放量为39.37亿吨，占全国工业废水总排放量211.86亿吨的18.58%，比上年降低0.2个百分点。造纸工业废水排放达标量为37.8亿吨，占造纸工业废水排放总量的96.01%，比上年提高2.48个百分点。排放废水中化学需氧量（COD）为95.2万吨，比上年109.7万吨减少14.5万吨，占全国工业COD总排放量365.6万吨的26.04%，比上年减少2.89个百分点。万元工业产值（现价）化学需氧

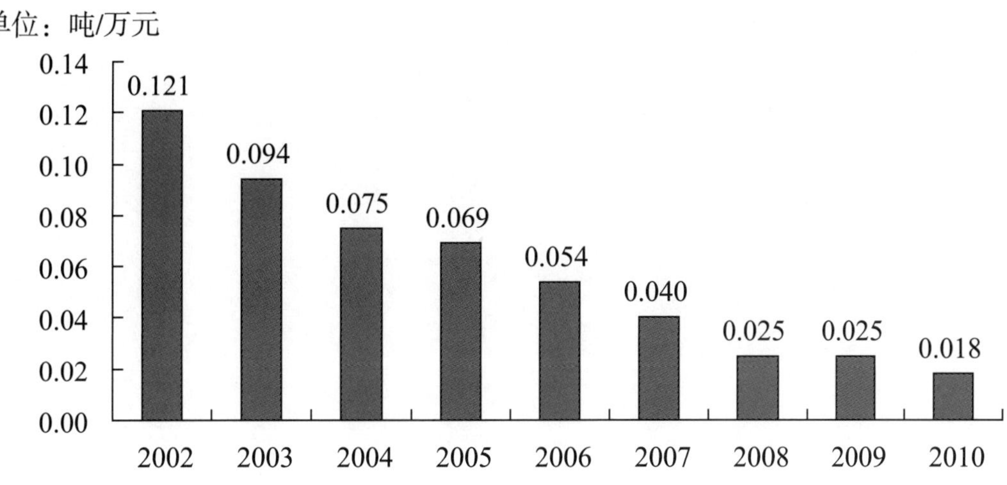

图34　2002～2010年造纸业万元产值化学需氧量排放强度

量（COD）排放强度为18千克，比上年降低28%。排放废水中氨氮为2.50万吨，比上年2.74万吨减少0.24万吨，占全国工业氨氮总排放量24.54万吨的10.19%，比上年减少0.99个百分点。造纸工业废水处理设施年运行费用为64.9亿元，比上年增加13.9亿元，增长27.25%。

综　述

2011年是我国国民经济和社会发展第十二个五年规划开局之年，造纸行业面对复杂多变的国际经济形势和国内市场呈现下行压力的情况下，部分企业出现了经营困难，效益下滑现象。而全行业克服了能源价格、人力成本持续上涨，原材料价格高位波动，综合生产成本增加所带来的困难，实现了全年纸及纸板产销量平稳增长。

为使行业保持理性稳定增长，提升综合竞争力，促进可持续发展，应加快转变发展方式，调整产业结构，充分发挥造纸产业“低碳、绿色、可持续”的特点，加速我国造纸工业向低消耗、低污染、低排放转型，力争在“资源、环境、结构”等瓶颈问题上取得突破。

区域篇

中国印刷工业年鉴2012

2011年北京印刷业发展概况

荣学良

2011年北京市通过年度核验对北京地区印刷企业进行了一次盘点和清理，依法注销了723家名存实亡的印刷企业的经营许可证。此次清理后，截至2011年年底，北京地区共有印刷企业1776家。2012年上半年，在北京印刷协会的协助下，北京市新闻出版局完成了对2011年印刷业的产业统计，共有1682家企业上报了统计数据，上报企业数量与实际颁发印刷经营许可证数量相差94家，未申报企业均为小微企业或处于停产状态的企业，对统计结果的影响可以忽略不计。从统计结果来看，2011年作为“十二五”时期的开局之年，北京印刷产业在全市国民经济增速总体放缓的情况下，依然保持了较快的发展速度。更为可喜的是，随着绿色印刷、数字印刷等高端印刷业态的发展，北京印刷产业结构调整初见端倪，一批管理规范、技术先进的企业逐步摆脱低水平重复竞争状态，走向依靠质量和服务取胜的科学发展道路。

一、产业发展总体情况

2011年，北京印刷业实现工业总产值261.99亿元，较上年增长28%；工业增加值98.38亿元，同比增长29%；主营业务收入275.09亿元，同比增长28%。行业资产总额381.33亿元，同比增长13.39%。从上述数据来看，无论是总产值还是销售收入2011年的数据都比2010年有大幅度的提升。需要指出的是，造成如此大幅增长的一个因素是统计口径的问题，2011年的统计中增加了中钞信用卡、北京印钞厂、金辰西维科三家大型企业，这三个单位资产总计345199万元，主营业务收入278895万元。如扣除上述因素，2011年北京印刷业主营业务收入为247亿元，同比增长14.88%；资产总额346.81亿元，同比增长3.27%。即便如此，主营业务收入14.88%的年增长率依然为近年来北京印刷业的最高增速。

在世界经济形势低迷、北京整体经济发展增速放缓的情况下，2011年北京印刷业保持较高增速得益于内外两个因素：首先在外因上，近年来首都产业结构调整力度不断加大，特别是以文化创意产业为代表的第三产业的快速发展为北京印刷业发展提供了广阔的市场。2011年全市文化创意产业实现增加值1938.6亿元，同比增长14.2%，文化创意产业增速与印刷业主营业务收入增速（修正后）基本相同。此外，随着首都都市产业的快速发展，包装装潢和其他印刷品成为北京印刷业新的增长点。二是产业自身不断加快产业结构调整，转变发展方式，成为北京印刷业保持快速增长的内在动力。面对越来越激烈的市场竞争，北京印刷业正在逐步由传统的粗放式经营模式，向依靠科学管理、技术进步和产品创新的集约化方向发展，企业的质量意识、成本意识、管理意识得到普遍提高。

二、产业发展特点

1.包装装潢印刷高速增长，首超出版物印刷成为印刷业产值第一板块

随着首都都市工业和现代服务业的发展，包装装潢印刷品印刷和安全印务等其他印刷品印刷呈现出快速发展的态势。近两年，北京地区投资额亿元以上的印刷项目主要集中于包装装潢印刷领域，如，盛通包装印刷、佳晋彩印、国瑞和包装印刷等。从统计数据来看，出版物印刷、包装装潢印刷品印刷、其他印刷品印刷三类印刷企业业绩的此消彼长更加明显地印证了上述趋势。2011年，全市三类印刷企业主营业务收入情况分别为：出版物印刷企业完成销售收入102.89亿元，同比增长7%；包装装潢印刷品印刷企业完成销售收入108.85亿元，同比增长25%；其他印刷品印刷企业60.42亿元，同比增长11%（扣除统计口径因素）。从上述统计数据可以看出，包装装潢印刷品印刷保持了高速增长的发展趋势，并且在规模上首次超过出版物印刷，成为我市印刷业产值的第一板块。其他印刷品印刷的增速尽管没有包装装潢印刷品增速快，但是也保持了两位数的增长速度，呈现出较好的发展态势。

2.出版物印刷在微利中徘徊

2011年，北京地区出版物印刷企业的利润出现大幅下滑，从上年的2.8亿元降至1.05亿元，降幅达63.1%。利润数值的“异常”表现，初步分析可能与以下几方面因素有关：一是企业经营成本不断攀升，这也是印刷行业面临的共性问题；二是国有企业改革成本较大，典型如北京某国有大型印刷厂，改革之后三家企业整合为一体，分流了大量人员，据说仅这部分费用就需要1亿元，这对利润的影响显而易见；三是一些民营出版物印刷企业发展很快，但没有如实上报利润。在上述因素中第二点属于特殊因素，如果扣除这个不可比的因素以外，估计2011年出版物印刷的利润也不会超过2010年，利润率保持在2%左右。而同期包装装潢印刷品印刷的利润率为15.04%，其他印刷品印刷的利润率为18.8%，均远高于出版物印刷。

3.龙头企业逐渐脱颖而出，产业集中度不断提高

“散、小、弱”一直是影响印刷业科学发展的一个瓶颈，但是随着产业结构的调整和市场竞争的加剧，优胜劣汰的市场法则已经显现，一批管理规范、技术先进的优秀企业逐步拉开与其他竞争者的距离，成为行业

领跑者。2011年全市主营业务收入超亿元的企业44家（未包括北京印钞厂），较上年的36家增加9家。亿元以上企业实现产值总计136.50亿元，占全行业产值的54%，较上年提高4个百分点；亿元以上企业主营业务利润33.19亿元，占全行业的66%。产值5000万元以上企业89家，占全市企业总数的5.3%，实现产值178.12亿元，占全行业总产值的68%。

4.空间布局加快调整，大兴区产业集聚优势明显

从产业空间布局来看，2011年北京印刷业延续了由中心城区向近郊区转移的趋势，大兴、通州、顺义等近郊区县成为印刷业集聚度最高的地区。统计结果显示，2011年大兴区共有印刷企业261家，占全市印刷企业总数的15.5%；实现印刷工业总产值103.76亿元，占全市印刷工业总产值的37.73%，同比增长18.5%。通州区共有印刷企业248家，实现印刷工业总产值28.03亿元，占全市的10.19%，同比增长37%；顺义区共有印刷企业149家，实现印刷工业总产值25.48亿元，占全市的9.27%，同比增长36%。上述三个区印刷业占据了全市近五分之三的产值。而与上述区域相比，作为中心城区的西城区和东城区印刷业总体上呈现收缩态势，2011年西城区（含原宣武区）与东城区（含原崇文区）印刷产值为20.48亿元（未包括北京印钞厂），同比微增5%，远低于14.88%的行业平均增速。

5.数字印刷方兴未艾，担重任仍需假以时日

2011年，北京地区共有专营数字印刷企业22家，其中当年新设立9家，占新设立印刷企业总数的17%。全市共有生产型数字印刷机80台，数字印刷企业实现主营业务收入10309万元。应当指出，上述的主营业务收入指标并不能完全代表数字印刷对整个行业的贡献，在很多的传统印刷企业里，数字印刷创造的产值没有被单独统计。但无论如何，数字印刷占全行业主营业务收入的比例还非常小，特别是与东京、纽约等国际城市相比，北京的数字印刷还属于刚刚起步，差距还很大。不过从趋势上来看，数字印刷非常适合首都都市产业的特点，预计未来几年，数字印刷的增速要远超过传统印刷的增速。

6.实施绿色印刷，节能环保成为产业升级转型的契机

2011年是国家推动实施绿色印刷的启动之年，实施绿色印刷不仅是落实中央部署的需要，更是北京全面实施“人文北京、科技北京、绿色北京”的具体体现，是首都印刷发展的必然趋势。首都的功能定位和自身的资源禀赋决定未来在产业选择上必然优先发展低碳、环保的绿色产业，发展绿色印刷业正好契合首都产业发展定位，实施绿色印刷将为首都都市工业的集约化发展树立一个有益的示范。从印刷业本身而言，随着未来国家相关配套政策的到位，特别是对中小学教科书、政府采购等特定产品的环保质量强制要求的落实，具备绿色印刷认证资质将成为企业市场准入的一个重要门槛，一批不符合环保标准、作坊式的小企业的生存空间将进一步被挤压，而绿色印刷企业则可以趁势做大做强，从而达到推动我市产业结构调整、促进产业升级的目的。正是基于以上的意义，印刷企业对实施绿色印刷给予了高度重视，2011年北京共有5家企业通过了绿色印刷认证，通过认证的企业数量居全国前列。相信随着相关政策措施的不断完善，北京的绿色印刷将会得到快速的发展。

（本文作者为北京市新闻出版局印刷处副处长）

抓机遇 促发展 为创建民族文化强区作贡献
——2011年内蒙古自治区印刷业发展纪实

刘致一

一、内蒙古印刷行业概况

内蒙古自治区下辖12个盟市，101个旗、县、区。根据2011年行业年检统计，全区现有印刷企业2033家，其中出版物印刷企业173家，包装装潢印刷企业201家，其他印刷品企业1653家，专项排版、制版、装订企业3家；全区印刷企业从业人员53479人。

2011年，内蒙古自治区印刷业完成工业总产值43.3亿元，拥有资产总额51.3亿元，实现利税总额0.86亿元。

2011年，全区年主营业务收入500万元以上印刷企业5家，主营业务收入1000万元以上印刷企业43家，主营业务收入5000万元以上印刷企业7家（其中内蒙古爱信达教育印务有限公司年主营业务收入为1.7亿元，内蒙古日报社印务中心为1亿元）。

二、报业印刷新的崛起，带动全区印刷业设备升级换代

2011年是国家“十二五”规划开局之年，全区印刷业以“创建印刷产业基地，实施绿色环保印刷，大力发展数字印刷和印刷数字化，重点发展包装装潢印刷”为规划目标，以报业印刷为龙头在全区掀起新一轮的印刷设备技术改造的浪潮。全区12个盟市的13家报社印刷厂（包括内蒙古日报社印务中心）都先后进行了大规模的印刷技改。

1.基础建设为印刷设备技术改造奠定了可靠的保障

近几年，各报社印刷厂大都从市中心外迁建设新厂区。新厂区全部按照现代化厂房标准设计和建设，具有规模大、功能全的特点，集办公、生产、仓储、食宿等功能为一体，环境优美、交通便利。2011年年底，新建投入使用的包头日报社印刷厂位于包头市城南的滨河新区，厂区建筑面积1万多平方米，仅印刷车间的建筑面积就达2500多平方米（长106米，宽24米，均高6.5米），这为今后包头日报社印刷厂的进一步发展打下了良好的基础。

2.设备更新立足发展需要

各报社在引进或更新设备时，立足本社发展规划，按照高档次、多功能、自动化、技术含量高的标准进行升级换代，以满足报纸扩版、改彩、出本报等发展需要。

2011年年底，内蒙古自治区西部区的包头、鄂尔多斯、巴彦淖尔报社印刷厂几乎同时引进上海高斯M40八色塔机和其他新设备。据统计，截至目前，现内蒙古报业印刷已安装4+4塔机31组，全区报业印刷基本上实现了印版CTP输出，报纸全彩印刷。

新设备的投入使用，在确保印能和印刷质量的同时，还能满足近几年来报业发展的需要。报业印刷快速发展带动了全区印刷业的发展，据统计，自呼和浩特日报社印刷厂2007年引进全区第一台CTP设备后，短短的几年间，全区印刷企业已安装CTP设备近50台，上规模的印刷企业都使用CTP设备输出印版，基本上淘汰了传统的制版工艺。一些中小型印刷企业还积极引进数字印刷机等先进设备。

科学技术就是第一生产力，企业要生存、要发展，就要加大设备改造。新技术的推广、新设备的使用，使印刷企业成本降低，提高了经济效益，得到了实惠。当前，全区印刷业新的一轮设备升级换代已经开始。

3.西部大开发战略促进了经济发展

国家的西部大开发战略，促进了内蒙古自治区经济的大发展。内蒙古报业在激烈的市场竞争下有了长足的发展，报纸不论在发行量，还是广告收入上都有较大增长。

三、目前发展中存在的问题及影响内蒙古印刷业大发展的因素

由于内蒙古印刷业基础薄弱，尽管在过去几年有了长足的发展和进步，但在当前产业升级和调整中仍然遇到许多依靠自身力量难以解决的困难和问题，主要有以下几个方面。

1.发展资金短缺

企业进行设备改造和发展资金短缺。尤其是改制后的股份公司和民营企业更为突出。由于近几年生产所需的原辅材料及人工成本大幅上涨，而印刷工价却没有上调，使得印刷企业无利可图，许多印刷企业在苦苦支撑或已经走上了破产倒闭的道路。这样微薄的利润使企业无力向银行贷款，银行为了控制风险，也不愿意对这样的企业进行长期贷款。由于印刷业属于服务业，没有自己的主导产品，受服务半径的限制，导致印刷行业自身筹资融资难的

局面。而这样就造成了恶性循环，使企业没有后续资金来进行设备更新和采用先进的印刷技术来提升质量和提高产能。所以资金问题是制约自治区印刷业大发展的最大因素。

2.人才流失严重

为改变自治区印刷行业的落后面貌，特别是从根本上解决人才匮乏的问题，内蒙古工业大学和轻工学院分别开设了印刷专业，两院（校）累计培养近千名印刷专业人才，但这些人在内蒙古各印刷企业工作一段时间后，因待遇和工作环境等问题，大部分都流向了北京、广东、浙江等省市或者改行从事其他工作，留在内蒙古的不足10%，造成印刷专业人才断档。这直接影响内蒙古印刷业的发展。

3. 政策扶持不到位

2011年6月，国务院发布的《关于进一步促进内蒙古经济社会又好又快发展的若干意见》和党的十七届六中全会《关于深化文化体制改革，推动社会主义文化大发展大繁荣若干重大问题的决定》，把文化产业放在了未来保证中国可持续发展战略产业的重要位置。作为文化产业一部分的印刷业却没有享受到国家政策实质上的扶持。在税收问题上，同样是少数民族自治区，内蒙古自治区的书报刊印刷企业却没有享受到国家对其他少数民族地区的特惠政策。

四、未来发展的方向

为确保自治区印刷行业发展规划的顺利实施，应从以下几个方面着手。

1.对现有的印刷企业进行整顿

提高准入门槛，淘汰落后产能，对不具备条件，没有发展前途的企业关、停、并、转进行整合，优化资源配置。

2.积极创建印刷产业基地

根据内蒙古自治区的地理位置，分别在东部区的通辽市，西部区的呼和浩特市建立印刷产业基地。产业基地的建设要以科学发展观统一规划，并在各方面给予优惠政策，吸引外资和整合本地区印刷资源，形成以印刷、包装装潢、纸张、印刷设备、印刷器材及辅料销售、物流、教学、科研、培训为一体的印刷产业基地，构建集约化、专业化、创新性的印刷产业格局。

3.重点发展包装装潢印刷业

内蒙古自治区是一个资源大区，拥有闻名全国的伊利、蒙牛、鄂尔多斯、河套和蒙古王等知名品牌，大力发展包装装潢印刷产业有着天时、地利的优势。要重点扶持和培育出一批上档次的大型印包企业，使之成为自治区印刷业的亮点。

中央和国家关于振兴文化产业和促进内蒙古经济社会又好又快发展的政策，为自治区印刷业大发展创造了一个难得的历史机遇。2012年印刷业应抓住机遇，乘势发展，为内蒙古自治区创建民族文化强区贡献应有的力量。

（本文作者为内蒙古自治区印刷协会副理事长）

上海印刷业稳步前行

上海市新闻出版局印刷管理处

一、上海印刷业基本情况

2011年年末，上海市有注册印刷企业4879家，截至2012年2月29日，通过2012年年度核验的印刷企业有4631家，未通过年度核验的印刷企业有248家，其中，约200家印刷企业已经不再经营，约47家印刷企业由于各种原因暂缓通过年度核验，这248家印刷企业对发布的2011年上海印刷业年度数据基本不产生影响。

本文中2010年与2011年上海印刷业的对比数据，是按照2011年2月28日截止的2011年年度核验通过的4616家印刷企业与2012年2月29日截止的2012年年度核验通过的4631家印刷企业的对比数据。

1.经济指标完成情况

2011年全市印刷工业总产值为689.53亿元，比2010年的585.70亿元增加了103.83亿元，增长17.72%；销售收入为688.21亿元，比2010年的568.26亿元增加了119.95亿元，增长21.10%；利润总额为48.73亿元，比2010年的47.68亿元增加了1.05亿元，增长2.2%；工业增加值（GDP）为200.12亿元，比2010年的159.14亿元增加了40.98亿元，增长25.75%；工业总产出为723.05亿元，比2010年的610.86亿元增加了112.19亿元，增长18.37%；总资产为806.95亿元，比2010年756.11亿元增加了50.84亿元，增长6.72%；净资产为406.94亿元，比2010年的415.16亿元减少了8.22亿元，下降1.97%；对外加工贸易总额为69.61亿元，比2010年的46.24亿元增加了23.37亿元，增长50.54%；数字印刷销售收入为6.19亿元，比2010年的5.96亿元增加了0.23亿元，增长3.85%；全年应付工资总额为63.31亿元，比2010年的51.78亿元增加了11.53亿元，增长22.26%；应交增值税、营业税等税费总额为33.53亿元，比2010

年的25.10亿元增加了8.43亿元，增长了33.59%。

2.从业人员情况

上海市印刷企业已经通过2012年年度核验的4631家印刷企业中，2011年从业人员总数为165100人，比2010年的160238人增加了4862人，增长3.04%。其中男职工总数为90796人，占印刷企业员工总数的54.99%，比2010年的87881增加了2915人，人数总体增长3.31%；女职工总数为74304人，占印刷企业员工总数的45.01%，比2010年的72357人增加了1947人，增长2.69%。男职工总数比女性职工多16492人。

已经通过2012年年度核验的4631家印刷企业中，技术岗位上的员工总数为26255人，占上海印刷企业从业人员总数的15.90%（其中有一部分印刷企业，将在技术岗位工作、但未取得等级工证书的人员不计算在技术岗位员工总数中，很大一部分外来民工也没有计算在内，实际技术岗位员工总数应该超过15.90%）。其中，技师（含高级技师）人数为1604人，占技术岗位员工总数的6.10%；高级工人数为3562人，占技术岗位员工总数的13.56%；中级工人数为7569人，占技术岗位员工总数的28.82%；初级工人数为13713人，占技术岗位员工总数的52.53%。

二、管理工作

2011年，我处始终坚持以加快转变经济发展方式，开创科学发展新局面为指导，认真贯彻新闻出版总署各项工作精神和要求，按照上海印刷产业发展实际情况以及我局2011年工作要点，落实印刷复制业各项工作。主要体现在以下六个方面。

1.以倡导绿色印刷为抓手，推动印刷产业优化升级

2011年，金山国家绿色创意印刷示范园区稳步发展。其一是对金山园区2.45平方公里土地进行了规划，基本确定了需要引进的印刷企业的产业方向；其二是搭建了金山园区的功能性服务平台；其三是为金山园区做了大量的宣传工作；其四是协助金山园区招商引资，参加了金山区委书记带队去美国面向印刷企业的招商引资，并做了大量的组织和联系工作。

在新闻出版总署的大力支持下和总署出版产品质量监督检测中心的直接领导下，2011年5月，在金山国家绿色创意印刷示范园区建立了新闻出版总署出版产品质量监督检测中心上海分中心和上海绿色认证检测中心。

开展柔印教材的试验，推动柔印技术的发展，在上海印刷（集团）有限公司举行了柔印教材的开机仪式，并成功印制了2012年春季3个品种35万册教材。

2011年是绿色印刷的启动之年，也是绿色印刷的宣传之年。从目前情况来看，绿色印刷的宣传引导活动已逐步深入人心，大大激励了上海印刷企业参与绿色认证的热情，有9家上海印刷企业获得了首批绿色认证。总之，绿色印刷的宣传引导、教育培训、政策扶持、监督检查的工作，大大促进了上海印刷业发展方式的转变。

2.举办2011上海国际印刷周，努力构建综合服务平台

上海国际印刷包装产品交易会成效显

著，贸易服务平台的功能进一步增强。本届上海国际印刷周暨上海国际印刷包装产品交易会以“绿色印刷与美好生活同行”为主题，引领印刷企业由传统印刷向绿色印刷转型，这一理念在交易会上得到了充分的体现。本届交易会上，印刷新技术、新工艺、新产品质量有了很大的提升，数量上也有了提高。

2011上海国际印刷周用开放的姿态、全球的视野、前瞻的眼光探讨印刷业在“十二五”期间如何把面临的挑战转化为更多的机遇。据统计，本届印刷周共举办了十二场活动，参与各项活动的总人数超过1500人次，取得了很大的成效。

3.以重大项目为抓手，引领印刷企业转型发展

顺利完成无线射频识别（RFID）在新闻出版产业化应用的科研项目，主要包括完成对进入试验的4种图书和2种音像制品的确定及需求分析，完成对拟选用芯片的测试、对天线及相关阅读器的研制和技术可行性突破工作等，促进印刷企业向绿色转型。

11月2日，由上海市新闻出版局和金山区人民政府主办，金山国家绿色创意印刷示范园区承办的金山国家绿色创意印刷示范园区产学研合作启动仪式在金山工业区隆重举行。

当纳利亚太总部落户上海。当纳利亚太总部的建立，对引领上海印刷业转型发展起到了促进作用。

引领上海印刷业转型发展，进行第五届上海印刷大奖的评选，不断提升印刷质量，继续实施印刷企业竞争力排名，鼓励企业做强做大，注重人才培训，提升企业的人才素质。

4.增强服务理念，转变政府职能

按照中央的部署和要求，作为政府职能部门之一，在全局的统一部署和指导下，我们认真做好各项行政审批、行政服务和日常管理工作，积极转变政府职能，深化行政管理体制改革，为企业发展搭建平台、保驾护航。高效完成了2010年上海印刷业年度核验工作；2011年实施了重点印刷企业的月报和季报制度；网上备案管理系统全面实施；行政监管落到了实处，切实做好各项行政服务工作；首次进行了印刷企业精神文明的评选工作。

5.结合专项检查，规范、强化印刷业日常监督管理工作

认真贯彻落实《全国印刷复制行政执法报告评价制度实施办法》，组织我市印刷复制企业重点围绕非法印刷复制、非法加印、五项制度备案、境外出版物审读等行为开展自查自纠工作，并根据自查情况，督促其进行整改。同时，依托上海市印刷复制备案管理系统，对全市印刷复制企业进行监管。大力开展教材教辅图书期刊委托书执行情况的专项检查，累计抽查中小学教辅材料68个品种340册，涉及39家出版社、52家印刷企业。我局积极开拓与市文化市场行政执法总队、市“扫黄打非”办公室、市工商局等部门的合作，资源共享、优势互补，联合开展各项检查活动，同时，充分发挥区县文广局的作用，通过行业管理例会、单独指导、共同研究等形式，统筹协调，积极解决区县有关问题，有效建立印刷复制监管联动机制，共同做好监管工作。

6.以质检活动为抓手，促进印刷产业健康发展

在新闻出版总署印刷发行管理司和总署出版产品质量监督检测中心的指导下，上海市新闻出版局认真贯彻落实新闻出版总署《关于2011年继续开展“3·15”少年儿童读物类出版产品质量监督检测活动》的文件精神，结合上海实际，扎实有效地开展“3·15”质量检测工作。2011年，在上海市教委课改办的支持下，继续实施了对2010年沪版教材印制质量的评比活动。此次评比活动，在首届活动的基础上，倡导环保、科学与技术的结合，对教材的印制质量进行了客观、全面、严格的评选，同时鼓励各相关教材出版社、印刷厂等单位，把最新最好的数字技术和环保印刷运用到教材的出版中，以促进教材印制工作的科学、持续发展。继续实施2011年春季、秋季沪版教材印制质量专项检测活动。

附：2011年上海印刷业主要数据

138家企业年产值过亿。2011年，上海已经有1家印刷企业的工业总产值达到43.84亿元，有3家印刷企业超过20亿元，有1家印刷企业超过10亿元，还有5家印刷企业在5亿～10亿元之间，工业总产值1亿元以上的企业达到138家。

集约化程度继续提高。2011年，上海年产值5000万元以上的规模印刷企业数量为246家，同比增加11家、增长4.68%。其中，包装装潢印刷企业以190家占主导地位。国有（包括集体）企业、三资企业、民营企业分别为9家、108家、129家，三资企业和民营企业占主导地位。

三资企业继续稳步增长。2011年，上海印刷业三资企业的数量为213家，同比增加5家，增长2.40%。工业总产值为255.23亿元，同比增加61.84亿元、增长31.97%。利润总额为17.57亿元，同比增加0.26亿元、增长1.50%。对外加工贸易总额为46.96亿元，同比增加18.14亿元、增长62.94%。

出版物印企面临挑战。2011年，上海印刷业出版物印刷企业的数量为204家，同比增长2%；工业总产值为93.88亿元，同比增长5.38%；利润总额为8.17亿元，同比下降1.08%；对外加工贸易总额为8.75亿元，同比增长23.06%；数字印刷销售收入为2.19亿元，同比增长25.86%。

包装装潢印企保持较快增长。2011年，上海包装装潢印刷品印刷企业的数量为2520家，同比增长2.35%。工业总产值为546.39亿元，占上海印刷业工业总产值的79.24%，同比增长了23.18%；利润总额为35.95亿元，同比增长了2.59%；对外加工贸易总额为59.88亿元，同比增长了58.66%。

对外加工贸易保持增长势头。2011年，上海对外加工贸易总额达到69.61亿元，同比增长50.54%。上海从事对外加工贸易的印刷企业数量为286家，从2010年的占上海全部印刷企业的5.93%增加到2011年的6.17%。以经营范围分类，包装装潢印刷企业所占比重最大；以企业性质分类，三资企业是主要承接企业。

（摘编自《中国新闻出版报》相关报道，原作者为上海市新闻出版局）

2011年江苏印刷业总产值突破千亿元

江苏省新闻出版局

根据年度核验统计，2011年，江苏省共有各类印刷企业14011家，企业数量与上年度相比基本持平。其中，包装装潢印刷企业数量持续增长，出版物、其他印刷品等类型印刷企业数量基本保持平衡，外商投资印刷企业投资总额达31.17亿美元，与上年度相比增长2%，引进外资水平不断提高。

江苏省印刷业在产业结构得到进一步优化的基础上，印刷工业总产值1001亿元，首次突破千亿元，比2010年增长30%；利税总额80.72亿元，比2010年增长26%；对外加工贸易额80.7亿元，比2010年增长46%。这说明江苏印刷业整体质量不断攀升，产业结构得到优化，转型升级初见成效，继续保持健康、良好的发展势头。

规模企业呈快速增长态势

规模企业主要为企业规模大、整体实力强、产品质量优、市场占有率高，年工业总产值超5000万元的印刷企业。2011年，江苏共有357家规模印刷企业，比2010年增长35%，占全省印刷企业总量的2.5%；工业总产值为685亿元，比2010年增长44%，占全省工业总产值的68%；对外贸易加工额51.54亿元，比2010年增长44%，占全省对外贸易加工额的65%；从业人员10.31万人，占全省从业人数的39%。

从上面数据可以看出，江苏规模印刷企业无论数量上还是质量上均呈快速增长态势，越来越多的印刷企业由于管理得当，经营有方，扩大产能，紧跟步伐，大力发展数字印刷及绿色印刷，迅速进入规模印刷企业的行列，357家规模印刷企业，企业数量仅占全省印刷企业总量的1/40，却创造了全省印刷业2/3以上的产值及对外加工贸易额。由此可以看出，规模企业生产工艺先进，生产效率高，管理水平好，在全省印刷业发展中发挥了不可替代的作用，成为行业发展的领头羊。

在全省357家规模印刷企业中，出版物印刷企业30家，占9%；包装印刷企业318家，占89%；其他印刷品企业9家，占2%。出版物规模企业稳步发展，票据、零件等其他印刷品规模企业难成主流，而规模包装装潢印刷企业在整个印刷业的比重不断增大，成为印刷业绝对的主力军，这与我们大力发展包装装潢印刷企业的指导思想是一致的，也符合印刷业发展的方向。

产业转型升级稳步推进

2011年，江苏印刷产业结构不断优化，印制质量不断攀升，设备装备不断升级；继续推进“数字印刷与印刷数字化”、“绿色印刷环保体系建设”两大工程，数字印刷连锁经营初具雏形，引进了连续喷墨POD数码印刷系统等先进的数字印刷设备，提供个性化的数字内容转换和加工服务，初步形成数字印刷与传统胶印并存的良好格局；印刷企业大力推进绿色印刷，实现环保节能要求，积极参加绿色印刷产品工艺认证，目前全省已有19家企业通过认证，占全国认证企业总数的18%，位居全国第一。

同时，江苏绿色印刷实验室基本建设完成，气相色谱仪等重要仪器已购置到位，目前实验室已开始试运行。该实验室将对绿色印刷原辅材料、生产工艺进行研发，对绿色印刷产品进行检测，江苏省绿色印刷环保体系初具规模。

信息化建设水平提高

2012年1月15日，“江苏省印刷管理信息平台”正式上线运行，全省共有9556家印刷企业通过该系统申报《江苏省印刷企业年度核验申请表》，进行了年度核验，省、市、县（区）共125个出版行政管理部门用户通过该系统按照分级分类的管理原则对印刷企业年度核验在线审核，在线办理。该系统的运行实现了印刷企业网上年检，省、市、县（区）三级行政管理的联动，管理部门与印刷企业之间的无缝对接，方便了印刷企业，方便了印刷管理工作。

现在，省、市、县（区）三级管理部门可以对各自辖区的印刷企业基本情况、主要财务指标、企业人力资源状况、印刷设备等相关数据进行查询、统计、对比，可以对印刷业总量、结构、布局进行科学分析，为行业合理布局夯实基础，为产业发展决策提供依据。这标志着江苏省印刷管理信息化、数据化、网络化建设水平有了进一步提高。

（转载自《中国新闻出版报》）

浙江省印刷业基本情况

浙江省新闻出版局

截至2011年年底，浙江省共有各类印刷企业15085家，比上年减少868家。其中，出版物印刷企业435家；包装装潢印刷企业8514家；其他印刷品企业5689家；排版、制版、装订专项企业443家；专营数字印刷企业4家。

2011年，15085家印刷企业资产总额1375.7亿元，比上年增长27.2%；销售收入1217.7亿元，比上年增长27.5%；工业总产值1279.7亿元，比上年增长2.9%；工业增加值257.9亿元，比上年增长53.2%；利润总额76.2亿元，与上年基本持平；从业人员50.9万人，比上年减少4.7万人。

2011年，共有外商投资印刷企业73家，外商注册资金6.11亿美元，外商投资总额为7.67亿美元。

统计显示，浙江省年工业总产值5000万元以上的印刷企业有297家，资产总额529.5亿元，占全省印刷企业资产总额的38.5%；工业总产值457.4亿元，占全省的35.7%；工业增加值75.08亿元，占全省的29.1%；利润总额23.76亿元，占全省的31.2%；有从业人员8.29万人。

浙江省有数字印刷企业15家，其中专营4家，兼营11家；数字印刷机装机数量29台（套），数字印刷部分总销售额8.9亿元，数字印刷部分总产值8.9亿元。

2011年，浙江省已有印刷园区11个，其中温州苍南6个，温州平阳2个，嘉兴1个，台州2个；园区总面积423.3万平方米。

（转载自《中国新闻出版报》）

江西印刷业呈现刚性发展态势

林畅茂

2011年是“十二五”发展规划的开局之年，也是江西印刷业快速发展的一年。在党的十七届六中全会精神的指引下，遵照省委省政府“科学发展、进位赶超、绿色崛起”的发展方针，大力发展文化产业，打造“文化大省”，建设“文化强省”。新闻出版产业是江西文化产业的重要组成部分，占整个文化产业的70%左右，而印刷业又占新闻出版产业的65%左右。2011年全省新闻出版产业总资产445亿元，同比增长20.3%；总销售收入350.4亿元，同比增长28.7%。在全省文化产业核心层中，保持了总资产第一、总销售收入第一、营业利润第一、增加值第一。其中总销售收入占全省文化产业主营业务收入的83%，成为全省文化产业的主力军。

截至2011年底，江西共有各类印刷企业1733家，其中出版物印刷企业119家，包装装潢印刷企业500家，专项印刷企业13家，其他印刷品企业1101家。与上年相比，印刷企业的总量减少106家，彰显了市场优胜劣汰的法则。企业减少，工业总产出反而上升，是江西印刷市场成熟的表现，也是产业结构调整，发展方式转变所取得的成效。产业布局日趋合理，低产能印企的出局，高产能、高附加值印企的上位，从另一个侧面反映了江西印刷业发展的特色，证明了江西印刷业整体实力的提升。

江西地处内陆，经济欠发达，随着江西经济在中部地区的崛起，印刷业得到了超常规发展。“十一五”期间，每年都以30%的速度递增，远远高于其他行业的发展速度。江西省新闻出版局根据江西省经济社会的发展态势和江西印刷业的实际发展水平，审时度势，统揽全局，在2012年全省新闻出版（版权）工作会议上强调，“十二五”期间印刷业发展要提速，将印刷工业总产出由年递增30%，调整为40%，到“十二五”期末，全省印刷工业总产值将达到600亿元，以顺应印刷业刚性发展的态势。

2011年，江西省图书、报纸、其他出版物黑白印刷产量663万令，较2010年增长24.9%；彩色印刷产量1521万对开色令，增长29.9%；装订产值725万令，增长19.8%；印刷用纸：平版纸518万令，增长24.8%；卷筒纸20万吨，增长29%。印刷复制业（包括出版物印刷、包装装潢印刷、其他印刷品印刷、打字复印、复制和印刷物资供销）实现工业总产值247.8亿元，较2010年增长38.4%。

江西印刷业的快速发展是在江西省新闻出版局的正确领导下，科学规划，充分发挥江西经济发展优势、劳动力优势、人才优势、政务优势、区位优势、自然环境优势、交通优势、能源优势取得的成果。营造良好的政策环境、投资环境、政务环境、发展环境，为印刷企业搭建发展平台，大力扶持和发展非公有制印刷企业，特别是包装装潢印刷企业，加大招商引资力度，承接产业转移，促进合作共赢。

一、江西印刷业发展特点

2011年江西印刷业发展呈现如下几个特点。

1.整体经济发展是印刷业发展的晴雨表

这几年，江西整体经济加快了发展步伐，每年都以11%的速度递增，一方面物质财富的丰富，拉动了内需市场，满足了人们的消费需求；另一方面人们对文化需求的增加，也为印刷业发展奠定了基础。因此，江西整体经济的快速发展，带动了新闻出版产业的快速发展，从而也拉动了印刷业的发展，特别是包装装潢印刷产业的发展。“江西省出版产业基地”“疯狂英语产业基地”“农村百事通产业基地”“江西教育期刊产业基地”等产业基地的建设，为书刊印刷产业提供了发展平台，形成包装和书刊印刷比翼齐飞的发展格局。

2.优化投资环境，筑巢引凤

江西印刷业，尤其是包装装潢印刷产业更是呈现刚性的发展态势。外资企业看好江西的投资环境，纷纷把资金投向江西印刷业。“十一五”期间，江西新增包装装潢印刷企业247家，赣州市印刷产业基地一期工程顺利竣工，落户8家企业，总投资8.5亿元；二期工程启动后，已有7家进驻，20家企业正在洽谈之中。宜春、抚州分别引进印刷企业6家；九江引进印刷企业3家，吉安、萍乡分别引进企业2家。全省投资500万元以上的印刷企业259家，1亿元以上的印刷企业23家。

3.形成各具特色的包装印刷基地

江西特色经济的发展，造就了江西包装装潢印刷的特色，为江西印刷业的大繁荣大发展夯实了基础。萍乡的茶叶包装印刷基地，赣州的果品包装印刷基地，景德镇的瓷器包装印刷基地，奉新、上高、抚州的食品、药品包装印刷基地，九江的电子产品包装印刷基地，樟树的酒包装印刷基地，南昌的烟包装印刷基地等，都成了当地经济发展的重要力量。遍布全省各地的这些印刷基地或产业集群，也为江西印刷业发展注入了后劲。

4.民营印刷企业成为江西印刷业发展亮丽的风景

“十一五”期间和2011年新增的印刷企业呈现两个特点：一是新增的印刷企业基本全是包装装潢印刷企业；二是新增印刷企业是清一色的民营企业。这些活跃在各地的包装印刷企业在为当地经济服务的同时，也为当地创造了大量的就业岗位，帮助政府解决就业难题，成为江西印刷业发展的重要力量。

5.投资者有备而来

前来江西投资办厂的投资者有雄厚的资金支撑，选项定位准确，不少企业显现“五高”态势：高投入、高定位、高科技、高人才、高产出，着力打造企业品牌，形成强劲的市场竞争力。这也预示着江西印刷业向高品位、高档次、高业态发展。

6.推行绿色印刷

为积极做好中小学教材承印企业的绿色印刷产品认证工作，江西新华印刷集团旗下的四家教科书印刷单位——江西新华印刷集团南昌分公司、江西教育印务实业有限公司、江西华奥印务有限责任公司、江西新华九江印刷有限公司，主动承担社会责任，积极采用环保措施，大力推行绿色环保生产方式，在生产成本高的情况下，仍坚持中小学春秋两季教科书的绿色印刷，并认真做好绿色印刷产品认证的申报工作。经审核，这四家企业分别于2011年11月以前通过了绿色印刷产品认证，成为我国首批获得绿色印刷产品认证的印刷企业。

二、对未来发展的思考

面对江西印刷业强劲的发展势头，有些问题还是值得思考的。

1.与发达地区相比，江西印刷业的整体实力不强，经济总量不大。尽管这些年我们已经注意到这一点，但有实力的大型印刷企业还是不多。2011年组建的江西新华印刷集团已经显示出了它的市场竞争力，成为做大做强的排头兵。另外，现有企业业态建设没有得到重视。我们看一个产业，并不是看它企业的数量，而是看它的质量，看企业业态，为什么同样条件的印刷企业，会产生绝然不同的经营效果，差别就在业态上。如何做大做强企业业态是摆在江西印刷企业面前的紧迫任务。

2.应注重解决印刷产业发展不平衡的问题。尽管各地印刷业得到长足的发展，但有的区市没有一家像样的印刷企业，发展相对滞后。因此，在产业结构调整的时候，应充分考虑这些因素，保持江西印刷业的整体发展。

3.要防止包装印刷产能过剩。近几年包装印刷的快速发展，从另一个方面提醒我们，要防止包装印刷的过快发展，造成新的印刷产能过剩，不要忘记书刊印刷盲目发展造成产能过剩的教训。

4.要切实给书刊印企利好政策。在原材料不断涨价、印刷工价低靡、教辅印制又要大幅度降价的今天，书刊印企应当引起关注，政府应出台切实可行的利好政策，给予补贴，以支持书刊印企的健康发展。

5.新闻出版总署、教育部、环境保护部于2012年4月联合发文，就中小学教科书实施绿色印刷作出部署，要求在1～2年内做到中小学教科书绿色印刷的全覆盖，并规定中小学教科书必须发给获得绿色印刷产品认证的书刊印刷企业印刷。这种绿色印刷产品认证将会成为中小学教科书印制的准入门槛，教材承印企业应充分认识面临的形势。对于关系到人的生命安全的食品、药品包装印刷产品的绿色认证工作也已提到了议事日程。印刷企业都应当积极行动起来，投身到这场绿色印刷革命中去，为整个印刷业的绿色化生产做出贡献。

江西印刷业要做到可持续发展，达到既定目标，就一定要从江西整体经济形势出发，巩固和发展各地的印刷工业园区和产业基地建设，做大做强产业特色，提高印刷业的整体实力和抗风险能力，防止盲目投资、重复建设造成印刷资源浪费，不断进行管理创新、工艺创新、技术创新，大力推行和发展数字网络印刷，保证绿色印刷真正朝着“环境有好，健康有益”的方向发展，为实现绿色化、现代化的印刷强国而努力奋斗。

（本文作者为江西省印刷复制业协会副秘书长）

毕昇故里翰墨香
湖北印刷“十一五”回顾与展望

程世荣

当前，湖北印刷面临着新形势、新任务，需要采取新思路，进一步明确新举措，推动工作再上新台阶。因此，回顾和总结“十一五”我省印刷业取得的成绩和经验，展望和把握“十二五”我省印刷业发展的形势、任务和举措，具有十分重要的意义。

一、回顾“十一五” 湖北印刷快速健康发展

2008年11月10日，时任湖北省委书记罗清泉在湖北省新闻出版局的报告上批示：“印刷产业发展很有成效，望总结经验，推动该产业又好又快发展。”2009年6月15日，罗书记再次批示：“这几年我省印刷业有了长足进步，还要通过改革、重组进一步加快发展。特别要注意培育几个大型骨干企业。”省委书记的两次批示，既是对我省“十一五”期间印刷业发展的肯定，同时也提出了更高的要求。

“十一五”期间，我省印刷业管理部门和广大印刷企业按照省委、省政府的部署和要求，围绕构建促进中部地区崛起的重要战略支点，深入贯彻落实科学发展观，奋发进取，开拓创新，加快发展，提前完成“十一五”规划的主要目标，取得了长足进步。

1.主要成就

(1)经济总量规模迈上新台阶

2005年我省印刷总产值89亿元。“十一五”规划目标160亿元；2010年完成185亿元，比2005年增长107.86%；年均增长15.96%，见表1。

表1 2005～2010年湖北印刷总产值

年份	印刷总产值（亿元）	增长（%）
2005	89	
2006	96.5	8.42
2007	105	8.8
2008	131	24.76
2009	150	14.5
2010	185	23.33

(2)产业结构调整取得新进展

①地区性产业结构得到优化。充分发挥武汉作为中部中心城市的区位优势、科技优势和市场优势，初步形成以高科技产业为先导，以构建印刷企业集团和发展印刷工业园区为支撑，以"专、精、特、新"的中小企业为基础，以做大印刷业务市场和印刷物资供应市场为增长点的格局。经过几年的努力，目前以武汉为中心，以宜昌、孝感、襄樊等地区为支点的区域性产业格局正在形成。据年检统计，2010年，武汉市印刷工业产值85.5亿元，占全省印刷总产值的46.2%；宜昌21.38亿元，占比11.56%；孝感18.5亿元，占比10.1%；襄樊8.3亿元，占比4.4%。

②所有制结构不断优化。通过改革，企业兼并、联合、重组，国有企业比重逐步下降，非国有经济发展比较充分，促进了印刷企业的结构调整。截至2010年年底，我省共有印刷企业（不含三印企业）2456家，其中，国有企业75家，占3.05%；集体企业56家，占2.28%；民营企业2297家，占93.53%；中外合资企业18家，占0.73%；外商独资企业7家，占0.29%；外商投资股份有限公司3家，占0.12%。

③经营结构得到优化。稳定出版物印刷企业，鼓励现有企业向先进生产技术，印刷数字化、信息化、自动化的方向发展，支持他们做大做强。同时，通过年检和市场手段，逐步淘汰设备技术落后、规模小、效益差的企业，大力发展各类包装装潢印刷企业。近几年我省引进、设立的大型企业都是包装装潢印刷企业。过去我省是中南出版物印刷大省，出版物印刷产值一直超过包装印刷产值，2008年，包装印刷产值首次超过出版物印刷产值。2010年，出版物印刷产值51亿元，占印刷总产值27.57%，第一次出现负增长；而包装印刷产值达到108亿元，比上年增长46.26%，占印刷总产值58.38%，见表2。

表2 2005～2010年出版物印刷、包装印刷产值比较

年份	出版物印刷产值（亿元）	增长（%）	包装印刷产值（亿元）	增长（%）
2005	46.5	—	32	—
2006	47.3	1.72	35	9.38
2007	48	1.48	43	22.86
2008	50.5	3.13	64	48.83
2009	53	4.95	77	20.31
2010	51	−3.77	108	40.26

(3) 技术装备水平跃上新层次

"十一五"期间，我省印刷企业投资和设备更新力度加大，产业升级步伐加快。每年印刷企业用于设备更新、技术改造、产业升级的投资达到10亿元左右。如：2007年的投资达107865万元，新购设备355台（套），金额72696万元，其中购置国外先进设备22台套；2010年的投资达125800

万元，新购设备342台（套），其中购置国外先进设备18台（套）。

“十一五”期间，数字化、多色、高速、自动、联动等先进的印前、印刷、印后技术在我省得到了较广泛应用，数字化印刷以及印刷信息管理技术发展较快，自主创新取得一定突破，特别是国产技术设备的进步为我省印刷业的发展降低了成本，再加上国家对进口高端印刷设备继续给予了优惠政策扶持，大大提高了我省印刷业的现代化水平和技术管理水平。大悟京华、金三峡印务、红金龙印务等一批企业被认定为高新技术企业。

(4) 重点企业实力得到新提升

“十一五”期间，我省涌现出一批具有相当规模和较强竞争力的骨干印刷企业，产值过亿元的企业逐年增加。2005年年产值超过亿元的企业有7个，总产值20.7亿元；而2010年超过亿元的企业达到33个，总产值77.5亿元，见表3。

入选全国印刷百强的企业，2007年4个，2010年入选6个，入围企业4个，在全国省、市排名第五，在中部六省独占鳌头，见表4。

湖北省印刷50强企业门槛不断提高，产值不断增加。

表3 2005～2010年规模以上企业统计表

年份	亿元以上（家）	1000万～9999万（家）	500万～999万（家）	增长（%）
2005	7	79	67	—
2006	10	108	93	9.38
2007	16	114	117	22.86
2008	22	130	120	48.83
2009	24	154	124	20.31
2010	33	210	128	40.26

表4 2007年～2010年入选（围）全国百强和全省50强企业统计表

年份	全国100强企业				全省50强企业		
	入选	入围	总产值（亿元）	占比（%）	进入门槛（万元）	总产值（亿元）	占比（%）
2007	4	2	24	22.86	3000	55	52
2008	5	3	30	23	3667	66	51
2009	6	8	50	33	5825	82	47
2010	6	3	43	23.24	6482	91	49

2.社会监管能力有了新加强

“十一五”期间，我省各级印刷行政管理部门针对新时期印刷复制业点多、线长、面宽，情况复杂，险情不断出现的新情况、新问题，认真贯彻《中华人民共和国著作权法》《出版管理条例》《印刷业管理条例》等，转变政府职能，强化社会监管，加强了对印刷复制业的管理，取得了明显成效，促进了印刷复制业的发展。

一是各级印刷行政管理部门的管理意识不断增强，管理职责进一步明确。较好地实现了“四个转变”，即：由重审批轻监管向“批”“管”结合、大力强化监管转变；由重集中整治轻日常管理向经常化、制度化、规范化管理转变；由重查处轻防范向“查”“防”并重转变；由重末端管理轻过程管理向全过程转变。

二是落实管理机构和队伍，加大执法力度，综合执法能力和水平不断提高。市（州）、县新闻出版局都有负责印刷管理工作的人员，并将此项工作纳入“扫黄”“打非”、综合治理、版权管理等工作范畴。

三是实行分级、分类管理，明确责权，各司其职。省新闻出版局委托市、州局审批设立其他印刷品印刷经营活动的企业和图书、期刊印刷委托书备案，审核出版物及专项、包装装潢印刷品的企业，从而强化了属地管理，保证日常监管工作落到实处。

二、展望“十二五” 湖北印刷负重奋进 再创辉煌

“十二五”时期是我国全面建设小康社会的关键时期，也是深化改革开放、加快转变经济发展方式的攻坚时期。对印刷业来说，深刻认识并准确把握国内外形势的新变化新特点，继续抓住和用好“十二五”期间发展的重要战略机遇，对于把我省建设成为中部印刷强省具有十分重要的意义。

《湖北省印刷业发展“十二五”规划》描绘了我省印刷发展的宏伟蓝图：全省印刷业总产值年增长15%，“十二五”期末总产值超过300亿元；每年完成10亿元的招商任务；建成1～2个国家级印刷示范基地，培育一批具有一定规模和较强竞争力的骨干印刷企业，产值超过20亿元的印刷企业或印刷企业集团1家，产值超过10亿元的印刷企业超过5家；绿色印刷企业数量占我省印刷企业总数的30%；数字印刷产值占我省印刷总产值的比重超过20%。

这是一个振奋人心、催人奋进的宏伟目标，对于前进中的湖北省印刷业来讲，是“跳起来摘桃子”，是负责前行。认清我省印刷发展的机遇和挑战，抓住机遇，迎接挑战，既要树立敢打必胜的信心，又要有正视困难的危机感和加快发展的紧迫感。

1.正确把握湖北印刷发展的机遇和挑战

（1）机遇来自三个方面。一是产业基础好。经过“十一五”期间的快速发展，我省印刷产业规模迅速壮大，对经济发展贡献增强；产业园区逐步完善，为承接产业转移搭建了平台；高新技术广泛应用，增强了发展后劲；过亿元企业和规模以上企业数量不断增多，竞争力明显增强；行政管理取得实效，为印刷业发展营造了良好环境。二是国家政策好。近年来，国家和省出台了一系列有利于印刷业发展的政策，用足用好这些政策，必将推动我省印刷业加快发展。三是发展空间大，市场广阔。印刷是与经济发展和人民

生活密切相关的产业，将随着经济的发展和人民生活水平的提高而发展。湖北省“十二五”发展规划提出，到2015年，我省国民生产总值将达到2.5万亿元，力争3万亿元，这为印刷业的发展提供了广阔的空间和巨大的市场。按照发达国家包装印刷占GDP的3%～4%计算，我省印刷市场有750亿～1000亿元的业务量。所以说，“十二五”时期，湖北印刷业的发展机遇更好，发展基础更好，“天与弗取，反受其咎；时至不行，反受其殃”。我们一定要珍惜机遇，趁势而上。

（2）挑战主要表现在我省印刷业发展面临着六大矛盾

一是印刷产值总量偏低。我省尚未进入全国印刷200亿元俱乐部，在全国占位属于“第三军团”，在中部与安徽不相上下，但中部其他省份发展势头强劲。

二是产业集约化程度较低。印刷企业大的不强，小的不精。多数还是低水平重复建设，尚未形成规模骨干企业群。

三是技术装备比较落后。设备更新和技术改造、产业升级投入不足。除少数骨干企业较好外，多数比较落后。

四是市场开拓能力不强。印刷业市场服务面很广，但目前仍多是被动的委托加工型，缺乏自主开发能力。

五是行业总体素质较低。在面临数字网络新技术全面融合的形势下，印刷业对从业人员素质的要求越来越高。长期以来，企业管理基础薄弱，职业技能标准、员工培训机制以及资质认证体系尚不健全，严重制约了印刷业的发展。

六是印刷工价偏低。在印刷物资、人工等价格上涨的情况下，印刷工价反而持续下滑，对企业的生存和发展带来很大影响。

2.正确把握印刷产业的发展方向

认真阅读、仔细琢磨我国和我省印刷业“十二五”规划，就会发现一个极其重要的信息：“十二五”时期印刷产业的发展方向。方向就是前进的目标，认准方向，瞄准目标，才不会走错路、走弯路，才能顺利到达目的地。我省印刷业发展已进入新的历史发展时期，面临产业结构调整、转变增长方式、加快战略转型的战略转折时期。我们的发展思路、工作重心都要围绕“加快战略转型”来展开。舍此难以实现科学发展。加快印刷业战略转型，具体说要加快“四大转变”。

（1）加快向高新技术产业转变。数字化是印刷技术的又一次革命。数字技术（计算机技术、通信技术、网路技术、自动控制技术等）对印刷技术产生深刻变革：催生了新的印刷加工方式即数字印刷；改造了传统印刷的工艺流程和服务，提高了生产率。要根据新闻出版总署关于“数字印刷和印刷数字化重大工程”的一系列要求，跟踪国际国内数字印刷技术的最新发展，在数字印刷、CTP（计算机直接制版）、高速多色单张纸胶印、卷筒纸胶印、环保型凹印、柔印、数字化工作流程、色彩管理系统等关键技术的应用方面有新的进展。利用印刷生产过程中产生的数字资源，构建印刷企业数字资产管理系统，开拓印刷数字资源传播与营销新业务，增加印刷产品的内涵和外延，挖掘新的价值增长点。

（2）加快向集约型（产业结构优化型）产业转变。我省印刷企业不计“三印”有2400多家，10万职工，总体上散、小、差、乱局面没有改变，整体素质低。应着力培育在国内有影响力的骨干企业，使其成为我省印刷业标志型龙头企业；加大对中小印刷企业科学引导和扶植力度，在“专、精、特、新”上下工夫，培养一大批有竞争力的优秀品牌企业；鼓励兼并重组；建立淘汰生产能力机制。

（3）加快向环保型产业转变。目前全球各国应对气候变暖而引发的绿色经济革命正在迅速展开，我国经济发展也正在向绿色GDP靠拢，印刷业的节能、降耗、减排、绿色安全要求也提上议事日程，开展绿色印刷已经成为印刷业可持续发展的必由之路，成为印刷业发展的方向。落实好新闻出版总署关于建设“绿色环保印刷体系建设工程”的要求，鼓励和支持环保印刷企业和印刷产品的认证，扩大绿色环保印刷企业的规模和绿色环保印刷工艺的比例。以中小学教科书、政府采购产品和食品药品包装为重点，积极协调环境保护、教育等部门开展多层次多方位合作，大力推进我省绿色环保印刷的发展。

（4）加快向现代服务型产业转变。传统印刷基本是来稿、来料被动加工服务，未来的目标是创立信息技术、创意设计和加工服务三位一体的现代印刷产业形态。传统印刷向现代服务型产业转变，是印刷未来的发展方向，是一个必然的趋势。转变越快越早越彻底，发展就越快，否则，就被动落后甚至被淘汰。要引导印刷企业大力开发不同领域的内容资产数字资源库；大力发展创意印刷设计、制作、服务；广泛应用电子商务；实行按需印刷、个性化印刷，以满足人们的新要求，拓展印刷新市场。

3.用好用足文化产业政策

近几年来，国家和省对加快文化产业发展，相继出台了一系列政策，这为印刷业的发展提供了利好前景。

2009年8月，国务院发布了《文化产业振兴规划》，印刷作为九大重点产业之一得到国家重点扶持。规划明确了印刷业发展的目标和重点，提出实施重大项目带动战略，并加大政府对印刷业的投入，其中包括国家发改委把印刷作为产业结构调整的重点专项扶持，工信部实施的高端智能化装备规划中包括高档印刷设备，中央财政加大扶持文化产业发展各项资金投入，并落实税收、金融出口等各项扶持政策。2010年1月，新闻出版总署出台了《关于进一步推动新闻出版产业发展的指导意见》，把发展印刷产业作为重点任务之一，进一步明确了推动新闻出版产业发展的政策和组织保障。

为贯彻落实《文化产业振兴规划》，支持文化产业发展，2010年5月，财政部印发了《文化产业发展专项资金管理暂行办法》，明确了专项资金的支持范围：骨干文化企业培育，国家级文化产业园区和文化产业示范基地建设，重点文化体制改革企业发展，大宗文化产品和服务出口等。专项资金的支持方式：贷款贴息、项目补助、补充国家资本金、绩效奖励和保险费补助。

2009年11月，湖北省委、湖北省人民政府下发了《关于推动文化大发展大繁荣的若干意见》，把发展印刷复制业列入实施文化产业发展工程，并制定了相应的配套政策，包括财政、税收、社保、融资、土地城建、捐助、物价等方面的政策。

对上述政策，各级印刷行政管理部门要认真学习研究，联系本地实际，指导印刷企业用好用足，多方面寻求支持，促进产业发展。

“十二五”宏伟蓝图已经绘就，满载着湖北印刷数千家企业、十万从业大军的巨轮已经扬帆启航，我们要在省委、省政府的领导下，以良好的精神状态、严谨的科学方法、扎实的工作作风，朝着既定的目标，不懈奋斗，再创辉煌。

（本文作者为湖北省印刷协会常务副会长兼秘书长）

广东印刷业的现状和发展思路

广东省印刷复制业协会

一、广东印刷业的现状

根据资料显示，至2011年底，广东全省印刷企业数量达20300家，其中出版物印刷企业613家、包装装潢印刷企业12829家、其他印刷品印刷企业6607家、排版制版专项企业247家、专营数字印刷企业4家，企业总量较2010年新增241家，企业总数约占全国的19%；2011年全省印刷工业总产值1607亿元，较2010年增加97亿元；从业人员86.8万人，较2010年减少23.2万人；全省印刷工业年产值超过5000万元的企业近500家；2011年全省印刷企业承接境外印刷品种达15万件（综），对外加工产值560多亿元。从以上几个总量指标分析，2011年广东印刷业工业总产值和企业总数都比2010年有所增加，承接境外印刷品加工业务的发展势头比较良好，属于稳步发展的阶段，企业表现稳定，总体来说实现了规模和生产能力持续扩大，生产总值稳步增长。但从业人员相比2010年有所减少，原因一方面是由于招工难问题还没得到有效的解决，另一方面可能是企业迫于用工成本上升而采用了自动化、机械化操作而减少了人工操作。

相较往年出现的变化有以下几点。

1.从发展态势看，广东印刷业经历了改革开放30多年来的高速发展，现在已进入了平稳增长期。平稳增长意味着广东不可能再像以往那样依靠大量资源的投入进行粗放式的高速发展，但现阶段广东印刷企业的优势依然存在。这主要体现在企业类型齐全、经营主体多样化；企业聚集度高，区域特征鲜明；先进设备的保有量居全国前列；对外加工生产能力强，外向型优势较为明显。特别是珠三角地区，经多年发展已成为我国乃至世界上精品印刷、个性化印刷的重要基地。未来广东的这些优势还会继续保持。

2.从业务的市场结构看，国外订单的业务有所下滑，部分企业的外单业务量甚至大幅下降超过两成。国内的业务比重反而有所上升。这是因为2011年是国内外经济环境十分复杂的一年，国外——传统的欧美市场由于欧债危机的影响而陷入第二轮的经济危机，国内——用工成本急剧上升、人民币升值、通涨压力日益明显。广东不少印刷企业面对持续恶化的经营环境，及时实施了调整市场结构，积极拓展国内订单业务的措施，力保业务总量不下滑。

3.从产业结构看，传统纸质出版物的份额被挤占，促进了包装装潢印刷企业的经营和发展。2009年、2010年，广东包装装潢印刷在全国包装装潢印刷所占比重，各项指标连续两年均居全国第一。其中，总产值、增加值、营业收入、利润总额、纳税总额所占比重都有不同程度的增加。（数据来源：新闻出版总署《2009年新闻出版产业分析报告》第56～73页、《2010年新闻出版产业分析报告》第51～68页。）

4.从行业的业态看，广东印刷企业敢于打破传统思维。数字印刷、印刷电子商务、网络印刷、按需印刷、个性定制印刷等多种形式的创新印刷开始发展，越来越多的印刷企业开始转变传统经营模式，积极开拓新业务，努力寻找可拓展的空间。

二、广东印刷业面临的困境

在以往取得的成绩面前，我们也要清醒地看到，广东印刷产业结构性矛盾等主要问题依然存在，这些问题一直制约着广东印刷业的进一步发展：

一是产业结构和布局不够合理。产业布局上，近80%的企业分布在珠三角地区，且大部分企业规模较小，产业集中度较低，全省现有20000多家企业中，年产值5000万元的以上只有近500家，占总量的2.5%。企业大的不强，小的不精，低水平重复建设严重，小微企业比例过大，区域发展不平衡。

二是企业发展与绿色环保的矛盾依然比较突出。绿色印刷是未来印刷业发展的主流趋势。现阶段，有部分企业对环保问题不够重视，印刷过程中对环境的污染问题得不到有效解决，更多的是大量中小型印刷企业盈利能力不足，缺乏对环保设施投入的资金。尤其是粤东、粤西、粤北一些山区的印刷企业还在使用传统工艺生产，废气、废液和废水等带来的污染还是不容小视。

三是技术创新研发有待加强，企业的管理水平也有待提高。现有印刷企业中除大型的国有企业、中外合资和外商独资企业外，多数中小型企业对于新技术、新工艺的研发不甚热衷，不肯投入资金，没有具有自主知识产权的核心产品。低档、同质化、附加值低的产品偏多，高端、个性化、附加值高的产品偏少。印刷的高端设备主要依靠进口，价格容易受制于进口机械供应商。

四是高层次的人才缺乏，也制约着产业的发展。印刷从业人员整体文化素质偏低，普工缺，技工更缺，企业中高级技能人才比例低，技术创新后劲不足。印刷人才的总体规模和质量与其他行业相比存在较大的差距。

三、未来发展的思路

1.从困境中找寻新的业务拓展空间

一是开发新兴的发展中国家市场，如中东、非洲、拉美地区以及印度、俄罗斯等海外新兴市场未受到经济危机的太大影响，经济发展迅速，适当发掘，应当会有更多的新机会；二是随着人们生活水平不断提高，对各类商品的要求也日益增高，商品包装成为吸引消费者购买的重要因素，商品包装由简单向精细化发展，使包装装潢印刷成为传统印刷的一个持续增长点；三是向印刷产业链的上游、下游延伸，如广东汕头东风印刷股份有限公司，在研发并使用环保原材料、设计适合自己生产能力的新产品过程中，提高产品的附加值。又如东莞虎彩印刷有限公司，在运用信息技术为客户提供印刷一站式物流服务的同时，建立产品接单和销售（交货）的连锁经营网络，拓展企业获利的空间；四是印刷电子、网络印刷等创新印刷，将成为新的增长点。目前广东印刷企业建立的大大小小网络印刷网站有23家，许多传统业务已转移到网络上。而印刷电子将印刷技术与高附加值的电子产业技术紧密结合，提高了产品的应用性能。如鹤山雅图仕印刷有限公司、惠州国鹏印刷有限公司等已进入该产业领域，这个市场的空间非常大。

2.通过转型升级获得新的发展动力

产业的转型升级从根本上说是使产业由低端向高端发展，着力提高产业的软实力：一是通过标准化建设，使印刷行业升级换代。标准化有助于企业提高生产和管理水平，保证产品质量，促使新科研成果的推广应用，消除贸易壁垒，提高产品在国际市场的竞争力。二是积极推进绿色印刷战略，通过实施环保标准，淘汰落后产能，实现印刷产业的优胜劣汰。三是重点加强人才培训，提升行业整体素质。高技能的专业人才是推动印刷业转型升级的中坚力量，通过建立和完善印刷业先进印刷设备和技术的高层次人才培养体系，逐步提高从业人员的素质。

3.理解好国家出台的相关政策措施，找准战略方向

2009年国务院印发的《文化产业振兴规划》，将印刷复制产业列为九大重点文化产业之一，要求加大扶持力度，完善产业政策体系，实现跨越式发展。《广东省建设文化强省规划纲要（2011～2020年）》对印刷产业提出各项要求，要创新发展广东印刷产业，实现由印刷大省向印刷强省的跨越。这些政策的出台是广东印刷业难得的机遇。企业要充分利用国家和广东省的文化产业政策，提升印刷业服务水平，按市场需求加强印刷产品设计创意环节，加快发展创意印刷、绿色印刷等，促进印刷业从传统加工服务型向创意服务型转变。

2011年广西印刷业发展情况

广西印刷协会

一、2011年广西印刷业基本情况

2011年广西印刷企业为1620家（不包括“三印”企业），其中：出版物印刷企业181家，包装装潢印刷企业564家，其他印刷品印刷企业875家。

经年度核验统计，广西2011年印刷工业总产值84.87亿元，比2010年增长22.16%。其中出版物印刷企业24.33亿元，占28.67%；包装装潢印刷企业52.84亿元，占62.26%；其他印刷品印刷企业7.70亿元，占9.07%。

2011年广西印刷企业资产总额84.31亿元，其中出版物印刷企业32.40亿元，占38.43%；包装装潢印刷企业43.57亿元，占51.68%；其他印刷品印刷企业8.34亿元，占9.89%。

从产值上看，同2010年相比，2011年广西印刷业规模得到进一步扩大。2011年工业总产值超亿元的印刷企业9家，其中出版物印刷企业4家，包装装潢印刷企业5家；5000万元以上的印刷企业23家，其中出版物印刷企业8家，包装装潢印刷企业15家；1000万元以上的印刷企业138家，其中出版物印刷企业41家，包装装潢印刷企业97家。广西包装印刷产值已连续三年占广西印刷工业总产值六成以上，产品结构更趋合理。5年前广西印刷业总资产30多亿元，2011年已达84.31亿元。在广西新闻出版产业总量中，印刷业份额占五分之三以上，成为广西文化产业的支柱产业。

从地区分布看，南宁、桂林、玉林、柳州等主要城市仍然是印刷业发展的主力军，占了广西印刷业的大半江山，尤其是桂林市2011年印刷工业总产值比2010年增长38.92%。特别值得关注的是，印刷工业长期比较落后的河池市2011年工业总产值比2010年增长105.81%。

从企业类型看，包装装潢印刷企业仍然保持良好的发展势头，贺州市、防城港市包装装潢印刷占整个行业的比例达到90%以上。全区印刷工业总产值60%以上是包装装潢印刷企业。2011年出版物印刷企业虽然有所发展，工业总产值略有增长，但总体来看，形势不容乐观。受数字出版等一系列新技术的冲击，出版物印刷企业的发展面临前所未有的困难，如果不调整结构、不走向更广阔的市场，仍然主要依靠教材印制来维持企业的生存，将难以为继。企业小、散、恶性竞争的特点比较突出，必须走精、专、新的路子才能获得更大的发展。

从2011年印刷设备统计数字看，比往年有较大的提高，包装设备投入比往年增加。2011年广西印刷行业购置设备共887台，总价值为4.29亿元，其中印前设备89台，价值为2375.86万元；印刷设备366台，价值为3.35亿元；印后设备432台，价值7039.99万元。在全区印刷企业中，共有四色以上胶印机367台（其中使用超过10年的有142台），进口设备占149台（其中使用超过10年的有70台）；印前CTP设备有24台；数字印刷企业有28家；印后上规模的企业有6家。

二、目前存在的问题

目前，广西印刷业发展中存在的问题主要有：

（1）企业设备老化，技术较为落后。广西近两年出现了加大设备投入的可喜现象，但统计数据表明，在600多家出版物及包装装潢印刷企业中，共有四色以上胶印机367台（其中使用超过10年的有142台），进口设备有149台（其中使用超过10年的有70台）。先进印刷设备所占比重仍然较小，缺少有实力的软包装和高档包装印刷企业。上述数据说明，广西印刷业的设备还是无法与发达地区相比，致使大批包装产品流到外省加工。

（2）人才引进和培育工作尚待加强。高端印刷技术人才缺乏，人才引进和培育工作尚待加强。

（3）随着网络发展和数字出版的进步，出版物印刷企业面临更大的生存压力。

（4）印刷企业面临融资难、资金匮乏的困境，结构难以调整。

（5）原辅材料成本、劳动力成本大幅上涨，挤压企业盈利空间，影响企业投资和技改的信心和动力。

（6）部分老牌国有企业因历史和政策性因素困扰，步履维艰。

（7）业内中小企业较多，受土地和场地条件制约，影响投资发展的空间。

（8）扶持中小企业的优惠政策难以落到实处。

以绿色印刷、规模化、自动化的转型为新的市场竞争点
——2011年重庆印刷业发展综述

郭志明

一、2011年重庆市印刷行业统计数据

目前，重庆市已通过核验的印刷企业有3769家，其中：出版物印刷企业77家，专项制版（装订）企业50家，专营数字印刷41家，包装装潢印刷企业559家，其他印刷品印刷企业893家，复印、打印经营户2149家。缓验106家，调整经营范围5家，撤销1家。

在2011年的经营中，重庆市印刷企业固定资产有所增加，固定资产原值达到1160551万元，实现工业总产值1159471万元，工业增加值339589万元，利税合计138687万元，提供常年固定就业岗位43999个。新投资大型包装装潢印刷企业8家，投资总额65301万元以上。

二、2011年出现的新变化、新特点

当前，一是：重庆印刷行业对节能、降耗、减排、绿色、安全的意识日渐提高。绿色印刷已经成为重庆印刷行业未来发展的主流和主攻方向。绿色认证企业的无污染、高技术、低碳、资源的循环利用已在中小学教材印制中得到认可。在2012年，重庆近20家出版物印刷企业积极申报绿色印刷认证。为加快印刷产业发展方式转变，推动整个印刷产业实现转型和升级，各企业正在抓住时机，及时采取有力措施，推动绿色印刷战略。重庆华林天美印务公司已获得绿色印刷环境标志产品认证证书；重庆出版集团印务公司、重庆市涪

陵区夏氏印务公司已通过通过绿色印刷认证现场检查。二是：数字化和网络化是今后印刷业技术发展的两个方向，数字印刷给印刷业带来更多利润。因此，重庆的印刷业为适应发展趋势，正在致力于企业的结构调整，转型升级，实施印刷的数字化、工艺的数字化管理等技术改造。新方向、新产品、新种类、新产值成为发展的主旋律。

新变化：2011年，重庆市印刷企业中，2010年的87家出版物印刷企业调整为77家，下降比例为11.49%；2010年的包装装潢印刷企业520家左右，2011年增加为559家，上升率为7.5%；2010年印刷企业总产值为98亿元，2011年为116亿元，增长率为18.37%。包装印刷发展快的趋势不言而喻了。

新特点：相比往年，受人力资源成本越来越高的影响，新投资印刷企业的特点，一是投资额越来越大，二是自动化、规模化程度高。特别是2011年，新投资8家大型包装装潢印刷企业，投资总额65301万元以上，平均投资额为8162万元以上。

三、阻碍印刷业发展的因素及存在的问题

从笔者了解情况来看，存在问题和解决措施如下：

1.重庆市80%左右印刷企业属中小型企业；印刷行业产业分布不均，企业主要集中在主城区的区县内，有的区县甚至连出版物印刷企业都没有，区域发展不平衡；印刷企业数量多、规模小、低水平重复发展；劳动生产率较低，缺乏市场竞争力。民营企业分散，没有形成大的具有带动作用的龙头企业。在文化产业内缺乏话语权，特别是对出版社而言更无主动性。

2.由于各印刷企业人员成本、生产成本、原辅材料成本不断上升，造成经营成本的大大上升；又由于六倍的印力与1/6社会需求极不匹配，导致企业间为争夺业务相互恶性杀价竞争，使得印刷企业利润急剧下降。

3.由于近年利润下滑，企业拿不出资金来进行设备技术改造；再加上企业融资难，也就不可能获得发展的空间。投入严重不足，甚至产生有的印件无法接，致使业务外流的局面。

4.部分企业管理上缺乏做大做强的经营思路，缺乏依靠政策求发展的理念；无创新措施，始终在“原地”踏步不前。

5.行业人才普遍缺乏。产品质量难以提升，企业难以做大做强；企业效益低下造成恶性循环，员工幸福指数低，技术人员流动性较大；影响到企业的发展和创新。

6.印刷资源奇缺；企业在增值服务方面无创新措施。

总体而言，重庆印刷行业整体素质有待提高。目前，重庆印刷从业人员中受过高等教育与具有中级以上技术职称的比例大大低于机械、电子等行业，技术工人和职业经理人普遍缺乏，管理基础薄弱，职业技能标准和资质认证体系尚不健全，制约了重庆印刷业的发展。

四、未来的发展思路

“十二五”将是重庆印刷包装业快速发展的5年。市新闻出版局局长杨恩芳介绍：“十二五”是重庆新闻出版业新的跨越式发

展的战略机遇期。到2015年，重庆要基本建成城乡统筹发展的新闻出版强市和长江上游新闻出版中心，力争实现全行业在2010年基数上“五个翻番、两个高于”，即：销售收入400亿元、利润25亿元、总资产500亿元、生产增加值150亿元、出口3000万美元；增长速度高于全国行业和全市经济平均水平；同时，实现从传统出版向现代出版、从出版弱市向出版强市的“两个跨越”，使新闻出版业满足全面建设小康社会的精神文化需要，推动以新闻出版为核心的文化产业逐步成为重庆支柱产业。

杨恩芳局长指出，在发展印刷包装中，重庆将推动出版物印刷精细化、包装装潢印刷高档化、商业印刷品牌化、数字印刷产业化转型，行业工业总产值年均增长15%以上，到2015年达200亿元，加快建成年产值30亿元的重庆现代印刷包装基地和主城区、库区两大产业带。

面对存在问题，重庆市新闻出版局党组成员、局长助理谢宾说：新闻出版局要做好引导印刷行业有序竞争、合理布局的工作，进一步加强行业发展规划，促进印刷产业的优化升级和企业的繁荣发展。措施如下：

一是政府要搞好产业规划。由于重庆印刷业发展比较分散，进行产业园区建设有利于产业的合理规划，同时为承接沿海地区产业转移创造良好条件，吸引有先进技术设备、先进管理理念、雄厚资金的企业到重庆投资。同时重庆现代印刷包装基地项目也在顺利进行中。

二是争取重庆市政府对印刷行业的政策扶持。我们希望能在《国务院办公厅关于印发文化体制改革中经营型文化事业单位转制为企业和支持文化企业发展两个规定的通知》114号文件的基础上，为印刷行业再多争取一些优惠措施，如文化企业、绿色印刷认证、贷款等。

三是加强行业监管。一要依据《印刷业经营者资格条件暂行规定》和服从政府的宏观布局规划的原则，加强对区县审批的监管，只要不符合产业规划发展的企业就不予以审批。二要加强对印刷复制委托备案手续的管理。

科技含量低、经济效益差是重庆印刷业发展中最为突出的问题，要想提高重庆印刷业的整体水平，最重要的是推进印刷企业集团化发展；突出中小型印刷企业专业性强、特色明显的优势；逐步形成小型多样、个性化的服务型印刷企业群体格局；推进印刷企业组团式片区性集中发展。提高经济运行的质量和效益，只有把产品质量和效益搞上去了，发展才有足够的后劲。

在传统印刷继续生存的同时，数字印刷、纸质媒体与跨媒体、多媒体、数字化网络技术等进入并存发展时期，传统印刷收入所占份额越来越少，更多的收入将来自新的增值服务。因此，整个重庆印刷行业都将面临进一步的整合，传统印刷业必定走入微利时代，这是无法逃避的宿命和现实。因此，唯有以绿色印刷、规模化、自动化的经营开发(转型)为新的市场竞争点，赢取新的利润增长点，才是保持印刷企业持续发展与永续经营的必然趋势。规模化企业的赢利能力大于一般企业，其根本原因是生产设备比较先进，劳动效率比较高，管理规范而成本相对低廉，市场开发能力较强，应对市场经济的手段较多，反应也较为敏锐。重庆印刷企业要审时度势，调整思想，按照印刷行业“十二五”规划，紧随行业深度调整的步伐，把握时机，抓紧企业的转型升级，使企业真正走出一条可持续健康发展的路子。

（本文作者任职于重庆市印刷协会）

2011年贵州印刷业发展的思考

饶克敏

一、贵州印刷业主要经济指标完成情况

2011年，贵州印刷业总计有印刷企业710家，其中出版物印刷企业75家，包装装潢印刷品印刷企业126家，其他印刷品印刷企业501家，排版、制版、装订企业6家，专项数字印刷企业2家。

全省印刷业完成工业总产值30.5亿元，较之2010年上升15.05%；工业增加值10.16亿元，较之2010年下降9.13%；工业总产出31.39亿元，较之2010年增长15.7%；营业税金及附加0.56亿元，较之2010年增长27.28%；印刷销售收入27.3亿元，较之2010年增长12.12%；年末全省印刷业拥有资产37.24亿元，较之2010年增长12%；2011年实现利润总额3.2亿元，较之2010年下降31.25%。

在上面三类印刷企业中，出版物印刷企业完成工业总产值6.45亿元，较之2011年增长18.35%；包装装潢印刷品印刷企业完成工业总产值19.8亿元，较之2010年上升16.41%；其他印刷品印刷企业完成工业总产值4.1亿元，较之2010年上升7.6%。

全省印刷工业总产值在5000万元以上的企业有7家。全省印刷业共有职工13996人。

二、近年来出现的一些值得关注的情况

1.政府部门重视印刷业

政府及有关部门，对加快贵州印刷业发展的认识和重视有显著提高。

长期以来，政府对加快印刷业的发展重视不够，我省印刷资源丰富，但外流严重。为促进省内印刷业的发展，2009年，贵州省新闻出版局、贵州省印刷行业协会在印刷业中开展了调研活动，活动中下发《贵州省印刷行业相关企业调查问卷》（以下简称《调查问卷》）100份，了解印刷企业最为关心

和迫切需要政府帮助解决的问题。省印协对回收的《调查问卷》进行了统计，共整理归纳出189条意见（同时附上贵州省印刷业的设备技术等状况），这些意见报送到省政府研究室和贵州省新闻出版局，并在他们深入调研的基础上，形成了《加快贵州省印刷产业发展的对策建议》，报送到省政府和省政府下属有关职能部门，引起了政府部门的高度重视。“十二五”期间，省政府在确定实施“工业强省”的发展战略后，省领导多次强调要推动和加强印刷业的发展，并要求省新闻出版局配合有关部门，建立出版产业园区，产业园区包括出版、印刷、发行、物流等环节。政府对加快印刷业发展的重视，为贵州省印刷业的发展创造了有利的条件。

2.实施绿色印刷

2011年3月，贵州省新闻出版局、贵州省印刷行业协会，组织有关印刷企业学习新闻出版总署和环境保护部有关实施绿色印刷的文件后，在全省印刷企业中大力推动实施绿色印刷的工作，并成立贵州省实施绿色印刷工作领导小组，省局黄定承局长担任组长，下设办公室，办公室设在省印协。贵州印刷业要实现跨越式发展，必须实施绿色印刷，改变过去高消耗、低效率、对环境造成污染的粗放式的发展模式，摸索和寻找一种不以大量消耗能源和牺牲生态环境为代价，实现经济发展与环境保护高效融合的绿色环保模式，促进印刷业向高新技术和现代服务型产业的转变。目前，我省已有4家印刷企业通过中国环境标志产品认证，获得了环保部中环联合（北京）认证中心颁发的《中国环境标志产品认证证书》，取得了绿色印刷资格。

三、目前贵州印刷业发展存在的问题

1.印刷企业机制老化

贵州省还有20%以上的公有制企业未改制。这些企业由于机制不活，生产经营状况差，效率不高、亏损严重、职工收入低，不少企业难以维继，处于破产的边缘。

2.印刷企业在技术更新中融资困难

贵州省印刷企业绝大部分是中小型企业，设备、技术落后。近几年来，全国和周边省区印刷业的设备技术不断更新，贵州印刷业和他们的差距逐渐拉大，我省印刷业要发展生存下去，技术更新已迫在眉睫。我省印刷业规模小，产值、利润低，缺乏必要的技术改造资金，没有资金引进先进的设备技术，加上企业融资的渠道窄，方式单一，不少企业融资困难，导致企业技术进步艰难。

3.印刷企业缺乏集中发展的平台

贵州省出版产业园区虽然已筹备了很长一段时间，有关各方作了大量工作，付出了很多心血，但由于多种原因，出版产业园区仍然没有建立。印刷企业分布散，专业化分工滞后，原有的大而全、小而全的状况难以打破，导致企业效率低，经营成本高，在与周边省市和沿海发达区域的竞争中，处于劣势。

4.印刷企业负担重

贵州省人民政府研究室和贵州省新闻出版局关于《加快贵州省印刷产业发展的对策建议》中指出：贵州省印刷业人均税金及附加高出全国平均水平490元，更是大大高于周边省区，印刷企业负担重，发展速度缓慢。

四、贵州印刷业的发展思路

1.制订人才培养和发展的规划，把人力资源的开发放到重要位置

贵州印刷业落后的根本原因，是人才问题，印刷业缺乏人才，尤其是高素质的复合型人才。我省人才队伍的培养、开发和印刷业的发展不相适应，因此，要制订可行的规划，确定人才发展的战略，从根本上解决贵州印刷业人才缺乏的问题。

2.积极推动和加快数字印刷的发展

数字印刷是一种新兴的印刷方式，和传统印刷相比，产生了革命性的变化，具有周期短，有利于生态和环保等特点。目前我省数字印刷的规模很小，发展很有潜力。我省印刷业要实现跨越式发展，实现转型升级，发展数字印刷是一条重要的捷径。运用数字化、网络化技术，加快印刷业信息化发展的进程，提高核心竞争力，促进印刷业适应经济社会的发展。

3.大力在印刷企业中实施绿色印刷

我省的生态环境脆弱，90%以上的印刷企业是中小型企业，生产、技术、工艺落后，不同程度存在污染问题。要抓住国家目前正在大力实施"绿色印刷"这一机会，在印刷业开展实施绿色印刷的工作，推动印刷业的节能减排，通过不断扩大绿色印刷的品种，淘汰设备工艺落后、污染严重的印刷企业，实现印刷业结构调整的目的，提高省内印刷企业的环境保护水平。

4.加快包装装潢印刷、票据印刷等特色印刷的发展

在省委、省政府实施工业强省的战略指引下，我省与印刷业相关的产业发展迅速，特别是包装装潢印刷品，其产值将成倍上升。目前我省70%以上的包装装潢印刷品流失到省外，因此，要加快贵州印刷业的发展，一方面需要政府在政策上给予指导和扶持，另一方面要指导印刷企业加强技改，引进和采用先进技术，提高企业的生产经营、设备技术、质量等管理水平，这样才能留住流失的印刷业务，把我省的印刷资源充分利用起来，促进贵州印刷业的发展。

5.推动公有制印刷企业的改革

公有制印刷企业的数量虽然大幅减少，但公有制企业的改制还没有完成，要积极配合政府推动这项工作。

6.切实做好印刷业的招商引资工作

贵州印刷业的招商引资工作进展缓慢，目前省内只有2家中外合资企业，利用国内其他省区资金的企业也不多，这个问题值得研究。目前我省印刷业吸收外资的优惠政策不多，要制订政策，借助外来力量，加快我省印刷业的发展。

（本文作者任职于贵州省印刷行业协会）

2011年甘肃省印刷业快速发展

刘 伟

一、2011年甘肃省印刷业基本数据

1.2011年全省印刷企业数为1017家，其中包括：出版物印刷企业150家，包装装潢印刷企业56家，出版物专项排版制版装订企业6家，其他印刷品印刷企业805家。全省打字复印企业1851家。2011年印刷及打字复印企业共计2868家，其中：国有、集体印刷企业63家，民营及私有印刷企业2805家（含打字复印单位）。全行业从业人数22800人。

2.2011年全省印刷工业总产量：黑白印刷579万令（含报纸印刷91万令），彩色印刷599万色令（含报纸印刷87万色令）。

3.2011年全省印刷工业总产值为18.3亿元（2010年为15.3亿元），其中出版物印刷7.6亿元，包装装潢印刷4.8亿元，报纸印刷2.3亿元，其他印刷3.6亿元。

4.2011年全省印刷业销售收入总额为17.9亿元（2010年为13.9亿元），其中出版物印刷7.3亿元，包装装潢印刷4.7亿元，报纸印刷2.2亿元，其他印刷3.7亿元；完成利税总额1.78亿元（2009年为1.19亿元）；资产总额24.7亿元（2009年为24.6亿元）。

5.2011年全省印刷企业拥有印刷设备3530台（套），其中印前设备953台(套)，印刷设备942台（套），印后设备1635台（套）。全年购入生产设备185台（套），共投入资金约2.2亿元。

6.2011年全省印刷企业进口设备21台（套），共投入资金3864万元。

从以上数据可以看出，2011年度甘肃省印刷业较2010年度各项指标均有一定幅度的增长，特别是工业总产值同比增长19.6%，销售收入同比增长28.8%，完成利税总额同比增长49.6%，集中反映了全省印刷业有了可喜的新发展。

二、主要工作

1.印刷业管理

2012年全省通过年度核验印刷企业1018家，其中出版物印刷企业98家，内部资料性出版物印刷企业51家，出版物专项排版、制版企业5家，装订企业1家；包装装潢印刷企业58家，其他印刷品印刷企业805家。通过年度核验的复印打印企业1851家。

暂缓年度核验的印刷企业18家，其中出版物印刷企业2家，内部资料性出版物印刷企业1家，包装装潢印刷企业12家，其他印刷品印刷企业3家。暂缓年检的复印打印企业60家。

不予通过年度核验的印刷企业12家，其中出版物印刷企业3家，出版物专项排版、制版企业1家，包装装潢印刷企业1家，其他印刷品印刷企业7家。不予通过年检的复印打印企业44家。

举办印刷企业法规培训班1期，全省52家印刷企业的74名厂长、经理参加了培训。截至目前全省印刷法规培训班已连续举行了9期，795名印刷企业的厂长、经理接受了培训，为全省印刷业的繁荣发展发挥了积极的作用。

2.印刷质量监管

根据新闻出版总署开展2011年"3·15"少年儿童出版物质量检测活动要求，认真组织开展我省"3·15"少儿读物质量检测活动。我们多次组织到印厂车间，图书批发零售门店进行检查，完成了少儿图书、报刊及包装印刷质量、编校质量检测。

检查少年儿童报刊5种26期，共计520册（份），其中：报纸3种18期360份（册），期刊2种8期160册。检查各类少儿出版物39种（期）829册，其中教辅11种220册；无论是单册质量，还是批质量，全部合格。

根据新闻出版总署环保质量检测样品抽样要求，我们选择了两个印刷厂进行了抽样，共抽取10个样品，其中书刊装订用胶黏剂6种，经覆膜的书刊封面4种。

继续做好中小学教材的印制及质量工作。在2011年春、秋两季教材印制期间，坚持组织质检人员到印厂、储运站对教材印装质量进行抽检，共抽检教材教辅54种，共计1258册，批质量全部合格。

3.印刷市场监管

根据甘肃省新闻出版局、甘肃省版权局、甘肃省"扫黄打非"工作小组办公室《关于开展打击侵犯著作权行为专项行动的通知》（甘新出联〔2010〕6号）精神，于2010年11月至2011年1月对全省印刷企业开展了专项整治行动。对86家印刷企业给予了口头劝诫；对6家印刷企业给予了警告处罚；没收3家企业的非法印刷品500册，光盘200张；对2家企业给予了总计1.3万元的罚款处罚。确保了"两会"召开期间我省文化市场的安全。

按照总署《关于进一步加强中小学教辅材料出版发行管理的通知》（新出政发[2011]12号要求，我处以紧急通知形式向全省97家出版物印刷企业和94家教辅发行单位转发了相关通知，在全省开展了治理中小学教辅材料散滥问题的专项工作。共检查各类印刷企业916家，取缔无证照印刷单位3家，给予行政警告的企业4家，立案一起，收缴盗印的中小学教辅材料成品、半成品667册；共检查图书发行单位734家，查缴非法教辅材料8450余册，下发限期整改通知书7份，取缔无证照经营摊点4家，立案2家，行政处罚6家；共检查学校825所（次），做现场检查记录825份，依法查处订购、使用盗版教辅材料和非法编印教辅材料9200余册，对2所学校下发了整改通知。9月20日下发了《关于对中小学教辅材料出版发行管理专项检查工作进行督查的通知》，9月29日分片听取了市、州文化出版局负责人对本辖区开展情况的汇报。10月13日总署督查组对西北五省开展专项检查情况进行了督查，甘肃新闻出版局袁爱华副局长在西安向总署督查组汇报了我省这次专项检查情况。

按照总署《关于在国庆节前开展印刷复制企业和出版物市场专项检查的通知》[新出字（2011）300号]有关部署的要求，主要开展了以下几方面工作：一是开展红色旅游景区及周边出版物市场专项整治行动；二是开展书报刊亭的专项整治行动；三是开展重点地区集中整治专项行动；四是检查“印刷复制行政执法报告评价制度”落实执行情况；五是检查红色经典出版物的印刷复制发行情况。

为长期有效规范宗教类内部资料性出版物印刷秩序，我们继续对印刷宗教类内部资料实行定点印刷制度，确定14家印刷企业为宗教类内部资料性出版物定点印刷单位，颁发了定点印刷证书。

经统计，全省各级新闻出版行政管理部门开展印刷复制检查5075次，出动20004人次，检查印刷企业8880家次。对发现问题的430家印刷企业给予了行政处罚，其中口头劝诫434家，行政警告62家，停业整顿20家；没收43家印刷企业的非法印刷品102487册（页），设备307台（套）；罚款18家，累计罚款23.7万元。

三、存在问题与发展思路

随着印刷技术的日益革新、人们阅读方式的转变，全球印刷产业的转型升级正在加速。我省印刷业发展的矛盾也日益凸显：一是书刊印刷行业竞争加剧，工价持续走低，生产成本不断上升，导致书刊印刷企业盈利空间逐步缩小。加之数字印刷及电子出版物、网络阅读等传播方式的兴起，以传统介质加工生产为主的书刊印刷企业面临着生存危机；二是包装装潢企业规模小、分布广、设备差、产能弱、加工模式单一、市场开发不足，难以形成合力和优势，不能满足社会对高档精美包装产品的需求。这些问题严重制约着我省印刷业的发展。我省印刷业的整体实力和竞争力相对落后于全国同行。

鉴于我省的实际情况和行业的发展趋势，在今后的工作中，我们将以邓小平理论和“三个代表”重要思想为指导，深入贯彻落实科学发展观和党的十七届六中全会精神，依据“十二五”期间新闻出版业跨越式发展总要求、总思路，遵循市场动态变化的规律和印刷行业自身的内在发展规律，坚持解放思想，面向市场，规范经营，联合发展，以行业的改革改制为中心，更加积极努力地为印刷行业的改革和发展做好引导和服务，着力推进绿色印刷、数字印刷在我省的兴起和普及。

为全面推进局属三家印刷企业组团发展，推动甘肃印刷业转型升级，我省将成立“甘肃新华印刷集团有限责任公司”。目前正在筹备阶段。甘肃印刷集团的组建，将大大加快我省建设西北高新印刷产业园的步伐，从而推动我省印刷业的转型跨越发展。

（本文作者任职于甘肃省新闻出版局印刷发行处）

2011年香港印刷业发展概览

杨金溪

2011年，全球经济低迷，美元、欧元体系的债务危机蔓延，继2008年金融海啸后的第二轮危机显现，而且形势更严峻。在外需放缓的情况下，外向型印刷企业还受到人力资源成本持续上涨、原材料价格及经营成本大幅飙升、人民币升值等因素影响，营商环境进一步恶化，利润大幅下滑，香港印刷业感到压力重重。为突破发展瓶颈，香港印刷业正努力朝着绿色、创意、标准化三个方向调整升级，希望能够保持竞争优势，抓住机遇，应对挑战。

一、2011年印刷业在香港

1.2011年香港本地印刷业发展概况

香港是世界四大印刷中心之一，可见印刷业在香港经济中担任着举足轻重的角色。香港印刷业雇佣1.9万人，是本地就业人数第二大的行业。

工业生产指数反映本地工业生产量变动的情况。根据香港特区政府统计处公布的数据显示，2011年四个季度的香港纸制品、印刷及已储录资料媒体复制业的工业生产指数，相比2010年同期分别增长3%、1.3%、1.5%、-0.2%，全年指数仅上升1.3%。反映香港印刷业在2011年的情况并不乐观。

另外，从反映本地生产价格变动的生产者价格指数中可以看出，2011年，受成本上升影响，香港纸制品、印刷及已储录资料媒体复制业的生产者价格指数，同比2010年每季度皆有上升，但升幅逐季收窄，具体增长数字分别为3.5%、2.5%、1.6%、1.2%；最终全年指数上升2.2%。

2.香港印刷品2011年进出口数据

香港印刷业主营出口业务，从香港特区政府统计处公布的数据可见，2011年香港印刷品（国际贸易分类 892）的进出口皆轻微上升。数据显示，2011年香港印刷品的整体出口值为187.65亿元（港币，下同），同比增长1.3%。其中，香港本地生产的印刷品出口值为16.56亿元，下降8.2%；经香港转口的印刷品出口值为171.10亿元，上升2.3%。同期，整体入口值为129.61亿元，与2010年相比上升3.5%。

按照“主要市场”划分，从产值排名前十位的地区来看，2011年香港印刷品的最主要出口目的地为欧美地区，以及亚太区的部分新兴国家市场，详见表1～表4。按照“产品类别”划分，可见书籍、小册子、儿童图书、标签等类别产品，是香港进出口最活跃的印刷品类型，详见表5～表8。

表1 按主要市场划分的香港印刷品整体出口前十位 单位：百万港元

排名	主要市场	2011年		
		价值	占有率%	±%
1	美国	5042	26.9	−5.4
2	英国	2208	11.8	0.3
3	中国内地	2025	10.8	−5.1
4	澳大利亚	966	5.1	1.7
5	日本	798	4.3	20.5
6	德国	753	4	5.3
7	法国	615	3.3	1.4
8	越南	518	2.8	10.2
9	荷兰	392	2.1	−1.5
10	印尼	354	1.9	26.8

表2 按主要市场划分的香港本地生产印刷品出口前十位 单位：百万港元

排名	主要市场	2011年		
		价值	占有率%	±%
1	中国内地	531	32.1	−11.1
2	美国	266	16.1	−5.2
3	英国	128	7.7	9.5
4	中国台湾	68	4.1	−23.6
5	越南	56	3.4	−10.2
6	澳大利亚	55	3.3	−14.3
7	孟加拉	54	3.3	14.1
8	印度	52	3.1	−5.1
9	加拿大	39	2.4	9.7
10	新加坡	36	2.2	−11.9

表3 按主要市场划分的经香港转口印刷品前十位 单位：百万港元

排名	主要市场	2011年		
		价值	占有率%	±%
1	美国	4776	27.9	−5.4
2	英国	2080	12.2	−0.3
3	中国内地	1494	8.7	−2.8
4	澳大利亚	910	5.3	2.8
6	德国	734	4.3	5.4
5	日本	776	4.5	22.5
7	法国	601	3.5	1.7
8	越南	463	2.7	13.3
9	荷兰	384	2.2	−1.6
10	印尼	323	1.9	27.4

表4 按主要市场划分的香港印刷品进口前十位 单位：百万港元

排名	主要市场	2011年		
		价值	占有率%	±%
1	中国内地	10718	82.7	5.2
2	美国	570	4.4	0.5
3	日本	321	2.5	3.9
4	英国	316	2.4	−13.2
5	中国台湾	272	2.1	−28.5
6	新加坡	156	1.2	7.5
7	德国	134	1	17.7
8	韩国	85	0.7	28.3
9	意大利	75	0.6	7.2
10	瑞士	69	0.5	7.7

表5　按产品类别划分的香港印刷品整体出口前五位　　单位：百万港元

国际贸易标准分类	产品	2011年		
		价值	占有率%	±%
89219	其他书籍、小册及类似印刷品，非单张形式（不包括广告材料）	10194	54.3	4.6
89281	用纸或纸板制的各种标签，无论是否经印制	3770	20.1	−0.5
89212	儿童图书、绘画或着色簿	1421	7.6	−14.6
89242	经印刷或有插图明信片；印有个人贺词、讯息或通造的卡片，无论是否有插图、带信封或装饰	964	5.1	−3.1
89241	转印纸（移画印花图案纸），用任何方法印制	483	2.6	6.2

表6　按产品类别划分的香港本地生产印刷品出口前五位　　单位：百万港元

国际贸易标准分类	产品	2011年		
		价值	占有率%	±%
89281	用纸或纸板制的各种标签，无论是否经印制	621	37.5	−11.4
89219	其他书籍、小册及类似印刷品，非单张形式（不包括广告材料）	586	35.4	−6.3
89212	儿童图书、绘画或着色簿	86	5.2	50.2
89215	经印刷的书籍、小册、传单及类似印刷品，单张形式，无论是否折叠（不包括广告材料）	61	3.7	−3.9
89221	报纸、杂志及期刊，无论是否有插图或广告材料，每周至少出版四次	59	3.5	−18.2

表7　按产品类别划分的经香港转口印刷品前五位　　单位：百万港元

国际贸易标准分类	产品	2011年		
		价值	占有率%	±%
89219	其他书籍、小册及类似印刷品，非单张形式（不包括广告材料）	9608	56.2	5.4
89281	用纸或纸板制的各种标签，无论是否经印制	3149	18.4	2
89212	儿童图书、绘画或着色簿	1334	7.8	−17
89242	经印刷或有插图明信片；印有个人贺词、讯息或通造的卡片，无论是否有插图、带信封或装饰	948	5.5	−3.5
89241	转印纸（移画印花图案纸），用任何方法印制	463	2.7	7.5

表8 按产品类别划分的香港印刷品进口前五位 单位：百万港元

国际贸易标准分类	产品	2011年		
		价值	占有率%	±%
89219	其他书籍、小册及类似印刷品，非单张形式（不包括广告材料）	5295	40.9	−12.9
89281	用纸或纸板制的各种标签，无论是否经印制	2430	18.7	3
89212	儿童图书、绘画或着色簿	2734	21.1	69.4
89286	贸易广告材料、商品目录及类似物	413	3.2	14.9
89242	经印刷或有插图明信片；印有个人贺词、讯息或通造的卡片，无论是否有插图、带信封或装饰	501	3.9	1.9

3.香港特区政府对印刷业的扶持

为协助印刷业保持在国际上的领先地位，香港特区政府设有不同的支援措施，包括中小企业支援计划、创新科技基金、投资研发现金回赠计划，为企业提供融资、购买设备、科技升级方面提供协助。此外，中小企业信贷承担额也从原来的200亿元大幅增加到300亿元，并计划增补额外10亿元给中小企业发展支援基金，继续为中小企业在市场推广、提升竞争力方面提供支援。

此外，香港特区政府设立了“创意香港”办公室，负责牵头、倡导和推动香港创意经济的发展。香港特区政府在2009/2010财政年度预留了3亿元设立“创意智优计划”，以支援创意产业范畴内未从政府财政资源获得资助的创意产业项目。

在2011年，香港印刷界获得政府的资助，大力推广创意及印刷标准化。我们得到了创意香港办公室的“创意智优计划”资助合共约700万元，在北京、法兰克福、中国台北及伦敦四个国际书展上，推广香港出版印刷界的创意力量。此外，我们也获得香港特区政府工业贸易署的“中小企业发展支援基金”资助，由商会全资子公司APTEC在香港及上海承办的两个国际印刷标准化高峰会，更积极推动了印刷标准化及行业的技术发展。

4.香港印刷业新趋势

近年来，智能手机、电子阅读器和电子书飞速发展，尤其在iPhone、iPad等设备开始流行之后，香港部分出版商开始进军数字出版，在杂志、报纸、电话簿等领域，纸媒体印刷受到了一定影响和冲击。另一方面，香港有几家传统印刷企业购置了数字印刷设备，开始尝试拓展数字印刷市场。不过就目前的情况来看，平版印刷仍是业界的主流生产方式，数字印刷的主要业务类型是个性化印刷，以及在短版方面对传统印刷起辅助作用。相信在未来相当长一段时间里，仍将保持这种局面。

二、2011年国内港资印企的发展

由于港资企业主营外单，受金融危机影响比较大，自2008年金融危机至今超过三年，一直都还没有恢复过来。面对欧债危机影响下的第二轮危机，香港印刷界普遍觉得，这一轮危机比2008年的金融海啸还要严峻，部分企业的外单业务量已大幅下降超过两成，毛利率仅有10%甚至更低。港资印刷企业在内地经营的压力也比较大，自2009年开始，用工成本提高了20%以上，而且招工难也成为困扰企业的问题之一；人民币升值超过15%，再加上原材料成本的增加等，都是从事出口业务的港资印企面临的困难。此外，从2011年上半年开始，有一些企业觉得经济可能有好转的趋势，于是投资购买机器，可惜订单并没有增加，他们既无订单也无充足的资金在手，不禁感觉彷徨无助。

2011年，欧美地区时有传来不利的消息，比如国际印刷机械制造巨头曼罗兰申请破产保护后成功重组；另外，柯达也申请了破产保护；还有不少印刷企业也有接连倒闭的现象出现。而据业界人士透露，自2011年年末，已有十多家在内地设厂的港资印刷厂结业。其中部分是规模较小的企业，因抵御风险的能力较差，被迫倒闭；另有部分企业觉得经营艰辛，压力太大，于是在清算后将公司关闭，宣布不再经营。

三、展望未来

预计2012年的市场环境将会更复杂多变，但危中有机。如果将全世界的印刷需求量比喻为一个大蛋糕，那么现在虽然蛋糕变小了，但分吃蛋糕的人（印刷产能供应）减得更多；而中国与西方地区相比，在同等甚至更优的质量下，还具有价格方面的优势。因此，预计西方的需求将会流入中国生产，对香港乃至整个中国印刷行业来说是一个机会。

这一轮危机还将持续多久？前景如何？目前很难估计。但可预知的是，将有相当长一段时间市场会比较淡静。在这段时间里，印刷企业不宜冒险急进，而是应该抓紧时间练好内功，为迎接挑战和机遇做好准备。

1.香港印刷业走绿色、创意、标准化之路

困难时期，印刷企业可以通过三种有效途径，增强自身竞争力。而这些方法也是近年香港印刷业商会大力推广的项目。

一是绿色印刷。通过节能减排，不仅让企业更好地履行社会责任，还能帮助企业减低成本，从而提升竞争力，实现环保与效益双赢。欧美客户对从事外单的印刷企业，在认证方面要求很严格，绿色印刷有助出口企业突破国外绿色壁垒。二是创意印刷。商会引导企业通过出色的印刷工艺和优质的服务，充分展现创意，使整个文化产业链条协作起来，从而为印刷企业开拓新的市场领域，找到更多机会。三是印刷标准化。标准化有助企业提高效率，提升印刷品的品质达到国际水平，从而更容易获得客户的垂青。

2.港资印企积极争取在内地成为示范企业

香港印刷业本身具有多项优势，而到内地投资的港资印企大多已成为行业的龙头骨干，不仅充分具备与国外同行竞争的能力，还遵纪守法，持续推动中国印刷业的发展进步。但港商的身份让港资印企受到相关法律法规限制，犹如“大闸蟹”一般被绑住手脚，难以尽展所长。

（下转210页）

吉林省印刷业基本概况

吉林省新闻出版局

2011年，吉林省共有各类印刷企业1573家，从业人员4.6万人。其中：出版物印刷企业217家，专项排版制版企业14家，包装装潢印刷企业425家，其他印刷品印刷企业917家。2011年，吉林省印刷业资产总值88亿元，销售收入69.6亿元，工业总产值70.4亿元，利润总额7亿元。按企业类型分实现工业总产值：出版物印刷企业35亿元、包装装潢印刷企业19亿元、其他印刷品印刷企业14亿元；从企业分布来看，出版物印刷企业、包装装潢印刷企业主要集中在长春、吉林、四平、通化地区，四地企业数量分别占总量的20%以上。

2011年，全省印刷工业总产值1000万元以上的印刷企业254家；规模以上（年印刷产值5000万元以上）印刷企业13家，其中年印刷产值在亿元以上的企业7家。

吉林省重点打造的两条印刷产业带，一条是长吉图印刷产业带，另一条是四平、辽源、通化、白山包装装潢印刷产业带，正逐渐形成规模。两个产业带中以各个印刷工业园区为链接点和桥头堡为引领，整合现有资源，集研、产、销一体，链接产业上下游，开创印刷产业新局面，打造东北亚地区印刷产业新的经济增长点，到时将实现产值达百亿元以上。

（上接209页）

2012年初，新闻出版总署出台的《国家印刷复制示范企业管理办法》，提出，中外合资、中外合作出版物印刷企业、其他印刷品印刷企业若成为示范企业，则外方可以控股或占主导地位，但中方比例或者权益不得低于30%。这突破了以往该类企业必须由中方控股的要求，为外资印企提供了“松绑”的绝佳机会。

港资印刷企业将抓紧机会，积极主动申请成为示范企业，在“十二五”时期，为中国实现印刷强国目标贡献更大的力量。

（本文作者为香港印刷业商会会长）

创新篇

中 国 印 刷 工 业 年 鉴 2 0 1 2

我国印刷技术创新发展之路

齐福斌

印刷术和印刷的主要载体纸张，都是我国古代的重要发明，为人类文明发展和进步作出了巨大贡献。1048年前后，我国的毕昇发明了活字印刷，1448年德国人谷登堡首创铅合金活字，并逐步实现了铅字印刷机械化。采用合金铅活字机械印刷的铅印技术于19世纪初（1807年）传入我国。作为铅版凸印技术新发展的柔印技术，20世纪70年代末在我国也得到了发展，1979年我国首次引进机组式柔印机和制版设备。凹印技术大约产生于15世纪中叶，1917年照相凹版印刷品传入我国，1925年，凹印设备进入我国。采用橡皮布滚筒间接印刷的胶印技术是由美国人威廉•罗倍尔和德国移民卡斯帕•赫尔曼发明的。他们两人同在1904年前后提出和实践了通过一个橡皮布滚筒进行间接平印的胶印技术。1915年商务印书馆购进海立司平版印刷机，我国开始胶印印刷，至今已有97年历史。中国最早的印刷机械厂是1895在上海成立的李涌昌机器厂，但在新中国成立前只能修造简单的铅印机等设备。

数字印刷、CTP（计算机直接制版）是印刷技术的重大创新，我国紧跟世界最先进印刷技术的发展，1996年引进首台CTP设备。进入21世纪，我国先后研制成功拥有自主知识产权的CTP制版设备和喷墨数字印刷设备。开始向数字化印刷迈进。

一、我国已经是印刷大国

按照大印刷观的理念，印刷应该包括印刷、印刷设备和印刷器材。新中国成立前我国印刷技术、印刷设备和印刷器材都十分落后。解放后在党和政府的关怀下，经过60多年的努力，印刷、印刷设备和印刷器材都有了很大发展。2011年，全国出版、印刷和发行服务业实现营业收入14568.6亿元，印刷企业已经发展到10余万家，印刷门类齐全，胶印、凹印、柔印、网印和数字印刷及其设备、器材都有了很大的发展。我国已经是当之无愧的印刷大国。

1949年中华人民共和国成立之初，全国只有65家小型印刷机械修造厂，从业人员318人，我国只能进行铅印印刷设备修造。经过60多年的高速发展，印刷设备制造企业已经有600余家，中型规模以上的印刷设备制造企业270家，从业人员10余万人。印刷设备从印前、印刷到印后加工设备品种基本齐全。根据中国印刷及设备器材工业协会统计，2007年我国印刷设备总产值达到175亿元，进入世界印刷设备生产国前四位。2011年印刷设备产值再创新高，达到200多亿元。

印刷器材制造从解放初期几乎为零起步，现在已经成为基础较为雄厚、产品比较齐全的行业。PS版材生产从无到有，产量已经跃居世界第一位；纸及纸板的产量世界第二位；油墨产量世界第四位。其他印刷器材也都具有一定的生产规模。

目前，一个较完整的印刷、印刷设备和印刷器材工业体系已经形成。主要表现在：

（1）印前技术实现了由"热排（铅排）"向"冷排"的转变；由"模拟"向"模拟—数字"并逐步向"全部数字化"转变。印前设备实现了由单机向DTP并进一步向CTP的转变；印刷和印后设备实现了由手工向机械化、自动化并进一步向数字化的转变。

（2）印刷和设备实现了从传统的铅印为主到以现代胶印为主的转变。

（3）印刷设备水平实现了从低档到中高档和由单色到多色的转变。

（4）印刷设备和器材实现了从基本依靠进口到除部分高档设备和器材外国产化基本满足需求的转变。

尽管我国印刷业有了跨越式的发展，取得了巨大成绩，但与世界印刷和印刷设备、印刷器材强国比，无论发展规模、发展格局，还是发展方式、发展质量，都还存在很大差距。其中包括，企业规模小、资源整合程度不高、创新能力较弱、高档设备和器材生产能力不足等。

二、印刷技术实现了以铅印为主到胶印为主的转变

从19世纪初铅印技术传入我国，直到20世纪70年代，我国一直是以铅印技术为主，印刷设备当然也是铅印机及其相关设备为主。主要印刷技术都是在铅与火中进行，这就是我国印刷工业的"铅与火"的时代。

在"铅与火"的时代，我国的印刷技术和印刷设备都很落后，一般图书从发稿到出书要一年左右，有的要拖两三年时间，如当时的科学出版社平均出书周期是500天。一些新书出版发行时已经成了旧书。1977年8月，邓小平同志在一次讲话中一针见血地指出："有价值的学术论文、刊物一定要保证印刷出版。现在有的著作按目前的出版情况，要许多年才能印出来，这样就把自己捆死了。"

党的十一届三中全会吹响了改革开放的号角，中央明确要求必须尽快改变我国印刷技术落后的状况，并明确提出在国务院领导下，由国家经委牵头解决。于是以

范慕韩为组长的印刷技术装备协调小组成立，统一领导和组织全国印刷及设备器材工作和科技攻关工作。印刷技术装备协调小组经过调查，瞄准当时国际印刷技术先进水平，在1982年提出"激光照排、电子分色、胶印印刷、装订联动"的"16字发展方针"。这个方针和发展规划迅速被中央财经领导小组批准，并作为印刷技术装备专项补充列入国家"六五"计划，从1986年起印刷技术装备专项先后正式列入国家"七五"、"八五"、"九五"计划。正是在党和国家高度重视和"16字发展方针"指引下，我国的印刷技术和印刷设备才真正进入蓬勃发展时期。以王选为首的我国科技工作者对"汉字信息处理技术"的突破和汉字激光照排机的研制成功，为我国印刷技术甩掉"铅与火"，进入"光与电"时代迈出了最关键的一步。

1987年12月激光照排系统在《经济日报》通过鉴定；1990年我国中央和省级报纸除《西藏日报》外全部采用了国产激光照排系统；1992年《西藏日报》用藏、汉两种文字编排的激光照排系统投入使用；1995年全国1500多家报社全部采用激光照排系统。在20世纪90年代中期，我国重点书刊印刷厂全部采用了国产的激光照排系统，这标志着我国印刷技术与设备的"铅与火"时代基本终结，进入了"光与电"的新时代。印刷设备是实现印刷工艺的装备，印刷器材是印刷发展的重要材料保证。因此，"铅与火"印刷工艺的终结，也就意味着与之相配套的铅印印刷设备、器材时代的终结和以胶印机为代表的印刷设备、以PS版为代表的印刷器材新时代的到来。

20世纪50年代，我国开始生产少量的手续纸胶印机，速度2500张/时。为减轻手工给纸劳动强度，20世纪50年代末60年代初，上海、北京一些印刷厂自己动手，把手工给纸改成自动给纸，时称"土自动"，印刷速度也提高到4000张/时。1963年北京人民机器厂研制成功我国第一台自动对开双色胶印机，开启自动高速单张纸胶印机新时代。1974年北京人民机器厂又研制成功我国第一台水平B—B式卷筒纸四色胶印机。同年，上海人民机器厂生产出彩色报纸卷筒纸胶印机，书写了我国卷筒纸胶印机历史的第一章。1981年北京人民机器厂生产出我国第一台单张纸对开双面单色胶印机，奏响我国双面胶印机的第一首凯歌。从1963年生产对开双色胶印机算起，经过23年的努力，到1986年我国第一台单张纸四色胶印机终于在北京人民机器厂面世。1989年上海人民机器厂也开始生产单张纸四色胶印机。1995年北人首次把中国对开四色胶印机的速度，提升到具有当时世界先进水平的15000张/时。2007年北人又首次推出具有国际先进水平的75000张/时的中型报纸卷筒纸胶印机。2012年5月在德鲁巴展会上，上海电气推出的EP106单张纸胶印机最高速度可达18000张/时，达到世界先进水平。从20世纪80年代初北京人民机器厂主动停止铅印机生产，专门研发和生产胶印机开始，到单张纸多色胶印机批量提供市场，我国才真正开始大规模的生产制造自主品牌的胶印机，并在上世纪八九十年代，逐步完成了我国印刷、设备和器材从铅印为主到胶印为主的历史性转变。

在胶印设备发展的同时，其他印刷设备、印后设备及相关器材也得到了快速发展。1969年，北京人民机器厂试制成功我国第一台DJ01型平装胶订联动机（生产线）；1974年北京人民机器厂试制成功我国第一台AJ401型卷筒纸四色凹印机；1998年由西安黑牛机械有限公司生产的国产首台机组式柔印机在展会上亮相；1989年、1996年上海第三印刷机械厂、陕西北人印刷机械有限公司分别试制了卫星式柔印机，但都没有批量生产；2007年西安航天华阳印刷包装设备有限公司试制并批量生产卫星式柔印机。进入21世纪以来，我国的数字印刷设备有了较快发展，先后试制成功CTP设备、喷墨印刷设备，并批量生产。

“八五”计划末期，指引我国印刷及设备器材工业发展的“16字方针”已经基本完成。中国印刷及设备器材工业协会根据国际印刷技术和印刷设备、器材的发展情况及我国印刷工业的实际，1998年组织制定并于1999年4月正式提出“印前数字、网络化；印刷多色、高效化；印后多样、自动化；器材高质、系列化”的“28字方针”。“28字方针”承前启后，指引我国印刷工业继续快速发展。这个方针的实质是以“印前数字、网络化”为龙头，继续以高新技术改造、提升我国印刷和设备、器材工业水平，加速以胶印技术、数字技术为代表的印刷工业的数字化发展。

三、印刷数字、网络化发展

当今时代，以胶印技术、数字技术为代表的印刷工业正在全面进入数字化时代。印前数字化技术是世界上发展最快的前沿技术，我国也不例外。

目前胶印仍然是印刷的主流技术。我国的胶印印前技术经历了手工制版，照相制版，照排文字输出、电子分色合成制版，桌面出版（DTP）系统，计算机直接制版（CTP）系统的不同阶段。目前我国已经基本普及桌面出版（DTP）系统，部分印刷企业和地区，如广东已经基本普及CTP系统。如果从数字化程度来表述印前数字化发展的话，可以概括为“模拟”、“模拟—数字”、“全面数字化”三个阶段。目前，我国基本上处于“模拟—数字”阶段，部分先进印刷企业和少数地区基本实现了印前全面数字化。印刷全过程的数字化主要是数字化工作流程和色彩管理的推广和应用，只有少数企业实现了印刷全过程的数字化，多数企业尚处于起步阶段。

1.CTP系统发展

CTP系统的推广和快速发展，是印前数字网络化的重要标志。我国1996年引进首台CTP设备，16年来，CTP装机量有了很大发展。据《印刷技术》调查，截至2011年9月，我国内地31省、市、自治区已经全部装有CTP设备，共计5500台。其中商业印刷领域应用CTP最多，约占装机量的六成。

CTP的快速发展，国产CTP设备和CTP版材的发展功不可没，目前，国内已经有10多家生产CTP设备的企业。国产CTP设备的可靠性、精度、质量已经能够满足中高档产品的需求，市场占有率不断扩大。CTP设备装机量中，仅国内科雷一家装机量已达1112台，占全部装机量的20.2%；2011年CTP设备装机增量中，科雷占632台，约占全部增量的30.8%。

与此同时，国产CTP版材和国际品牌在我国生产的CTP版材也取得了长足发展。国内的乐凯华光、成都新图、康尔达等10余家的CTP版材已经批量生产。国外的富士胶片和柯达公司的CTP印版也已经于2007年在我国生产。

据中国印刷及设备器材工业协会印刷器材分会统计，2011年我国本土生产的CTP版材为1.78亿平方米。国内CTP版材，特别是国内品牌CTP版材的批量生产，促使CTP版材价格不断下降。

2.数字打样的发展

随着CTP的发展应用，数字打样逐步发展起来。目前，数字打样在商业和出版印刷领域应用相对较广泛，因为专色和金、银色打样还没有完善的解决方案，因而在包装印刷领域应用较少。

打样分硬打样和软打样两类。目前我国应用硬打样较多，包括蓝图打样、折手打样（版式打样）、彩色打样、网点打样、机械打样。软打样是在显示屏上显示上道工序或产品的结果，并且可以通过互联网实现远程软打样。软打样是数字打样的发展方向。我国部分印刷企业（如广东中华商务联合印刷有限公司）已经开始采用远程软打样进行国际印刷业务往来，它可以瞬时完成样张的传递，对缩短印刷生产周期、减少重复劳动、降低成本、提高效率和效益有显著的优势。

数字打样需要数字打样机、显示器、测量设备和各种软件系统。目前，我国所用的数字打样设备和软件基本上是国外产品。我国的北大方正在国内率先推出了基于方正世纪RIP的数字打样插件。方正写真V4.0商业版是一款RIP后的真网点数字打样软件。

3.数字化工作流程

基于CIP3/PPF、CIP4/JDF的数字化工作流程的重要意义在于它把印前、印刷、印后和管理无缝衔接起来。数字化工作流程在我国的应用是从实现数字化制版、拼大版开始的。而后逐步实现PDF输出、数字打样、数字化印刷、数字资产管理，最终实现整个工作流程的数字化。我国一些先进的印刷企业已经开始在整个印刷过程应用数字化工作流程，并取得良好的效果。如北京雅昌应用数字化工作流程后，印刷工作效率提高了20%，纸张浪费降低了15%。他们总结数字化工作流程的优势有：优化流程，提高效率；节约成本，节省人力；降低对操作经验的依赖，实现整个工作流程的标准化和统一，提高了印刷质量；实现管理数据化，便于管理决策。

目前，我国有相当部分的印刷企业主要是在印前应用数字化工作流程。一般是在引进CTP设备的同时，引进数字化工作流程，应用也是以CTP设备为中心的数字制版流程。

从长远看，实施数字化工作流程是印刷企业的必然选择。它可以优化生产和管理，并把两者密切结合，提高效率和质量。推广和全面应用数字化工作流程，还有很长的路，因为全面应用数字化工作流程是需要一定条件的。

首先，印刷企业内部各工序必须标准化、规范化、数字化，企业的管理模式必须适应全面数字化工作流程。

其次，设备必须具备一定的条件，如必须具有数字化制版设备，印刷机和印后设备必须具有接收印前数据的接口及必要的设备内部执行、反馈和自动调整系统等。如胶印机要能接受纸张数据的预设，必须具有接收纸张数据的接口和给纸机、收纸装置和印刷机组相关部位的自动执行、信息反馈和调整机构；要进行供墨的预设，必须具有接收墨量数据的接口和供墨系统的自动执行、反馈和调整机构；要进行色彩控制，必须具有接收标准墨色的接口和实时检测实际印刷色彩的装置，并有对比两者差异，根据差异计算调整油墨供给量（如墨键调整量）和具有自动调整供墨量的机构；同样，要实现自动套印、纸张翻转、自动上版、各种快速转换，都必须有相应的接口和相关执行、信息反馈和调整机构。同理，印后设备，如折页机折页、三面切书机的自动裁切，都必须在相关设备上有接收印前数据的接口和相关执行、信息反馈和调整机构。

第三，企业外部必须具有良好的网络环境和网络条件，有可靠的信息源和信息流，以及诚信、成熟的客户、出版商、发行者和设备器材供应商等。

目前，很多方面还不具备这些条件。实现这些条件仍然需要时间。因此，数字化工作流程的实施将有一个过程，只能逐步发展。在我国全面实施数字化工作流程将是一个长期的过程。

4.色彩管理

色彩管理的重要性已经引起印刷企业的重视。一些印刷企业已经购买和开始应用色彩管理软件，但目前应用大都是数字打样方面的色彩管理。色彩管理的大部分功能还没有应用，如RGB色彩管理、CMYK色彩管理、色彩转换、色彩检测、油墨优化等功能应用较少。

要达到显示器屏幕色彩和印刷品色彩一致（所见即所得），需要解决多方面的问题。首先，必须有高品质、高可靠性和高稳定性的显示器；显示器应该能够覆盖印刷颜色的复制范围，能够准确、稳定地模拟印刷品的颜色。其次，解决由于显示器和印刷品的呈色原理不同，造成“质感”上的差异。第三，解决显示器的差异、观察条件的差异、印刷过程中色彩控制的差异等。

在印刷机上推广应用闭环的色彩控制系统，是保证印刷品色彩和原稿的一致性的重要环节，但目前大部分印刷设备都没有闭环的色彩控制系统。色彩管理是提高质量、提高效率的保证。色彩管理贯穿于印刷全过程，是一个系统。只能积极创造条件，循序渐进，逐步发展和完善。

四、印刷设备和印刷器材有了很大发展

60多年来国产印刷设备、印刷器材几乎从无到有，目前，常用印刷设备、器材品种基本齐全，并且基本实现了印刷设备、印刷器材水平从低档到中高档的转变。印刷设备还实现了由单色到多色的转变；从基本依靠进口到除部分高档印刷设备和器材外国产化基本满足国内需求的转变。随着胶印设备和器材的发展，技术水平的不断提高，印刷企业中国产和进口胶印机的增加，胶印所占印刷市场的份额也大幅度增长。目前我国的书刊印刷和报纸印刷几乎100%胶印化，包装印刷中胶印约占50%左右，估计胶印印刷约占我国印刷业市场份额的80%左右。凹印、柔印、网印、数字印刷及其设备、器材也都

有很大发展。

1. 印刷设备和器材品种基本齐全，性能大幅提高

根据国际上主流印刷技术的发展，我国印刷设备和器材结合国情，不断推出新产品。到目前为止，印刷设备的胶印、凹印、柔印、网印设备及与之相配套的印刷器材品种基本齐全，性能、质量大幅提高。如单张纸胶印机，从八开到全张、从单色到多色，品种规格基本齐全，可以批量供应市场；中档实用机型可以满足国内市场需求并有出口；超大规格（如幅宽1620mm）和特殊规格的单张纸胶印机也已经可以批量供应市场。单幅卷筒纸胶印机中，报纸机、书刊机、商业机的品种和最常用的主要规格基本齐全，部分产品性能、质量已经达到和接近国际先进水平；中档实用机型可以满足国内市场需求，近年来出口量大幅增长。凹印机、机组式窄幅柔印机，可以批量生产，基本可以满足中高档市场需求并有出口。CTP设备不仅可以满足国内中高档市场需求而且出口量不断上升。喷墨印刷设备已经批量生产和销售。

与印刷工艺相配套的印刷器材，基本可以满足需要并有出口。如与胶印工艺配套的PS版和CTP版，不仅可以满足国内需求，而且出口量很大，PS版已经行销世界上100多个国家和地区。

2. 印刷速度大幅提高

速度是印刷设备水平和效率高低的重要指标，经过60多年发展，我国印刷设备的速度大幅度提高。如我国的单张纸胶印机的速度已经达到18000张/时，比20世纪50年代提高7倍。卷筒纸胶印机的速度也同样有大幅度的提高，与20世纪八九十年代比，我国的书刊卷筒纸胶印机的速度由25000张/时发展到35000张/时。单幅报纸小滚筒卷筒纸胶印机（小型机）的速度由25000～30000张/时发展到40000～45000张/小时，并正向70000张/时的世界先进水平挺进。单幅报纸大滚筒卷筒纸胶印机（中型机）的速度由35000～45000张/时发展到70000～75000张/时。我国的第一台商业卷筒纸胶印机的速度是30000张/时，现在已经发展到40000～45000张/时。凹印机、柔印机的印刷速度已经达到400米/分左右的水平。部分印后设备的水平已经达到或接近世界先进水平。随着印刷设备和印后设备速度的提高及印刷器材的发展，印刷企业的印刷效率也都相应提高。

3. 印刷设备产品水平不断提高

（1）无轴传动发展迅速。无轴（电子轴）传动技术是20世纪80年代末、90年代初出现的新的传动技术。20世纪90年代后期，逐步广泛应用于各类卷筒纸印刷机和部分其他印刷设备上。

我国的主要印刷设备制造商及时抓住这一最新技术，用于改造和提升我国的印刷设备水平，取得了明显的进步。如北人、上海高斯、无锡宝南的卷筒纸胶印机；陕西北人、西安航天华阳、中山松德、北人富士、上海紫光的凹印机、表格机等都采用了无轴传动技术并且已经能够批量向市场提供产品。

无轴传动技术的应用和发展，不仅迅速提高了我国印刷机的水平，而且操作方便、废品率下降，出现问题可以由制造商或专家

远程诊断和排除等，给印刷厂带来实实在在的效率和效益。

（2）一批先进实用技术逐步普及。在制定印刷技术发展“28字方针”的时候，提出了用高新技术和先进实用技术改造、提升我国印刷设备的任务。当时明确提出，提高印刷设备自动化、数字化、智能化水平的重点是首先解决国际上先进实用、国内尚不完全过关和应尽快研制的技术，使其实用、稳定、可靠。这些技术主要包括：墨色遥控和预置、酒精润版、水墨平衡、自动套准、印品质量检测和机器故障的显示和调整、半自动和自动上版、无轴传动；单张纸胶印机还有上光烘干、印品规格变化的自动调整；卷筒纸胶印机还有自动接纸机、张力控制系统、高速折页机等。在“印刷多色、高效化”方针指引下，经过十多年的努力，上述先进实用技术，大部分已经在我国的多色胶印机上实现，并且达到了稳定可靠，少数还在积极的研制和试用中。除此之外，还有一些新的发展，如单张纸真空输纸带给纸机的发展，对提高单张纸胶印机给纸的稳定性、可靠性，提高印刷速度起了重要作用。各种单张纸胶印机的连线上光、干燥技术；连线打号、打孔等连线多功能和增值功能装置不断发展和逐步普及；滚筒和墨路系统的自动清洗系统、气动拉规、自动上墨、无接触导纸、纸张自动翻转装置、不停机换纸堆等都可以根据用户需求单独配置。卷筒纸胶印机窄槽卷轴式橡皮布滚筒、窄槽式快速卡版印版滚筒逐步普及；滚筒直径2:3:3的高速折页机以及根据纸张厚度和纸带多少可调整直径的传页滚筒、不停机调整折缝位置、遥控调整存页/不存页转换、智能断纸和塞纸排除功能、自动穿纸等，已经可以批量生产，提供商品。胶印机墨色预置、遥控系统和无轴传动系统的应用，为机器故障远程诊断、排除打下基础。

（3）产品性能、质量大幅提高。由于高新技术和先进实用技术的应用，我国印刷设备的产品性能和质量大幅提高。产品水平已经实现了由低档到中高档和由单色到多色的转变。实现了从基本依靠进口到除部分高档胶印机外基本满足国内需求的转变。

国产印刷设备主要产品的性能和质量大大提高，部分产品已经达到或接近国际先进水平，如中型报纸卷筒纸胶印机、卷筒纸凹印机。多数产品中档实用，中档产品已经能满足国内市场的需求，如单张纸对开、四开和八开系列胶印机，书刊卷筒纸胶印机，小型报纸卷筒纸胶印机，基本上都是国产胶印机。市场新增卷筒纸凹印机、CTP设备、无线胶订联动线等产品的数量已经超过进口量。

国产印刷设备的自动化、数字化、智能化水平和稳定性、可靠性大大提高，功能不断增加，辅助时间和停机率大大降低，如国产多色胶印机的准备时间从数小时已经降低到十几分钟。

产品出口高速增长，虽然现在出口绝对值不多，但增速很快。胶印机特别是卷筒纸胶印机已经是印刷机出口的主要设备。表1是中国印刷及设备器材工业协会统计的我国印刷设备在“十一五”期间出口长情况。

2011年印刷设备出口量又有新增长，达到12.51亿美元，比2010年增长14.1%。

五、转方式调结构，实现科学发展

尽管我国印刷和印刷设备器材行业取得了巨大进步，但由于基础薄弱，我国印刷和印刷设备器材行业的整体水平与世界先进水平比，无论发展规模、发展格局，还是发展方式、发展质量，都存在不少差距。设备的自动化、数字化、智能化水平还有较大的差距，部分产品亟需提高性能和质量，产品的稳定性、可靠性还有待于进一步提高。企业规模小、集中度低，总产值和增加值在国内生产总值和市场份额中所占比重还不大；资源整合程度不高，创新能力不强。金融危机中我国印刷和印刷设备、器材都受到较大影响，充分说明我国印刷和印刷设备、器材抵御风险能力不强。这就更需要加快转变发展方式，调整结构，实现又好又快地科学发展。

加快转变发展方式，调整结构，是实现又好又快科学发展的根本，其实质和核心是解决制约印刷、印刷设备和器材进步的发展方式问题和结构问题。两者相互关联，要统筹推进，有机结合，不可偏废。发展是硬道理，我们应该在发展中转变发展方式、调整结构，通过转变发展方式和调结构促进发展，保持平衡较快增长，全面提升印刷、设备和器材发展的质量和水平。

1.转变发展方式

（1）产品发展的基本立足点是用户效益。产品发展的立足点应该是能提高用户的效益，应该把先进指标和用户的实实在在效益统一起来，这就必须把产品的综合效率、效益放在第一位。综合效率高就是高效、低碳的有机统一。如印刷设备主要是，提高机器的稳定性和可靠性、提高机器速度、降低换活准备时间、提高机器有效运行时间、降低废品率、节能降耗、增加功能扩大使用范围等。因此，必须切实转变产品发展中重速度轻综合效率的思想，切实把产品发展的基本立足点转移到用户效益上来。

（2）切实提高产品的稳定性和可靠性。产品的稳定性、可靠性是提高综合效率的基础，是产品质量的根本所在。稳定性、可靠性差是多年来国产印刷设备和器材的重要问题之一。

解决稳定性和可靠性问题，是一个复杂的系统工程，有设计问题，更有加工制造问题、管理问题、员工素质问题、责任心问题。这些问题不一一解决，提高产品质量、提高稳定性和可靠性就是一句空话。应该抓住主要矛盾，加强企业内部管理，苦练内功，坚持机制创新、管理创新，充

表1　我国印刷设备“十一五”期间出口情况　　　　**单位：亿美元**

年份	2006	2007	2008	2009	2010
出口	5.31	6.14	9.81	5.9	10.96

分调动一切积极因素，降低生产成本，提高产品质量。

（3）长远战略和分步实施。一些企业没有长远发展战略规划和具体的分步实施计划，难免存在决策的盲目性。应该经过认真的调查研究，制定一个符合企业战略定位和发展战略的长远发展目标和分步实施计划。这个战略和实施计划不是一成不变的，应该是不断修正、发展和完善的。因此，企业应该有一个由既懂技术又懂市场发展变化的，有理论和实践经验的，既有战略眼光又善于思考的专门人才（专家）组成的班子，经常关注和研究技术和市场的发展变化。现在有一些企业，对长远发展战略和分步实施计划研究不够，或是人才缺乏，靠老板和少数人决策，往往仓促决策，考虑欠周，付出太多的学费。一个成功企业，往往是善于听取独立董事和相关专家、顾问的意见和建议，并有严格的决策程序。

（4）加大投入提高创新能力。企业的竞争在某种意义上说是企业创新能力的竞争。我国是一个发展中国家，应该承认，我国的印刷设备与国外先进水平比差距还不小。当前自主创新主要还是学习→研究、消化、吸收→自主创新。国外先进印刷设备的发展经验为我们的发展提供了可借鉴的样板，其中每种技术不同厂商又各有自己的特点。我们应该在学习、借鉴和认真研究、消化、吸收的基础上，根据我国和自己企业的特点、条件，兼收并蓄，自主创新。

当前，印刷发展的基本方向是小批量、短周期、高质量、低价格、绿色环保。印刷设备的发展应该适应这种趋势。每个企业，都应该在保证产品基本功能的基础上，不断提高质量，向差异化发展，瞄准企业发展的细分市场，做出自己的特色。产品既要高效、高质，又能灵活适应短周期、小批量。

目前我国多数企业技术创新能力差、科技投入少，科研经费严重不足。德国印刷设备制造商的研发投入占销售额的6%，我国大部分印刷设备制造商研发投入达不到4%，而且我国的印刷设备制造商销售额又低（全国印刷设备总销售额还不如国外一个大企业），研发经费之少可想而知。不加大科研经费的投入，企业创新能力不足，高档印刷设备和器材产能不足的局面就难于改变。企业应该痛下决心，加大科研投入，提高创新能力。

（5）不断提高服务质量改进服务方式。一个企业，不仅要为用户提供性能好、质量佳的产品，而且要不断扩大为用户服务的范围、提高服务质量和改进服务方式，逐步实现从生产制造型向服务型制造转变。国际知名企业都有自己完善的为用户服务体系。如曼罗兰公司一直提倡通过“质量更好，应用更广”来增加附加值，通过“服务更快，效率更高”来提高服务质量改进服务方式，从而提高用户的印刷效益和效率。我国的大族冠华公司提出“销售服务费用是投资”的新理念，成立覆盖全国的售后服务110指挥中心，为客户提供24小时到位绿色快速服务通道，打造金牌服务体系。所有这些都值得借鉴和参考。

（6）加速人才培养。什么事情都需要人去做，现在高素质人才普遍缺乏。无论是企业管理、技术创新和市场开拓，都需要一大批高素质的人才队伍。我们需要职业化的具有战略眼光、有现代化管理思路、善于走新型工业化道路的企业管理者队伍；我们需要一大批具有基础理论扎实、知识面广、善于钻研、不畏艰难险阻勇于和善于创新的科技队伍；我们更需要千千万万具有过硬的技术本领、埋头苦干、认真负责的各级各类的技术工人队伍。我们必须采取有效措施下大力气，通过“走出去”和“请进来”等多种渠道，加速人才培养，以人为本，充分调动和发挥他们的聪明才智、积极性和创造性，这些是我们企业兴旺发达的根本和希望所在。

2.加快结构调整

（1）**企业结构调整**。我国印刷、印刷设备和器材企业结构不合理，大而不强，小而不专。企业规模小，科研力量薄弱，高档设备、器材产能严重不足，低档、落后产能过剩。因此，整合资源，推动企业联合重组，提升先进产能的生产能力和水平，淘汰落后产能，形成技术和市场有优势、高档产品产能大、竞争力强、服务好的大企业或企业集团，是企业调整的重中之重。

在企业结构调整中，企业应该主动调整自己的发展战略和策略，充分发挥市场配置资源的基础作用，提高资源配置效率和利用率。有条件的企业，通过收购、兼并或强强联合，把自己发展成大而强的企业。不具备条件的企业，可以主动向大企业靠拢，以求共同发展，或在某一专业领域做精、做强，成为专业配套企业。在企业结构调整中，政府的引导、推动、指导具有非常重要作用。

经过企业结构调整，逐步形成大、中、小企业成龙配套、社会分工合理、能充分发挥各自优势的、生动活泼的发展格局。

（2）**产品结构调整**。主要是高、中、低档产品比例的调整；数量和质量关系的调整；印刷设备基本功能和连线多功能配置关系的调整；设备速度和综合效率关系的调整；传统印刷设备和数字印刷设备关系的调整；卷筒纸印刷机和单张纸印刷机比例的调整等。

（3）**科研结构调整**。目前我国印刷设备企业的科研经费匮乏，科研设备、仪器和试验条件严重不足，人员配置和素质有待改善。大专院校和科研机构虽然科研资金也不多，但人才和科研条件相对较好，用户有产品实际使用经验。如果把产、学、研、用很好地结合起来，正好可以取长补短，优势互补。因此，产、学、研、用结合是快速提升我国印刷设备水平的捷径。多年来，我们一直在讲产、学、研、用结合，但是收效不大，主要是四者相互独立，谁都没有形成自己真正的科研实力，政府的支持和组织实施缺位。建议由政府或相关行业协会出面，本着公平、自愿、风险共担、利益共享原则，建立充分发挥大专院校和科研机构技术优势、用户经验和企业生产和市场优势，以企业为主体的不同形式的产、学、研、用联合体。根据行业发展需要，对共性技术和关键技术，通过招、投标，公平竞争，落实项目，政府（或通过行业协会）对项目进行管理，并在政策、资金等方面给予支持。

（4）**区域结构调整**。我国印刷、印刷设备和器材的发展及生产能力和经济发展状况类似。东部最发达，西部欠发达。随着西部大开发的进展，东北地区的振兴，西部和东北的印刷、印刷设备和器材也应该有相应发展。一方面，西部、东北的发展自身需要，另一方面，西部地区毗邻东南亚及独联体和东欧国家，东北和东亚国家毗邻，对于我国印刷设备走向世界具有独特的地理优势。

（本文作者为中国印刷及设备器材工业协会技术委员会副主任）

2011年胶印技术及新产品发展综述

韩晓良

2012年1月17日，工业和信息化部、科技部、财政部、国资委联合发布了修订后的《重大技术装备自主创新指导目录（2012年版）》，将2009年列入的4种印刷机械设备，增加并合并修改至6种，除包括多色柔性版印刷机、数字印刷胶装联动线、数字喷墨印刷机、计算机直接制版机外，高端单张纸多色胶印机、高端卷筒纸胶印机仍列在其中。可见在数字化的大背景下，数字印刷设备虽是我国急需自主研发的印刷装备，但高端单张纸多色胶印机、高端卷筒纸胶印机仍是自主创新的重点产品。

胶印机是印刷市场主要的印刷设备，胶印的科技含量、印刷效率、印刷质量和印刷成本仍处于现有各种印刷方式之冠。与胶印同步发展起来的各种印刷器材、印前和印后配套设备，已经成为印刷工业成套供应体系和主要制造业基础，具有举足轻重的地位。胶印涉及的重点印刷领域包括报纸、杂志、教科书、图书文献、包装装潢、广告宣传等，在市场上大批量、高质量、低成本的胶印印刷品无处不在，而且占据着主导地位。在数字印刷、喷墨印刷、直接制版印刷兴起的当代，个性化印刷市场、可变数据印刷市场、短版印刷市场逐步兴起，对胶印带来一定挑战，而胶印不断采用当代科技成果和数字化创新，使这种印刷方式的科技含量继续提升，生产效率不断提高，印刷质量不断精细，而且在提高自动化、数字化、标准化水平方面又取得新的进展。现在不但可以把印前、印刷、印后、管理集成在一起，而且整个印刷过程可以实现高度数字化、自动化，这些都使胶印这种传统的印刷方式再度焕发青春。

一、胶印机新技术创新

胶印机在不同的印刷领域有三种主要的设备类型，包括单张纸胶印机、卷筒纸胶印机和窄幅卷筒纸单面印刷胶印机。单张纸胶印机应用于三大印刷市场：一是用于教科书、图书和文献书刊的双面单色印刷和彩色印刷，适于大批量生产，并与印后设备形成完备的书刊加工生产体系；二是高档包装印刷，如烟、酒、饮料等彩盒包装印刷，近年来又成为大型彩色纸箱印刷主力设备；三是彩色广告印刷，包括街头彩色图片、产品样本和大型彩色广告等。

另一类设备是卷筒纸胶印机，也应用于三大印刷市场：一是报纸杂志印刷，发行量在十几万，乃至上百万份的报纸，采用相适应的设备配备几个小时就可以完成印刷；二是大批量的黑白和彩色教科书和图书文献印刷，满足科学、教育、文化和宣传等方面的印刷需求（小批量书刊印刷用单张纸胶印机完成）；三是商业彩色铜版纸印刷，商业卷筒纸胶印机是一种高效、高质量印刷设备，适应电话号码簿、高档报纸和期刊的彩色印刷，已经成为印刷市场发展的重点设备。

第三类设备是窄幅卷筒纸单面印刷胶印机，主要类型有PS版不干胶标签印刷机、窄幅商业轮转印刷机、表格印刷机等，这些设备改变了传统的凸印、柔印的不干胶标签印刷工艺。在国内已经有多家企业制造这些设备，这是胶印在原来的基础开发的胶印新领域，这类设备在标签、表格、票证等商业印刷领域占有一席之地。

以上三类设备在2011年涌现多项新技术并得到推广应用。

1.独立驱动技术得到拓展

独立驱动技术的核心是用伺服电机直接驱动印刷滚筒，取消了各机组间的长轴和齿轮箱连接，结构大大简化。同时，在驱动器和控制器的控制下，使印刷速度的设定、张力控制、套准、水墨平衡、匀水、匀墨、墨色控制、同时上版等作业迎刃而解，使操作脱离传统的手工作业，设备智能化、数字化水平大大提高。

到目前为止，卷筒纸报刊胶印机已经采用这项技术，书刊和商业卷筒纸胶印机因印刷质量和成本的原因还没有采用；窄幅卷筒纸单面印刷胶印机中，包括窄幅轮转胶印机和PS版间歇式不干胶标签印刷机已全部采用这种技术。单张纸多色胶印机仅部分机组和功能实现独立驱动，如水墨系统采用独立驱动技术，继续拓展是技术创新的方向。国内已经有配套企业开始制造独立驱动的输纸机，有少数企业也在制造与输纸机分离的单张纸胶印机。

独立驱动相关软件技术国内尚无厂家提供，主要依赖于与国外企业的合作，如德国的博世力士乐、伦茨、西门子、包米乐，日本的安川等公司。这项先进技术从2004年开始在我国进入应用阶段，目前北人股份、上海高斯、江苏宝南三家企业采用这项技术开始批量制造中型和小型卷筒纸报纸胶印机。

独立驱动技术的应用不但使各种运动功能实现数字化，同时还解决了各印刷色组同时换版的问题，减少了辅助时间，提高了效率。窄幅卷筒纸单面印刷胶印机，新产品在试制阶段已经普遍采用独立驱动技术，并且一次试制成功。如在2011年上，威海印机推出MIN330 PS版不干胶标签印刷机就是一个成功的范例。

2.自动化技术得到提升

卷筒纸胶印机是自动化水平最高的印刷设备，尤其是报刊卷筒纸胶印机在参数设置、操作、运行状态、故障显示方面已经实现自动化，设备的稳定可靠性大幅提高。

自动上版、纸卷输送、自动接纸、残纸卷输出、集中供墨、集中润滑、联线广告插页和打包打捆等操作都有成功的先例，可以根据用户需要进行拓展。对于大批量印刷市场，卷筒纸胶印机是最有前景的印刷设备，除报纸、书刊以外，商业印刷的需求在增长。然而，我国商业卷筒纸胶印机仍处在小批量生产阶段，到目前为止，仅克服传统的直流调速方式，取而代之的是变频调速，还没有实现主传动的独立驱动方式，而窄幅的卷筒纸单面印刷胶印机已经实现独立驱动技术，实现数字化改造。另外，报刊、杂志和书刊是双面印刷，包装印刷主要是单面印刷，要适应包装产品就需要印刷后复合。这就要求商业卷筒纸胶印机能够实现单面彩色印刷要求，同时还要求设备具有裁切单张纸或复卷收纸功能，从而扩大适应范围。如能进入包装印刷业，商业卷筒纸胶印机的市场将会继续拓展，这也是我国卷筒纸胶印机自主创新的方向。

单张纸多色胶印机在自动化创新方面，有的企业在新设计的机器上，实现自动上版、自动洗橡皮布、印版对角调整等功能，进一步提高了设备的自动化水平。多数企业还实现半自动上版、墨色遥控、多色印刷、连线UV上光、专色印刷、故障显示等自动化功能。

3.数字技术得到普及

我国卷筒纸胶印机已经实现独立驱动，但还没有设置数字化接口，原因是卷筒纸胶印机适应纸张的幅面单一，没有纸张预置的问题，因此没有受到企业的关注。但是印前制版中包括的墨色还原信息和墨色调整信息还是要从数字接口传递，如果设置数字接口，还是会减少印刷辅助时间和纸张的浪费，在这方面还需要企业继续努力。

为保证印刷宽度内墨色转移准确，通常靠手工来调整数十个墨钉，控制墨斗板与墨斗辊的间隙来调整墨量。这种调整方法既费时又影响印刷质量，尤其在多色胶印机更是耗时费力。采用墨色遥控技术的原理是将墨斗板设计成琴键式，每个独立的墨键用微型伺服电机控制，这样在控制台上就可以设置墨量，而且对某种印刷品的墨色设置可以储存，省掉印刷品更换时的反复调整，使调整墨量数字化。这项技术在各类胶印机上都可以实现，国内有两家企业提供配套服务，国家也出台进口这种装置的免税政策，现在多数制造企业根据用户要求，以选择配置方式为用户提供服务。

国内多数制造企业生产的单张纸多色胶印机还没有设置数字化接口，印前的制版信息还需要手工进行调整和设置，不但占用大量的辅助时间，而且重复调整和设置还会带来调整和墨色还原的误差。当前，迫切需要解决的机器功能有自动纸张调节功能，包括输纸机、收纸机、叼纸牙排、前侧挡规的纸张预置、墨色还原自动调节功能等。只有具备这些功能，数字化接口才有意义。当然，在完成硬件设计的同时，还要完成软件设计，利用RIP软件使印前和印刷相互兼容，做到印前制版信息快速输入印刷机。

单张纸多色胶印机在数字化功能的设置上有了新的进展。江苏昌昇集团制造的CS1020单张纸多色胶印机，已经设置了数字化接口和纸张预置系统，减少了印刷机的调整环节，成为国内用数字化技术改造传统设备的第一家企业。

潍坊华光精工推出的数字化工作流程已经将桌面系统—输出设备—CTP设备—墨

色遥控等过程做到数据共享、集中控制，大大缩短了印刷周期，提高了印刷效率和质量。这家企业已经可以制造多种CTP设备和印后装订、模切设备，形成从印前、印刷到印后的一体化服务。

4.采用国际标准意识得到强化

随着改革开放继续推进，不少企业产品欲打入国际市场，其先决条件是执行国际标准，尤其是新开发产品开始执行国际安全标准，克服经过CE认证再整改达到国际安全要求的设计过程。江苏昌昇集团的一台大幅面单张纸多色印刷机，在国内率先安装符合国际安全标准的光电安全保护装置，杜绝在收纸环节发生安全事故的危险。

最近，国家标准化管理委员会发布GB/T 27960-2011《以太网POWERLINK通信行规规范》标准，这意味着POWERLINK这一全球范围广泛使用的通信技术得到了中国官方的认同和支持，并在全国范围内推荐使用。POWERLINK是国务院批准的我国第一个工业以太网推荐性国家标准，POWERLINK只是一个软件，对于任何一个以太网硬件产品都适用，具有广泛的开放性。这项标准将原来设备的集中控制或分组控制，转化为综合控制，现在综合控制世界纪录已经达到728个轴，控制精度达到1/400毫秒，可以集成相关的电器设备。这项标准已经在北人集团公司所属的两家企业采用，提高了产品控制的技术水平。

二、产品品种创新

近年来，在包装印刷市场快速增长的推动下，胶印设备品种快速拓展，一批适应包装印刷的胶印设备诞生。印刷机制造企业为立足印刷市场和市场竞争的需要，也在不断地细化胶印机产品规格，不断有新产品问世，印刷设备规格品种不断发展。为了适应新的市场，窄幅单面印刷胶印设备新产品开始推向市场，这种设备利用成熟的产品配套技术和人才优势有一批新产品诞生。

1.单张纸多色胶印机品种拓展

我国单张纸多色胶印机已经取得了很大进展，尤其在中小幅面的多色胶印机市场占有率已经超过进口（指设备数量），每年产销量超过千台。2011年各种规格的单张纸多色胶印机销售量达到1485台，代表企业有北人股份、江苏昌昇、上海光华、中景集团、青岛瑞普、威海印机、潍坊华光精工、辽宁大族冠华、潍坊东航等企业。国产单张纸多色胶印机市场需求旺盛，自动化和数字化创新空间广阔，其发展前景已毋庸置疑。虽然对开和大幅面产品国产化已经实现，但产品的技术水平还有待进一步提高。

国际印刷设备制造商为适应包装印刷的技术要求，推出750mm单张纸多色胶印机，这种新规格的设备适应印刷纸张厚度扩展到0.8～1mm。还有的制造商推出1850mm的超全张规格印刷机组，继续占据大幅面印刷设备的领军地位。江苏昌昇集团已经进入高端印刷设备制造领域，不但推出印刷速度为15000张/时的对开多色胶印机，还推出1180mm、1300mm超对开幅面适应包装印刷的多色胶印机。最近江苏昌昇集团还创新开发对开六色和串接式对开双面八色胶印机，填补了国内的空白。河南新机也推出1180mm、1300mm、1420mm的多色胶印机，并号称已经能够开发1620mm大幅面多色胶印机。

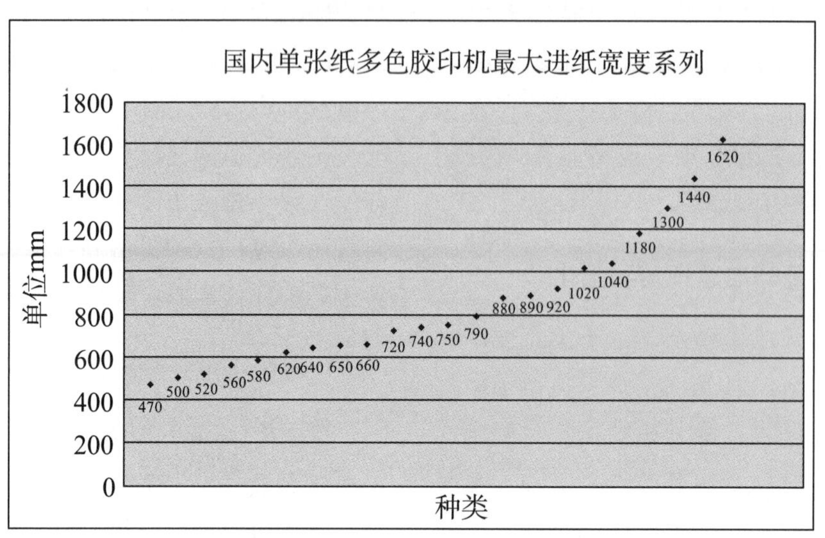

图1 国内单张纸多色胶印机品种规格

上海光华一改四开650mm、对开1020mm传统规格的单张纸多色胶印机型谱设计，推出一台750mm规格的多色胶印机，成为我国开发这种规格设备的第二家企业（第一家是北人集团第二印刷机械厂），威海印机批量供应包装市场需求的920mm幅面的多色胶印机，成为小胶印企业转型后制造最大幅面的企业；潍坊华光精工推出了790mm的多色胶印机产品；中景集团公司最近也推出了这种规格的设备；辽宁大族冠华收购日本筱原以后，将会扩展类似规格的设备，这些印刷设备对包装印刷业的发展将产生较大的影响，国内制造的单张纸多色胶印机品种规格见图1。

2.卷筒纸胶印机品种拓展

卷筒纸印刷重点设备指的是宽幅卷筒纸胶印机，主要规格是787mm书报两用卷筒纸胶印机和880mm、890mm的书刊和商业卷筒纸胶印机。卷筒纸报刊胶印机创新主要表现在将卧式结构改变成立式结构，印刷速度的快速提升，中型印报机印刷速度达到75000张/时，已经达到国外设备的技术水平，并且在数字化方面有大幅的进步。近几年，新产品推出主要是商业卷筒纸胶印机和窄幅单面印刷的不干胶印刷设备，双幅面的大型报刊印刷设备国内还没有企业生产，主要依赖进口。

2011年威海印机开发的WIN330不干胶标签印刷机在展会上亮相，该设备适应了当前及未来标签印刷机发展的潮流，将当今最成熟的印刷方式与快速增长的不干胶标签需求结合起来，进一步推动标签市场的兴盛。WIN330不干胶标签印刷机，采用先进的独立驱动技术，同时还利用进口伺服控制、定位、套准及变频调速技术提高设备的技术水平。该设备的加工业务范围涵盖药品、食品、保健品及物流超市等众多领域，必将极大地提升标签印刷企业的业务实力，进而替代进口。

制造这种设备的厂家还有浙江炜冈、山西太行天泽、青岛瑞普、瑞安中天、潍坊东航。

国产卷筒纸胶印机品种规格见图2。

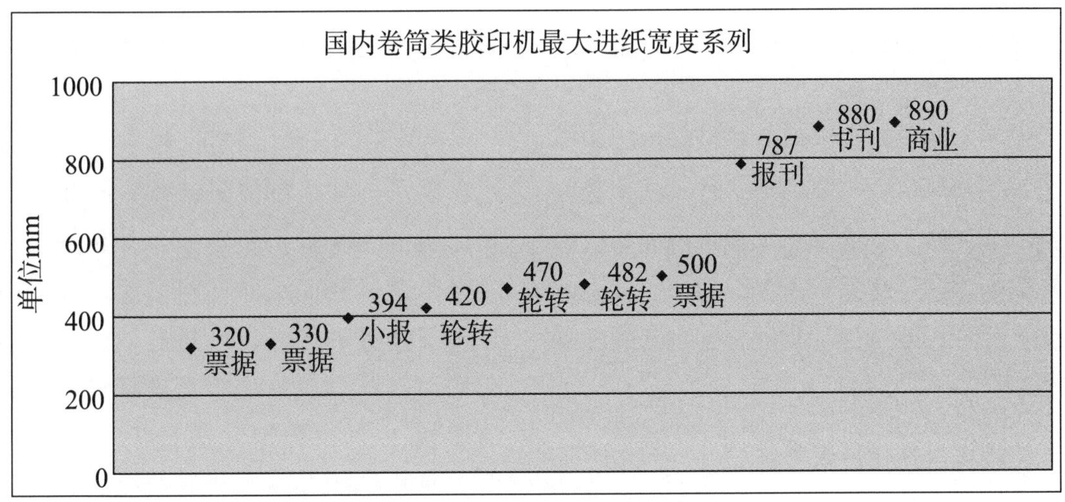

图2 国内卷筒纸胶印机品种规格

3.2011年鉴定的新产品

国家和地方政府加大对企业自主创新的支持力度，一批支持项目通过验收，如威海印机制造的WIN520、WIN560、WIN920单张纸多色胶印机通过技术鉴定、江苏昌昇集团的小全张多色胶印机自主开发项目通过技术鉴定（见表1）。

表1　两家企业的产品通过鉴定

企业名称	产品名称	型号	规格	鉴定时间
威海印刷机械有限公司	单张纸多色胶印机	WIN520 WIN560 WIN920	最大纸张520mm、560mm、920mm，最大印刷速度13000张/时，	2011年7月20日
江苏昌昇集团公司	单张纸多色胶印机	CS118—4	最大纸张1180mm、最大印刷速度15000张/时	2012年3月10日

三、胶印设备创新方向

《重大技术装备自主创新指导目录》提出的自主创新要求，代表现代国际水平，也反映了国内制造设备的差距，可指导企业自主创新去改变这种现状。

高端单张纸多色胶印机中，对开单面多色印刷速度大于16500张/时，双面多色印刷速度大于13000张/时，全张幅面多色印刷速度大于13000张/时，套印精度0.025mm。现在国内只有三家企业制造的单张纸多色胶印机速度达到15000张/时，离创新要求还有差距。要求大型报刊印刷机印刷速度150000张/时，印刷幅面1562mm，这种设备国内还是空白。

要求商业卷筒纸胶印机印刷速度7m/s，要求略高于国内制造设备的水平，这种设备国内虽然可以生产，但自动接纸机、烘干箱、冷却机组等配套机组依赖进口，整机进口仍占较大进口份额。

国外对开单张纸多色胶印机最高印刷速度已经达到18000～20000张/时，试验速度达到22000张/时，全张单张纸多色胶印机最高印刷速度已经达到17000张/时，因此国内高端产品在“十二五”期间自主创新的任务仍很艰巨。

1.联机自动化技术差距

胶印设备自动化技术创新包括几方面内容，一方面是设备机械传动系统的自动化改造。传统印刷设备的自动化改造主要表现在设备本身的驱动系统和操作系统，也就是独立驱动技术或数控技术的应用。独立驱动技术已经成熟，高精度的编码器控制同步误差达到0.03mm以内，伺服电机的旋转精度达万分之一转，伺服驱动器可控制到百万分之一转，这样高的精度完全可以满足印刷质量的要求。另一方面是通过文件格式的标准化，使印前、印刷、印后等相关设备的制版印刷信息实现数字化传递，省掉后续设备的数据重复调整，实现数字化的后续传递，节约了后续调整时间和调整误差，提高了效率和质量，实现整个印刷过程设备数字化连接。在机直接制版数字印刷机的应用，使胶印机成为真正的数字印刷机，使胶印机成为个性化、可变数据、短版印刷设备，我国企业还没有进入这个领域。

国际胶印设备主要制造企业在开发无版数字印刷设备的同时，胶印设备在当代数控技术、光纤技术、总线技术和网络技术等技术发展带动下，积极嫁接高新技术，不断提高自动化水平，在数字化方面取得突出的进展，胶印已经融于数字化设备行列。

在设备自动化创新过程中，印刷设备还出现了一些世界先进技术。一是卷筒纸胶印机的无扎针折页新技术，传统折页技术纸带通过卷筒纸胶印机多组印刷以后，进入三角板进行一折，折叠以后再进入裁切和滚动折页。为使折页连续进行，纸带由滚筒上的扎针带动进行下一张纸的折页。有扎针的存在，势必产生扎针孔和纸屑，这样不但会造成粉尘污染，对于书刊印刷还会造成纸张的浪费。另一项是卷筒纸胶印机无缝滚筒技术，如果印刷机滚筒上存在版口，在印刷过程中容易产生振动和冲击，不但产生90分贝以上的噪声，还会对操作人员的健康产生威胁，而且影响印刷品质量和机器的寿命。采用无缝滚筒，就要求印版的形状是圆筒状，胶印机的结构要求实现直接从一端轴向将圆筒状的印版装入，国外已经采用这种技术。国内企业学习国外经验，仅在卷筒纸胶印机上采用窄缝滚筒技术，也较好地解决了这个问题。

商业卷筒纸胶印机不同于一般卷筒纸胶印机，主要特点是可以对铜版纸进行高质量的彩色印刷，在印刷质量接近单张纸多色胶印机的前提下，印刷效率却大大提高，因此有较好的市场前景。为达到高质量印刷目的，这种设备不但包揽卷筒纸胶印机的全部科技成果，还采用了当代最新科学技术，如自动套印、二次张力控制、纸带调偏、零速自动接纸、联线烘干冷却、联线上光、墨辊温控和与印前制版信息共享的数字化接口技术等，这种设备已经成为我国进口的重点设备。

国外独立驱动技术在单张纸胶印机还没有全部实现，其主要原因是印刷滚筒不但要负责墨色转移的整个过程，还要负责纸张传递的过程，同一条传动系统使两项功能完全结合。这与卷筒纸胶印机不同，卷筒纸胶印机印刷和纸带传递由两个系统来完成，即纸带在给纸和收纸系统独立控制，只要张力控制稳定，滚筒线速度跟踪纸带线速度达到同步就可以实现印刷。

国外厂商在可能的范围内单张纸胶印机还是开始采用独立驱动技术，如已经在输纸机与主机传动链分离、印刷滚筒伺服电机驱动、取消输纸台两个侧拉规、供水、输墨等独立驱动，但纸张交接过程仍是一条齿轮系统传递全过程。独立驱动技术的应用使输纸机实现独立驱动，省掉了在用户安装现场与主机连接操作，速度跟踪主机实现数字化。取消两侧拉规后，纸张的横向位置实现伺服控制。

近年来，联机翻转双面多色印刷、联机专色印刷、UV上光印刷、冷烫印、印品检测、卷筒纸裁单张纸印刷和联机喷码印刷都已经实现，使单张纸胶印机的功能和适应性不断扩大，尤其是数字化和自动化功能逐步提高，单张纸胶印机仍然是向中国乃至世界出口的重点设备。曼罗兰在中国（广东）国际印刷展览会上推出印品检测机构，将收集到的不合格品信息发送到收纸机，并对不合格品分离。

2.墨路结构的差距

国际上最近涌现一些新技术创新，如网纹辊短墨路输墨装置、无墨区供墨系统、数字供墨系统、印刷质量监控、冷热烫印连线加工和高精度零件精细加工等。采用柔性印刷网纹辊的输墨方式，省掉了传墨系统，将墨辊的数量最终减少到了1根，既节约了材料，又使设备结构得到简化。目前，网纹辊短墨路输墨装置已经在高宝的无水印刷设备上使用，安装网纹辊的设备有Genius52UV、利必达74Gravuflow、74KaratDI，还有海德堡Cortina无水印刷设备，其环保性能大大提高。海德堡的高级温控系统进行墨量调整，由于不需要输墨设置，作业准备时间缩短了40%，开机废张减少90%以上，实现绿色印刷要求，这些装置作为速霸SM52胶印机的选配组件，预计还会在其他产品上拓展。高斯推出的数字供墨系统，已经应用于M600商业卷筒纸印刷机，这款设备的输墨装置使用高精度、低扭矩、直线型齿轮泵输送，并达到独立的数字控制，实现墨斗精确计量油墨脉冲，系统通过改变数字脉冲输出完全可预测油墨量，根据图像密度改变油墨流量，系统的精度可实现以0.1%的增量调整油墨流量，这种特性能够更好地控制较小图像。

3.数字化技术的差距

CIP4、JDF是印刷过程文件格式标准，已经成为国外印刷设备制造企业共同遵守的准则，这些标准造就从印前、印刷和印后加工信息的数字化传递，不进入这个体系，就意味着设备制造的边缘化，或孤岛效应的产生。在这方面，国外制造企业已经成立联盟，而国内印机制造企业刚刚意识到这个问题的严重性，只有少数企业声明执行这些文件标准。

数字化工艺流程是印刷业自动化发展的方向，印刷品从制版到印刷，再到印后

（下转232页）

2011年凹印技术及新产品发展综述

许文才

凹版印刷工艺印制的印品墨层厚实、层次清晰，在包装印刷领域有着其他印刷方式不可替代的独特优势，在我国折叠纸盒和软包装等印刷领域占据重要地位。

随着市场需求的变化和人们生活水平的不断提高，包装印刷业增长快速。2010年我国包装印刷产值5238.9亿元人民币，占全国印刷总产值7706.5亿元的67.99%（据新闻出版总署统计数据）。包装印刷龙头骨干企业已成为我国印刷业的主力军，2011年中国百强印刷企业中，包装印刷企业49家（还未包括像黄山永新以凹印为主的软包装印刷龙头企业，也没有包括像贵联控股、深圳科彩、汕头东风和深圳劲嘉等以凹印为主的折叠纸盒印刷龙头企业）、混合印刷业务企业36家。

从近两年国产凹印机的技术发展与应用来看，以下三个方面更为突出。

一、独立驱动技术成功应用，整机性能显著提高

老式凹版印刷机的传动特点主要是压印

（上接231页）

的加工，整个过程的设备调整有共同的信息，这个信息流代表了数字化水平，国外已经通过文件格式标准，将印刷过程的设备联系在一起，这些印刷信息通过数字接口实现设备的自动调整，使印刷效率大幅提高，我国要尽快执行这些标准，加快全面数字化的进程。

已经问世超过15年的在机直接制版印刷机，受到数字印刷机的冲击已经失去往日的风采，但这种设备的创新理念和胶印设备的数字化方向，仍然有着普遍的意义，当年有不少国外企业进入该领域。今天CTP技术已经普及，免冲洗CTP版材已经问世，下一个纯数字化的胶印设备应该有我国的身影，只要勇于自主技术创新，相信胶印机的数字化设备将会出现。

（本文作者为全国印刷机械标准化技术委员会顾问）

滚筒的齿轮带动印版滚筒的齿轮，形成同步转动；印刷品的重复周长与齿轮的节距相同。而现代凹版印刷机的传动特点主要有两点：1.电机独立驱动印版滚筒，不仅解决了印刷产品重复长度受齿轮节距限制的问题，更换不同周长的印刷产品时，不需要更换齿轮，可实现无级连续可选的印刷长度；2.独立驱动不需要机械传动轴和套准补偿辊机构，机械零部件减少，料带长度缩短，有利于提高印刷质量、印刷速度和生产效率。

独立驱动凹印机的特点主要有：1.每个印刷单元由一个电机独立驱动印版滚筒；2.在印刷过程中实现纵向套准；3.依靠步进电机移动控制横向套准。独立驱动技术的应用，不仅仅是传动方式的变化，凹印机的整体性能也得到了显著提高，在满足高速印刷要求、减少废品率、提高套印精度、缩短准备时间、提高工作效率、满足多种软包装生产和短版市场要求、降低噪音、环保、健康和安全操作等方面，显示了电子轴凹印机的特点和优势。

老式凹印机传动系统的预套准是通过浮动辊（调整补偿辊的位置）改变色组间料膜长（移动膜料）来实现的，操作烦琐，浪费时间；而电子轴传动系统的预套准是通过数字式伺服电机控制相位来调整印版滚筒的相位（转动印版滚筒）来实现的，操作简单、损耗少。电子轴传动无补偿辊装置，每个单元穿料长度可减少1.2m，对于10色凹印机，原料损失可减少12m。“无间隙传动”是电子轴凹印机设计的关键，采用独立（直接）驱动方式，可以提高传动精度和反应速度，用带轴印版滚筒代替无轴装版方式，优化伺服电机的受力状况，保证传动精度，延长传动部件寿命。

陕西北人、中山松德、西安航天华阳、宁波欣达等国产凹印机制造龙头骨干企业推向市场的新产品均采用了独立（直接）驱动技术，整机性能和生产效率显著提高，得到了纸凹印和塑料软包装凹印企业的好评，改变了国产传统凹印机低速、高耗能、高污染的现象。

陕西北人自主研发的FR300ELS电子轴高速凹印机，采用贝加莱伺服驱动与控制系统，配有套筒式压印胶辊、腔式刮刀装置、自平衡式水平摆辊、气动加压离台、自动套准跟踪系统，可缩短更换时间、提高检测精度和套印精度；以“节约总时间、降低总损耗”为目标，满足EHS（环境、健康、安全）等国际标准要求。控制方面的关键技术主要有：1.针对传统凹印机套色控制系统通过机械补偿装置改变印刷单元薄膜位置进行图案套准造成反应慢、废品损失大等问题，研发了基于伺服系统技术，将光电套准与无轴传动有效结合的一体化控制系统，凹印机每组印刷单元独立驱动，无机械传动链、无补偿装置；机器结构紧凑，减少基材的穿膜长度；套准系统与驱动集成在一个控制系统上，减少独立的两个系统之间的通讯环节；消除了两个系统之间的干扰和信号传输故障。控制快捷和高效，以3～5个图案长度实现套准。2.针对传统凹印机张力控制系统检测精度和自身调节迟滞，微小张力检测不到，当检测到较大张力变化时，执行器调整幅度较大，容易引起系统张力振荡等问题，研发了牵引双张力自动闭环控制及DANCER稳定系统。在DANCER张力系统之后增加一级张力传感器检测，很小的张力变化传感器提前感知，将信号传输到PLC控制器，PLC将信号传输到执行机构提前调整避免较大张力波动出现。放料牵引张力的检测及控制精度由0.5kg提高到0.2kg，整机套印精度由±0.15mm提高到±0.1mm，印刷效率及成品率提高，降低生产废品损耗40%左右。3.针对用户使用凹印机发生故障停机时，需要派工程师到用户处去排除故障，生产管理纸质流程单操作效率低等问题，研发了远程诊断与生产管理系统，使用互联网技术，通过工程师站对远端PLC站进行访问，实现对用户机器即时诊断与故障处理；减少了工程师到客户服务的时间和费用，减少了客户因停机等待所带来的经济损失；实现生产任务的快捷下达和管理，对印刷机信息监控记录浏览。陕西北人在承担科技部“十一五”国家科技支撑计划“高档凹版印刷机的攻关与开发”课题的基础上，又主持了国家科技部数控一代机械产品创新应用示范工程项目“环保型卷筒料凹版印刷机攻关与开发”课题。AZJ系列（FR300型）无轴传动机组式凹版印刷机，印刷速度为300～400m/min。2011年该项目荣获中国包装总公司科学技术一等奖、2011陕西省专利奖励二等奖。

中山松德自主研发的软包装SAY-F型高速凹版印刷机，整机采用西门子全伺服驱动与控制、数字化控制与适时显示，最高印刷速度达400m/min。折叠纸盒凹印生产线是松德公司推向市场的新型生产工艺，集印刷、连线冷热烫印、C平方转移为一体。冷烫采用连续方式，烫印膜可重复利用；热烫印采用跳步工作方式，烫印膜可一次性生产；C平方转移工艺是通过压纹转移膜与有UV涂层的纸张复合，通过UV干燥后再剥离达到激光效果，压纹转移膜可重复利用多次。

西安航天华阳于2011年正式推出的“欧霸”系列高速纸张凹印机，采用全伺服电子轴控制系统、零速对接料系统、全自动跟踪套印、版辊小车等，走纸路径简捷，可实现反向印刷和快速换单。最高印刷速度280m/min，套印精度±0.10mm。

宁波欣达研发的电子轴传动凹印机，采用博世力士乐伺服传动与控制系统、在线质量自动检查系统、一键式套准记忆功能、屏幕触摸操作等，承印材料更加广泛、印刷套准精度更高、废品损失更少。除伺服传动本身具有的高效率和低能耗外，电子轴传动系统还采用了能量回馈系统，放卷电机工作过程处于发电状况，发出来的电能回馈到控制系统被重新分配利用。

随着电子轴传动控制系统的推广应用，凹印机的可靠性和系统稳定性将显著提高，充分体现了电子轴高速、高精度、低损耗等优点。

二、绿色印刷受到重视，节能减排效果显著

绿色印刷与绿色包装在可持续发展和循环经济中具有重要作用，与各国政府和社会关注的“低碳经济”与“食品安全”等热点问题关系密切，已成为建设资源节约型、环境友好型、食品包装安全型城市的重点和保障。

“绿色”体现环境友好、健康有益、可持续发展理念；“绿色印刷”指采用环保性材料（包括承印材料、各种耗材和版材等）

与工艺（包括印前制作、印刷过程、印后加工等工艺）、符合节能减排要求的印刷方式；绿色印刷强调对印刷整个过程的评价与环境行为的控制。

“绿色包装”指包装材料与制品在生产、使用和回收过程中对人体和环境无危害，包装废弃物能够循环再生利用或能自然降解的适度包装。“绿色包装”以环境和资源为核心，不仅考虑包装的质量、功能、寿命和成本，还要考虑从原材料的生产到包装制品的加工、使用以及废弃物的回收、利用全过程中包装对环境的影响。绿色包装的含义也可理解为：包装材料和制品的整个生命周期中，对人体无毒无害，不污染环境；包装减量化与适度包装；包装废弃物可降解腐化，或易于重复利用，易于回收再生。

绿色印刷和绿色包装给印刷包装产业带来的主要挑战有：环境保护税的开征（来自环境保护与可持续发展方面的压力）、中小学教材的绿色印刷（环保印刷标准）、节约资源与低碳环保方面的要求、印刷材料和印制环境以及印品应符合绿色印刷要求、包装材料和印刷工艺应满足食品和药品包装安全。

降低总损耗、节约成本是印刷企业追求的重要目标，而采用先进技术和结构是实施节能减排的关键。印刷总损耗主要包括材料损耗、安全事故和能源损耗等。如陕西北人FR300ELS电子轴高速凹印机，采用了三棱裁切刀及裁切辊预驱技术，接换卷成功率达100%，废品损失为7～20m。采用电子轴传动无补偿辊装置，使机器设计更加紧凑，可减少纸张路径长度10m以上，也减少了套色调试过程中的浪费。独特的双张力控制系统，不仅可以快速精确地进行套准，同时也适应于更薄型材料的印刷。通过优化加热系统热风管路，采用LEL全自动循环热风干燥装置，精确控制温度，可节约能耗30%～40%。保证在高速运作时溶剂残留值达标(满足非苯油墨的使用)，有效平衡最低爆炸浓度/溶剂残留值/挥发性有机溶剂排放(LEL / R.S / VOC）三要素，在保证LEL和薄膜溶剂残留值不超标的前提下，达到最大的热风循环使用、最小的VOC排放，软包装印刷品残留溶剂量＜3mg/m^2（小于国家标准规定的＜5mg/m^2），符合国家对包装印刷企业清洁生产标准。与传统干燥装置相比，LEL全自动循环热风干燥系统，用电量减少30.6%，天然气用量减少29.2%，尾气排放减少36%，二氧化碳排放减少31.4%。通过对VOC进行回收或燃烧处理，可减少对环境的污染，如果将高效干燥系统与溶剂处理系统联合应用，可有效节约能源，减少碳排放，大幅减少VOC回收设备的投资。采用生产管理系统，将同一种产品的印刷压力、印刷温度、印刷张力、刮刀的三方位位置直接设置在生产管理系统菜单中，既能节省印刷准备时间，提高工作效率，又能避免因人员素质的差别，导致产品质量的不稳定。

中山松德生产的软包装SAY—F型高速凹版印刷机，采用全封闭式供墨系统、分段加热及双面进风方式，有效降低了溶剂挥发和残留，提高了干燥效率。采用调功模块适时调整加热功率和空气能干燥技术，可大幅减少损耗。如在相同速度下印刷，全部采用电加热与采用电加热和空气能干燥技术相结合模式，后者能耗仅为前者的40%左右。

宁波欣达与高校合作成功开发了智能热风系统，烘干箱的进风、排风、烘干温度全部进行自动控制，成功建立了温度和进排风变量对烘干效果（溶剂残留量）影响的数据模型，通过对印品溶剂残留量的在线即时等效数据检测，控制系统对封闭式烘干箱的热风温度、风量（风压）自动进行动态调整，达到满足设定溶剂残留量条件下加热温度、风量（风压）的最佳自动匹配，在达到良好稳定效果时，可对状态参数进行记忆存储，有效保证了印刷产品质量，减少了热能损耗，降低了生产成本。新推出的凹版印刷机，还配备了自主设计的废热回收利用系统，在中高温热风干燥的机器上使用，可以节省热能20%～35%。其原理是将烘箱内较高温度的废热气体，输送到一个高效率的热交换装置，与进风实现热量交换，吸收废热气体的热量。在进行热交换时，进风与废热气体通道是隔离的，不会产生混合污染，只进行热能的吸收利用。还开发了安全防护系统，如LEL防爆系统、自动灭火装置、过热保护系统等。通过对热风管路风压、加热箱温度和加热电流的多重检测监控，一旦出现过热，立即切断该部分加热并给予提示，保证加热系统的安全运行。

广东新优威印刷装备科技有限公司首次研发的UV机组式凹版印刷机，采用UV油墨印刷，在氮气保护条件下，使用UV光源，对环保UV油墨进行干燥。避免了传统凹版印刷大量溶剂挥发问题，有利于色彩还原，保障印刷品颜色一致性，减少有机溶剂排放。对比分析纸包装UV凹版印刷机与传统凹版印刷机，不难看出，UV凹版印刷机不需要有机溶剂，减少了VOC对承印物的污染，包装制品更环保，特别适合食品、药品等包装；UV凹版印刷机每色组所需最大干燥的功率为15kW/h，为传统凹印机电烘箱干燥功率的1/4，省去了大功率排废系统和墨辊冷却系统；减少了纸张损耗（UV干燥路径只有0.6m，每色组每次可节约8～10m长度的纸张）；有利于安全生产和环境保护，具有良好的社会效益。

三、体现人性化设计理念，减少准备时间，提高生产效率

国际品牌凹印机，处处都能体现人性化设计，如凹印机的油墨小车，由人工推拉改为气动完成；小刮刀安装采用自动定位和气动锁定装置；改善递墨辊布局，使递墨装置更安全，墨槽更能封闭。国产品牌凹印机也对干燥系统、刮刀系统、压辊、伺服电机传动设计等进行了优化。一方面，通过采用先进的新机构和装置，减少生产准备时间，降低印刷机损耗与能耗；另一方面，通过减少生产准备时间，提高生产效率。

如陕西北人研发的FR300ELS电子轴高速凹印机，采用圆盘式收放卷，基材更换操作由2人减少为1人；套筒式胶辊，更换时间由原来的8分钟缩短为2分钟；一体化版辊运输小车，可离线清洗，节约版辊清洗时间；应用直线收卷压辊，印品卷曲平整，可降低损耗；使用刚性刮刀，减少刀丝对印品污染，版辊寿命延长1/3；刮刀三方位显示，重复订单刮墨质量相同，保障印品质量统一。

随着短版活的增加，减少印刷前各项工作准备时间和印刷过程时间的意义越来越大。印刷前准备时间主要包括洗换版时间、换墨时间、换胶辊时间、换料时间、无轴控

制、刮刀调整、操作维护等。陕西北人通过设置印版滚筒预清洗装置，有效防止油墨在版滚上的干固，不仅可以减少人工清洗工作量，还可改善操作环境。采用上版上墨一体化小车快速定位和安装，整个小推车更换（拆卸和安装）可在2分钟内完成，操作简单。通过改进压印结构，使用三辊压印或套筒型压印滚筒，预先安装的三种不同型号的胶辊在1分钟内完成更换；套筒式橡皮压印辊，不用任何工具，在30秒以内就能够快速更换，与传统的凹印机相比，可节约时间近20分钟。使用快换刮刀、弹性片紧固刮刀及刮刀片，可在1分钟内完成刮墨刀刀片的更换，而且不用任何工具；由于在设计上采用刚性结构，减轻了刮墨刀的压力，印刷滚筒的使用寿命延长1/3，而刮刀的三方位显示，印刷品质量更高，刮刀调整节省2/3的时间。使用基于互联网的远程诊断系统，对于系统的故障不再由工程师前往用户处解决，只是联网诊断解决，平均减少停机等待时间2天以上。对印刷机实行计算机控制管理，能够存储并调用张力、温度、空气循环率、速度以及套准等主要工作参数。

西安航天华阳生产的“欧霸”系列高速纸张凹印机，采用横向多层式储料，全自动真空吸附刀盒式对接结构，可实现高速运行状态下的不停机对接（对接版缝＜2mm）、印刷单元的版辊、刮刀、墨斗装置均装于版辊小车上、版辊小，车可横向移出、便于清洗换版，缩短印刷准备时间，印刷单元伺服电机独立驱动，电子轴控制，机械结构简单，控制精度高，张力运行稳定；套色系统自动检测处理误差，伺服电机执行，预套印速度快，操作人性化；收料单元采用独立双工位圆盘式结构，直线裁刀，可实现正反收卷、高速不停机换卷接料。

国产凹印机取得了令人瞩目的成就，但欧洲凹印设备已达到了速度更高、智能化控制水平更高、稳定性和可靠性更强的水平。国产凹印机的设计理念正在发生转变，产品设计追求短版化、人性化和环保化，产品结构向个性化、模块化、智能化发展。结构设计的标准化、模块化，有利于形成规模生产和新产品研发；设备的制造和使用过程已经由结果控制上升为过程控制；设备的控制向智能化方向发展，高速凹印机的智能操作、声光报警、语音提示、全自动上下卷、在线质量检测系统、生产过程管理等功能在不断完善和升级；具有连线涂布、复合、模切、压痕等多种可切换功能的凹印设备连线加工生产线不断推向市场；安全、节能环保与人性化是凹版印刷永恒的主题和关注的焦点，噪声控制、残留溶剂控制、LEL（最低爆炸浓度）控制、VOC的处理和利用等新技术会成为常规配置越来越多地应用在高档凹印机上。

（本文作者为中国印刷技术协会凹版印刷分会理事长）

从德鲁巴2012看当代数字印刷技术的发展态势

张建民

一、数字印刷融入主流印刷加工过程的方式

数字印刷技术从"打印"到"印刷"的转变已经有20多年。而数字印刷融入主流印刷加工过程、被看作是主流加工手段的一部分则是近几年的事情。

对于目前主流印刷加工手段，我们可以从全球印刷加工业的技术构成了解一斑。

全球印刷加工业结构和技术构成

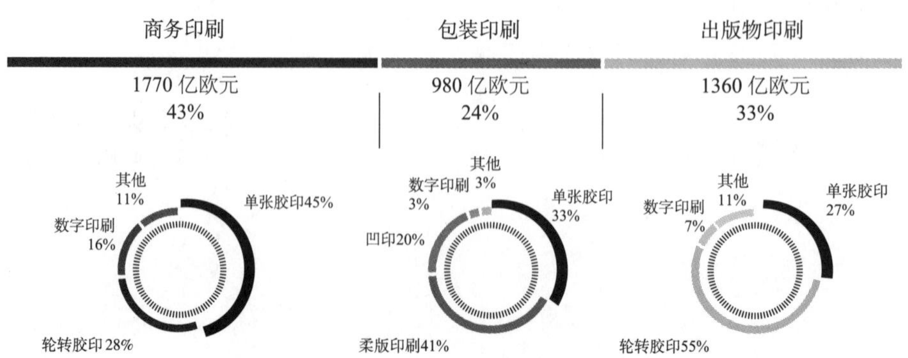

2010年全球印刷加工业的年销售总额为4110亿欧元（约合3.9万亿元人民币）。在4110亿欧元的销售总额中，商务印刷占43%，出版物印刷占33%，包装印刷占24%。而在商务印刷加工中，胶印占73%，数字印刷占16%，其他印刷方式占11%；在出版物印刷方面，胶印占82%，数字印刷占7%，其他印刷占11%；包装印刷方面，胶印占33%，柔印占41%，凹印占20%，数字印刷占3%，其他印刷占3%。总之，在目前全球印刷加工业的加工手段方面，胶印以67%的比例仍然占据主要地位，其次是柔印10%，数字印刷10%，和凹印5%。

数字印刷如果要融入主流印刷加工过程，必须克服和逾越由主流印刷手段（胶印）所形成的技术和成本门槛。那就是：印刷质量、印刷速度、印刷幅面、印刷成本和印刷承印物范围。印刷质量是各种印刷技术能否被印刷加工业接受，或者说能否在印刷加工业生存的第一关键因素。印刷人常常为自己生产的精美画册、图书感到骄傲，也因为绝大部分的印刷品是通过胶印工艺生产的，胶印的品质就成为人们来检验和判断其他印刷技术是否可取、水平高低的标准。但是，这样的标准是以生产者角度来判断印刷技术的。如果从印刷品消费者的角度来看，一些印刷品并不需要印刷那么精美，也不需要生产那么多，只要在交货时间上能够满足要求，同样不失为一种可接受的解决方案。这就为数字印刷在印刷加工业提供了生存空间。

数字印刷对印刷加工业的介入采取了两头拉（印刷企业、印刷品使用者）的策略。在质量、速度、成本、承印物的有限选择和不同的排列组合中，数字印刷在印刷加工业中不断渗透，并站稳了脚跟。

从印刷成品所可能经历的加工手段看，数字印刷在印刷加工流程中表现的不同方式：

1）由数字印刷独立完成的印刷品。

2）由数字印刷和其他印刷技术合作完成的印刷品。

a）数字印刷和其他印刷技术分别完成独立的部分，然后装订组合在一起。

b）数字印刷和其他印刷技术共同混合完成（同一张纸上有多种印刷方式完成）。

i. 连线方式（数字印刷装置安装到其他印刷设备上）。

ii. 离线方式（数字印刷机和其他印刷设备是独立的）。

c）数字印刷和其他生产设备（邮件发送、包装整理系统）共同混合完成（同一印刷品上特殊信息的印刷）。

由上述划分可以看出，数字印刷技术的应用在印刷加工中有五种表现方式。而数字印刷独立完成印刷品的数量占印刷加工业整体印刷品的比例是数字印刷在印刷加工中地位的最直接体现。

另外，考虑到数字印刷技术的特点（印刷信息可变），它与其他印刷技术或相关系统合作（组合或混合）印刷的方式也将是数字印刷存在于印刷加工过程的重要方式。这种方式既利用了数字印刷的灵活性，又可以部分回避它的高成本门槛。同一种印刷品（以账单打印为例），从起初的胶印预印加离线激光数码可变数据打印，发展到目前的胶印与可变数据打印（喷墨）同时在线完成，而未来高速彩色喷墨印刷系统可以独立完成账单印刷的全过程。这种从离线到在线、从配角到主角的发展演变，也就是数字印刷技术逐渐融入主流印刷加工过程的一种有效方式。

二、影响数字印刷技术未来发展走向的新技术

1.兰达的纳米印刷技术

2012年4月2日，以色列兰达公司宣布将在2012德鲁巴印刷展览会上展示其划时代的新技术兰达纳米印刷技术，进而成为业界在德鲁巴2012关注的焦点。

兰达公司是2002年由班尼•兰达先生（Benny Landa）创立的。在这之前，班尼•兰达经营了25年的数字印刷机制造公司Indigo刚刚被惠普公司收购。兰达公司拥有四个运营部门：兰达数字印刷部门，负责开发用于商业印刷、包装印刷和出版物印刷的纳米印刷技术；兰达实验室，研发替代能源技术以及纳米材料；兰达风险投资，从事前沿科技投入的资金募集和管理；兰达基金，从事公益慈善事业。

兰达纳米印刷技术的核心是兰达纳米墨水。该墨水中的颜料颗粒只有几十纳米的大小（人的头发丝直径约10万纳米），有非常强的光线吸附性，使印刷图像的质量达到前所未有的品质。兰达纳米墨水印刷产生的网点具有尺寸均匀、光泽逼真和CMYK色域宽的特点。使用兰达纳米印刷技术印刷的图像有极强的抗磨损和耐划痕性。非常重要的是，兰达纳米印刷技术可以在现有任何材料（涂布与非涂布纸、再生纸、新闻纸和塑料薄膜）上印刷，而完全不需要对承印物进行任何一种预处理或特殊涂层处理，也不需要印刷后的干燥过程。另外，兰达纳米印刷技术印刷的图像墨层厚度只有500nm厚（为胶印图像墨层的二分之一），为降低单张印刷成本创造了条件。

班尼•兰达宣称，他的纳米印刷技术可以在印刷质量、印刷速度、印刷成本和承印物范围接近或超过胶印，故兰达纳米印刷技术将对传统印刷产生颠覆性影响。

2012年4月27日，日本小森公司与兰达公司签订战略合作协议；

2012年4月30日，曼罗兰与兰达公司签订战略合作协议；

2012年5月3日，海德堡公司与兰达公司签订战略合作协议。

全球印刷机制造业的前三强在短时间内相继与兰达公司签订战略合作协议，利用兰达纳米印刷技术开发自己的喷墨印刷机，对业界的冲击是可想而知的。

兰达纳米印刷技术核心不是其纳米墨水中颜料颗粒的大小，而是墨水转印到承印物之前如何脱水的技术。墨水很重要，把颜料颗粒造成纳米级不少厂商都可以做到。兰达纳米印刷过程中，其墨水是呈薄膜状（而不是墨水直接）转移到承印物上的，这样印刷的承印物范围会很广、墨水高覆盖率时不必减速、高速印刷时没有干燥问题。但所有这些优点与墨水转印到承印物之前的脱水技术（从墨水转变成墨膜的技术）密切相关。在兰达纳米技术印刷机进入市场之前还有很多的工作要做。德鲁巴2012现场印刷样张与早期Indigo印刷样张非常相似（强烈鲜艳的色彩和大幅网目调图像），要达到色调平滑和色底均匀还需要时间。有海德堡、小森和曼罗兰的加盟，兰达的纳米印刷技术将会对印刷加工技术和印刷设备制造产生重大影响。

在德鲁巴2012上，兰达推出六款全新数字印刷设备，其中三款单张喷墨印刷机Landa S5、S7和S10（见表1），三款卷筒喷墨印刷机Landa W5、W10和W50。目标市场从商业印刷、包装印刷到出版物印刷几乎覆盖传统印刷的全部领域。

2.Memjet 喷头技术

Memjet喷墨系统是Silverbrook研发的。Silverbrook是一家澳大利亚最大的非政府投资的科技研发中心。它是由澳大利亚人Mr.Kia Silverbrook（投资家、科学家和冒险家）与美国Memjet印刷科技公司在1994年共同创立的。Silverbrook与台湾半导体制造公司台积电(TSMC)合作利用微机电系统设计和制造技术（MEMS）生产出新型喷墨头Memjet。该喷头在2007年3月面世。目前，这一喷墨技术已经在台式打印机、标签打印机、宽幅喷绘机和家庭照片打印机上得到应用。

Memjet喷墨系统是采用热敏按需喷墨技术。Memjet喷墨系统中的喷墨头长223mm，拥有70400个喷嘴，每秒可喷射7亿墨滴，而每个墨滴只有1～2pl。喷墨印刷速度可达9m/min（分辨率1200dpi x1200dpi），或189m/min（分辨率1200dpi x800dpi）。每

表1 Landa单张纸喷墨印刷机主要技术参数

	Landa S5	Landa S7	Landa S10（折叠彩盒）	Landa S10（商业印刷）
幅面尺寸	B3	B2	B1	
最高印刷速度（单面，张/时）	11000	8000/12000	6500/13000	
最高印刷速度（双面，张/时）	5500	4000/6000	—	3250/6500
纳米油墨	CMYK，专色和特殊颜色	CMYK，专色和特殊颜色	CMYK，专色和特殊颜色	
色组数量	4～8	4～8	4～8	
分辨率	600dpix600dpi/1200dpix600dpi	600dpix600dpi/1200dpix600dpi	600dpix600dpi/1200dpix600dpi	
最大纸张尺寸（单面）	370mmx520mm	530mmx750mm	750mmx1050mm	740mmx1050mm
最大印刷尺寸（单面）	360mmx510mm	520mmx740mm	740mmx1040mm	730mmx1040mm
纸张厚度和重量（单面）	0.07～0.40mm	0.07～0.40mm	0.20～1.00mm	0.06～0.460mm
	60～350g/m²	60～350g/m²	—	60～400g/m²
纸张厚度和重量（双面）	0.07～0.35g/m²	0.07～0.40g/m²	—	0.06～0.40g/m²
	60～300g/m²	60～300g/m²	—	60～350g/m²
承印物类型	各种涂布、非涂布、特种纸张(彩色、布纹、金卡)	各种涂布、非涂布、特种纸张(彩色、布纹、金卡)	各种双面/单面涂布、再生、非涂布纸卡	各种涂布、非涂布、特种纸张(彩色、布纹、金卡)

个喷墨头装有11个集成电路芯片以及五个墨水通道（可印刷CMYK+1或5个不同的专色）。喷墨头的预热时间很短，而且是一次通过打印。

Memjet喷墨系统使用专门的水性染料墨水。墨水和喷墨头是所有OEM需要的基本耗材。Memjet估计，办公室打印机单色印刷耗材成本每页在0.01～0.02美元（黑白）和0.05～0.06美元（彩色）之间。

Memjet最独特的是其营销模式，即为授权OEM合作伙伴提供完整的喷墨系统（包括喷墨头、控制器芯片、软件和墨水）。此外，Memjet还为打印机和印刷引擎平台制造商提供各种技术支持，使Memjet喷墨系统更好地集成到合作伙伴的产品结构里。所有这一切都大大降低了打印机制造商的技术门槛，使其把更多精力放在市场销售上。

价格上的巨大差异是Memjet技术之所以能够引起巨大轰动并首先对IT打印机行业产生重要影响的主要因素。在IT打印机市场，如果按照常规的发展轨迹发展，打印机会像惠普CM8060一样昂贵，降价的道路也必定很漫长。但是Memjet技术一旦实现将引起一个断层，好像从带有噪点的、单色的、1分钟1页的点阵打印机一夜之间直接过渡到了价格仅300美元且具有高保真图片质量的彩色激光打印机，使打印机的发展道路缩短了近25年。这种影响会不会在生产型数字印刷机市场出现？

当然，这一切都依赖于Memjet技术是否能够实现其承诺。任何参数和性能指标都不能含糊；生产成本也许会比预期高；也可能商业应用进程不顺利无法很快上市；当然也会出现一些问题，比如喷墨头堵塞、输出质量降低等。

具有重大突破性的技术不一定马上就能应用到现实，但是，一旦应用Memjet技术的数字印刷机获得市场，就要当心了，因为在数字印刷行业，将会引发一场巨大的革命。

美国德尔菲斯（Delphax）公司是全球支票票据打印设备的领先者。作为Memjet喷墨系统在商业印刷领域的OEM合作伙伴，在德鲁巴2012推出了Elan 500单张喷墨印刷机。

Elan 500喷墨印刷机采用Memjet“大瀑布”喷墨系统，配置4个喷墨头，可以在CMYK基础上加装2个专色和防伪磁性微缩MICR印刷。Elan 500的印刷速度每分钟500页（A4），印刷纸张最大幅面450mmx640mm，承印纸张范围60～350g/m²。

Elan 500喷墨印刷机配有在线预先涂布装置来满足大部分印刷介质的需求。印刷机在涂布装置后，各个印刷单元前后还配备了4个在线变温红外干燥装置。Elan 500采用印刷机整体最低限度的维护的设计理念，生产现场的操作人员可以完成全部的维护保养。实时视觉系统用于识别打印质量缺陷，并通过激活喷头清洗程序，调整喷嘴输出来排除故障或把故障信息及时通知操作人员。另外，该设备还设有辅助检查纸盒预览、错误恢复、设备校准和色彩管理等实用功能。

Delphax Elan喷墨印刷机系列有Elan 250和Elan 500两个机型。其目标市场是账单、票据、直邮广告打印市场。

3.液体墨粉技术

德鲁巴2012数字印刷技术发展的另一个亮点是液体墨粉技术。我们知道，采用电子成像原理的激光数字印刷机都使用墨粉，只有Indigo数字印刷机例外。德鲁巴2012，除惠普推出使用液体墨粉的新产品系列Indigo 10000、20000和30000外，奥西也在其研发中心展示了使用液体墨粉的InfiniStreem卷筒激光数字印刷机，赛康的“量子”液体墨粉技术和印刷速度达到60m/min的赛康8000实验机，还有宫腰Digital Press 8000。

使用液体墨粉的数字印刷机在印刷速度和印刷质量方面都有明显的优势。奥西InfiniStreem卷筒激光数字印刷机的四色印刷速度可达120m/min，而赛康在研发中心“量子”液体墨粉技术的试验机的彩色印刷速度也已经超过100m/min。在印刷成像和转印过程中如何去除液体墨粉中的载体油是这种技术应用开发的关键。与惠普Indigo的单色转印（4色印刷需4次转印）相比，奥西和赛康是4色1次转印，印刷速度提高很多。使用液体墨粉技术的数字印刷机兼顾激光数字印刷机的高质量和喷墨数字印刷机的高速度，将是未来数字印刷设备家族中的一个重要分支。

三、数字印刷技术带来的新问题

尽管数字印刷在按需印刷、减少库存成本等方面有许多优点。但是，与常规胶印和凹印相比，水基墨水印刷品在回收环节的脱墨和液体墨粉印刷品的墨皮过滤存在很大困难。欧洲造纸联盟INGEDE已经告知各成员单位重视这一问题，该联盟也在与相关数字印刷设备制造商合作寻求解决方案。

造纸厂回收纸张脱墨制浆的生产工艺过程主要包括：碎浆、筛选及净化、洗涤和浓缩、脱墨、漂白等过程。废纸的脱墨是废纸脱墨制浆过程中一个非常关键的环节。废纸脱墨过程是一个化学反应和物理反应相结合的过程，一般是通过脱墨化学品来破坏印刷油墨对纤维的黏附，在适当的温度和机械力的作用下，将油墨从纤维上分离下来。

浮选法脱墨是目前造纸行业最常用的工艺技术。浮选法脱墨是向浆料中通入空气，送入的空气产生气泡，发泡剂又使这些气泡凝聚不散，油墨粒子和杂质吸附在泡沫上，聚集在浆料表层，不断地刮去这些附有油墨粒子的泡沫，即可达到除去油墨的目的。

由于目前的废纸中胶印和凹印纸张占95%以上，脱墨工艺也是针对胶印和凹印油墨开发的。

喷墨印刷品 现在的问题是喷墨印刷品上水基墨水中的色料颗粒太小，它不仅无法通过正常浮选工艺分离，而且还不断积累沉淀在浮选设施中，对其他批次的生产造成影响。

纸张预涂作为解决喷墨印刷品脱墨的一种解决方案，对水基颜料墨水的脱墨是非常有效的，但对染料墨水的脱墨效果则不好。

液体墨粉印刷品 液体墨粉没有通过INGEDE脱墨测试则是因为相反的理由。在正常脱墨制浆工艺条件下，纸浆中保留着大量可看得见的彩色墨皮。这些非常柔软的墨膜是与纸纤维分离后，按照正常生产工艺流程去除后遗留下的。如果要把这些遗留的墨皮去除，制造厂需要额外的工艺过程（增加能源消耗），还必须承担纤维大量流失带来的损失。

（本文作者为中国印刷及设备器材工业协会数码与网络印刷分会秘书长）

柔性版印刷的又一春天

耿万民

柔性版印刷经过20多年的多方努力奋斗，精心研发，试验投入生产使用，各方面都取得了丰硕的成果。首先是国家新闻出版总署、中国印刷及设备器材工业协会、中国印刷技术协会等政府主管部门和行业协会，对柔性版印刷高度重视，制定相关鼓励政策，并给予资金等方面的大力支持，使柔性版印刷从上而下，从标签到包装，从印刷工艺到印刷设备，再到配套器材等都取得了较快发展。2011年柔性版印刷体现出新部署、新标准，新机型、新功能、新印刷品种等发展特点。

一、国家公布新部署

2010年9月14日，国家新闻出版总署和环境保护部签署了《实施绿色印刷战略合作协定》；2011年10月8日，两部门又联合签发了《关于实施绿色印刷的公告》，这两个文件对我国在“十二五”期间实施绿色印刷作出了全面的部署和指导，文件明确了将率先在票据、食品、药品包装以及青少年紧密接触的中小学教科书领域实施绿色环保印刷，这使绿色印刷工作有了更加明确的方向和目标。绿色印刷不仅意味着低碳环保，还代表着新技术、新材料、高效率和低成本的发展趋势，既是国家政策的需要，也是提升企业竞争力加快发展的需要。

二、新柔性版印刷国家标准实施

绿色印刷国家标准GB/T25679—2010《卷筒料机组式柔性版印刷机》国家标准制定完成，并于2011年7月1日开始正式实施。

绿色印刷标准是实施绿色印刷、评价绿色印刷成果的技术依据，是对印前、印刷和印后过程的资源节约、能耗降低、污染排放回收利用等方面以及使用原辅材料提出相关要求，而作为绿色印刷设备，柔性版印刷机正是符合这一技术要求的设备。

GB/T25679—2010《卷筒料机组式柔性版印刷机》国家标准由中国机械工业联合会提出，并由全国印刷机械标准化技术委员会归口组织，由北京印刷机械研究所、潍坊东航印刷科技股份有限公司、北京北人富士印刷机械有限公司、上海紫光机械有限公司、陕西北人印刷机械有限责任公司共同起草，经过几年的努力工作，最终完成了此项标准的制定和发布。

三、新型磁质高铁火车票使用绿色柔性版印刷

中国铁道出版社印刷厂首次使用北人富士生产的BFF55002型柔性版印刷机印制新型磁质火车票，实现印刷、喷码、模切一线式生产，直接出成品，大大提高了成品率和生产效率，仅2011年一年就印刷了近亿张火车票，为中国铁道出版社印刷厂节约了大量原材料，带来了前所未有的效益，同时也为铁路事业作出了较大贡献。

四、纸箱柔性版印刷大显身手

北京双燕商标彩印有限公司是柔性版印刷的先行者，在纸箱印刷方面又有了新的突破，其使用北京万源多贝克包装印刷机械有限公司生产的SP2200瓦楞纸箱柔性版直接印刷模切机印制燕京啤酒纸箱，仅2011年就印刷了2000多万个，印刷质量好、效率高，取得了良好的经济效益和社会效益。柔性版印刷应用范围广泛，除了标签、烟包、纸杯印刷外，还有瓦楞纸板柔性版印刷机也就是俗称的水印机。目前国内如火如荼发展的瓦楞纸板印刷机，可以很好体现出柔性版印刷的轻压力印刷以及颜色稳定性两大优势，因此得到了很快的发展。另外有些瓦楞纸板印刷机生产厂家在后道工序又加装了模切、粘箱等装置，很好体现了联线加工的优势。

五、卫星式宽幅柔性版印刷机又添新厂家

陕西北人印刷机械有限责任公司2011年12月1日举办第十四届新产品演示会，展示RXJ卷筒料卫星式柔性版印刷机。该设备最高速度300m/min，最大幅宽1300mm，印刷长度范围350～800mm，套准精度±0.10mm；承印镀膜材料为BOPP、PE、PET，套印精度高，速度快，这是继汕头、西安航天华阳的产品之后，我国卫星式宽幅柔性版印刷机领域的又一新产品。

六、新机型推动企业发展

北人富士公司经过多年柔性版印刷机的研发，又生产出新的机型。

1.BFF22800无轴驱动多功能组合标签机

该设备由给纸部、进料张力机组、印刷部、出纸张力机组、模切部、裁单张部、复卷部、收纸台组成，机组上方配可移动式烫金机组、覆膜机组、丝印导轨，

采用数字化自动控制功能，数字化输入、自动预置、调整校正，简化了操作程序，保证了印刷品的质量。

2.EFF55307无轴驱动柔性版印刷机

该设备集印刷、上光、烫金、压膜、模切、卷废、裁单张、复卷等功能于一体，无轴驱动，并且自动纠偏，真空除尘。电晕处理、图像监控以及红外、热风、UV干燥、揭覆膜等多种配置，完成联机印刷，多功能一次性完成的配置动能，满足纸张和薄膜的机组式柔性版印刷。

3. 国内首台BFF88908柔性版书刊印刷机

该设备以柔性版印刷成熟机型为技术平台，通过放卷、柔性版印刷机组、驱动翻转装置、带伺服驱动折页机的功能开发，实现书刊正反四色印刷和八开、十六开、三十二开双联折页。该项目被中国印刷技术协会列入“全国印刷行业百佳科技创新成果”。

七、柔性版印刷发展的主要项目

印刷业的发展和绿色环保印刷的科技进步，将会大大促进柔性印刷发展。面对当前的大好形势，下一步柔性版印刷发展的主要内容，一是柔性版印刷设备；二是材料；三是配套产品。

1.绿色环保印刷设备

比如窄幅多功能、模块化、可换平台柔性版印刷，胶印、网印、凹印组合式印刷机，揭膜、复合印刷、烫金（冷烫）、模切等连线加工机型。目前多功能组合机型主要依靠进口或国外企业在中国投资设厂生产的产品，例如捷拉斯、欧米特、麦安迪等厂家的设备。现在主要是发展中、宽幅一机多功能机型，不但可以印报、印书还可以印刷包装材料，充分发挥机器多种功能的作用。

2.柔性版印刷材料

柔性版印刷版材重点是薄版，厚度为1.14mm和1.7mm版材的研发、生产，这类产品要达到国外同类产品的质量标准，才能减少对进口版材的依赖。柔性版印刷水墨和UV墨重点是要提高国产油墨质量，满足高档产品印刷品质量要求。提高柔性版印刷材料国产率减少进口，是降低成本的关键所在。

3.柔性版印刷的配套设备

套筒版技术、网纹辊技术、封闭式刮墨刀等方面需要加大研发力度，尤其是套筒版技术更是重点攻关内容，要为今后柔性版印刷配套使用做好技术储备。

（本文作者为北京北人富士印刷机械有限公司高级工程师）

2011年国产CTP版材三大亮点

殷幼芳

2011年是我国印刷业CTP技术应用进入高速发展的一年，是非常重要的一年。据《印刷技术》CTP在中国装机量调查报告统计，2011年国内CTP设备装机增量为2000台左右，总装机量达到5500多台。CTP设备的快速普及带动了CTP版材市场突飞猛进，国内外生产商如雨后春笋般涌现，呈现群雄争霸的局面，不仅国外版材商相继在我国建成了CTP版材生产线，中国自主研发的CTP版材也强势崛起，不仅逐步占领了国内市场，而且已经走向世界。

据中国印刷及设备器材工业协会印刷器材分会统计，2011年在我国本土生产的（国内外版材生产商）CTP版材1.78亿平方米；国内版材生产商生产的CTP版材1.12亿平方米；国产CTP版材出口量为0.55亿平方米。

2011年随着CTP版材需求的急剧增加，国内CTP版材生产商也大幅增加，由2010年的30多家增加到2011年的50多家，从而大大加剧了版材市场的竞争，虽然铝价一直居高不下，但CTP版材价格还是持续下跌。2011年国产CTP版材平均价格下跌至32元/平方米左右，这也迫使国际品牌的价格下跌至35～40元/平方米。CTP版材价格的下跌，既促进印刷企业积极应用CTP新技术，提高质量和效率，又可降低成本，节省材料。纵观2011年国产CTP版材的发展，呈现如下三大亮点。

一、中国制造CTP版材强势崛起

2011年特别令人振奋的是我国自主研发生产的CTP版材有突破性的进展。一些领先厂商不仅拥有了规模化、高速度、高稳定的全自动数字版材生产线，而且在一些重点产品上，特别是热敏CTP版材上实现了生产技术和工艺上的突破，自主研发的核心技术达到了国际先进水平。

我国CTP版材科研人员具有先进的创新

理念，认为创新不仅是发明创新产品，还包括“产品创新”，并专注于把能够做得最好的领域做到最好。把现有的CTP版材产品设计得更好，工艺技术更先进，品质更高，性能更稳定，更符合我国印刷企业生产特点的需求，从而使我国许多CTP版材生产商研发生产的版材各具特色，能在市场上与国际高端品牌同台竞争。

我国自主研发生产的CTP版材进步是巨大的，是实实在在的，这种崛起不但迅速，而且极具爆发力和震撼力，使人鼓舞，令人振奋。

1.乐凯华光印刷科技有限公司

该公司经过多年不断提高自主创新能力，研发生产全系列CTP版材，以满足国内外用户的全方位需求，实现胡总书记视察二胶时提出的“希望二胶发展得又快又好”，“把华光品牌在国际上叫响”的目标。

华光人怀着一股子干劲、闯劲，一股子强烈的进取精神，着力推进科技创新与进步，将“华光”打造成为中国乃至世界上有重要影响的印刷感光材料生产基地。

华光研发出全系列CTP版材并申请发明专利77项，已经获得专利证书41项。2011年华光CTP版材远销东南亚、欧洲、南美洲、中东、非洲、大洋洲等57个国家和地区，成为响当当的中国制造CTP精品版材的民族品牌。

（1）乐凯华光自主研发的TP-11和TP-26型热敏阳图版材，通过了海德堡的质量认证，2011年销售达到1600万平方米。其性能特点：感光度高（140～160mJ/cm^2）；质密的涂层稳定性好，加工宽容度大，耐强碱显影，版基砂目均匀细小，保证网点还原好（1%～99%），耐印力10万印。

（2）华光自主研发的UV CTP版材，2011年销售950万平方米。其特性有：

①华光UV-P型高感光度阳图UV CTP版材，其感光度综合性能达到国际先进水平，感光度高（70～90mJ/cm^2），制版效率高，版形好，满足非接触式制版对版材平整度、尺寸等要求，操作宽容度好，耐印力高达10万印。

②华光UV-N型高感光度阴图UV CTP版材，感光度高为（50～70mJ/cm^2），耐印力为15万印，畅销国内外市场。

（3）华光PPVS型紫激光CTP版材，采用优质砂目铝版基，高分辨力感光配方，先进的多层涂布技术，达到品质优良，性能稳定，既适合用于高档商业印刷，又适合报业印刷对高速高效的要求。

（4）华光TP-U型热敏UV油墨版材，是最新推出的高档热敏CTP版材，特别适用于UV油墨印刷需求，同时也可用普通胶印油墨，耐印力可达30万印，该产品感光度高，网点还原好，性能稳定，主要用于高档商业、包装印刷和报业印刷。

2.成都新图新材料股份有限公司

成都新图已经从一个传统版材生产商转型为一家基于CTP版材的印前整体方案提供商。新图不仅在制版机设备方面全面提供各型设备的销售、维修和服务，同时还专注于印刷相关软件（新图自主开发的色彩管理软件）的开发和销售、服务。目前新图有能力为客户提供系统的从方案提供到色彩管理的全方位印前服务。作为一家以版材起家的生产厂家，能够把客户的印前需求了解得如此仔细，笔者作为印刷同人很是高兴。

成都新图一直专注于CTP版材的研发、生产、销售和服务。公司拥有强大的自主研发实力，现有员工380人，大专以上比例高达45%。2011年研发团队拥有各类高科技人才40多人，投入研发资金2000多万元，申请发明专利9项，其中两项已获得专利证书。同时，拥有世界一流的生产设施、完善的质量保障体系和专业的销售服务网络，并已获得ISO 9001:2000质量管理体系认证及ISO 14001:2004环境管理体系认证，以及成都市新材料重点企业，四川省战略新型重点企业。

新图自主研发生产的高品质FIT系列CTP版材，是我国最早投放国内外市场的品牌之一。凭借其优良的品质、稳定的性能，赢得国内外用户的青睐。2011年销售1200万平方米，畅销东南亚、欧洲、中东、非洲、拉丁美洲以及北美等50多个国家和地区，并与国内外行业同人建立了紧密的合作关系，成为能代表中国制造的高品质CTP版材供应商之一，也是能与国际三大品牌柯达、富士、爱克发抗衡的中国品牌。

（1）新图研发的具有自主知识产权的FIT、FIT—Xtra、FIT—News、FIT—M、FIT—eCO等系列产品，创造了多项国内外技术领先。如：

①在单涂层的热敏版材上率先解决了版材耐印力与感光能量的矛盾，在版材具有高感光性能的前提下仍然保持了很高的耐印力。

②针对报业用户开发报业专用阳图热敏版材，无须预热，在保持报业用户高效制版要求的同时，也满足了报业用户对高耐印力的要求；同时从阴图到阳图的转变可以大量减小用户制版能耗。

③在生产控制方面，新图采用全自动在线裁切技术，90%以上的产品无须下线分切，可以保证数字版材对边边缘直线度、均匀度、光洁度以及尺寸的精确度。高速、自动化、宽幅CTP版材生产线，能提供短边最大尺寸为1480mm、厚度为0.15～0.40mm的各种规格版材。

④在包装上，新图采用先进的自动包装生产线，在提高效率的同时，更加保证了包装的质量和包装表观的一致性和整洁性。

（2）新图FIT系列热敏阳图CTP版材特点如下：

①FIT—Xtra：感光度为100～120mJ/cm^2，性能稳定一致，网点还原性好（1%～99%@450lpi）和10微米调频网点，亲墨性好，上墨快，烤版后可用于UV油墨印刷。耐印力可达25万印，烤版后更可达到100万印以上。适合商业、报业和包装印刷。

②FIT—News：感光度为100～110mJ/cm^2，性能稳定，网点还原性为1%～99%@450lpi，耐印力可达20万印以上，烤版后可高达100万印。这是一款专为报业印刷设计的高速热敏版材。

③FIT—M：感光度为110～130mJ/cm^2，性能稳定，网点还原性高为1%～99%@450lpi，烤版后适用UV油墨，在保持耐印力25万印，烤版后100万印的基础上，配合新开发的DV—F4及DV—F4R显影液，比其他产品可有效降低显影液消耗量50%以上，有效减少废液排放和降低生产成本。适合商业、报业和包装印刷。

3.浙江康尔达新材料股份有限公司

该公司研发生产的康尔达阳图热敏CTP版材“KTP”系列，专门用于商业印刷及报业印刷，通过“温州市重大工业科研项目”验收。

该公司具有国际先进水平的高速、高自

动化数字印刷版材生产流水线，速度控制精度在±1%，能力控制精度±2%，裁切误差小于±0.40mm，更先进的是在生产线上采用电脑进行严格监控50多个生产数据，确保产品质量在批次间保持高度稳定。

康尔达“KTP”CTP版材具有世界最独特高品质的砂目结构，保证网点精确还原，达到1%～99%@240lpi的网点和10微米调频网点；感光度高（110～120mj/cm^2）；耐印力为12万印。

2011年大批量出口到东南亚、美洲、欧洲的几十个国家，以其价廉物美赢得用户青睐。

4.中国龙马铝业集团

该公司一直主张强化创新力度，自主研发的“龙马牌”阳图热敏LM－P CTP版材，具有独特配方设计，在感光层中含有对830nm红外激光敏感的特殊光热转换物质和独特的成膜树脂，使其具有较高感度和高耐印力，非常适应于商业印刷。更具有独特的砂目处理工艺，使版基具有均匀细密的砂目结构和密实氧化膜，不仅使涂层和版基黏结更牢固，而且也提高了版材的耐印力和精确的网点还原。其感光度为120～140mj/cm^2，网点还原为1%～99%@200lpi，耐印力为10万印。

该公司自主专利技术研发的龙马牌蓝激光阳图LM-UV CTP版材，独树一帜，有以下优点：

①采用优质的版基，保证了版材平整度和尺寸精确。

②采用复合砂目结构，版基氧化膜密实，确保版材网点精确还原。

③版基经亲水化处理，保证了感光层与版基的结合牢固，改善了印版水墨平衡。

5.北京科印近代公司

该公司自主研发的“星光”TP-S型高性能阳图热敏CTP版材，在业界有很高声誉。他们通过不断创新，追求卓越，形成了一整套完善的检测机制，从原材料的品质检查到在线生产试验，再到成品性能检测，每个环节都确保“星光”产品具有良好稳定的性能。该产品具有高分辨率图文再现、优良的耐划伤性，耐印力高等优点。

2011年还涌现出许多新建立的高品质CTP版材生产线，以及在原有PS版生产线的基础上新增加了CTP版材生产线。例如：江苏东方公司生产的阳图热敏CTP版材；黄山金瑞泰科技有限公司生产的高性能阳图热敏CTP版材；上海强邦公司生产的阳图热敏版材；上海星信公司生产的热敏CTP版材和UV CTP版材以及浙江泉泓公司生产的“泉泓牌”THP-Z型UV CTP版材；还有许多版材商都在国产化上作出了贡献，充分展示了国产CTP版材的先进性和优越性。

二、中国制造免处理CTP版材

2011年3月2日，环保部发布公告，批准《环境标志产品技术要求 印刷 第一部分：平版印刷（HJ2503-2011）》为国家环境保护标准，并自发布之日起实施。规定要求，印刷生产企业应使用环保型的免处理CTP印版。这说明我国印刷业发展绿色制版印刷进入实质性阶段。

在胶印过程中，印版作为“信息载体”起着重要作用，对于生态制版而言，摒弃传统工艺的显影过程或减少显影液消耗，具有决定性意义。时下环保和绿色印刷要求数字化版材向绿色环保方向发展，免处理版材是CTP版材的最终发展目标，是CTP技术的又一次革命，必将带动印企效率、品质、健康及市场竞争等生产和流通过程的快速发展。为此，国内外版材厂商纷纷研发自己的免处理版材，特别令人振奋的是我国一些著名版材厂商，推出自主研发的免处理版材，取得了瞩目的成果。

1.成都新图创新性自主研发的Fit-eCO免处理版材

该产品是一款真正意义上的免处理热敏CTP版材，无需化学制剂和相关显影处理设备，也不需要水洗或上胶设备，不需要依靠印刷机转动来除掉涂层，直接上机印刷，可以得到非常好的印刷效果。该版材成像时，印版的图文进行交联，不在印刷机上脱膜，而是印版通过润湿活化，不产生残留物，实现真正的绿色制版印刷。这是新图创新性开发的、完全不同于目前任何一款版材的免处理版材，实现完全的"零"污染，适用于精品印刷和商业短版印刷。

2.华光TP-G型免处理热敏CTP版材

2011年4月，在Print China展会上推出。该产品解决了版基表面多层砂目处理工艺技术和高精度连续、挤压涂布工艺技术，实现在铝版基表面水性涂层涂布，并申请两项国家专利。该版材具有四大优点：

①感光度高（170mj/cm^2），能适合市场上主流热敏CTP制版机。

②曝光后无需任何冲洗加工步骤，即可上机印刷，简化了后处理程序，提高制版效率。

③未曝光部分的涂层能够用水冲洗，有利于在上机前进行网点校正。

④曝光后潜影的保持时间长，有利于制版性能稳定。

该产品已通过了由中国石油和化学工业联合会组织的科技成果鉴定，并实现了产业化，推向国内外市场。

在国外，经过意大利、美国、西班牙、韩国、南非等国家印厂的使用，该版材被认为上墨性好，网点还原性好，感光度、耐印力及印品质量都能满足要求。

浙江康尔达等版材商为适应绿色制版发展的潮流，积极研发生产具有热敏免处理CTP版材，并采用具有国际先进水平的全自动高速生产线进行生产，低碳、无化学处理，都在为应用绿色制版作出贡献。

三、中国首创纳米材料绿色制版技术

2011年11月14日上午，北京中科纳新印刷技术有限公司在上海新国际博览中心隆重举办"纳新200纳米材料绿色制版机"新品发布会，开创我国纳米材料绿色制版技术的新篇章，给印前制版带来颠覆式的创新，成为业界瞩目的新亮点。

纳米材料绿色制版技术，是一种非感光、无污染、低成本的新型快速制版技术，已申请发明专利10项，有两项专利申请了《专利合作条约》（PCT）国际专利，授权专利5项，初步形成了较系统的自主知识产权。

1.纳米材料绿色制版技术的优势

非感光、无污染，通过物理喷射成像技

术，将超亲油性纳米墨水微粒经由高精度制版单元喷射在超亲水纳米涂层版材上，从而构成待印图文网点。版材经烘干固化即可直接上印刷机印刷，避免了传统CTP制版过程中存在的废液排放和资源浪费。纳米材料绿色制版技术，一是专利设备，核心组件为高集成度微压电制版单元和高精度平板伺服系统，可保证制版过程中的高定位精度和高响应速度；二是纳米版材能够完美地承接纳米墨水对微区浸润性能的改变，从而实现非图文到图文区的信息传递，最终将网点信息转印到纸上。具有网点还原性好，最高制版精度可达2880dpi×2880dpi，完全可以满足200lpi以上输出要求，最大输出幅面可达1030mm×780mm，满足对开制版的要求。

2.纳米材料绿色制版技术创造了多个“第一”

纳米材料绿色制版机是第一台以纳米技术为核心的计算机直接制版设备；第一台真正实现免化学处理过程的计算机直接制版设备；第一台自主研发的超亲水纳米涂层版材。

2011年相继推出的纳新100商业型和报业型制版机，最新一代纳新200制版机以及配套材料（NP—133，NP—200）和纳米墨水（NC—100），得到了业界和广大用户青睐。例如在四川创建的四川泸州老窖绿色印刷产业园就引进5台。

综上所述：2011年中国制造的CTP版材已经在国内外市场上扮演重要角色，已经走出了依靠国外制造技术的时代，打破了进口版材一统天下的局面。我国主流印刷版材制造商都拥有自己的知识产权，设计制造技术和营销网络，打造出了国际上叫得响的民族品牌。

（本文作者为知名印前技术专家）

记录篇

中国印刷工业年鉴2012

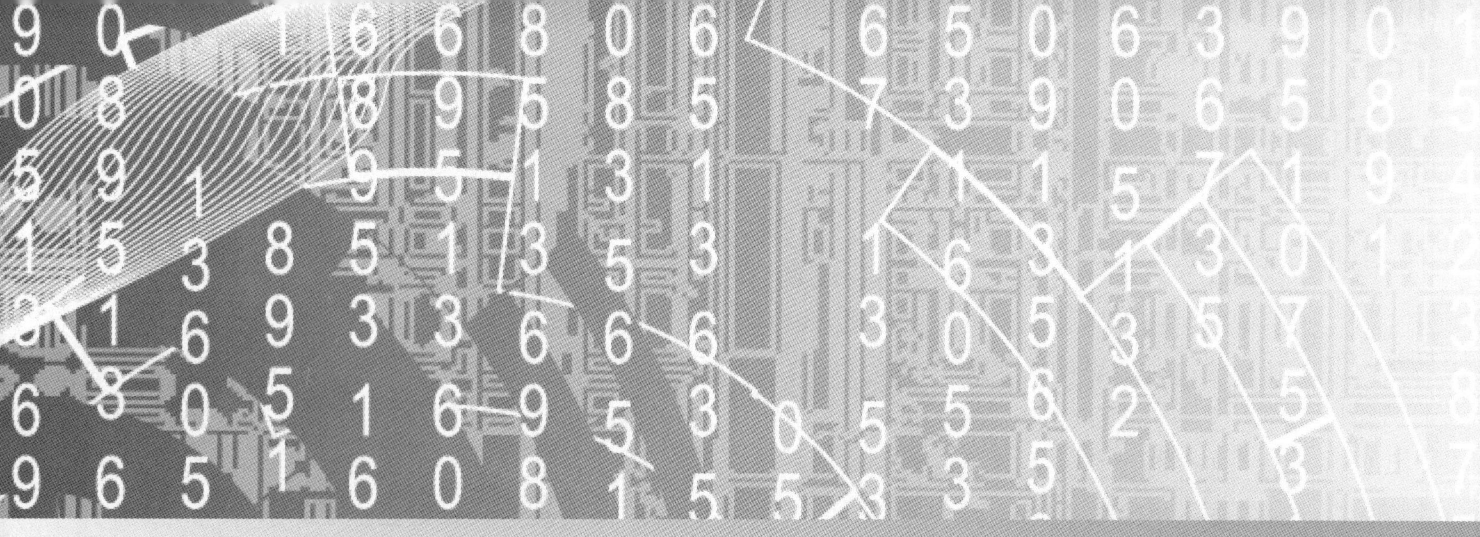

2011年印刷工业大事记

1月

10～13日，"Print China 2011国际媒体周"活动在广东东莞成功举行。中国印刷及设备器材工业协会理事长于珍、常务副理事长王德茂在"Print China 2011国际媒体周"上发表讲话。来自美国、德国、法国、意大利、巴西、墨西哥、俄罗斯、澳大利亚、日本、韩国、阿联酋、印度、巴基斯坦、印度尼西亚、马来西亚、菲律宾、越南以及我国内地、香港、澳门、台湾的世界五大洲21个国家和地区的驻华使领馆高级官员、贸促机构领导，海内外媒体以及我国各级政府主管部门领导、有关商协会负责人120多人出席活动。

11日，国家新闻出版总署正式下发《关于印发〈数字印刷管理办法〉的通知》。《数字印刷管理办法》自2011年2月1日起正式执行，适用于采用生产型数字印刷机从事出版物、包装装潢印刷品和其他印刷品印刷的经营活动，其颁布实施标志着对数字印刷这一新兴领域的监管已经"有章可循"。

16日，绿色印刷（北京地区）宣贯会在北京京民大厦召开。新闻出版总署印刷发行管理司副司长曹宏遂、环境保护部科技司处长姜宏、环境保护部环境认证中心研发部副部长曹磊，及北方七省市印刷企业百余名代表出席本次宣贯会。

18日，中国印刷及设备器材工业协会印刷器材分会2011年理事会议（北方地区）在北京举行。协会常务副理事长王德茂到会并作重要讲话，印刷器材分会副秘书长薛永梅主持会议。

20日，由中国印刷及设备器材工业协会喷墨印刷分会主办的2011年"中国UV喷绘机十大品牌金凤凰奖"评选活动启动。

24日，中国印刷及设备器材工业协会

召开2011年工作会议。协会常务副理事长王德茂，副理事长兼秘书长许锦枫，副理事长庞连东，顾问谭俊峤、李永昌、岳德茂以及协会副秘书长，各分会、专业委员会、工作委员会及各部门负责人和协会全体工作人员参加了会议。

26日，由中国印刷及设备器材工业协会组织的印刷及设备器材行业兄弟协会联谊会在北京举行。

理事长张致远，秘书长宋宝志，副秘书长桂育英、杨明、陈平勋，以及各专业委员会主任委员、副主任委员、正副秘书长和部分企业负责人，共51位代表出席了会议。会议由印刷机械分会副秘书长桂育英主持，名誉理事长张致远作了2010年经济运行情况报告。

26日，绿色印刷（华南西南区）宣贯会在广州举行。

2月

15日，财政部网站公布了财政部、国家税务总局《关于继续实施小型微利企业所得税优惠政策的通知》，其中指出，自2011年1月1日至2011年12月31日，对年应纳税所得额低于3万元（含3万元）的小型微利企业，其所得税按减50%计入应纳税所得额，按20%的税率缴纳企业所得税。

18日，中国—东盟商务理事会与中国印刷及设备器材工业协会建立战略合作伙伴关系签约仪式在京举行。中国—东盟商务理事会中方常务秘书长许宁宁、中方秘书处外联处负责人刘欣、项目主管张岳松，中国印刷及设备器材工业协会常务副理事长王德茂、副理事长兼秘书长许锦枫、副秘书长李同信出席了签约仪式。许宁宁常务秘书长和许锦枫秘书长分别代表双方在《建立战略合作伙伴关系框架协议》上签字。

20～22日，中国印刷及设备器材工业协会印刷机械分会专业委员会工作会议在上海召开，印刷机械分会轮值理事长庞连东、曹敏，副理事长戴园伦、彭勇，名誉

3月

2日，环境保护部发布公告，批准《环境标志产品技术要求 印刷 第一部分：平版印刷》（HJ2503—2011）标准为国家环境保护标准，并自发布之日起实施。该标准由环境保护部环境发展中心承担，中国印刷技术协会、北京绿色事业文化发展中心、印刷企业、印刷行业原辅料生产供应商和印刷院校等单位共同参与编制。

4月

8日，由中国印刷及设备器材工业协会主办，《印刷工业》杂志社有限公司、东莞中印协国际展览有限公司承办的第二届国际印刷技术发展论坛（Forum—PT 2011）在广东东莞举行。来自国内外印刷行业300多名业内人士参与了这四年一度的行业盛会。

8日，第三届中华印制大奖颁奖典礼在广东东莞举行。本届中华印制大奖共收到近千件作品，除了来自我国内地25个省区市和港澳台地区的企业外，还收到来自菲

律宾、马来西亚等东南亚地区华人印刷企业的优秀作品。大奖共评出24件金奖，33件银奖，50件铜奖，89件优秀奖，其中雅昌企业（集团）有限公司印制的《梅兰芳藏名家书法集》获全场大奖。

9～13日，第二届中国国际印刷技术展览会（Print China 2011）在广东东莞举行。展会以“绿色、高效、数字化”为主题，吸引了1261家参展商和17万人次的观众，一举成为中国最大、世界第二的国际印刷展。

10日，亚洲印刷展览联盟（Asia Print）第四次盟员大会在广东东莞举行。来自中国、韩国、印度、巴基斯坦、印度尼西亚、菲律宾、马来西亚、斯里兰卡8个国家的印刷行业协会和展览公司的19位代表出席了本次会议。当天，两岸四地印刷教育座谈会以及由中国印刷及设备器材工业协会、广东省印刷复制业协会和香港印刷业商会联合举办的“探讨如何达到印刷国际标准ISO 12647”研讨会也在东莞举行。

20日，新闻出版总署发布了《新闻出版业“十二五”时期发展规划》。其中列入“十二五”期间新闻出版产业振兴工程的印刷专项有：实施数字印刷与印刷数字化工程、绿色环保印刷体系建设工程两个子项目。规划指出，要加快印刷技术、工艺、管理的创新和产业化步伐，实现喷墨数字印刷技术自主开发和应用，逐步建立和完善绿色印刷环保质量体系，发挥绿色印刷和数字技术对整个印刷行业实施创新驱动、内生增长的引导作用，带动产业转型和升级。

26日，由北京印刷协会组织召开的“解读日本‘绿色印刷’标准暨‘绿色印刷’推介会”在京举行。

28日，由中国技术监督情报协会和中国印刷及设备器材工业协会喷墨印刷分会主办的中国喷墨印刷安全品牌论坛在北京举行，论坛期间中国喷墨印刷行业安全联盟宣告成立，该联盟致力于推动企业采取安全标准。

29日，中国喷墨纺织印花技术论坛在京举行。论坛由中国印刷及设备器材工业协会喷墨分会主办，《印刷工业》杂志社有限公司与中国电子国际展览广告有限责任公司联合承办。

5月

10日，第三届湖北印刷企业50强评选揭晓，湖北日报传媒集团楚天印务总公司、湖北新华印务有限公司等位居前列。

10日，中国印刷及设备器材工业协会印刷机械分会在浙江平阳国望机械集团有限公司召开了温州印机制造企业家座谈会，围绕落实“十二五”规划、促进经济增长方式转变开展企业工作交流，共谋面对新一轮机遇和挑战的思路。

13日，深圳国际创意印刷文化产业园举行首期工程落成仪式。全国政协科教文卫体委员会副主任、中国印刷技术协会理事长于永湛，中国包装联合会会长石万鹏，中国印刷及设备器材工业协会常务副理事长王德茂，以及广东省、深圳市有关部门领导和业界人士出席仪式。

19～21日，第十一届毕昇印刷技术奖评选委员会评选工作会议在北京举行。参会评委以无记名投票方式评议选出毕昇印刷杰出成就奖8名和毕昇优秀新人奖11名。

6月

17日，由香港印刷业商会主办的“香港高峰会——国际印刷标准化”在香港职业训练局综艺馆成功举行，香港署理商务及经济发展局局长苏锦梁、工业贸易署署长关锡宁受邀作为主礼嘉宾。17日晚，香港印刷业商会第37届理监事会就职典礼暨72周年庆祝晚会在香港万豪酒店盛大举行。

22日，中国印刷及设备器材工业协会印刷机械分会技术质量专业委员会会议在陕西渭南召开，出席会议的代表共26人。

28日，为庆祝中国共产党成立90周年，中国印刷博物馆举办了“红色印刷展”，全面展示了中国共产党成立90周年来在印刷方面走过的光辉历程。

7月

6日，由上海市新闻出版局、上海市科学技术委员会、上海市经济和信息化委员会、中国印刷科学技术研究所、世博集团上海现代国际展览有限公司共同主办的“2011上海国际印刷周暨上海国际印刷包装产品交易会”在沪开幕。

12日，“乐凯华光杯2010年印刷行业十大评选”在京圆满落幕。本届评选以“环保、创新、品牌”为主题，旨在表彰在品牌建设方面为印刷行业做出杰出贡献的优秀企业和个人。

17～20日，全军印刷协会六届八次常务理事会暨“十二五”规划研讨会在内蒙北京军区红山军马场举行。协会常务理事及特邀代表25人参加了会议，全军印协副理事长兼秘书长杨树仁作了有关《全军印刷协会2011年上半年工作总结及下半年工作安排》的报告。

18日，由中国包装联合会主办的“2011中国包装高峰会议”在北京召开。

20日，全国新闻出版局长座谈会举行，新闻出版总署发布了《2010年新闻出版产业分析报告》。其中印刷复制业仍是新闻出版业中的支柱产业。2010年，印刷复制业占新闻出版业总产出的64.4%、增加值的60.5%、营业收入的64.0%，远远超过新闻出版其他产业类，在全行业中居于主要地位。

29日，陕西省政府新闻办公室举行新闻发布会宣布，西安将用5平方公里的新增土地指标来建设两个国家级新闻出版产业基地——西安国家数字出版基地、西安国家印刷包装产业基地。

7月， 2011年中国印刷企业100强排行榜发布。当纳利中国以31.97亿元的销售收入（2010年）位居榜首，上海紫江企业集团股份有限公司和鹤山雅图仕印刷有限公司位列第二位和第三位。上海浦东美灵塑料制品厂以3.09亿元的销售收入位列第100名。

8月

5日，《印刷机械行业“十二五”发展规划》发布会在京举办。受工业和信息化部委托，由中国印刷及设备器材工业协会组织编制的《印刷机械行业“十二五”发展规划》在会上正式发布。

10日，新闻出版总署发布《生产型数字印刷机目录（2011年）》，统一了生产型数字印刷机的认定标准，进一步明确了数字印刷企业审批依据，具体指导数字印刷经营活动。

11日，商务部网站发布《关于“十二五”期间促进机电产品出口持续健康发展的意见》，印刷机械行业首次列入国家出口重点行业。

31日～9月5日，北京国际图书博览会在京举办。香港首次以香港展团方式亮相北京图书博览会，并由香港业界收集约600项展品展现香港出版及印刷业的独特光芒。

9月

6日，以“交流 合作 发展”为主题的第五届华北、东北八省（市、自治区）印刷企业联谊会议在辽宁营口召开。

8～10日，中国报业协会报纸印刷工作委员会2011年全国报纸印刷厂厂长会议在河南郑州及南阳召开。

16日，中国印刷及设备器材工业协会第六次会员代表大会在北京友谊宾馆召开，大会选举产生了第六届理事会320名理事，推选张劲夫、邓力群、于珍同志为协会名誉理事长。第六次会员代表大会闭幕，第六届理事会第一次会议召开，会议以无记名投票方式选举产生了六届常务理事107名；选举徐建国同志为新一任理事长；选举陆长安等23位同志为副理事长；聘任陆长安同志兼任秘书长。会议推举谭竹洲、潘蓓蕾、张今强、高永清、杨靖华、鲁兵、谭俊峤同志为荣誉顾问；推举王德茂、许锦枫同志为特别顾问；聘请万启盈等27位同志为顾问。

19日，2011中国印刷及设备器材工业协会印刷机械分会经营管理统计专业委员会工作会议在青海省西宁市召开。印刷机械分会理事长庞连东、名誉理事长张致远以及行业内近50家印机制造企业的领导和代表出席了会议。

23日，深圳市文化创意产业协会揭牌成立，深圳出版发行集团总经理尹昌龙当选首任会长。

28日，新闻出版总署在武汉大学设立高级印刷人才培养基地，为全国印刷产业培训复合型高级人才。新闻出版总署副署长孙寿山、湖北省副省长张通为高级印刷人才培养基地揭牌。

30日，北京印刷学院印刷技能人才培训基地挂牌仪式在西藏新华印刷厂举行。

10月

8日，国家新闻出版总署和环境保护部联合发布《关于实施绿色印刷的公告》，对“十二五”期间实施绿色印刷工作进行了全面部署，明确了实施绿色印刷的依据和途径；提出了实施绿色印刷的范围和目标，即在涉及生产设备、原辅材料、生产过程以及出版物、包装装潢等印刷产品生产全过程的情况下，力争到“十二五”期末，使绿色印刷企业数量占到我国印刷企业总数的30%，印刷产品的环保指标达到国际先进水平；安排了实施绿色印刷的配套保障工作；其中最大的亮点是部署了“十二五”期间实施绿色印刷的工作进程，由启动试点、深化拓展、全面推进三个阶段逐步展开。

18～19日，中国西部印协第十三次协作工作会议暨西部印刷业改革与发展论坛在西安举行，中国印刷及设备器材工业协会副理事长兼秘书长陆长安应邀出席会议。西北和西南共十二个省区印刷协会及企业的代表130多人参加了会议。

19日，由中国印刷及设备器材工业协会印刷器材分会举办的“2011年全国胶印版材行业年会”在安徽省安庆市召开。

20日，“2011中国印刷标准化年会暨印刷创新论坛”在北京隆重召开。本次论坛邀请了相关政府部门、印刷院校、企业及媒体代表等200余人参加。

22日，以“数字时代的传统出版业走向”为主题的2011中国－东盟出版博览会数字出版论坛在广西南宁举办。

28日，中国印刷及设备器材工业协会在北京召开部分企业参加的国家职业大典印刷机械部分修订工作会议。出席本次会议的有来自全国印刷机械制造企业和院校的15位代表和专家，协会副理事长兼秘书长陆长安到会并讲话。

11月

2日，由中国印刷及设备器材工业协会标签印刷分会与全国印刷标准化技术委员会（SAC/TC 170）联合主办的《标签印制基本要求及检测方法》行业标准起草组成立会议在中国印刷及设备器材工业协会召开。

3日，由中国印刷技术协会、北京印刷协会联合举办的“绿色印刷现场交流会”在北京华联印刷有限公司举行。首批获得绿色认证的9家北京印刷企业、准备申请以及正在申请绿色认证的印刷企业以及行业媒体60余人参加了本次交流会。

4日，由中国印刷技术协会、北京印刷学院主办，北京绿色印刷包装产业技术研究院承办的“科技创新助推绿色发展”创新论坛在北京印刷学院举办。

14～17日，由中国印刷技术协会、中国印刷科学技术研究所、杜塞尔多夫展览（上海）有限公司主办的第四届中国国际全印展在上海新国际博览中心举行。

15日，第八届北京国际印刷技术展览会（China Print 2013）新闻发布会在上海举行。中国印刷及设备器材工业协会特别顾问王德茂、许锦枫，副理事长兼秘书长陆长安，中国国际展览中心集团公司副总裁殷海兴，广东省印刷复制业协会常务副会长兼秘书长孔环基，中国印刷及设备工业协会副秘书长、上海电气印刷包装机械集团经济运行部长唐树民等有关领导，以及行业媒体代表和厂商代表约50人出席了发布会。

16日，由“太阳杯”亚洲标签大奖组委会主办的第三届“太阳杯”亚洲标签大奖启动发布会在上海新国际会展中心举办。中国印刷及设备器材工业协会特别顾问许锦枫，标签印刷分会名誉理事长谭俊峤、秘书长邱晓红，上海太阳机械有限公司董事总经理祁和亮等指导单位和主办单位领导出席了发布会。

22日，中国人民解放军印刷协会成立25周年暨六届四次理事大会在北京召开。新闻出版总署印刷发行管理司副司长曹宏遂，总后勤部原生产管理部副部长、全军印协名誉理事长张志祥少将，中国印刷及设备器材工业协会副理事长兼秘书长陆长安等有关领导应邀出席会议并讲话。

28日，作为国家数字版权产业基地重要组成部分的江苏凤凰新华创意产业园项目在江苏南京正式启动。与此同时亚洲第一套POD（按需印刷）数码全连线设备也正式启用。

30日，中国印刷及设备器材工业协会在北京召开“数字印刷技术在文化艺术品复制行业的应用交流会暨2012文化艺术复制精品征集、展示系列活动新闻发布会”。

12月

2日，由中国印刷及设备器材工业协会主办、《印刷工业》杂志社有限公司承办的第十四届北京国际印刷信息交流大会(INFOPRINT 2011)在北京友谊宾馆举行。本届大会在继承既有优良传统的基础上，以全新视野关注印刷工业热点技术信息，技术产品发布环节分为“绿色印刷”、“数字印刷及印刷数字化”、“综合创新”三大主题板块。

6日，国家新闻出版总署印发《国家印刷复制示范企业管理办法》，明确提出了到“十二五”期末，在全国建100家左右国家印刷示范企业和10家左右国家光盘复制示范企业。

7日，慧聪网主办、慧聪印务网承办的“新星杯2010/11年度印刷包装行业十佳评选颁奖活动”在京举行。本次活动推出印刷包装领军人物、十佳出版印刷企业、十佳纸包装印刷企业、十佳特种印刷企业、新星优秀胶印产品奖出版类、新星优秀胶印产品奖包装类、新星优秀胶印奖特种印刷类共七大奖项。

12日，辽宁大族冠华印刷科技股份有限公司正式宣布：收购日本筱原株式会社的产品技术、专利、装备和全部库存。

23日，新闻出版总署在北京举行了《大中华文库》出版工程暨新闻出版走出去先进单位表彰大会。其中在印刷服务出口领域作出突出成绩的新闻出版单位有北京华联印刷有限公司、深圳雅昌彩色印刷有限公司、合肥杏花印务股份有限公司、上海印刷（集团）有限公司、上海联合光盘有限公司、江苏新广联科技股份有限公司。中共中央政治局委员、中央书记处书记、中宣部部长刘云山，中共中央政治局委员、国务委员刘延东出席表彰大会并为获奖单位颁奖。

2011年中国印刷及设备器材工业协会大事记

1月

10～13日，“Print China 2011国际媒体周”活动在广东东莞举行。中国印刷及设备器材工业协会理事长于珍，常务副理事长王德茂在“Print China 2011国际媒体周”会议上发表讲话。会议由中国印刷及设备器材工业协会副理事长兼秘书长许锦枫主持。来自美国、德国、法国、意大利、巴西、墨西哥、俄罗斯、澳大利亚、日本、韩国、阿联酋、印度、巴基斯坦、印度尼西亚、马来西亚、菲律宾、越南以及我国内地、香港、澳门、台湾的世界五大洲21个国家和地区的驻华使领馆高级官员、贸促机构领导，海内外媒体以及我国各级政府主管部门领导、有关商协会负责人120多人出席活动。

14～15日，中国印刷及设备器材工业协会快速印刷分会召开了在京会员单位2011年工作座谈会，近百位代表参加了座谈会。会议认真总结了2010年的工作，畅谈、交流了2011年工作安排。

18日，中国印刷及设备器材工业协会印刷器材分会2011年理事会议（北方地区）在北京举行。协会常务副理事长王德茂到会并作重要讲话；印刷器材分会副秘书长薛永梅主持会议。印刷器材分会秘书长袁建湘报告了2010年分会工作，提出了2011年分会工作计划草案。

24日，中国印刷及设备器材工业协会召开2011年工作会议。协会常务副理事长王德茂，副理事长兼秘书长许锦枫，副理事长庞连东，顾问谭俊峤、李永昌、岳德茂，副秘书长李同信、曹凤翎、刘万瑞、宋宝志、李琛、林兆光、刘积英，各分会、专业委员会、工作委员会及各部门负责人以及协会全体工作人员参加了会议。工作会议由许锦枫主持。会议主要内容是交流2010年工作，落实2011年各项计划。

25日，中国印刷及设备器材工业协会迎新春顾问座谈会在协会举行。协会顾问鲁兵、陈星鹏、武文祥、沈忠康、侯国柱、夏天俊、张致远、刘宝生、郭清源、张士鹏、岳德茂、李永昌、李增明，常务副理事长王德茂，副理事长兼秘书长许锦枫，副理事长庞连东，副秘书长李同信、刘万瑞、曹凤翎、宋宝志、刘积英，印刷器材分会秘书长袁建湘，包装印刷分会秘书长李志伟、信息工作委员会秘书长高英凯、喷墨印刷分会武巍参加了座谈会。会议由王德茂常务副理事长主持。

26日，由中国印刷及设备器材工业协会组织的印刷及设备器材行业兄弟协会联谊会在北京举行。全军印刷协会理事长张根祥，北京印刷协会副秘书长鲁澎、中国日化协会油墨分会理事长冯静，全国铁路印协副理事长张经涛，中国新闻技术工作者联合会常务副理事长兼秘书长李鹏翔，中国报业协会办公室主任胡怀福，北京地区书刊印刷企业联谊会会长高福成，中国包装联合会行业工作部副部长孙玲，中国造纸协会副秘书长卢慧敏，中国感光学会副秘书长牛桂萍；中国印刷及设备器材工业协会理事长于珍，常务副理事长王德茂，副理事长兼秘书长许锦枫，副理事长庞连东，顾问谭俊峤，副秘书长曹凤翎、李琛、刘积英以及部分分会负责人出席了本次联谊会。于珍理事长主持会议。

2月

18日，中国—东盟商务理事会与中国印刷及设备器材工业协会建立战略合作伙伴关系签约仪式在京举行。中国—东盟商务理事会中方常务秘书长许宁宁、中方秘书处外联处负责人刘欣、项目主管张岳松，中国印刷及设备器材工业协会常务副理事长王德茂、副理事长兼秘书长许锦枫、副秘书长李同信出席了签约仪式。许宁宁常务秘书长和许锦枫秘书长分别代表双方在《建立战略合作伙伴关系框架协议》上签字。

20～22日，中国印刷及设备器材工业协会印刷机械分会专业委员会工作会议在上海召开，出席会议的有：轮值理事长庞连东、曹敏，副理事长戴园伦、彭勇，名誉理事长张致远，秘书长宋宝志，副秘书长桂育英、杨明、陈平勋，以及各专业委员会主任委员、副主任委员、正副秘书长和部分企业负责人共51位代表。

3月

10日，第二届中国（广东）国际印刷技术展览会香港新闻发布会在香港世贸大厦举行。会议由中国印刷及设备器材工业协会副理事长兼秘书长许锦枫主持。香港印刷业商会、澳门印刷业商会、香港印艺学会等业界共50余人出席了发布会。

16日，中国印刷及设备器材工业协会标签印刷分会名誉理事长谭俊峤、杨靖华到美国佛罗里达参加由国际标签协会组织召开的L9标签会议和高峰论坛活动。

4月

8日，由中国印刷及设备器材工业协会主办，《印刷工业》杂志社有限公司、东莞中印协国际展览有限公司承办的第二届国际印刷技术发展论坛（Forum—PT 2011）在广东东莞举行。来自国内外印刷行业300多名业内人士参与了这四年一度的行业盛会。中国印刷及设备器材工业协会理事长于珍出席论坛并致开幕词，来自13家国内外知名企业的CEO或高级管理人员在论坛上发表了精彩演讲。中国印刷及设备器材工业协会常务副理事长王德茂致闭幕词。

8日，第三届中华印制大奖颁奖典礼在广东东莞举行，主办单位两岸四地印刷行业协会领导，中国出版工作者协会主席于友先，中国国际贸易促进委员会副会长王锦珍、广东省新闻出版局局长朱仲南、副局长杨广锐等出席颁奖典礼并讲话；来自参赛单位、获奖单位和海内外印刷界代表1000余人参加典礼。本届中华印制大奖共收到近千件作品，除了来自我国内地25个省区市和港澳台地区的企业外，还收到来自菲律宾、马来西亚等东南亚地区华人印刷企业的优秀作品。大奖共评出24件金奖，33件银奖，50件铜奖，89件优秀奖，其中雅昌企业（集团）有限公司印制的《梅兰芳藏名家书法集》获全场大奖。

9～13日，第二届中国（广东）国际印刷技术展览会（Print China 2011）在广东现代国际展览中心成功举办。展会总展出面积12万平方米，比上届增大了50%；参展厂商1261家，来自22个国家和地区，比上届增多了20.4%；参观观众171256人次，来自112个国家和地区，比上届增多了64.3%。本届展会以“绿色、高效、数字化”为主题，全面展示了有关印刷的新理念、新技术，以及各种先进适用的印刷设备和印刷器材。

9日，“第三届标签技术高峰论坛——数字技术引领标签产业未来”在广东东莞召开。论坛由中国印刷及设备器材工业协会顾问、标签印刷分会名誉理事长谭俊峤主持，共有10位演讲嘉宾介绍了标签印刷行业最新的技术及应用。

10日，亚洲印刷展览联盟（Asia Print）第四次盟员大会在广东东莞举行。来自中国、韩国、印度、巴基斯坦、印度尼西亚、菲律宾、马来西亚、斯里兰卡8个国家的印刷行业协会和展览公司的19位代表出席了本次会议。会议由亚洲印刷展览联盟主席、中国印刷及设备器材工业协会常务副理事长王德茂主持。

10日，由中国印刷及设备器材工业协会、广东省印刷复制业协会和香港印刷业商会联合举办的“探讨如何达到印刷国际标准ISO 12647”研讨会在广东东莞举行。中国印刷及设备器材工业协会常务副理事长王德茂、香港印刷业商会会长杨金溪等以及印刷企业代表共百人参加了会议。

10日，两岸四地印刷教育座谈会在广东东莞召开，来自22所设有印刷包装相关专业高校的教育工作者参加会议。座谈会由中国印刷及设备器材工业协会书刊印刷专业委员会、教育与培训工作委员会主办。

10日，由中国印刷及设备器材工业协会主办，中国印刷及设备器材工业协会快速印刷分会、今日印刷杂志社共同承办的“印刷数字化高峰论坛”在广东东莞举行。

11日，由中国印刷及设备器材工业协会主办，中国印刷及设备器材工业协会喷墨印刷分会承办的“喷墨印刷发展论坛”在广东东莞举行。

11日，由中国印刷及设备器材工业协会主办，今日印刷杂志社承办的“包装印刷财富论坛”在广东东莞举行。

22日，由中国印刷及设备器材工业协会标签印刷分会和国药励展共同举办的第五届全国药品电子监管工作研讨会在四川成都举行。

28日，由中国技术监督情报协会和中国印刷及设备器材工业协会喷墨印刷分会主办的中国喷墨印刷安全品牌论坛在北京举行，论坛期间中国喷墨印刷行业安全联盟宣告成立，该联盟致力于推动企业采取安全标准。

29日，由中国印刷及设备器材工业协会喷墨印刷分会主办，《印刷工业》杂志社有限公司与中国电子国际展览广告有限责任公司联合承办的中国喷墨纺织印花技术论坛在京举行。论坛以“喷墨纺织印花技术未来之路”为主题。

5月

10日，中国印刷及设备器材工业协会印刷机械分会在浙江平阳国望机械集团有限公司召开印机制造企业家座谈会。会议围绕落实“十二五”规划、促进经济增长方式转变开展企业工作交流，共谋发展思路。温州地区印机制造企业共30余名老总参加了座谈。

26日，中国印刷及设备器材工业协会快速印刷分会组织在京国家机关、部队、大专院校等70多家单位的文印部门负责人出席在京举办的“印后设备发展技术研讨会”。

29日，由中国印刷及设备器材工业协会印刷器材分会和全国数码影像材料与数字印刷材料标准化技术委员会共同主办的全国CTP版国家和行业标准宣传贯彻会议在河南郑州举行。

6月

2日，中国印刷及设备器材工业协会海外出展部组织已报名参加2012年德鲁巴国际印刷展的国内参展商在上海举办“CE认证培训班”。

17日，中国印刷及设备器材工业协会常务副理事长王德茂应邀出席香港印刷业商会第37届理监事会就职典礼暨72周年庆祝晚会。

19～22日，中国印刷及设备器材工业协会印刷机械分会技术质量专业委员会会议在陕西渭南召开，出席会议的代表共26人，会议的主题是认真贯彻落实行业“十二五”规划，加快印刷装备制造业的发展。

23日，中国印刷及设备器材工业协会举办了“颂歌献给党——喜迎中国共产党90周年”文艺活动。

7月

4日，由中国印刷科学技术研究所、中国印刷及设备器材工业协会标签印刷分会共同主办的“2011中国国际标签技术发展论坛”在上海举行。

12日，中国印刷及设备器材工业协会常务副理事长王德茂、副理事长兼秘书长许锦枫作为嘉宾应邀出席“乐凯华光杯2010年印刷行业十大评选”颁奖典礼。

8月

5日，中国印刷及设备器材工业协会五届八次常务理事会在北京召开，出席会议的副理事长有谭竹洲、陆仁琪、许锦枫、高永清、肖建国、滕方迁、庞连东、高福成、王津沪、曹春昱等，出席会议的常务理事共有86名。会议由协会理事长于珍主持。

5日，中国印刷及设备器材工业协会受工业和信息化部委托在京召开《印刷机械行业“十二五”发展规划》发布会，会议通报了《规划》的制定及执行情况。

9月

15～21日，中国印刷及设备器材工业协会代表团访问日本。代表团成员协会常务副理事长王德茂一行应邀出席了日本IGAS 2011印刷展览会开幕式，并参加了Global Print秘书长会、理事长会。

16日，中国印刷及设备器材工业协会第六次会员代表大会在北京友谊宾馆召开。来自全国各省、市、自治区的印刷、印刷设备和印刷器材战线的368名代表出席了会议。大会选举产生了第六届理事会320名理事；推选张劲夫、邓力群、于珍同志为协会名誉理事长。工业和信息化部副部长苏波、新闻出版总署副署长阎晓宏、中国印刷及设备器材工业协会五届理事会理事长于珍分别为大会题词祝贺。大会收到马来西亚印刷商公会、吉隆坡暨雪莪中华印务公会、台湾区印刷暨机器材料工业同业公会、香港印刷业商会、澳门印刷业商会等国家和地区的印刷工业协会和35家国内兄弟协会发来的贺信、祝词。

16日，中国印刷及设备器材工业协会第六届理事会第一次会议召开。会议以无记名投票方式选举产生了六届常务理事107名；选举徐建国同志为新一任理事长；选举陆长安等23位同志为副理事长；聘任陆长安同志兼任秘书长。会议推举谭竹洲、潘蓓蕾、张今强、高永清、杨靖华、鲁兵、谭俊峤同志为荣誉顾问；推举王德茂、许锦枫同志为特别顾问；聘请万启盈等27位同志为顾问。大会最后，新当选的理事长徐建国同志发表了讲话。

17日，中国印刷及设备器材工业协会理事长徐建国在协会主持召开工作会议。出席会议的有协会驻会副理事长、秘书长、副秘书长，各分会、专业委员会、工作委员会和各部门负责人，部分顾问和上海电气印包集团的领导等共43人。会议的中心议题是换届后探索下一步做好协会工作的思路。徐建国理事长对协会工作提出了三点要求：1.协会工作连续性与开创性的统一；2.新形势下，加强自身建设，完善制度；3.对2012年工作要有正确定位。

23日，中国印刷及设备器材工业协会秘书长陆长安主持召开秘书处办公会议。协会各分会负责人、部门负责人、公司负责人、协会秘书处全体工作人员出席会议。会上，陆长安秘书长结合徐建国理事长9月17日在协会工作会议上的讲话，对下一步工作进行了具体安排。

28日～10月1日，中国印刷及设备器材工业协会特别顾问许锦枫一行应邀出席韩国第十八届国际印刷展览会开幕式，并拜访韩国印刷协会。

10月

18～19日，中国西部印协第十三次协作工作会议暨西部印刷业改革与发展论坛在西安举行，中国印刷及设备器材工业协会副理事长兼秘书长陆长安应邀出席会议。西北和西南共12个省区印刷协会及企业的代表130多人参加了会议。

19日，由中国印刷及设备器材工业协会印刷器材分会举办的"2011年全国胶印版材行业年会"在安徽省安庆市召开。

28日，中国印刷及设备器材工业协会在北京召开部分企业参加的国家职业大典印刷机械部分修订工作会议。出席本次会议的有来自全国印刷机械制造企业和院校的15位代表和专家，协会副理事长兼秘书长陆长安到会并讲话。

11月

2日，由中国印刷及设备器材工业协会标签印刷分会与全国印刷标准化技术委员会（SAC/TC 170）联合主办的《标签印制基本要求及检测方法》行业标准起草组成立会议在中国印刷及设备器材工业协会召开。

3～5日，中国印刷及设备器材工业协会副理事长兼秘书长陆长安、荣誉顾问谭俊峤到广东省印刷包装和标签企业进行调研。

25日，中国印刷及设备器材工业协会印刷机械分会产品专业化专业委员会和信息传播委员会年会在杭州召开。协会副理事长兼秘书长陆长安出席会议。

30日，中国印刷及设备器材工业协会在北京召开"数字印刷技术在文化艺术品复制行业的应用交流会暨2012文化艺术复制精品征集、展示系列活动新闻发布会"。

12月

1日，中国印刷及设备器材工业协会印刷机械分会五届二次理事会暨经济运营会在北京召开。协会副理事长兼秘书长陆长安到会并讲话。

2日，由中国印刷及设备器材工业协会主办、《印刷工业》杂志社有限公司承办的第十四届北京国际印刷信息交流大会(INFOPRINT 2011)在北京友谊宾馆举行。本届大会在继承既有优良传统的基础上，全面发布行业综合信息外，以全新视野关注当今印刷工业热点技术信息，技术产品发布环节分为"绿色印刷"、"数字印刷及印刷数字化"、"综合创新"三大主题板块。

9日，中国印刷及设备器材工业协会年度工作会议在江苏昆山召开。协会名誉理事长于珍，理事长徐建国，特别顾问王德茂、许锦枫，副理事长兼秘书长陆长安，副理事长李同信、郑锦荣，荣誉顾问杨靖华、谭俊峤，以及各分会、下属单位主要负责人共计60余人出席会议。会上，协会特别顾问许锦枫首先就协会在2011年度开展的各项工作进行了总结和回顾，副理事长兼秘书长陆长安介绍了协会2012年度工作计划，涉及6个方面21项工作。他表示，协会将以加快印刷及设备器材工业发展方式转变为工作主线，努力提升服务水平，扮演好桥梁角色，为行业持续稳定发展做出贡献。会议最后，徐建国理事长作了总结发言。

附 录

2011年全国119家书刊印刷（含其他印刷）企业完成经济效益统计

说 明

一、参加资料汇编企业情况

本资料共汇集了全国119家书刊印刷（含其他印刷）企业2011年主要经济效益指标完成情况。这些企业分布在全国31个省、自治区、直辖市。其中：北京隆达印刷包装集团6家，天津新闻出版局5家，上海印刷（集团）有限公司4家，在京部队印刷企业8家，中央在京各部委印刷企业及其他在京印刷企业35家，分布在各省、自治区的印刷企业61家。

二、主要经济指标总量完成情况

1.工业总产值（现价）： 107亿元
2.工业销售产值（现价）： 110亿元
3.工业增加值（生产法）： 36亿元
4.主营业务收入： 113亿元
5.实现利税： 10.6亿元
6.实现利润： 3.8亿元
7.人均创利税： 20425元/人
8.人均工资： 35296元/人

三、主要产品产量完成情况

1.照相排字： 39.6亿字
2.书刊印刷： 2904万令
3.胶印印刷： 14390万对开色令
4.书刊装订： 3197万令

四、印刷企业盈利情况

1.盈利企业82家，占71%。其中：100万元以上的45家，200万元以上37家，300万元以上30家，500万元以上23家，1000万元以上13家。

2.实现利税千万元以上的26家，500万元以上的48家。

2011年统计资料汇编工作，得到了各企业领导及综合统计、财务部门的大力支持，在此表示衷心的感谢。由于时间紧张，错误及遗漏之处敬请指正。

中国印工协书刊印刷专业委员会
北京印刷协会
中国人民解放军印刷协会
2012年6月

2011年印刷同行业经济效益完成情况汇总表（一）

单位名称	工业经济效益综合指数(%)		总资产贡献率(%)		资产保值增值率(%)		资产负债率(%)		流动资产周转率(%)		成本费用利润率（%）		全员劳动生产率（元/人）		产品销售率(%)	
	2011	2010	2011	2010	2011	2010	2011	2010	2011	2010	2011	2010	2011	2010	2011	2010
北京隆达印刷包装集团	114.4	110.9	5.4	5.9	94.1	97.4	65.1	56.8	1.6	1.4	2.2	3.2	70519	60025	97.1	96.9
北京印刷一厂	66.8	72.6	3.3	3.3	35.3	100.1	82.8	57.7	1.4	1.0	0.1	0.1	26121	28435	100.0	100.0
北京印刷二厂	131.4	113.2	8.4	6.7	111.3	109.6	59.3	63.4	1.8	1.5	3.6	2.6	73433	60643	97.2	95.1
北京北人羽新胶印有限公司	36.6	16.3	1.0	0.1	1.0	9.0	100.0	95.5	0.2	0.4	−2.0	−5.8	21230	10836	111.0	103.0
北京利丰雅高长城印刷公司	125.4	132.4	3.9	6.7	97.1	106.5	64.1	50.1	1.7	1.5	1.6	4.9	94090	78009	96.2	96.1
北京宝岛包装有限公司	138.6	120.0	13.6	6.9	109.5	100.1	43.0	47.4	1.8	1.8	5.4	0.1	58098	83198	100.0	100.0
天津新闻出版局	−53.0	−21.3	−8.5	−7.0	72.5	85.2	75.6	65.7	0.4	0.5	−26.8	−19.1	40439	36378	100.0	100.0
天津新华一印刷有限公司	−97.2	−53.6	−11.6	−12.7	66.9	100.0	75.8	64.9	0.4	0.5	−39.1	−26.2	55412	42037	100.0	100.0
天津新华二印刷有限公司	−40.8	−120.8	−10.6	−15.6	207.7	−76.0	121.7	112.3	0.6	0.6	−28.2	−35.3	43453	33087	100.0	100.0
天津新华印刷三厂	−41.7	72.6	−6.5	7.1	85.8	101.2	42.0	29.5	0.6	0.8	−19.2	1.1	−421	13857	100.0	100.0
天津金彩美术印刷有限公司	6.6	84.6	−4.1	1.3	91.8	100.8	48.6	46.0	0.4	0.4	−15.1	2.2	49089	50904	100.0	100.0
天津高教出版社印刷厂	131.9	118.9	12.5	11.9	105.5	104.3	25.3	22.3	1.5	1.7	8.7	6.7	35743	24383	100.0	100.0
上海印刷(集团)公司	85.3	177.7	2.9	1.2	70.0	678.7	65.4	55.6	0.6	0.7	−0.4	0.1	67369	86162	100.0	96.7
上海新华印刷有限公司	58.4	166.3	−0.1	4.6	71.7	100.0	43.7	35.9	1.2	2.0	−7.3	−1.4	64458	173049	104.4	97.6
上海市印刷三厂	153.1	129.7	6.7	4.1	87.2	99.8	31.1	44.7	1.3	1.1	0.5	0.1	146901	119019	100.0	100.0
上海中华印刷有限公司	76.0	—	2.7	0.7	68.8	—	67.6	56.8	0.5	0.6	0.1	0.0	51389	50958	99.6	95.5
上海市印刷四厂	67.0	123.3	3.3	5.7	44.7	110.4	81.5	66.3	0.4	0.6	0.3	9.1	40253	53494	97.6	100.7

续表

单位名称	工业经济效益综合指数(%)		总资产贡献率(%)		资产保值增值率(%)		资产负债率(%)		流动资产周转率(%)		成本费用利润率（%)		全员劳动生产率（元/人)		产品销售率(%)	
	2011	2010	2011	2010	2011	2010	2011	2010	2011	2010	2011	2010	2011	2010	2011	2010
北京新华印刷有限公司	56.5	−10.5	1.6	0.3	96.2	123.4	33.5	22.6	1.5	0.3	−6.1	−16.1	39986	7410	94.7	100.0
中印南方印刷有限公司	98.5	105.3	10.0	5.7	4.3	87.4	98.6	82.0	1.8	1.8	1.5	3.4	48098	41165	111.9	112.9
北京一二〇一印刷厂	105.9	80.5	1.7	2.7	63.0	98.7	78.7	51.0	6.4	2.0	0.3	1.8	7609	15982	100.0	100.0
解放军一二〇五工厂	115.7	105.4	1.7	2.1	101.7	101.4	20.2	15.5	1.0	0.9	6.1	6.9	69329	47891	91.6	88.6
解放军报印刷厂	171.2	157.7	6.2	5.8	100.0	97.6	15.0	14.3	1.4	1.3	1.2	2.2	168272	143872	100.0	100.0
北京凌奇印刷有限公司	73.0	79.7	2.3	4.2	100.5	100.6	44.0	45.0	0.8	0.9	0.5	0.8	33102	33981	99.6	102.5
北京金盾印刷厂	136.3	126.8	5.3	2.4	101.1	101.7	20.4	22.8	2.0	1.2	2.6	2.0	94961	105596	100.0	100.0
海军政治部印刷厂	128.2	89.7	−0.3	−3.1	82.4	71.5	78.1	73.3	1.9	1.5	0.9	−3.8	115413	98122	100.0	100.0
廊坊一二〇六印刷厂	102.3	106.6	3.5	4.4	102.0	101.7	59.8	53.7	0.9	1.0	1.9	1.9	64375	65831	110.8	112.8
北京国防印刷厂	92.5	98.4	3.2	4.6	100.8	100.0	34.5	34.8	2.4	2.0	0.6	0.3	35375	50099	100.0	100.0
北京交通印务实业公司	90.1	80.1	5.7	5.4	94.0	94.4	19.1	24.4	1.1	1.2	0.2	0.0	48036	33065	100.0	100.0
人民教育出版社印刷厂	−13.9	112.7	−26.4	5.0	95.2	102.5	26.1	23.9	0.7	0.8	−16.4	0.2	86047	92373	100.0	100.0
人民日报社印刷厂	161.0	137.7	1.6	4.0	133.7	45.3	15.1	14.6	1.1	0.5	−1.7	−4.1	181367	179211	100.0	100.0
煤炭工业出版社印刷厂	83.9	90.7	2.0	0.4	91.1	100.0	66.0	64.3	1.0	1.4	−6.4	−6.8	94603	100030	97.6	118.6
中国农业出版社印刷厂	72.1	78.3	5.2	4.0	99.8	100.1	82.7	83.5	1.0	1.1	0.1	0.1	11785	24603	145.4	141.6
北京建筑工业印刷厂	92.7	—	4.8	0.7	93.1	—	106.9	107.3	0.5	0.5	1.5	−9.0	58843	49008	100.0	100.0
北京机工印刷厂	119.0	108.3	13.8	11.5	139.7	78.5	34.0	55.3	3.3	3.6	0.1	0.1	26575	23773	100.0	100.0
中青印刷厂	−24.1	0.7	−10.3	−8.4	83.0	86.1	44.8	35.1	1.4	1.7	−16.9	−13.4	13492	22153	101.8	100.0
文物出版社印刷厂	51.1	59.5	3.0	3.9	101.4	101.4	20.4	20.8	0.3	0.3	0.4	0.5	3226	2824	102.5	151.5
北京中科印刷有限公司	138.7	165.3	7.6	5.8	100.3	385.6	48.4	54.7	1.7	1.2	5.4	5.0	79957	77791	100.0	100.0

续表

单位名称	工业经济效益综合指数(%)		总资产贡献率(%)		资产保值增值率(%)		资产负债率(%)		流动资产周转率(%)		成本费用利润率（%）		全员劳动生产率（元/人）		产品销售率(%)	
	2011	2010	2011	2010	2011	2010	2011	2010	2011	2010	2011	2010	2011	2010	2011	2010
北京外文印刷厂	13.7	26.6	−0.4	−5.9	95.6	89.4	11.5	10.8	0.7	1.1	−10.0	−11.7	13865	40396	93.3	168.3
北京人卫印刷厂	102.7	101.6	4.8	4.8	101.4	100.0	8.5	8.6	0.1	0.1	5.0	6.1	57710	48582	100.0	104.0
新华通讯社印刷厂	235.4	386.7	4.0	15.2	102.8	108.5	20.5	19.7	0.5	0.6	8.0	37.2	252803	284704	100.0	100.0
北京京安印刷厂	206.0	−0.5	22.4	−4.6	168.0	86.1	42.9	62.5	1.3	1.5	20.6	−16.8	41790	31747	100.0	100.0
中国电影出版社印刷厂	157.0	151.3	8.3	5.5	80.9	102.2	84.7	82.5	5.6	6.3	0.4	0.7	84257	52095	79.4	136.1
北京轻工印刷厂	32.3	21.4	1.4	0.3	79.3	100.5	43.8	36.5	0.9	0.7	−5.3	−6.4	7110	−553	99.0	99.0
北京和平印刷有限公司	133.1	130.0	12.1	12.3	100.5	100.5	21.6	24.3	2.3	2.7	1.8	1.8	69474	57000	100.0	100.0
北京中兴印刷有限公司	98.7	100.6	5.4	5.9	100.8	100.7	16.7	19.6	1.0	1.1	2.4	2.7	49742	48451	100.0	100.0
清华大学印刷厂	121.2	123.2	10.3	12.2	102.7	102.8	50.8	52.1	1.2	1.3	2.0	2.1	71429	67116	99.9	97.6
北京大学印刷厂	5.1	−149.8	−2.4	−18.1	98.2	72.8	31.2	37.9	0.6	0.5	−12.7	−43.5	12700	8039	138.1	123.5
北京毕诚彩印厂	93.0	77.6	1.2	4.4	126.1	70.7	43.0	48.1	0.5	1.0	2.3	4.6	56800	11944	100.0	100.0
北京华联印刷有限公司	120.0	147.1	5.1	7.7	102.4	105.5	30.2	33.9	1.9	1.9	2.5	6.9	67385	76162	118.0	115.6
北京日邦印刷有限公司	71.1	176.4	−10.8	4.6	83.5	101.1	25.7	23.3	1.3	1.3	−13.5	1.9	152140	179034	99.9	102.0
北京画中画印刷有限公司	100.4	98.6	1.1	2.2	100.3	98.7	63.4	66.3	1.7	1.2	0.1	−0.6	70373	76423	100.0	100.0
北京雅昌彩色印刷有限公司	198.4	200.2	14.0	15.0	105.0	135.4	68.9	56.5	1.4	1.8	12.3	10.6	117388	117365	110.8	99.8
北京顶佳世纪印刷有限公司	128.3	126.9	0.6	1.4	151.8	102.1	53.9	54.6	0.8	1.2	1.3	2.7	113333	103860	100.0	100.0
化学工业出版社印刷厂	−136.3	−58.6	−5.7	−2.6	90.0	79.5	29.0	24.2	1.3	0.8	−52.7	−31.8	40398	36390	89.4	103.1
北京盛通印刷股份有限公司	236.6	241.1	8.0	13.6	255.4	122.8	35.4	63.1	1.5	1.6	11.4	14.2	149595	151632	200.9	189.7

续表

单位名称	工业经济效益综合指数(%)		总资产贡献率(%)		资产保值增值率(%)		资产负债率(%)		流动资产周转率(%)		成本费用利润率（%）		全员劳动生产率（元/人）		产品销售率(%)	
	2011	2010	2011	2010	2011	2010	2011	2010	2011	2010	2011	2010	2011	2010	2011	2010
中国铁道出版社印刷厂	54.7	52.0	3.3	1.5	100.2	92.1	60.4	60.0	0.8	0.5	0.2	1.6	—	—	104.3	106.0
北京东港安全印刷有限公司	344.6	300.4	31.6	25.2	107.7	171.6	28.6	37.6	2.3	1.9	29.7	27.6	188464	127954	70.9	132.4
北京印刷学院实习工厂	140.2	−364.7	37.0	32.0	102.4	−126.3	246.6	242.8	2.3	0.3	1.9	−116.6	3600	−114	97.8	128.6
北京联兴盛业印刷股份公司	115.4	110.3	3.1	2.3	119.8	148.8	39.8	49.4	1.5	1.5	0.9	1.5	79592	66581	109.7	94.5
山东新华印刷厂	89.6	18.0	−0.9	−1.3	444.6	78.9	61.0	91.6	0.8	0.4	−6.3	−9.2	37258	24258	100.0	100.0
山东临沂新华印刷物流集团	147.8	142.2	10.6	9.9	102.6	185.4	79.4	79.8	1.3	1.3	8.0	8.0	75716	48266	101.1	109.9
山东新华印刷厂潍坊厂	−22.3	41.4	−6.2	0.5	57.3	87.5	74.1	63.2	2.3	2.1	−22.3	−9.3	29637	30333	100.2	91.1
山东德州新华印务有限公司	96.4	105.0	9.4	9.8	123.3	104.1	54.4	67.7	1.7	1.6	1.5	2.5	24578	35391	95.6	106.2
中闻集团济南印务有限公司	88.3	86.6	3.6	2.0	97.6	126.3	52.8	51.3	2.2	2.7	−2.2	−5.1	49322	53889	100.0	100.0
河北新华第一印刷有限公司	89.0	97.4	4.9	4.9	103.7	177.5	35.8	39.4	1.7	1.4	1.9	0.8	26822	37500	100.0	100.0
河北新华第二印刷有限公司	71.5	67.3	4.8	5.9	97.7	101.7	40.4	28.9	1.4	1.2	2.7	1.3	—	—	100.0	100.0
中国标准社秦皇岛印刷厂	143.9	143.5	18.2	17.0	100.1	100.8	15.3	19.8	4.2	4.3	0.2	0.4	47588	47272	100.0	100.0
保定五四三印刷厂	219.0	184.5	22.1	17.8	123.1	120.9	34.3	36.9	2.2	2.0	9.7	9.9	126553	87750	106.7	94.3
山西新华印业有限公司	93.2	89.0	3.0	2.0	100.4	97.4	65.7	49.0	1.4	1.7	0.3	−1.9	54653	60874	100.0	100.0
山西人民印刷有限公司	145.6	142.8	10.9	11.6	104.4	103.5	33.8	33.1	1.8	1.8	4.0	3.4	90225	87833	88.0	87.1
辽宁美术印刷厂	−121.6	—	20.7	15.2	109.7	—	806.8	654.8	0.7	1.1	−60.9	−25.1	38908	57452	89.5	112.7

续表

单位名称	工业经济效益综合指数(%)		总资产贡献率(%)		资产保值增值率(%)		资产负债率(%)		流动资产周转率(%)		成本费用利润率（%)		全员劳动生产率（元/人)		产品销售率(%)	
	2011	2010	2011	2010	2011	2010	2011	2010	2011	2010	2011	2010	2011	2010	2011	2010
沈阳新华印刷厂	51.4	39.8	1.5	0.3	93.7	93.4	35.9	34.4	1.1	1.2	−9.6	−10.3	58756	45528	103.7	106.1
东北印刷厂	3.9	69.1	−4.9	1.6	88.0	96.5	29.8	28.6	2.1	2.0	−17.5	−5.5	33178	48216	106.3	96.9
长春新华印刷集团有限公司	131.3	144.9	6.7	8.4	103.9	109.0	71.7	67.1	2.1	2.0	6.1	8.5	58288	59316	103.9	105.4
延边新华印刷有限公司	120.4	116.5	10.6	9.1	100.8	103.8	29.2	33.9	1.1	1.3	5.1	5.6	51500	43416	97.8	103.0
长春第二新华印刷有限公司	90.5	144.5	6.4	8.9	100.1	105.1	49.7	55.2	0.9	1.1	0.0	11.4	47722	54022	115.7	111.7
黑龙江新华印刷二厂	131.9	109.7	10.7	8.8	104.6	100.0	12.1	13.5	1.5	1.6	7.3	5.0	47296	34493	111.3	94.6
安徽新华印刷股份公司	122.0	134.7	9.3	9.4	113.0	207.5	43.7	45.5	2.0	2.1	11.7	11.5	—	—	100.0	100.0
合肥远东印务有限公司	217.5	231.6	7.3	7.0	115.1	91.4	74.7	75.1	0.9	1.2	8.9	9.1	201327	223929	89.2	89.1
江西新华印刷集团有限公司	104.2	58.5	4.7	1.5	110.7	107.1	53.3	51.0	0.6	0.7	7.7	−2.9	32120	32071	102.5	100.6
江西新华九江印刷总厂	150.5	94.6	18.1	13.4	116.0	41.9	19.6	31.0	4.5	1.6	8.3	6.1	—	—	100.0	100.0
皖南海峰印刷包装有限公司	217.2	225.2	13.3	15.9	116.1	118.7	68.1	65.4	1.5	1.7	14.0	17.4	137584	117618	100.0	100.0
江苏新华印刷厂	122.0	129.3	6.9	8.0	98.3	101.8	35.2	33.7	2.2	2.0	0.6	3.1	78431	73195	92.3	93.7
江苏淮阴新华印刷厂	41.0	55.0	4.6	5.5	90.5	95.0	48.9	53.0	1.0	0.9	−6.0	−3.1	15542	17727	85.0	85.0
江苏徐州新华印刷厂	0.6	27.5	−3.7	2.7	44.8	60.3	94.3	85.6	1.8	1.9	−16.3	−12.6	31188	26241	104.2	113.7
丹阳市教育印刷厂	48.0	53.5	7.3	6.8	10.2	22.7	99.1	92.6	1.2	1.1	−2.5	−1.5	10000	12000	95.6	93.4
南通韬奋印刷有限公司	84.7	66.7	4.2	2.1	93.8	95.8	82.9	81.7	1.8	1.4	−1.2	−1.4	37433	27048	119.0	94.8
南京爱德印刷有限公司	238.7	169.8	11.3	7.9	102.3	109.1	52.7	52.4	2.3	1.9	9.3	6.3	198289	119880	101.9	96.0
浙江印刷集团有限公司	160.4	190.6	6.1	5.2	101.8	101.3	27.7	26.5	2.1	2.1	3.4	3.4	125943	178103	100.6	102.9

续表

单位名称	工业经济效益综合指数(%)		总资产贡献率(%)		资产保值增值率(%)		资产负债率(%)		流动资产周转率(%)		成本费用利润率（%）		全员劳动生产率（元/人）		产品销售率(%)	
	2011	2010	2011	2010	2011	2010	2011	2010	2011	2010	2011	2010	2011	2010	2011	2010
常熟市华通印刷有限公司	99.5	104.4	4.8	3.8	128.9	189.6	69.1	63.3	1.0	1.3	1.0	0.6	62101	56725	77.7	77.7
福建新华印刷有限公司	128.6	123.6	4.8	3.8	99.5	123.9	45.5	37.4	2.1	2.3	−1.3	−6.9	110174	127464	88.1	105.6
中闽集团福州印务有限公司	81.0	182.9	3.1	4.1	99.4	720.7	27.7	31.2	1.9	2.0	−1.3	0.1	38045	54638	96.2	98.7
湖北新华印务有限公司	128.0	159.9	5.1	7.8	96.3	99.1	40.3	49.8	2.1	1.4	2.5	11.6	82793	81480	100.0	100.0
中闽集团武汉印务有限公司	102.4	152.5	2.9	3.4	100.0	427.1	10.2	9.0	1.6	2.1	0.0	0.7	69398	66323	100.0	100.0
河南新华印刷集团有限公司	140.1	117.4	7.6	7.1	99.3	130.3	9.0	6.1	1.3	1.5	7.0	5.0	79145	42075	97.6	118.8
湖南天闻新华印务有限公司	242.3	217.1	14.5	15.9	123.0	105.0	51.7	47.7	1.9	2.2	10.3	11.3	190979	138229	96.7	100.0
广东新华印刷有限公司	347.5	266.8	25.0	18.0	134.2	124.9	29.2	35.2	0.8	1.0	39.8	27.7	164685	127274	96.7	92.4
广州华南印刷厂有限公司	112.9	112.0	4.7	5.4	94.9	106.2	56.3	55.7	1.2	1.6	3.0	5.6	74598	41766	85.4	100.3
东莞金杯印刷有限公司	109.7	103.1	2.8	1.2	104.0	110.3	12.7	17.4	1.4	1.7	4.1	1.2	56934	65554	110.6	99.3
广西民族印刷厂	102.8	116.9	5.0	5.9	99.0	101.4	55.2	49.6	1.6	1.8	1.7	1.1	52929	72993	100.0	100.0
重庆新华印刷厂	141.4	−94.9	5.9	−9.4	70.4	68.5	86.4	75.8	0.3	0.5	21.6	−29.9	9473	3988	137.0	50.3
成都君区印务有限公司	180.3	204.4	13.8	1.9	318.5	96.5	17.5	77.9	0.1	0.1	19.6	36.0	—	25522	181.4	174.6
四川新华印刷有限公司	—	−254.6	−0.5	−2.9	—	7.1	93.9	99.9	0.8	0.7	−22.3	−90.3	73275	107324	76.7	100.9
自贡兴华印务有限公司	12.5	18.1	−1.9	0.7	114.9	108.4	284.9	253.9	1.5	1.8	−15.8	−15.1	32918	25551	100.0	100.8
云南新华印刷实业总公司	137.5	151.7	5.4	5.9	87.6	120.5	47.7	50.7	1.0	1.2	6.9	11.3	87996	73906	110.9	99.9

续表

单位名称	工业经济效益综合指数(%)		总资产贡献率(%)		资产保值增值率(%)		资产负债率(%)		流动资产周转率(%)		成本费用利润率(%)		全员劳动生产率（元/人）		产品销售率(%)	
	2011	2010	2011	2010	2011	2010	2011	2010	2011	2010	2011	2010	2011	2010	2011	2010
云南国防印刷厂	162.6	161.1	8.0	8.0	115.9	114.7	43.2	40.2	1.4	1.9	6.0	6.7	116477	101790	100.0	99.9
贵州新华印刷厂	87.8	63.0	5.8	0.9	98.2	98.1	48.7	45.6	1.4	1.4	−1.3	−5.6	48373	53115	99.6	84.5
西安新华印务有限公司	88.4	95.4	3.9	4.5	94.0	100.1	91.6	91.3	1.4	1.2	0.5	1.3	45714	52032	96.5	94.7
中闻集团西安印务有限公司	89.1	84.6	2.3	1.8	110.2	88.4	60.1	62.5	1.3	1.4	−2.3	−2.0	66129	61685	101.1	97.2
甘肃新华印刷厂	89.1	83.0	4.4	2.1	101.9	101.4	56.0	55.5	1.8	1.9	0.8	0.6	36157	32845	95.5	95.2
兰州新华印刷厂	117.4	109.3	7.0	5.7	101.0	100.0	54.1	52.2	2.8	2.8	0.3	0.3	52405	44184	134.3	127.1
天水新华印刷厂	66.5	67.0	4.9	4.4	103.1	100.8	70.0	67.8	0.5	0.6	0.3	0.3	19684	20997	97.6	99.8
青海新华印刷厂	80.5	74.6	3.4	3.3	102.2	100.0	41.6	42.1	1.2	1.6	0.1	0.0	37742	22672	100.0	100.0
新疆新华印刷厂	97.3	109.1	4.1	5.8	105.9	99.3	52.3	50.7	1.0	1.1	1.8	2.4	54875	65290	101.1	101.7
新疆八艺印刷厂	1.3	78.8	−0.6	1.5	90.7	101.3	89.7	86.8	0.2	0.3	−13.1	2.1	20000	42952	100.0	100.0
新疆新华印刷二厂	17.9	6.5	−0.8	−2.4	94.3	94.8	28.3	27.6	0.9	0.5	−11.1	−13.1	23109	28151	100.8	100.3
西藏新华印刷厂	92.6	87.8	0.4	0.2	100.5	118.3	42.4	32.4	1.3	1.2	0.5	0.0	63333	56707	100.0	100.0
拉萨明鑫印刷有限责任公司	164.2	184.0	11.2	11.4	143.5	347.6	75.3	77.6	1.8	1.8	11.1	9.2	64545	62800	100.0	100.0
内蒙古爱信达教育印务公司	255.0	528.5	13.3	14.2	105.4	108.6	33.4	39.8	6.2	34.5	15.8	14.2	115765	115451	100.0	85.5

2011年印刷同行业经济效益完成情况汇总表（二）

单位名称	实现利税（万元）			其中：利润总额（万元）			全部从业人员平均人数（人）			流动资产累计平均余额（万元）			固定资产净值累计平均余额（万元）		
	本期	上年同期	%	本期	上年同期	%	本期	上年同期	%	本期	上年同期	%	本期	上年同期	%
北京隆达印刷包装集团	3644.7	3427.4	106.3	1291	1408	91.7	2095	1992	105.2	35362	30935	114.3	24036	19780	121.5
北京印刷一厂	177.9	202.1	88.0	2	2	115.0	381	395	96.5	1536	2484	61.8	4130	4369	94.5
北京印刷二厂	1002.3	821.8	122.0	383	200	191.5	386	356	108.4	5475	4496	121.8	3408	3460	98.5
北京北人羽新胶印有限公司	46.5	4.5	1033.3	−21	−90	0.0	122	165	73.9	3526	3560	99.0	901	990	91.0
北京利丰雅高长城印刷公司	1548	1962	78.9	596	1290	46.2	1022	879	116.3	21213	17266	122.9	13187	8606	153.2
北京宝岛包装有限公司	870	437	199.1	330	6	5500.0	184	197	93.4	3612	3129	115.4	2410	2355	102.3
天津新闻出版局	−1915	−1562.8	0.0	−2065	−1589	0.0	1039	1193	87.1	13335	13203	101.0	8396	7136	117.7
天津新华一印刷有限公司	−907	−1056	0.0	−925	−855	0.0	340	432	78.7	5339	5061	105.5	2294	2747	83.5
天津新华二印刷有限公司	−590	−742	0.0	−630	−785	0.0	307	321	95.6	2459	2347	104.8	2463	1630	151.1
天津新华印刷三厂	−129	135	0.0	−191	11	0.0	190	210	90.5	1302	1282	101.6	644	622	103.5
天津金彩美术印刷有限公司	−289	100.2	0.0	−319	40	0.0	202	230	87.8	4235	4513	93.8	2995	2137	140.2
天津高教出版社印刷厂	689	595	115.8	293	217	135.0	296	324	91.4	2294	1878	122.2	5125	3956	129.6
上海印刷(集团)公司	1096.7	889	123.4	−134	41	0.0	1049	973	107.8	48997	40899	119.8	26290	27813	94.5
上海新华印刷有限公司	−3.3	128.1	0.0	−175	−56	0.0	166	164	101.2	1846	1975	93.5	504	664	75.9
上海市印刷三厂	334.9	266.9	125.5	21	7	297.2	162	206	78.6	3622	4713	76.9	2356	2165	108.8
上海中华印刷有限公司	696.1	347	200.6	17	8	227.6	642	520	123.5	41884	32465	129.0	21895	24209	90.4
上海市印刷四厂	69	147	46.9	2	82	2.4	79	83	95.2	1645	1746	94.2	1535	775	198.1

续表

单位名称	实现利税（万元）			其中：利润总额（万元）			全部从业人员平均人数（人）			流动资产累计平均余额（万元）			固定资产净值累计平均余额（万元）		
	本期	上年同期	%	本期	上年同期	%	本期	上年同期	%	本期	上年同期	%	本期	上年同期	%
北京新华印刷有限公司	377	81	465.4	−959	−612	0.0	706	363	194.5	9747	9908	98.4	15462	3625	426.5
中印南方印刷有限公司	349.1	378.4	92.3	63	135	46.8	368	369	99.7	2340	2133	109.7	1142	2078	54.9
北京一二〇一印刷厂	290.3	318	91.3	17	102	17.0	414	453	91.4	1029	2874	35.8	3859	4552	84.8
解放军一二〇五工厂	297.8	307.9	96.7	233	227	102.7	143	137	104.4	3134	2390	131.1	11055	11012	100.4
解放军报印刷厂	946	856	110.5	130	214	60.8	287	296	97.0	7392	7622	97.0	5376	5682	94.6
北京凌奇印刷有限公司	311.5	568.1	54.8	36	57	63.3	448	488	91.8	6987	6094	114.7	5186	6418	80.8
北京金盾印刷厂	326	152	214.5	104	60	172.8	330	329	100.3	2632	2955	89.1	3089	4004	77.2
海军政治部印刷厂	−8	−74	0.0	25	−95	0.0	109	123	88.6	1430	1461	97.9	933	948	98.4
廊坊一二〇六印刷厂	373.3	373.7	99.9	87	86	101.4	256	213	120.2	5158	4386	117.6	2993	3089	96.9
北京国防印刷厂	45	65	69.2	9	5	180.0	160	101	158.4	676	772	87.6	644	870	74.0
北京交通印务实业公司	216	234	92.3	6	1	600.0	112	186	60.2	1650	1780	92.7	1940	2288	84.8
人民教育出版社印刷厂	−3299	633	0.0	−4058	8	0.0	344	434	79.3	6654	5754	115.6	4958	6009	82.5
人民日报社印刷厂	426.6	800.8	53.3	−248	−471	0.0	474	498	95.2	12397	20303	61.1	8681	7765	111.8
煤炭工业出版社印刷厂	44.6	9.1	490.1	−75	−88	0.0	121	132	91.7	1113	1060	105.0	1022	1180	86.6
中国农业出版社印刷厂	407.2	321.6	126.6	3	3	92.6	362	431	84.0	3333	3162	105.4	4180	4350	96.1
北京建筑工业印刷厂	179	31	577.4	21	−133	0.0	121	121	100.0	2158	2094	103.1	201	2161	9.3
北京机工印刷厂	197	173.2	113.7	2	3	53.1	254	269	94.4	463	416	111.4	1004	1289	77.9
中青印刷厂	−665.8	−558	0.0	−883	−847	0.0	372	393	94.7	2588	2822	91.7	3840	4295	89.4
文物出版社印刷厂	121.1	154.5	78.4	5	5	106.7	124	131	94.7	1875	1773	105.8	1184	1352	87.5

续表

单位名称	实现利税（万元）			其中：利润总额（万元）			全部从业人员平均人数（人）			流动资产累计平均余额（万元）			固定资产净值累计平均余额（万元）		
	本期	上年同期	%	本期	上年同期	%	本期	上年同期	%	本期	上年同期	%	本期	上年同期	%
北京中科印刷有限公司	1703	1329	128.1	512	452	113.3	700	670	104.5	5840	8079	72.3	16936	17914	94.5
北京外文印刷厂	−29	−530.5	0.0	−510	−1134	0.0	565	543	104.1	4063	6864	59.2	4666	5339	87.4
北京人卫印刷厂	523	513	101.9	181	207	87.4	393	409	96.1	46684	40925	114.1	71505	76853	93.0
新华通讯社印刷厂	1473	4700	31.3	865	3396	25.5	346	372	93.0	20749	21361	97.1	7416	7235	102.5
北京京安印刷厂	606	−152	0.0	333	−286	0.0	162	166	97.6	802	762	105.2	1296	1124	115.3
中国电影出版社印刷厂	165	93	177.4	10	14	71.4	101	105	96.2	453	364	124.5	1687	1659	101.7
北京轻工印刷厂	29.5	7	421.4	−63	−70	0.0	118	94	125.5	758	802	94.5	1314	1352	97.2
北京和平印刷有限公司	69	68	101.5	13	15	86.7	38	50	76.0	325	310	104.8	203	289	70.2
北京中兴印刷有限公司	77.9	88.6	87.9	13	12	116.5	89	91	97.8	667	621	107.3	781	830	94.0
清华大学印刷厂	227	268	84.7	37	37	100.0	175	215	81.4	1530	1382	110.7	599	745	80.4
北京大学印刷厂	−33	−327	0.0	−95	−372	0.0	100	102	98.0	1069	1280	83.5	407	488	83.4
北京毕诚彩印厂	15	47	31.9	7	30	23.3	25	36	69.4	659	609	108.2	314	372	84.4
北京华联印刷有限公司	2269	3602	63.0	1052	2457	42.8	589	581	101.4	22600	19564	115.5	22682	24939	90.9
北京日邦印刷有限公司	−2348	1160.1	0.0	−3094	388	0.0	228	232	98.3	14660	15579	94.1	8779	9308	94.3
北京画中画印刷有限公司	146.7	170.8	85.9	19	−70	0.0	378	369	102.4	9034	9655	93.6	4904	5529	88.7
北京雅昌彩色印刷有限公司	13261	9437	140.5	7871	5632	139.8	2320	1958	118.5	55472	32316	171.7	23005	21040	109.3
北京顶佳世纪印刷有限公司	77	125	61.6	75	112	67.0	72	57	126.3	7578	3683	205.8	2692	2977	90.4
化学工业出版社印刷厂	−508	−232	0.0	−657	−413	0.0	251	254	98.8	962	1756	54.8	5640	3479	162.1

续表

单位名称	实 现 利 税（万元）			其中：利润总额（万元）			全部从业人员平均人数（人）			流动资产累计平均余额（万元））			固定资产净值累计平均余额（万元）		
	本期	上年同期	%	本期	上年同期	%	本期	上年同期	%	本期	上年同期	%	本期	上年同期	%
北京盛通印刷股份有限公司	6360	7570	84.0	4905	5589	87.8	988	974	101.4	32049	27688	115.8	36937	26283	140.5
中国铁道出版社印刷厂	539	236	228.4	10	45	22.2	238	313	76.0	7683	7802	98.5	8383	8386	100.0
北京东港安全印刷有限公司	3790.3	3094	122.5	2774	2263	122.5	140	131	106.9	7011	7271	96.4	2605	2293	113.6
北京印刷学院实习工厂	46.9	40.7	115.2	5	−41	0.0	30	35	85.7	112	102	109.6	15	26	56.6
北京联兴盛业印刷股份公司	844	397	212.6	69	95	72.6	392	389	100.8	4840	4075	118.8	20072	20137	99.7
山东新华印刷厂	−332	−440	0.0	−514	−591	0.0	671	667	100.6	9209	15137	60.8	12361	8735	141.5
山东临沂新华印刷物流集团	2395	2281	105.0	1325	1262	105.0	880	946	93.0	14845	12495	118.8	8245	7164	115.1
山东新华印刷厂潍坊厂	−512	−93	0.0	−810	−398	0.0	487	546	89.2	1338	1223	109.4	3751	5919	63.4
山东德州新华印务有限公司	859	1036	82.9	97	150	64.5	784	781	100.4	3545	3742	94.7	5355	5423	98.7
中闻集团济南印务有限公司	226.7	118.6	191.1	−102	−243	0.0	407	407	100.0	2573	2083	123.5	3905	3349	116.6
河北新华第一印刷有限公司	1016	1009	100.7	254	85	298.8	1103	1117	98.7	7857	8079	97.3	7600	7015	108.3
河北新华第二印刷有限公司	716	867	82.6	201	106	189.6	888	918	96.7	5345	6217	86.0	5885	7390	79.6
中国标准社秦皇岛印刷厂	162	157.6	102.8	3	8	32.1	233	228	102.2	476	472	100.9	433	487	88.8
保定五四三印刷厂	4194.5	2870	146.1	2401	1726	139.1	705	809	87.1	12303	9447	130.2	4638	4556	101.8
山西新华印业有限公司	547	231	236.8	32	−175	0.0	692	721	96.0	6691	4887	136.9	5328	5986	89.0

续表

单位名称	实现利税（万元）			其中：利润总额（万元）			全部从业人员平均人数（人）			流动资产累计平均余额（万元）			固定资产净值累计平均余额（万元）		
	本期	上年同期	%	本期	上年同期	%	本期	上年同期	%	本期	上年同期	%	本期	上年同期	%
山西人民印刷有限公司	1082.8	1091	99.2	385	302	127.6	632	669	94.5	6253	5143	121.6	3142	3336	94.2
辽宁美术印刷厂	332	461	72.0	−1912	−848	0.0	293	310	94.5	2942	3298	89.2	6546	7342	89.2
沈阳新华印刷厂	131	−41	0.0	−701	−782	0.0	595	606	98.2	5816	5456	106.6	9404	10518	89.4
东北印刷厂	−377	98	0.0	−633	−191	0.0	428	370	115.7	1850	1983	93.3	5099	5409	94.3
长春新华印刷集团有限公司	1414	1503	94.1	701	1039	67.5	555	570	97.4	6189	6226	99.4	6738	7182	93.8
延边新华印刷有限公司	464	423	109.7	131	150	87.3	280	322	87.0	2319	2200	105.4	2443	2758	88.6
长春第二新华印刷有限公司	190	345	55.1	0	126	0.2	158	184	85.9	1879	1631	115.2	2122	2491	85.2
黑龙江新华印刷二厂	690	557	123.9	261	178	146.6	514	503	102.2	2561	2316	110.6	3724	3742	99.5
安徽新华印刷股份公司	7387.38	6715.8	110.0	4639	4217	110.0	1568.19	1586	98.9	30135	25276	119.2	25121	22306	112.6
合肥远东印务有限公司	639	612	104.4	421	417	101.0	196	196	100.0	6056	4181	144.8	4349	4386	99.2
江西新华印刷集团有限公司	3440	123.1	2794.5	2191	−733	0.0	1500	1492	100.5	43781	35108	124.7	19689	17855	110.3
江西新华九江印刷总厂	742	485	153.0	455	303	150.2	334	330	101.2	1332	3200	41.6	1504	2283	65.9
皖南海峰印刷包装有限公司	1786	1824	97.9	949	1060	89.5	356	361	98.6	5267	4225	124.7	7475	6117	122.2
江苏新华印刷厂	3033	3841	79.0	203	873	23.3	1957	1928	101.5	15932	14280	111.6	29170	27475	106.2
江苏淮阴新华印刷厂	120	208	57.7	−213	−107	0.0	323	352	91.8	2365	2482	95.3	1954	2278	85.8
江苏徐州新华印刷厂	−83	55	0.0	−285	−190	0.0	421	431	97.7	1220	1054	115.7	982	869	113.0
丹阳市教育印刷厂	100	120	83.3	−25	−18	0.0	120	150	80.0	862	1108	77.8	949	1151	82.5

续表

单位名称	实现利税（万元）			其中：利润总额（万元）			全部从业人员平均人数（人）			流动资产累计平均余额（万元）			固定资产净值累计平均余额（万元）		
	本期	上年同期	%	本期	上年同期	%	本期	上年同期	%	本期	上年同期	%	本期	上年同期	%
南通韬奋印刷有限公司	100	51	196.1	−25	−19	0.0	187	210	89.0	1070	910	117.6	1292	1288	100.3
南京爱德印刷有限公司	2230	1461	152.6	1980	1345	147.2	456	498	91.6	11393	11706	97.3	12692	11401	111.3
浙江印刷集团有限公司	3864	3284	117.7	1936	1617	119.7	636	585	108.7	27433	23340	117.5	19249	20468	94.0
常熟市华通印刷有限公司	268.2	28.6	937.8	47	29	164.3	288	306	94.1	5720	4077	140.3	6032	5762	104.7
福建新华印刷有限公司	406	284	143.0	−24	−123	0.0	471	509	92.5	3857	3104	124.3	3073	3113	98.7
中闻集团福州印务有限公司	271	404	67.1	−47	5	0.0	358	276	129.7	1703	1715	99.3	4296	4436	96.8
湖北新华印务有限公司	1461	3256	44.9	630	2514	25.1	802	784	102.3	11933	16935	70.5	14708	15782	93.2
中闻集团武汉印务有限公司	361	434	83.2	1	37	2.7	349	359	97.2	3012	2405	125.2	4592	4732	97.0
河南新华印刷集团有限公司	2904.3	2622	110.8	1169	743	157.4	1229	1220	100.7	13603	10783	126.2	10545	11192	94.2
湖南天闻新华印务有限公司	12867	10753.7	119.7	8048	7505	107.2	1706	1728	98.7	45107	34400	131.1	31018	28772	107.8
广东新华印刷有限公司	5126	3015	170.0	3518	2230	157.8	508	591	86.0	14619	10351	141.2	2850	3042	93.7
广州华南印刷厂有限公司	778	918	84.7	203	451	45.0	348	419	83.1	6256	5848	107.0	2809	3931	71.5
东莞金杯印刷有限公司	678.3	293.8	230.9	564	187	301.6	737	650	113.4	12108	10251	118.1	11784	12113	97.3
广西民族印刷厂	807	864	93.4	185	132	140.2	676	705	95.9	7708	6304	122.3	8809	9226	95.5
重庆新华印刷厂	727	−1499	0.0	987	−1470	0.0	759	820	92.6	9874	6065	162.8	5717	6134	93.2
成都君区印务有限公司	1607	391	411.0	162	215	75.3	69	67	103.0	4285	5118	83.7	2654	2052	129.3

续表

单位名称	实 现 利 税（万元）			其中：利润总额（万元）			全部从业人员平均人数（人）			流动资产累计平均余额（万元）			固定资产净值累计平均余额（万元）		
	本期	上年同期	%	本期	上年同期	%	本期	上年同期	%	本期	上年同期	%	本期	上年同期	%
四川新华印刷有限公司	−372	−1552	0.0	−575	−1945	0.0	229	213	107.5	2934	3544	82.8	14494	13370	108.4
自贡兴华印务有限公司	−168	−129	0.0	−306	−382	0.0	257	272	94.5	974	974	100.0	2169	2239	96.9
云南新华印刷实业总公司	913	1356	67.3	340	419	81.1	494	832	59.4	9518	11609	82.0	6835	8610	79.4
云南国防印刷厂	1337	1102	121.3	660	638	103.4	352	391	90.0	8343	5354	155.8	4957	5241	94.6
贵州新华印刷厂	662	118	561.0	−113	−456	0.0	719	748	96.1	5787	5006	115.6	5604	5453	102.8
西安新华印务有限公司	431	528	81.6	40	95	42.1	525	502	104.6	5314	5490	96.8	2575	2728	94.4
中闻集团西安印务有限公司	260	68.1	381.8	−155	−133	0.0	402	372	108.1	5024	4574	109.8	6744	7078	95.3
甘肃新华印刷厂	420	204	205.9	59	42	140.5	791	805	98.3	4380	3786	115.7	6073	5477	110.9
兰州新华印刷厂	584.9	456.6	128.1	16	13	121.9	711	741	96.0	3130	2768	113.1	5826	5475	106.4
天水新华印刷厂	466	345	135.1	17	14	121.4	602	612	98.4	10150	8885	114.2	4315	4341	99.4
青海新华印刷厂	117.5	116.1	101.2	1	1	180.0	217	247	87.9	889	714	124.6	2772	2905	95.4
新疆新华印刷厂	751	1150	65.3	144	189	76.2	519	569	91.2	6741	6164	109.4	15041	15634	96.2
新疆八艺印刷厂	−120	217	0.0	−293	39	0.0	157	166	94.6	8917	5567	160.2	2487	2784	89.3
新疆新华印刷二厂	−35	−93	0.0	−156	−176	0.0	119	146	81.5	1089	2000	54.5	2661	2743	97.0
西藏新华印刷厂	17	1	1700.0	16	1	1600.0	246	249	98.8	2760	2629	105.0	2627	2049	128.2
拉萨明鑫印刷有限责任公司	185	148	125.0	148	88	168.2	55	50	110.0	828	575	144.0	362	328	110.4
内蒙古爱信达教育印务公司	1637	1613	101.5	720	612	117.6	255	255	100.0	808	143	565.0	9445	9967	94.8

2011年印刷同行业经济效益完成情况汇总表（三）

单位名称	工业总产值（万元）			工业销售产值（万元）			工业增加值（万元）			主营业务收入（万元）			成本费用总额（万元）		
	本期	上年同期	%	本期	上年同期	%	本期	上年同期	%	本期	上年同期	%	本期	上年同期	%
北京隆达印刷包装集团	57128	43789	130.5	55500	42422	130.8	14774	11957	123.6	55500	42422	130.8	57670	44390	129.9
北京印刷一厂	2201	2527	87.1	2201	2527	87.1	995	1123	88.6	2201	2527	87.1	3286	3377	97.3
北京印刷二厂	10091	6937	145.5	9808	6599	148.6	2835	2159	131.3	9808	6599	148.6	10698	7555	141.6
北京北人羽新胶印有限公司	699	1452	48.1	775	1495	51.8	259	179	144.9	775	1495	51.8	1038	1559	66.6
北京利丰雅高长城印刷公司	37729	27328	138.1	36307	26256	138.3	9616	6857	140.2	36307	26256	138.3	36548	26413	138.4
北京宝岛包装有限公司	6408	5546	115.5	6408	5546	115.5	1069	1639	65.2	6408	5546	115.5	6100	5486	111.2
天津新闻出版局	5998	6713	89.4	5998	6713	89.4	4202	4340	96.8	5998	6713	89.4	7699	8299	92.8
天津新华一印刷有限公司	2047	2480	82.5	2047	2480	82.5	1884	1816	103.7	2047	2480	82.5	2367	3259	72.6
天津新华二印刷有限公司	1480	1415	104.6	1480	1415	104.6	1334	1062	125.6	1480	1415	104.6	2231	2227	100.2
天津新华印刷三厂	808	1017	79.4	808	1017	79.4	−8	291	0.0	808	1017	79.4	995	1007	98.8
天津金彩美术印刷有限公司	1663	1801	92.4	1663	1801	92.4	992	1171	84.7	1663	1801	92.4	2106	1807	116.6
天津高教出版社印刷厂	3073	2817	109.1	3073	2817	109.1	1058	790	133.9	3391	3251	104.3	3387	3237	104.6
上海印刷(集团)公司	28521	31122	91.6	28517	30094	94.8	7067	8384	84.3	28498	30062	94.8	33558	32967	101.8
上海新华印刷有限公司	2090	4001	52.2	2181	3905	55.9	1070	2838	37.7	2181	3905	55.9	2382	3997	59.6
上海市印刷三厂	4633	5058	91.6	4633	5058	91.6	2380	2452	97.1	4633	5058	91.6	4604	5054	91.1

续表

单位名称	工业总产值（万元）			工业销售产值（万元）			工业增加值（万元）			主营业务收入（万元）			成本费用总额（万元）		
	本期	上年同期	%	本期	上年同期	%	本期	上年同期	%	本期	上年同期	%	本期	上年同期	%
上海中华印刷有限公司	21084	21032	100.2	21006	20093	104.5	3299	2650	124.5	21006	20093	104.5	25951	23011	112.8
上海市印刷四厂	714	1031	69.3	697	1038	67.1	318	444	71.6	678	1006	67.4	621	905	68.6
北京新华印刷有限公司	14093	885	1592.4	13351	885	1508.6	2823	269	1049.4	14553	3218	452.2	15603	3804	410.2
中印南方印刷有限公司	3517	3666	95.9	3934	4139	95.0	1770	1519	116.5	4114	3837	107.2	4260	3940	108.1
北京一二〇一印刷厂	3500	3758	93.1	3500	3758	93.1	315	724	43.5	6578	5856	112.3	6168	5555	111.0
解放军一二〇五工厂	2911	2203	132.1	2667	1952	136.6	991	656	151.1	2998	2149	139.5	3792	3296	115.1
解放军报印刷厂	10685	10050	106.3	10685	10050	106.3	4829	4259	113.4	10685	10050	106.3	10746	9902	108.5
北京凌奇印刷有限公司	5471	5370	101.9	5448	5505	99.0	1483	1658	89.4	5448	5505	99.0	6924	7073	97.9
北京金盾印刷厂	6358	5698	111.6	6358	5698	111.6	3134	3474	90.2	5313	3536	150.2	3935	3066	128.4
海军政治部印刷厂	2750	2264	121.5	2750	2264	121.5	1258	1207	104.2	2750	2264	121.5	2788	2490	112.0
廊坊一二〇六印刷厂	4261	4092	104.1	4723	4616	102.3	1648	1402	117.5	4723	4577	103.2	4603	4464	103.1
北京国防印刷厂	1644	1510	108.9	1644	1510	108.9	566	506	111.9	1644	1510	108.9	1635	1578	103.6
北京交通印务实业公司	2010	2217	90.7	2010	2217	90.7	538	615	87.5	1886	2089	90.3	2542	2686	94.6
人民教育出版社印刷厂	4560	4472	102.0	4560	4472	102.0	2960	4009	73.8	4560	4472	102.0	24787	4938	502.0
人民日报社印刷厂	14022	10874	129.0	14022	10874	129.0	8597	8925	96.3	14022	10874	129.0	14636	11614	126.0
煤炭工业出版社印刷厂	1112	1224	90.9	1085	1451	74.8	1145	1320	86.7	1085	1451	74.8	1170	1300	90.0

续表

单位名称	工业总产值（万元）			工业销售产值（万元）			工业增加值（万元）			主营业务收入（万元）			成本费用总额（万元）		
	本期	上年同期	%	本期	上年同期	%	本期	上年同期	%	本期	上年同期	%	本期	上年同期	%
中国农业出版社印刷厂	2294	2537	90.4	3337	3593	92.9	427	1060	40.2	3337	3593	92.9	4165	3843	108.4
北京建筑工业印刷厂	1092	1070	102.1	1092	1070	102.1	712	593	120.1	983	1000	98.3	1426	1477	96.5
北京机工印刷厂	1534	1512	101.5	1534	1512	101.5	675	640	105.6	1534	1512	101.5	2496	2444	102.1
中青印刷厂	3427	4348	78.8	3490	4348	80.3	502	871	57.6	3619	4729	76.5	5229	6321	82.7
文物出版社印刷厂	563	388	145.1	577	588	98.1	40	37	108.1	477	495	96.4	1092	994	109.9
北京中科印刷有限公司	8146	8195	99.4	8146	8195	99.4	5597	5212	107.4	10078	9459	106.5	9560	9039	105.8
北京外文印刷厂	2934	4403	66.6	2736	7412	36.9	783	2194	35.7	2736	7412	36.9	5077	9680	52.5
北京人卫印刷厂	3596	3228	111.4	3596	3357	107.1	2268	1987	114.1	3596	3357	107.1	3591	3418	105.1
新华通讯社印刷厂	11376	11774	96.6	11376	11774	96.6	8747	10591	82.6	11376	11774	96.6	10851	9136	118.8
北京京安印刷厂	1060	1178	90.0	1060	1178	90.0	677	527	128.5	1060	1178	90.0	1614	1700	94.9
中国电影出版社印刷厂	2091	1697	123.2	1660	2309	71.9	851	547	155.6	2539	2309	110.0	2500	1875	133.3
北京轻工印刷厂	642	579	110.9	635	573	110.9	84	−5	0.0	707	534	132.5	1201	1097	109.5
北京和平印刷有限公司	747	836	89.4	747	836	89.4	264	285	92.6	747	835	89.5	731	812	90.0
北京中兴印刷有限公司	747	667	112.0	747	667	112.0	443	441	100.4	699	689	101.4	549	426	128.7
清华大学印刷厂	1831	1756	104.3	1829	1714	106.7	1250	1443	86.6	1829	1777	102.9	1835	1727	106.3
北京大学印刷厂	554	609	91.0	765	752	101.7	127	82	154.9	654	643	101.7	748	855	87.5

续表

单位名称	工业总产值（万元）			工业销售产值（万元）			工业增加值（万元）			主营业务收入（万元）			成本费用总额（万元）		
	本期	上年同期	%	本期	上年同期	%	本期	上年同期	%	本期	上年同期	%	本期	上年同斯	%
北京毕诚彩印厂	453	686	66.0	453	686	66.0	142	43	330.2	345	615	56.1	300	656	45.7
北京华联印刷有限公司	35627	32400	110.0	42034	37454	112.2	3969	4425	89.7	42034	37454	112.2	41422	35822	115.6
北京日邦印刷有限公司	19629	19823	99.0	19614	20225	97.0	3469	4154	83.5	19614	20225	97.0	22974	20220	113.6
北京画中画印刷有限公司	14940	11527	129.6	14940	11527	129.6	2660	2820	94.3	14940	11527	129.6	13947	11525	121.0
北京雅昌彩色印刷有限公司	74346	58068	128.0	82387	57947	142.2	27234	22980	118.5	77033	57299	134.4	64062	53148	120.5
北京顶佳世纪印刷有限公司	6156	4470	137.7	6156	4470	137.7	816	592	137.8	6156	4470	137.7	5943	4156	143.0
化学工业出版社印刷厂	1617	1530	105.6	1446	1578	91.6	1014	924	109.7	1235	1348	91.6	1247	1299	96.0
北京盛通印刷股份有限公司	23884	23692	100.8	47976	44939	106.8	14780	14769	100.1	48052	44939	106.9	43114	39255	109.8
中国铁道出版社印刷厂	5478	3476	157.6	5714	3683	155.1	0	0	0.0	6455	3725	173.3	4818	2878	167.4
北京东港安全印刷有限公司	10980	4956	221.5	7786	6560	118.7	2639	1676	157.4	16469	13804	119.3	9329	8201	113.8
北京印刷学院实习工厂	193	143	134.7	189	184	102.4	11	0	0.0	258	31	825.6	266	35	761.3
北京联兴盛业印刷股份公司	6767	6665	101.5	7421	6296	117.9	3120	2590	120.5	7421	6296	117.9	7476	6203	120.5
山东新华印刷厂	9570	7901	121.1	9570	7901	121.1	2500	1618	154.5	7254	6395	113.4	8133	6456	126.0

续表

单位名称	工业总产值（万元）			工业销售产值（万元）			工业增加值（万元）			主营业务收入（万元）			成本费用总额（万元）		
	本期	上年同期	%	本期	上年同期	%	本期	上年同期	%	本期	上年同期	%	本期	上年同期	%
山东临沂新华印刷物流集团	18705	14490	129.1	18915	15931	118.7	6663	4566	145.9	18915	15934	118.7	16578	15789	105.0
山东新华印刷厂潍坊厂	2997	3288	91.2	3003	2995	100.3	1443	1656	87.1	3038	2617	116.1	3625	4300	84.3
山东德州新华印务有限公司	5338	5322	100.3	5104	5653	90.3	1927	2764	69.7	6072	5906	102.8	6463	6057	106.7
中闻集团济南印务有限公司	5463	5620	97.2	5463	5620	97.2	2007	2193	91.5	5566	5697	97.7	4622	4768	97.0
河北新华第一印刷有限公司	7967	7793	102.2	7967	7793	102.2	2959	4189	70.6	13583	10919	124.4	13434	10888	123.4
河北新华第二印刷有限公司	7124	7204	98.9	7124	7204	98.9	0	0	0.0	7395	7760	95.3	7362	8265	89.1
中国标准社秦皇岛印刷厂	2003	2036	98.4	2003	2036	98.4	1109	1078	102.9	2003	2036	98.4	1441	2001	72.0
保定五四三印刷厂	25006	20355	122.8	26675	19192	139.0	8922	7099	125.7	26675	19192	139.0	24637	17505	140.7
山西新华印业有限公司	10042	8256	121.6	10042	8256	121.6	3782	4389	86.2	9676	8484	114.0	10099	8985	112.4
山西人民印刷有限公司	11208	10460	107.2	9866	9112	108.3	5702	5876	97.0	11136	9112	122.2	9634	8995	107.1
辽宁美术印刷厂	2371	3204	74.0	2122	3611	58.8	1140	1781	64.0	2122	3611	58.8	3142	3385	92.8
沈阳新华印刷厂	6040	6129	98.5	6264	6500	96.4	3496	2759	126.7	6264	6500	96.4	7313	7578	96.5
东北印刷厂	3760	4079	92.2	3996	3951	101.1	1420	1784	79.6	3960	3971	99.7	3610	3452	104.6
长春新华印刷集团有限公司	12346	12083	102.2	12823	12738	100.7	3235	3381	95.7	12823	12738	100.7	11457	12169	94.1

续表

单位名称	工业总产值（万元）			工业销售产值（万元）			工业增加值（万元）			主营业务收入（万元）			成本费用总额（万元）		
	本期	上年同期	%	本期	上年同期	%	本期	上年同期	%	本期	上年同期	%	本期	上年同期	%
延边新华印刷有限公司	2486	2624	94.7	2431	2704	89.9	1442	1398	103.1	2647	2758	96.0	2552	2698	94.6
长春第二新华印刷有限公司	1413	1590	88.9	1635	1776	92.1	754	994	75.9	1635	1776	92.1	1106	1103	100.3
黑龙江新华印刷二厂	3415	3834	89.1	3802	3628	104.8	2431	1735	140.1	3802	3628	104.8	3583	3580	100.1
安徽新华印刷股份公司	69602	60524	115.0	69602	60524	115.0	0	0	0.0	60474	52586	115.0	39549	36761	107.6
合肥远东印务有限公司	8865	8753	101.3	7910	7802	101.4	3946	4389	89.9	5367	5215	102.9	4718	4587	102.9
江西新华印刷集团有限公司	30049	29690	101.2	30790	29880	103.0	4818	4785	100.7	28286	25942	109.0	28599	25032	114.2
江西新华九江印刷总厂	3136	2644	118.6	3136	2644	118.6	0	0	0.0	5997	5003	119.9	5511	4953	111.3
皖南海峰印刷包装有限公司	8218	7453	110.3	8218	7453	110.3	4898	4246	115.4	8135	7375	110.3	6789	6100	111.3
江苏新华印刷厂	38183	30614	124.7	35250	28696	122.8	15349	14112	108.8	35250	28940	121.8	34629	27934	124.0
江苏淮阴新华印刷厂	1925	2198	87.6	1636	1868	87.6	502	624	80.4	2420	2354	102.8	3525	3482	101.2
江苏徐州新华印刷厂	2171	1842	117.9	2263	2094	108.1	1313	1131	116.1	2218	2008	110.5	1751	1504	116.4
丹阳市教育印刷厂	1360	1520	89.5	1300	1420	91.5	120	180	66.7	1006	1274	79.0	987	1220	80.9
南通韬奋印刷有限公司	1448	1350	107.3	1723	1280	134.6	700	568	123.2	1960	1275	153.7	2076	1406	147.7
南京爱德印刷有限公司	26506	23883	111.0	27008	22929	117.8	9042	5970	151.5	26506	22500	117.8	21327	21236	100.4
浙江印刷集团有限公司	33991	30737	110.6	34206	31642	108.1	8010	10419	76.9	57409	48720	117.8	56719	47696	118.9

续表

单位名称	工业总产值（万元）			工业销售产值（万元）			工业增加值（万元）			主营业务收入（万元）			成本费用总额（万元）		
	本期	上年同期	%	本期	上年同期	%	本期	上年同期	%	本期	上年同期	%	本期	上年同期	%
常熟市华通印刷有限公司	7052	6844	103.0	5479	5318	103.0	1789	1736	103.0	5479	5318	103.0	4756	4867	97.7
福建新华印刷有限公司	8913	6488	137.4	7853	6852	114.6	5189	6488	80.0	8129	7042	115.4	1780	1786	99.7
中闻集团福州印务有限公司	3342	3554	94.0	3216	3508	91.7	1362	1508	90.3	3216	3508	91.7	3651	3906	93.5
湖北新华印务有限公司	24067	20729	116.1	24067	20729	116.1	6640	6388	103.9	24811	23189	107.0	25509	21744	117.3
中闻集团武汉印务有限公司	5711	5295	107.9	5711	5295	107.9	2422	2381	101.7	4916	5118	96.1	5363	5515	97.2
河南新华印刷集团有限公司	15616	11462	136.2	15236	13612	111.9	9727	5133	189.5	17931	15909	112.7	16694	14993	111.3
湖南天闻新华印务有限公司	87674	72444	121.0	84764	72444	117.0	32581	23886	136.4	87673	74803	117.2	78260	66637	117.4
广东新华印刷有限公司	13821	13710	100.8	13370	12662	105.6	8366	7522	111.2	11460	10786	106.2	8831	8053	109.7
广州华南印刷厂有限公司	8540	8636	98.9	7293	8665	84.2	2596	1750	148.3	7293	9267	78.7	6854	8017	85.5
东莞金杯印刷有限公司	15306	17053	89.8	16934	16932	100.0	4196	4261	98.5	16934	16932	100.0	13858	15037	92.2
广西民族印刷厂	12214	12269	99.6	12214	12269	99.6	3578	5146	69.5	12525	11637	107.6	10698	11642	91.9
重庆新华印刷厂	2238	5899	37.9	3067	2966	103.4	719	327	219.9	3148	3061	102.8	4570	4924	92.8
成都君区印务有限公司	334	342	97.7	606	597	101.5	0	171	0.0	606	506	119.8	825	597	138.2
四川新华印刷有限公司	3140	2538	123.7	2408	2560	94.1	1678	2286	73.4	2408	2560	94.1	2576	2153	119.6

续表

单位名称	工业总产值（万元）			工业销售产值（万元）			工业增加值（万元）			主营业务收入（万元）			成本费用总额（万元）		
	本期	上年同期	%	本期	上年同期	%	本期	上年同期	%	本期	上年同期	%	本期	上年同期	%
自贡兴华印务有限公司	1746	1732	100.8	1746	1746	100.0	846	695	121.7	1478	1795	82.3	1935	2536	76.3
云南新华印刷实业总公司	8342	13105	63.7	9248	13088	70.7	4347	6149	70.7	9248	13758	67.2	4954	3720	133.2
云南国防印刷厂	10445	10013	104.3	10445	10000	104.5	4100	3980	103.0	11337	9927	114.2	10953	9498	115.3
贵州新华印刷厂	8191	8329	98.3	8155	7037	115.9	3478	3973	87.5	8209	7093	115.7	8735	8079	108.1
西安新华印务有限公司	8170	7157	114.2	7881	6781	116.2	2400	2612	91.9	7565	6784	111.5	8050	7113	113.2
中闻集团西安印务有限公司	6348	6796	93.4	6415	6604	97.1	2658	2295	115.8	6645	6604	100.6	6803	6824	99.7
甘肃新华印刷厂	7347	6194	118.6	7020	5895	119.1	2860	2644	108.2	7809	7152	109.2	7685	7260	105.9
兰州新华印刷厂	6852	6313	108.5	9200	8022	114.7	3726	3274	113.8	8800	7869	111.8	4917	4016	122.4
天水新华印刷厂	5699	5432	104.9	5561	5420	102.6	1185	1285	92.2	5561	5420	102.6	5544	5406	102.6
青海新华印刷厂	1170	800	146.3	1170	800	146.3	819	560	146.3	1069	1132	94.5	1243	1211	102.7
新疆新华印刷厂	6499	6446	100.8	6568	6556	100.2	2848	3715	76.7	6632	6556	101.2	8049	7789	103.3
新疆八艺印刷厂	1630	1544	105.6	1630	1544	105.6	314	713	44.0	1744	1689	103.3	2241	1861	120.4
新疆新华印刷二厂	1004	1009	99.5	1012	1012	100.0	275	411	66.9	1012	1012	100.0	1402	1346	104.2
西藏新华印刷厂	3839	3163	121.4	3839	3163	121.4	1558	1412	110.3	3528	3077	114.7	3336	2770	120.4
拉萨明鑫印刷有限责任公司	1489	1054	141.3	1489	1054	141.3	355	314	113.1	1489	1054	141.3	1337	958	139.6
内蒙古爱信达教育印务公司	5500	5485	100.3	5500	4688	117.3	2952	2944	100.3	4987	4935	101.1	4567	4323	105.6

2011年印刷同行业经济效益完成情况汇总表（四）

单位名称	工业企业中间投入（万元）			工资总额（万元）			资产总额（万元）			负债总额（万元）			期末所有者权益（万元）			应交增值税（万元）		
	本期	上年同期	%	本期	上年同期	%	本期	上年同期	%	本期	上年同期	%	本期	上年同期	%	本期	上年同期	%
北京隆达印刷包装集团	43016	33426	128.7	8482	6401	132.5	68048	58427	116.5	44309	33190	133.5	23739	25237	94.1	1660	1594	104.1
北京印刷一厂	1299	1520	85.5	1095	947	115.6	5407	6229	86.8	4477	3594	124.5	931	2635	35.3	93	117	79.8
北京印刷二厂	7609	5132	148.3	1641	1298	126.5	12268	12249	100.2	7271	7761	93.7	4998	4489	111.3	352	354	99.6
北京北人羽新胶印有限公司	500	1359	36.8	379	478	79.2	4487	4372	102.6	4485	4176	107.4	2	196	1.0	61	86	70.7
北京利丰雅高长城印刷公司	28842	21140	136.4	4259	3039	140.1	39571	29314	135.0	25364	14688	172.7	14207	14626	97.1	728	670	108.7
北京宝岛包装有限公司	4765	4275	111.5	1107	639	173.2	6315	6262	100.8	2713	2971	91.3	3602	3291	109.5	426	368	115.8
天津新闻出版局	2422	3032	79.9	2464	2448	100.6	22569	22128	102.0	17073	14545	117.4	5496	7583	72.5	82	226	36.3
天津新华一印刷有限公司	291	800	36.4	825	886	93.1	7844	8083	97.0	5942	5242	113.4	1902	2841	66.9	128	136	94.1
天津新华二印刷有限公司	689	722	95.4	666	619	107.7	5616	4757	118.1	6834	5343	127.9	−1218	−587	0.0	0	−64	0.0
天津新华印刷三厂	872	839	103.9	324	340	95.3	1988	1907	104.2	834	562	148.4	1154	1345	85.8	56	113	49.6
天津金彩美术印刷有限公司	570	670	85.0	649	603	107.5	7121	7381	96.5	3463	3398	101.9	3658	3983	91.8	−102	40	0.0
天津高教出版社印刷厂	2268	2277	99.6	1017	818	124.3	5504	5016	109.7	1394	1119	124.6	4110	3897	105.5	253	250	101.2
上海印刷（集团）公司	22538	23756	94.9	5015	4233	118.5	85929	95745	89.7	56162	53220	105.5	29767	42526	70.0	1119	817	136.9

续表

单位名称	工业企业中间投入（万元）			工资总额（万元）			资产总额（万元）			负债总额（万元）			期末所有者权益（万元）			应交增值税（万元）		
	本期	上年同期	%	本期	上年同期	%	本期	上年同期	%	本期	上年同期	%	本期	上年同期	%	本期	上年同期	%
上海新华印刷有限公司	1143	1547	73.9	646	501	128.9	2251	2762	81.5	983	993	99.0	1268	1770	71.7	153	184	83.1
上海市印刷三厂	2548	2848	89.4	948	1020	93.0	4685	6696	70.0	1458	2994	48.7	3227	3702	87.2	300	242	123.8
上海中华印刷有限公司	18391	18714	98.3	3103	2431	127.7	76889	83710	91.9	52006	47526	109.4	24883	36184	68.8	606	332	182.7
上海市印刷四厂	457	647	70.6	318	281	113.2	2104	2578	81.6	1715	1708	100.4	389	870	44.7	60	59	101.7
北京新华印刷有限公司	11425	635	1800.1	2749	659	417.1	35507	31732	111.9	11878	7157	166.0	23629	24575	96.2	155	49	316.3
中印南方印刷有限公司	1936	2294	84.4	1181	1098	107.5	3498	6630	52.8	3447	5437	63.4	51	1193	4.3	189	147	128.7
北京一二〇一印刷厂	3185	3088	103.1	1586	1415	112.1	16954	11677	145.2	13350	5957	224.1	3604	5720	63.0	51	81	63.0
解放军一二〇五工厂	1963	1605	122.3	835	696	120.0	14692	13650	107.6	2962	2119	139.8	11730	11531	101.7	43	58	74.1
解放军报印刷厂	6588	6079	108.4	1672	1325	126.2	16585	16473	100.7	2481	2363	105.0	14104	14110	100.0	732	614	119.4
北京凌奇印刷有限公司	4263	3980	107.1	1814	1779	102.0	12977	13146	98.7	5706	5913	96.5	7271	7234	100.5	171	268	63.7
北京金盾印刷厂	3401	2136	159.2	1216	975	124.8	6196	6320	98.0	1265	1441	87.8	4931	4879	101.1	181	88	205.9
海军政治部印刷厂	1124	1076	104.5	396	367	107.9	2403	2387	100.7	1877	1749	107.3	526	638	82.4	31	19	161.9
廊坊一二〇六印刷厂	2869	2948	97.3	852	766	111.2	8805	7496	117.5	5267	4029	130.7	3537	3467	102.0	256	258	99.2
北京国防印刷厂	1102	1057	104.3	341	316	107.9	1401	1398	100.2	483	487	99.2	918	911	100.8	24	53	45.3

续表

单位名称	工业企业中间投入（万元）			工资总额（万元）			资产总额（万元）			负债总额（万元）			期末所有者权益（万元）			应交增值税（万元）		
	本期	上年同期	%	本期	上年同期	%	本期	上年同期	%	本期	上年同期	%	本期	上年同期	%	本期	上年同期	%
北京交通印务实业公司	1561	1747	89.4	640	557	114.9	3684	4192	87.9	705	1022	69.0	2979	3170	94.0	134	145	92.4
人民教育出版社印刷厂	2084	983	212.0	1549	1541	100.5	12514	12754	98.1	3264	3042	107.3	9250	9712	95.2	484	520	93.1
人民日报社印刷厂	6012	3090	194.6	4402	4546	96.8	26711	19875	134.4	4026	2904	138.7	22685	16971	133.7	586	1140	51.4
煤炭工业出版社印刷厂	1124	1345	83.5	412	467	88.3	2247	2352	95.6	1484	1513	98.0	764	839	91.1	95	97	97.6
中国农业出版社印刷厂	2163	1751	123.5	1174	1215	96.6	7765	8127	95.5	6422	6782	94.7	1343	1345	99.8	357	274	130.2
北京建筑工业印刷厂	545	546	99.8	493	456	108.1	4145	4206	98.5	4430	4512	98.2	−285	−306	0.0	166	169	98.2
北京机工印刷厂	966	954	101.2	746	739	100.9	1427	1507	94.7	485	833	58.2	942	674	139.7	107	73	146.4
中青印刷厂	3068	3715	82.6	1188	1088	109.2	6499	6658	97.6	2911	2337	124.6	3588	4321	83.0	143	237	60.1
文物出版社印刷厂	490	460	106.5	353	350	100.9	4002	3964	101.0	818	825	99.2	3184	3139	101.4	46	1	4600
北京中科印刷有限公司	3494	3699	94.5	2174	1737	125.2	24801	28124	88.2	12015	15375	78.1	12786	12749	100.3	971	715	135.8
北京外文印刷厂	2332	2504	93.1	1727	1500	115.2	9076	9420	96.3	1041	1014	102.7	8036	8406	95.6	181	295	61.5
北京人卫印刷厂	1328	1241	107.0	1153	987	116.8	10416	10271	101.4	889	879	101.1	9527	9392	101.4	314	292	107.5
新华通讯社印刷厂	3168	2337	135.6	3707	2886	128.4	29530	28427	103.9	6044	5588	108.2	23486	22839	102.8	539	659	81.8
北京京安印刷厂	485	752	64.5	547	527	103.8	2883	2611	110.4	1238	1632	75.9	1645	979	168.0	102	101	101.0

续表

单位名称	工业企业中间投入（万元）			工资总额（万元）			资产总额（万元）			负债总额（万元）			期末所有者权益（万元）			应交增值税（万元）		
	本期	上年同期	%	本期	上年同期	%	本期	上年同期	%	本期	上年同期	%	本期	上年同期	%	本期	上年同期	%
中国电影出版社印刷厂	1378	1219	113.0	420	376	111.7	2231	2417	92.3	1889	1994	94.7	342	423	80.9	138	69	200.0
北京轻工印刷厂	599	607	98.7	408	381	107.0	2067	2305	89.7	906	842	107.6	1161	1464	79.3	42	23	177.8
北京和平印刷有限公司	534	598	89.3	98	114	86.0	560	577	97.1	121	140	86.4	439	437	100.5	51	47	108.5
北京中兴印刷有限公司	285	285	100.0	218	190	115.0	1449	1489	97.3	242	292	83.0	1207	1198	100.8	51	65	78.3
清华大学印刷厂	731	612	119.4	781	784	99.6	2179	2180	100.0	1107	1136	97.4	1072	1044	102.7	169	210	80.5
北京大学印刷厂	489	572	85.5	379	396	95.7	1647	1858	88.6	514	704	73.0	1133	1154	98.2	62	45	137.8
北京毕诚彩印厂	146	656	22.3	76	108	70.4	1236	1077	114.8	531	518	102.5	705	559	126.1	7	13	53.8
北京华联印刷有限公司	32610	36674	88.9	3120	2724	114.5	45822	47253	97.0	13819	16005	86.3	32003	31248	102.4	952	935	101.8
北京日邦印刷有限公司	16837	16363	102.9	1428	1436	99.4	21996	25509	86.2	5652	5946	95.1	16344	19563	83.5	677	693	97.6
北京画中画印刷有限公司	12759	10364	123.1	1575	1454	108.3	16213	17557	92.3	10273	11636	88.3	5940	5921	100.3	88	183	48.3
北京雅昌彩色印刷有限公司	48858	36815	132.7	12368	9601	128.8	98887	67211	147.1	68176	37959	179.6	30712	29252	105.0	4804	3422	140.4
北京顶佳世纪印刷有限公司	5496	4010	137.1	203	101	201.0	13077	8734	149.7	7054	4766	148.0	6023	3968	151.8	156	132	118.2
化学工业出版社印刷厂	705	734	96.0	615	536	114.7	8302	8648	96.0	2405	2095	114.8	5897	6553	90.0	103	128	80.5

续表

单位名称	工业企业中间投入（万元）			工资总额（万元）			资产总额（万元）			负债总额（万元）			期末所有者权益（万元）			应交增值税（万元）		
	本期	上年同期	%	本期	上年同期	%	本期	上年同期	%	本期	上年同期	%	本期	上年同期	%	本期	上年同期	%
北京盛通印刷股份有限公司	35736	31360	114.0	4420	3320	133.1	86735	59354	146.1	30742	37428	82.1	55993	21926	255.4	983	751	130.9
中国铁道出版社印刷厂	0	0	0.0	1447	1049	137.9	16351	16164	101.2	9881	9705	101.8	6470	6459	100.2	457	109	419.3
北京东港安全印刷有限公司	3937	3347	117.6	651	451	144.4	12000	12742	94.2	3433	4791	71.7	8567	7952	107.7	741	570	130.0
北京印刷学院实习工厂	0	0	0.0	131	137	95.3	127	127	99.8	313	309	101.3	−186	−182	0.0	22	17	130.2
北京联兴盛业印刷股份公司	4224	4185	100.9	1251	976	128.2	30218	30051	100.6	12023	14860	80.9	18195	15191	119.8	577	110	524.5
山东新华印刷厂	7174	6382	112.4	1627	1439	113.1	28470	29800	95.5	17355	27300	63.6	11115	2500	444.6	104	99	105.1
山东临沂新华印刷物流集团	9321	8737	106.7	2628	2274	115.6	29707	29543	100.6	23593	23585	100.0	6114	5958	102.6	826	791	104.4
山东新华印刷厂潍坊厂	1867	1867	100.0	900	903	99.7	6162	7554	81.6	4569	4772	95.7	1593	2782	57.3	314	236	133.1
山东德州新华印务有限公司	3411	3197	106.7	1503	1494	100.6	10094	11535	87.5	5496	7806	70.4	4598	3729	123.3	628	309	203.2
中闻集团济南印务有限公司	3692	3691	100.0	934	869	107.5	8637	8590	100.5	4558	4409	103.4	4079	4181	97.6	236	265	89.2
河北新华第一印刷有限公司	5850	4352	134.4	2200	1952	112.7	24218	24758	97.8	8668	9761	88.8	15550	14997	103.7	893	895	99.8
河北新华第二印刷有限公司	0	0	0.0	2153	1943	110.8	19194	16458	116.6	7755	4755	163.1	11439	11703	97.7	354	516	68.6
中国标准社秦皇岛印刷厂	1013	1068	94.9	687	557	123.3	908	959	94.8	139	190	73.2	769	769	100.1	119	109	108.5

续表

单位名称	工业企业中间投入（万元）			工资总额（万元）			资产总额（万元）			负债总额（万元）			期末所有者权益（万元）			应交增值税（万元）		
	本期	上年同期	%	本期	上年同期	%	本期	上年同期	%	本期	上年同期	%	本期	上年同期	%	本期	上年同期	%
保定五四三印刷厂	20717	13611	152.2	3068	2215	138.5	18618	15749	118.2	6385	5815	109.8	12233	9934	123.1	1357	888	152.9
山西新华印业有限公司	4652	4168	111.6	1666	1634	102.0	20786	13923	149.3	13652	6817	200.3	7134	7106	100.4	322	340	94.7
山西人民印刷有限公司	5185	5294	97.9	1998	1665	120.0	9826	9316	105.5	3323	3088	107.6	6503	6228	104.4	479	710	67.5
辽宁美术印刷厂	1854	2055	90.2	896	978	91.6	9208	10694	86.1	74293	70028	106.1	−65085	−59334	0.0	1485	3121	47.6
沈阳新华印刷厂	3779	3925	96.3	1563	1635	95.6	16215	16931	95.8	5817	5832	99.7	10398	11099	93.7	625	555	112.6
东北印刷厂	2501	2476	101.0	959	893	107.4	6628	7410	89.4	1973	2122	93.0	4655	5288	88.0	161	180	89.4
长春新华印刷集团有限公司	9508	9046	105.1	1534	1501	102.2	25462	21083	120.8	18268	14157	129.0	7194	6926	103.9	397	279	142.3
延边新华印刷有限公司	1320	1451	91.0	722	739	97.7	4763	5065	94.0	1389	1718	80.8	3374	3347	100.8	276	226	122.1
长春第二新华印刷有限公司	810	699	115.9	381	380	100.3	3785	4250	89.1	1881	2347	80.1	1904	1903	100.1	151	169	89.3
黑龙江新华印刷二厂	1819	2347	77.5	916	913	100.3	6380	6195	103.0	773	835	92.6	5607	5360	104.6	362	272	133.1
安徽新华印刷股份公司	0	0	0.0	4590	4007	114.5	79919	73054	109.4	34946	33257	105.1	44972	39798	113.0	3357	3052	110.0
合肥远东印务有限公司	4219	3913	107.8	372	364	102.2	12650	11163	113.3	9448	8382	112.7	3202	2781	115.1	138	157	87.9
江西新华印刷集团有限公司	25972	25095	103.5	4899	4448	110.1	78127	67275	116.1	41658	34342	121.3	36469	32933	110.7	610	550	110.9

续表

单位名称	工业企业中间投入（万元）			工资总额（万元）			资产总额（万元）			负债总额（万元）			期末所有者权益（万元）			应交增值税（万元）		
	本期	上年同期	%	本期	上年同期	%	本期	上年同期	%	本期	上年同期	%	本期	上年同期	%	本期	上年同期	%
江西新华九江印刷总厂	0	0	0.0	970	634	153.0	4095	4115	99.5	801	1276	62.8	3294	2839	116.0	27	40	67.5
皖南海峰印刷包装有限公司	4232	4455	95.0	860	680	126.5	16239	12900	125.9	11058	8437	131.1	5181	4463	116.1	509	564	90.2
江苏新华印刷厂	24717	19002	130.1	7543	6281	120.1	50251	49904	100.7	17713	16803	105.4	32538	33101	98.3	1883	1981	95.1
江苏淮阴新华印刷厂	1617	1793	90.2	766	752	101.9	3993	4788	83.4	1954	2536	77.1	2039	2252	90.5	194	219	88.6
江苏徐州新华印刷厂	1035	917	112.9	854	796	107.3	2261	2011	112.4	2131	1721	123.8	130	290	44.8	177	206	85.9
丹阳市教育印刷厂	952	1060	89.8	230	282	81.6	1810	2269	79.8	1793	2102	85.3	17	167	10.2	93	109	85.3
南通韬奋印刷有限公司	839	836	100.4	389	352	110.5	2380	2381	100.0	1972	1946	101.3	408	435	93.8	91	56	162.5
南京爱德印刷有限公司	17464	17913	97.5	2604	1948	133.7	25690	24931	103.0	13546	13064	103.7	12144	11867	102.3	22	0	0.0
浙江印刷集团有限公司	27320	21571	126.7	2901	2728	106.3	66546	64312	103.5	18417	17019	108.2	48129	47293	101.8	1339	1253	106.9
常熟市华通印刷有限公司	76	80	95.1	887	615	144.4	15685	10272	152.7	10832	6506	166.5	4854	3766	128.9	221	0	0.0
福建新华印刷有限公司	6805	5117	133.0	1340	1175	114.0	8536	7465	114.3	3887	2792	139.2	4649	4673	99.5	308	296	104.1
中闽集团福州印务有限公司	2071	2163	95.7	629	610	103.1	10938	11557	94.6	3030	3601	84.1	7908	7956	99.4	186	204	91.2
湖北新华印务有限公司	18057	14987	120.5	3508	2726	128.7	33668	41549	81.0	13571	20680	65.6	20097	20869	96.3	630	612	102.9

续表

单位名称	工业企业中间投入（万元）			工资总额（万元）			资产总额（万元）			负债总额（万元）			期末所有者权益（万元）			应交增值税（万元）		
	本期	上年同期	%	本期	上年同期	%	本期	上年同期	%	本期	上年同期	%	本期	上年同期	%	本期	上年同期	%
中闻集团武汉印务有限公司	3544	3133	113.1	973	1006	96.7	12637	12475	101.3	1291	1127	114.6	11346	11348	100.0	255	287	88.9
河南新华印刷集团有限公司	7057	8407	83.9	5230	4639	112.7	38070	37180	102.4	3422	2285	149.7	34649	34895	99.3	1168	1332	87.7
湖南天闻新华印务有限公司	58897	51394	114.6	7726	6984	110.6	95720	71879	133.2	49476	34290	144.3	46244	37588	123.0	3805	2836	134.1
广东新华印刷有限公司	6608	6509	101.5	2208	2142	103.1	20533	16713	122.9	6003	5883	102.0	14530	10830	134.2	1153	698	165.2
广州华南印刷厂有限公司	4980	4500	110.7	1335	1332	171.5	16470	17115	96.2	9273	9532	97.3	7197	7583	94.9	282	238	118.5
东莞金杯印刷有限公司	11109	12791	86.9	2579	2145	120.2	24522	24929	98.4	3106	4333	71.7	21416	20596	104.0	−260	0	0.0
广西民族印刷厂	9027	7568	119.3	2242	1996	112.3	20408	18331	111.3	11261	9089	123.9	9147	9242	99.0	391	445	87.9
重庆新华印刷厂	1981	1990	99.5	974	910	107.0	16961	13570	125.0	14650	10286	142.4	2311	3284	70.4	179	204	87.7
成都君区印务有限公司	221	183	120.8	205	186	110.2	11142	13073	85.2	1946	10186	19.1	9196	2887	318.5	62	13	476.9
四川新华印刷有限公司	1950	1824	106.9	1376	2764	49.8	23281	22542	103.3	21855	22523	97.0	1426	19	7505.3	−1260	−7	0.0
自贡兴华印务有限公司	1000	1205	83.0	754	601	125.5	3078	3218	95.6	8769	8172	107.3	−5691	−4954	0.0	100	168	59.5
云南新华印刷实业总公司	4269	7832	54.5	1422	2617	54.3	21739	26335	82.5	10365	13357	77.6	11374	12978	87.6	−3	576	0.0
云南国防印刷厂	6719	7075	95.0	1588	1455	109.1	16638	13637	122.0	7180	5476	131.1	9458	8161	115.9	394	350	112.6

续表

单位名称	工业企业中间投入（万元）			工资总额（万元）			资产总额（万元）			负债总额（万元）			期末所有者权益（万元）			应交增值税（万元）		
	本期	上年同期	%	本期	上年同期	%	本期	上年同期	%	本期	上年同期	%	本期	上年同期	%	本期	上年同期	%
贵州新华印刷厂	4713	4356	108.2	1885	1897	99.4	11942	11483	104.0	5812	5241	110.9	6130	6242	98.2	536	281	190.7
西安新华印务有限公司	4580	4820	95.0	1266	1095	115.6	12636	12969	97.4	11572	11837	97.8	1064	1132	94.0	229	275	83.3
中闻集团西安印务有限公司	3978	4397	90.5	1273	1133	112.3	15026	14501	103.6	9034	9066	99.6	5992	5435	110.2	289	80	360.1
甘肃新华印刷厂	4793	3683	130.1	1829	1664	109.9	10408	10097	103.1	5828	5602	104.0	4580	4495	101.9	306	133	230.1
兰州新华印刷厂	5644	4748	118.9	1903	1699	112.0	8998	8573	105.0	4864	4479	108.6	4134	4094	101.0	431	350	123.1
天水新华印刷厂	4455	3877	114.9	1295	1231	105.2	16115	14538	110.8	11282	9852	114.5	4833	4686	103.1	382	279	136.9
青海新华印刷厂	0	0	0.0	482	439	109.9	3666	3621	101.2	1524	1526	99.9	2143	2095	102.2	117	116	100.9
新疆新华印刷厂	3932	3367	116.8	1922	1749	109.9	24893	22716	109.6	13029	11516	113.1	11864	11200	105.9	281	636	44.2
新疆八艺印刷厂	1366	962	142.0	573	493	116.2	18338	15841	115.8	16441	13749	119.6	1897	2092	90.7	50	131	38.2
新疆新华印刷二厂	729	619	117.8	280	298	94.0	3637	3820	95.2	1028	1054	97.5	2609	2766	94.3	94	59	159.3
西藏新华印刷厂	2281	1751	130.3	1010	1114	90.7	5519	4680	117.9	2340	1517	154.3	3179	3163	100.5	−15	94	0.0
拉萨明鑫印刷有限责任公司	1102	794	138.8	156	123	126.8	1693	1302	130.0	1274	1010	126.1	419	292	143.5	32	54	59.3
内蒙古爱信达教育印务公司	2603	2541	102.4	956	829	115.3	12297	12910	95.3	4104	5134	79.9	8193	7776	105.4	55	0	0.0

2011年印刷同行业经济效益完成情况汇总表（五）

单位名称	人均利税（元/人）			人均工资（元/人）			排字						书刊印刷					
							产量(万字)			产值(万元)			产量（万令）			产值(万元)		
	本期	上年同期	%	本期	上年同期	%	本期	上年同期	%	本期	上年同期	%	本期	上年同期	%	本期	上年同期	%
北京隆达印刷包装集团	17397	17206	101.1	40484	32135	126.0	0	0	0.0	0	0	0.0	8.9	10.4	85.6	374	403	92.9
北京印刷一厂	4669	5116	91.3	28748	23982	119.9	0	0	0.0	0	0	0.0	5.5	6.5	84.6	175	202	86.7
北京印刷二厂	25966	23084	112.5	42516	36449	116.6	0	0	0.0	0	0	0.0	3.4	3.9	87.2	199	201	99.1
北京北人羽新胶印有限公司	3811	273	1397.5	31074	28994	107.2	0	0	0.0	0	0	0.0	0	0	0.0	0	0	0.0
北京利丰雅高长城印刷公司	15147	22321	67.9	41673	34573	120.5	0	0	0.0	0	0	0.0	0	0	0.0	0	0	0.0
北京宝岛包装有限公司	47283	22183	213.2	60163	32437	185.5	0	0	0.0	0	0	0.0	0	0	0.0	0	0	0.0
天津新闻出版局	−18431	−13100	0.0	23710	20517	115.6	2371	3625	65.4	19	41	45.1	8.8	8.1	108.6	319	228	139.9
天津新华一印刷有限公司	−26676	−24444	0.0	24265	20509	118.3	0	0	0.0	0	0	0.0	2	2	100.0	36	28	128.6
天津新华二印刷有限公司	−19218	−23115	0.0	21694	19271	112.6	2318	3293	70.4	16	25	63.5	6	5.7	105.3	274	196	140.1
天津新华印刷三厂	−6789	6429	0.0	17053	16190	105.3	53	332	16.0	3	16	16.3	0.8	0.4	200.0	9	5	200.0
天津金彩美术印刷有限公司	−14307	4357	0.0	32104	26222	122.4	0	0	0.0	0	0	0.0	0	0	0.0	0	0	0.0
天津高教出版社印刷厂	23277	18364	126.8	34358	25247	136.1	0	0	0.0	0	0	0.0	23	24	95.8	594	582	102.1
上海印刷(集团)公司	10455	9137	114.4	47811	43503	109.9	503	431	116.7	5	4	125.0	8.2	6.9	118.8	315	264	119.3

续表

单位名称	人均利税（元/人）			人均工资（元/人）			排字						书刊印刷					
							产量(万字)			产值(万元)			产量（万令）			产值(万元)		
	本期	上年同期	%	本期	上年同期	%	本期	上年同期	%	本期	上年同期	%	本期	上年同期	%	本期	上年同期	%
上海新华印刷有限公司	−199	7811	0.0	38916	30549	127.4	503	431	116.7	5	4	125.0	6.2	4.9	126.5	177	140	126.5
上海市印刷三厂	20673	12956	159.6	58531	49505	118.2	0	0	0.0	0	0	0.0	0	0	0.0	0	0	0.0
上海中华印刷有限公司	10843	6673	162.5	48336	46750	103.4	0	0	0.0	0	0	0.0	0	0	0.0	0	0	0.0
上海市印刷四厂	8734	17711	49.3	40253	33855	118.9	0	0	0.0	0	0	0.0	2	2	100.0	138	124	111.3
北京新华印刷有限公司	5340	2231	239.3	38938	18154	214.5	54460	7786	699.5	567	52	1090.4	27.1	1.2	2258	641	49	1313
中印南方印刷有限公司	9486	10255	92.5	32090	29764	107.8	0	0	0.0	0	0	0.0	34	35.4	96.0	758	791	95.9
北京一二〇一印刷厂	7012	7020	99.9	38309	31236	122.6	5000	4502	111.1	83	27	312.0	13	9	144.4	332	275	120.6
解放军一二〇五工厂	20825	22474	92.7	58371	50774	115.0	0	0	0.0	0	0	0.0	0	0	0.0	0	0	0.0
解放军报印刷厂	32962	28919	114.0	58240	44750	130.1	0	0	0.0	0	0	0.0	0	0	0.0	0	0	0.0
北京凌奇印刷有限公司	6952	11642	59.7	40485	36455	111.1	1466	1435	102.2	78	110	71.1	25.95	30.02	86.4	956	1006	95.1
北京金盾印刷厂	9879	4620	213.8	36861	29620	124.4	9128	10776	84.7	215	142	151.8	16.5	15.3	107.8	535	433	123.5
海军政治部印刷厂	−734	−6016	0.0	36330	29837	121.8	2890	2960	97.6	40	42	95.2	5.5	5.1	107.8	252	248	101.6

续表

单位名称	人均利税（元/人）			人均工资（元/人）			排字						书刊印刷					
							产量(万字)			产值(万元)			产量（万令）			产值(万元)		
	本期	上年同期	%	本期	上年同期	%	本期	上年同期	%	本期	上年同期	%	本期	上年同期	%	本期	上年同期	%
廊坊一二〇六印刷厂	14582	17545	83.1	33297	35981	92.5	0	0	0.0	0	0	0.0	0	0	0.0	0	0	0.0
北京国防印刷厂	2813	6436	43.7	21313	31287	68.1	1200	1900	63.2	98	79	124.4	7	8	87.5	210	580	36.2
北京交通印务实业公司	19286	12581	153.3	57143	29946	190.8	0	0	0.0	0	0	0.0	5	6	83.3	300	287	104.5
人民教育出版社印刷厂	−95901	14585	0.0	45029	35507	126.8	148	1284	11.5	9	14	64.3	34	32	106.3	743	650	114.3
人民日报社印刷厂	9000	16080	56.0	92863	91293	101.7	4939	4908	100.6	62	57	108.2	1	0.6	166.7	32	11	291.7
煤炭工业出版社印刷厂	3686	689	534.7	34074	35364	96.4	0	1	28.6	1	3	50.0	5	4.8	104.2	233	210	111.3
中国农业出版社印刷厂	11249	7462	150.8	32434	28200	115.0	12724	11914	106.8	173	115	150.0	22.5	27.3	82.4	1019	1202	84.8
北京建筑工业印刷厂	14793	2562	577.4	40744	37686	108.1	0	0	0.0	0	0	0.0	8	5	160.0	668	539	123.9
北京机工印刷厂	7756	6439	120.5	29370	27476	106.9	14672	4721	310.8	277	142	195.4	10.7	11.2	95.5	711	81	878.2
中青印刷厂	−17898	−14198	0.0	31930	27677	115.4	0	0	0.0	0	0	0.0	16.3	18.3	89.1	340	364	93.5
文物出版社印刷厂	9766	11794	82.8	28468	26718	106.6	0	0	0.0	0	0	0.0	5	3	166.7	135	81	166.7
北京中科印刷有限公司	24329	19836	122.6	31057	25925	119.8	0	0	0.0	0	0	0.0	49	47	104.3	2208	2090	105.6
北京外文印刷厂	−513	−9770	0.0	30568	27617	110.7	76	79	96.3	1	1	87.5	20.4	25.5	80.0	675	834	80.9

续表

单位名称	人均利税（元/人）			人均工资（元/人）			排字						书刊印刷					
							产量(万字)			产值(万元)			产量（万令）			产值(万元)		
	本期	上年同期	%	本期	上年同期	%	本期	上年同期	%	本期	上年同期	%	本期	上年同期	%	本期	上年同期	%
北京人卫印刷厂	13308	12543	106.1	29338	24132	121.6	22690	20581	110.2	355	360	98.6	27	26	103.8	796	761	104.6
新华通讯社印刷厂	42572	126344	33.7	107139	77581	138.1	7049	6270	112.4	508	453	112.1	23	21	109.5	996	1284	77.6
北京京安印刷厂	37407	−9157	0.0	33765	31747	106.4	6991	6218	112.4	112	100	112.5	1.3	1.8	72.2	29	44	66.2
中国电影出版社印刷厂	16337	8857	184.4	41584	35810	116.1	0	0	0.0	0	0	0.0	57	38	150.0	2539	2309	110.0
北京轻工印刷厂	2500	745	335.7	34585	40564	85.3	0	0	0.0	0	0	0.0	0	0	0.0	0	0	0.0
北京和平印刷有限公司	18158	13600	133.5	25789	22800	113.1	3800	4300	88.4	60	68	88.2	6	6.8	88.2	320	360	88.9
北京中兴印刷有限公司	8753	9736	89.9	24483	20824	117.6	800	488	163.9	6	4	131.8	5.7	5.8	98.3	287	301	95.3
清华大学印刷厂	12971	12465	104.1	44629	36465	122.4	0	0	0.0	359	370	97.0	18	16	112.5	332	290	114.5
北京大学印刷厂	−3300	−32059	0.0	37900	38824	97.6	0	0	0.0	0	0	0.0	5	4	125.0	100	99	101.0
北京华诚彩印厂	6000	13056	46.0	30400	30000	101.3	0	0	0.0	0	0	0.0	6	18	33.3	102	284	35.9
北京华联印刷有限公司	38523	61997	62.1	52971	46885	113.0	0	0	0.0	0	0	0.0	0	0	0.0	0	0	0.0
北京日邦印刷有限公司	−102982	50004	0.0	62614	61914	101.1	0	0	0.0	0	0	0.0	0	0	0.0	0	0	0.0

续表

单位名称	人均利税（元/人）			人均工资（元/人）			排字						书刊印刷					
							产量(万字)			产值(万元)			产量（万令）			产值(万元)		
	本期	上年同期	%	本期	上年同期	%	本期	上年同期	%	本期	上年同期	%	本期	上年同期	%	本期	上年同期	%
北京画中画印刷有限公司	3881	4629	83.8	41664	39415	105.7	0	0	0.0	0	0	0.0	0	0	0.0	0	0	0.0
北京雅昌彩色印刷有限公司	57159	48197	118.6	53310	49035	108.7	0	0	0.0	0	0	0.0	55.1	46	119.8	16597	13831	120.0
北京顶佳世纪印刷有限公司	10694	21930	48.8	28194	17719	159.1	0	0	0.0	0	0	0.0	0	0	0.0	0	0	0.0
化学工业出版社印刷厂	−20239	−9134	0.0	24502	21102	116.1	6254	7925	78.9	63	84	74.9	13.3	13.2	100.8	813	74	
北京盛通印刷股份有限公司	64372	77721	82.8	44737	34086	131.2	0	0	0.0	0	0	0.0	0	0	0.0	0	0	0.0
中国铁道出版社印刷厂	22647	7540	300.4	60798	33514	181.4	6791	6383	106.4	58	51	114.5	1.5	1	150.0	26	17	154.4
北京东港安全印刷有限公司	270736	236183	114.6	46493	34412	135.1	0	0	0.0	0	0	0.0	0	0	0.0	0	0	0.0
北京印刷学院实习工厂	15633	11629	134.4	43633	39257	111.1	100	80	125.0	10	9	111.1	5	4.8	104.2	100	88	113.6
北京联兴盛业印刷股份公司	21531	10206	211.0	31913	25090	127.2	0	0	0.0	0	0	0.0	178.4	195	91.5	4260	4605	92.5
山东新华印刷厂	−4948	−6597	0.0	24247	21574	112.4	11370	8228	138.2	0	0	0.0	14	11.6	120.7	0	0	0.0
山东临沂新华印刷物流集团	27216	24112	112.9	29864	24038	124.2	8795	8359	105.2	126	119	105.9	25	21	119.0	480	370	129.7
山东新华印刷厂潍坊厂	−10513	−1703	0.0	18478	16538	111.7	3695	4601	80.3	33	36	92.7	5.8	5.7	101.8	111	104	107.3

续表

单位名称	人均利税（元/人）			人均工资（元/人）			排字						书刊印刷					
							产量(万字)			产值(万元)			产量（万令）			产值(万元)		
	本期	上年同期	%	本期	上年同期	%	本期	上年同期	%	本期	上年同期	%	本期	上年同期	%	本期	上年同期	%
山东德州新华印务有限公司	10957	13265	82.6	19171	19129	100.2	4138	3987	103.8	702957	678395	103.6	13.2	14.1	93.6	297	342	86.8
中闻集团济南印务有限公司	5570	2914	191.1	22951	21351	107.5	951	1043	91.2	8	8	94.0	29.4	33.6	87.5	1062	1224	86.8
河北新华第一印刷有限公司	9211	9033	102.0	19947	17478	114.1	2361	2307	102.3	19	31	62.2	28.1	25	112.4	595	578	103.1
河北新华第二印刷有限公司	8063	9444	85.4	24245	21166	114.6	4116	4105	100.3	75	33	227.3	19	12	158.3	510	574	88.9
中国标准社秦皇岛印刷厂	6953	6912	100.6	29481	24434	120.7	878	699	125.6	140	69	204.2	9.4	9.5	98.9	523	678	77.2
保定五四三印刷厂	59496	35476	167.7	43519	27379	158.9	0	0	0.0	0	0	0.0	0	0	0.0	0	0	0.0
山西新华印业有限公司	7905	3204	246.7	24075	22663	106.2	7974	5697	140.0	115	98	117.3	7	10	70.0	165	189	87.3
山西人民印刷有限公司	17133	16308	105.1	31620	24888	127.1	297	0	0.0	13	0	0.0	11.8	12.6	93.7	507	389	130.3
辽宁美术印刷厂	11331	14871	76.2	30580	31548	96.9	0	0	0.0	0	0	0.0	0	0	0.0	0	0	0.0
沈阳新华印刷厂	2202	−677	0.0	26269	26980	97.4	9738	15046	64.7	61	98	62.2	30	31	96.8	607	626	97.0
东北印刷厂	−8808	2649	0.0	22407	24135	92.8	23	202	11.4	29	20	145.0	17	18	94.4	291	313	93.0
长春新华印刷集团有限公司	25477	26368	96.6	27640	26333	105.0	40	59	67.8	6	10	60.0	18	18	100.0	345	369	93.5
延边新华印刷有限公司	16571	13137	126.1	25786	22950	112.4	2863	3430	83.5	10	12	83.3	7	9	77.8	135	180	75.0

续表

单位名称	人均利税（元/人）			人均工资（元/人）			排字						书刊印刷					
							产量(万字)			产值(万元)			产量（万令）			产值(万元)		
	本期	上年同期	%	本期	上年同期	%	本期	上年同期	%	本期	上年同期	%	本期	上年同期	%	本期	上年同期	%
长春第二新华印刷有限公司	12025	18750	64.1	24114	20652	116.8	20	20	100.0	1	1	100.0	7	7	100.0	155	176	88.1
黑龙江新华印刷二厂	13424	11074	121.2	17821	18151	98.2	0	0	0.0	0	0	0.0	5	6	83.3	307	231	132.9
安徽新华印刷股份公司	47108	42344	111.2	29267	25266	115.8	0	0	0.0	0	0	0.0	344.87	348.42	99.0	23892	24138	99.0
合肥远东印务有限公司	32602	31224	104.4	18980	18571	102.2	0	0	0.0	0	0	0.0	44	41	107.3	1871	1745	107.2
江西新华印刷集团有限公司	22933	825	2779.6	32660	29812	109.6	11260	11250	100.1	150	146	102.7	56	55	101.8	1040	1035	100.5
江西新华九江印刷总厂	22216	14697	151.2	29042	19212	151.2	0	0	0.0	0	0	0.0	21.9	19.1	114.7	0	0	0.0
皖南海峰印刷包装有限公司	50169	50526	99.3	24157	18837	128.2	1060	1030	102.9	61	58	105.9	17.6	16.9	104.1	4214	4049	104.1
江苏新华印刷厂	15498	19922	77.8	38544	32578	118.3	20023	14361	139.4	501	316	158.5	113	179	63.1	4615	7310	63.1
江苏淮阴新华印刷厂	3715	5909	62.9	23715	21364	111.0	0	0	0.0	0	0	0.0	9.4	10	94.0	932	1131	82.4
江苏徐州新华印刷厂	−1971	1276	0.0	20285	18469	109.8	0	0	0.0	0	0	0.0	16	18	88.9	223	254	87.8
丹阳市教育印刷厂	8333	8000	104.2	19167	18800	102.0	0	0	0.0	0	0	0.0	14	15	93.3	600	660	90.9
南通韬奋印刷有限公司	5348	2429	220.2	20802	16762	124.1	0	0	0.0	0	0	0.0	3.5	3	116.7	123	105	116.7

续表

单位名称	人均利税（元/人）			人均工资（元/人）			排字						书刊印刷					
							产量(万字)			产值(万元)			产量（万令）			产值(万元)		
	本期	上年同期	%	本期	上年同期	%	本期	上年同期	%	本期	上年同期	%	本期	上年同期	%	本期	上年同期	%
南京爱德印刷有限公司	48904	29337	166.7	57105	39116	146.0	0	0	0.0	0	0	0.0	68	83	81.9	1030	1165	88.4
浙江印刷集团有限公司	60755	56137	108.2	45613	46632	97.8	0	0	0.0	0	0	0.0	21	20	105.0	683	562	121.5
常熟市华通印刷有限公司	9313	935	996.4	30809	20082	153.4	0	0	0.0	0	0	0.0	12.9	12.2	105.7	1140	1086	105.0
福建新华印刷有限公司	8620	5580	154.5	28450	23084	123.2	0	0	0.0	0	0	0.0	30	30	100.0	1308	1188	110.1
中闻集团福州印务有限公司	7570	14638	51.7	17570	22101	79.5	2378	2523	94.3	33	35	94.3	25	28	89.3	559	626	89.3
湖北新华印务有限公司	18217	41531	43.9	43741	34770	125.8	0	0	0.0	0	0	0.0	102	90	113.3	7475	6768	110.4
中闻集团武汉印务有限公司	10344	12089	85.6	27880	28022	99.5	81531	77503	105.2	243	215	113.0	43	42	102.4	3335	3200	104.2
河南新华印刷集团有限公司	23631	21492	110.0	42554	38022	111.9	4558	4878	93.4	29	41	70.5	83.2	67.9	122.5	6346	5555	114.2
湖南天闻新华印务有限公司	75422	62232	121.2	45288	40418	112.1	15287	15095	101.3	74	73	101.2	171	156	109.6	6841	6241	109.6
广东新华印刷有限公司	100906	51015	197.8	43465	36244	119.9	127	0	0.0	0	0	0.0	71.1	74.9	94.9	0	0	0.0
广州华南印刷厂有限公司	22356	21909	102.0	38362	31790	206.5	1154	906		17	14	125.0	15	215	7.0	386	1772	21.8
东莞金杯印刷有限公司	9204	4520	203.6	34993	33000	106.0	0	0	0.0	0	0	0.0	198.3	188.1	105.4	0	0	0.0

续表

单位名称	人均利税（元/人）			人均工资（元/人）			排字						书刊印刷					
							产量(万字)			产值(万元)			产量（万令）			产值(万元)		
	本期	上年同期	%	本期	上年同期	%	本期	上年同期	%	本期	上年同期	%	本期	上年同期	%	本期	上年同期	%
广西民族印刷厂	11938	12255	97.4	33166	28312	117.1	205	530	38.7	19	49	38.8	49	42	116.7	2697	2625	102.7
重庆新华印刷厂	9578	−18280	0.0	12833	11098	115.6	1	2	50.0	19	38	50.0	66	68	97.1	1848	1876	98.5
成都君区印务有限公司	232899	58358	399.1	29710	27761	107.0	0	0	0.0	0	0	0.0	2.8	0	0.0	0	0	0.0
四川新华印刷有限公司	−16245	−72864	0.0	60087	129765	46.3	1541	288	535.1	0	0	0.0	7	7	100.0	0	0	0.0
自贡兴华印务有限公司	−6537	−4743	0.0	29339	22096	132.8	380	540	70.4	3	5	60.0	4	3	133.3	231	196	117.9
云南新华印刷实业总公司	18482	16298	113.4	28785	31454	91.5	0	0	0.0	0	0	0.0	18	22	81.8	1224	3696	33.1
云南国防印刷厂	37983	28184	134.8	45114	37212	121.2	2500	2410	103.7	43	41	104.9	52	45	115.6	5165	4470	115.5
贵州新华印刷厂	9207	1578	583.6	26217	25361	103.4	4375	3220	135.9	36	26	139.2	3.5	8	43.8	66	152	43.1
西安新华印务有限公司	8210	10518	78.1	24114	21813	110.6	0	0	0.0	0	0	0.0	8	8	100.0	549	493	111.4
中闻集团西安印务有限公司	6468	1831	353.3	31657	30452	104.0	0	0	0.0	0	0	0.0	52.5	48.7	107.8	1361	681	199.7
甘肃新华印刷厂	5310	2534	209.5	23123	20671	111.9	5115	5528	92.5	29	18	161.1	38	35	108.6	1887	1787	105.6
兰州新华印刷厂	8226	6162	133.5	26765	22928	116.7	1610	3543	45.4	24	53	45.3	33	27	122.2	2214	1486	149.0

续表

单位名称	人均利税（元/人）			人均工资（元/人）			排字						书刊印刷					
							产量(万字)			产值(万元)			产量（万令）			产值(万元)		
	本期	上年同期	%	本期	上年同期	%	本期	上年同期	%	本期	上年同期	%	本期	上年同期	%	本期	上年同期	%
天水新华印刷厂	7741	5637	137.3	21512	20114	106.9	387	165	234.5	27	39	69.2	25	24	104.2	1612	1619	99.6
青海新华印刷厂	5415	4700	115.2	22230	17765	125.1	0	0	0.0	0	0	0.0	1.3	1.2	108.3	0	0	0.0
新疆新华印刷厂	14470	20211	71.6	37033	30738	120.5	14252	16587	85.9	78	88	88.6	4	4	100.0	90	86	104.7
新疆八艺印刷厂	−7643	13072	0.0	36497	29699	122.9	931	767	121.4	39	29	135.2	11.6	12.9	89.9	605	617	98.1
新疆新华印刷二厂	−2941	−6370	0.0	23529	20411	115.3	586	700	83.7	6	7	85.7	20	26	76.9	480	561	85.6
西藏新华印刷厂	691	40	1720.7	41057	44739	91.8	5426	4454	121.8	0	0	0.0	2.6	2.3	113.0	0	0	0.0
拉萨明鑫印刷有限责任公司	33636	29600	113.6	28364	24600	115.3	0	0	0.0	0	0	0.0	15	2	750.0	1191	843	141.3
内蒙古爱信达教育印务公司	64196	63255	101.5	37490	32510	115.3	0	0	0.0	0	0	0.0	6.5	6.2	104.8	236	225	104.9

2011年印刷同行业经济效益完成情况汇总表（六）

单位名称	胶印印刷						书刊装订						照相制版					
	产量（万对开色令）			产值(万元)			产量（万令）			产值(万元)			产量（四开块）			产值(万元)		
	本期	上年同期	%	本期	上年同期	%	本期	上年同期	%	本期	上年同期	%	本期	上年同期	%	本期	上年同期	%
北京隆达印刷包装集团	814.5	646.2	126.0	12107	9254	130.8	70	57.3	122.2	5579.3	3985	140.0	170327	127702	133.4	2913	2183	133.4
北京印刷一厂	16.3	17.8	91.6	464	511	90.7	6	6.3	95.2	170.3	146	116.6	0	0	0.0	0	0	0.0
北京印刷二厂	16.3	11.4	143.0	2699	1529	176.5	0	0	0.0	0	0	0.0	0	0	0.0	0	0	0.0
北京北人羽新胶印有限公司	27.6	34.5	80.0	476	1187	40.1	0	0	0.0	0	0	0.0	0	0	0.0	0	0	0.0
北京利丰雅高长城印刷公司	679	516	131.6	8469	6027	140.5	64	51	125.5	5409	3839	140.9	170327	127702	133.4	2913	2183	133.4
北京宝岛包装有限公司	75.3	66.5	113.2	0	0	0.0	0	0	0.0	0	0	0.0	0	0	0.0	0	0	0.0
天津新闻出版局	78.3	76.8	102.0	2587	2667	97.0	16.1	14.8	108.8	372.2	368.5	101.0	15781	18033	87.5	133	153	87.2
天津新华一印刷有限公司	18	16	112.5	523	432	121.1	4	3	133.3	59	39	151.3	3276	6032	54.3	8	13	61.5
天津新华二印刷有限公司	30	35.1	85.5	797	833	95.7	8	7.9	101.3	216	232.3	93.0	4415	4715	93.6	78	97	80.2
天津新华印刷三厂	7.4	7.6	97.4	185	190	97.4	1.5	1.6	93.8	16.1	17.1	94.2	0	0	0.0	0	0	0.0
天津金彩美术印刷有限公司	22.9	18.1	126.5	1082	1212	89.3	2.6	2.3	113.0	81.1	80.1	101.2	8090	7286	111.0	47	42	111.1
天津高教出版社印刷厂	48	48	100.0	982	989	99.3	16	19	84.2	551	416	132.5	2686	1663	161.5	53	33	160.6
上海印刷(集团)公司	523.5	452.3	115.7	7483	7321	102.2	51.1	44.6	114.6	2139.7	1561.6	137.0	183369	191438	95.8	121	205	58.9

续表

单位名称	胶印印刷						书刊装订						照相制版					
	产量（万对开色令）			产值(万元)			产量（万令）			产值(万元)			产量（四开块）			产值(万元)		
	本期	上年同期	%	本期	上年同期	%	本期	上年同期	%	本期	上年同期	%	本期	上年同期	%	本期	上年同期	%
上海新华印刷有限公司	26.2	34.1	76.8	681	887	76.8	6.6	7.2	91.7	151.8	165.6	91.7	400	510	78.4	7	8	79.3
上海市印刷三厂	0	0	0.0	0	0	0.0	0	0	0.0	0	0	0.0	0	0	0.0	0	0	0.0
上海中华印刷有限公司	488.3	408.2	119.6	6567	6139	107.0	44.5	37.4	119.0	1987.9	1396	142.4	179219	183554	97.6	72	156	46.4
上海市印刷四厂	9	10	90.0	235	296	79.4	0	0	0.0	0	0	0.0	3750	7374	50.9	42	41	102.4
北京新华印刷有限公司	184.4	18.1	1018.8	2882	533	540.7	51.3	6.8	754.4	2032	208	975.3	0	0	0.0	0	0	0.0
中印南方印刷有限公司	23.6	22.9	103.1	545	530	102.9	34.6	31.8	108.8	733	674	108.9	0	0	0.0	0	0	0.0
北京一二〇一印刷厂	7	6	116.7	216	194	111.5	4	3	133.3	154	109	141.2	3765	4355	86.5	75	80	94.3
解放军一二〇五工厂	22.9	17.4	131.6	757	653	116.0	0	0	0.0	0	0	0.0	10250	8498	120.6	199	151	131.5
解放军报印刷厂	0	0	0.0	0	0	0.0	0	0	0.0	0	0	0.0	0	0	0.0	0	0	0.0
北京凌奇印刷有限公司	37.43	38.4	97.5	1253	1257	99.7	28.34	29.3	96.7	701	682	102.7	13495	12606	107.1	175	164	107.1
北京金盾印刷厂	45.9	40.5	113.3	934	917	101.9	20.7	17.1	121.1	727	640	113.6	13999	12161	115.1	88	74	118.9
海军政治部印刷厂	2.4	2.2	109.1	65	62	104.8	2.8	2.3	121.7	46	40	115.0	39200	38200	102.6	80	77	103.9

续表

单位名称	胶印印刷						书刊装订						照相制版					
	产量（万对开色令）			产值(万元)			产量（万令）			产值(万元)			产量（四开块）			产值(万元)		
	本期	上年同期	%	本期	上年同期	%	本期	上年同期	%	本期	上年同期	%	本期	上年同期	%	本期	上年同期	%
廊坊一二〇六印刷厂	38.9	37.2	104.6	1272	1205	105.6	0.1	0.9	11.1	6	47	13.0	66512	62624	106.2	333	313	106.2
北京国防印刷厂	0	72	0.0	0	420	0.0	1.2	2	60.0	36	82	43.9	0	1800	0.0	0	13	0.0
北京交通印务实业公司	4	6	66.7	129	173	74.6	0	0	0.0	0	0	0.0	0	0	0.0	0	0	0.0
人民教育出版社印刷厂	57	62	91.9	2802	3280	85.4	28	19	147.4	1112	472	235.6	0	0	0.0	159	789	20.2
人民日报社印刷厂	0.1	0.1	100.0	31	26	117.3	4.8	4.5	106.7	45	38	117.7	4841.3	4392.2	110.2	34	30	114.8
煤炭工业出版社印刷厂	6.2	11.4	54.4	213	377	56.5	1.4	2.4	58.3	50	71	70.5	1	1	100.0	19	27	67.9
中国农业出版社印刷厂	15.9	19.9	79.9	600	724	82.9	16.3	20.8	78.4	801	894	89.7	0	0	0.0	0	0	0.0
北京建筑工业印刷厂	0	0	0.0	0	0	0.0	0	0	0.0	0	0	0.0	0	0	0.0	0	0	0.0
北京机工印刷厂	0	0	0.0	0	0	0.0	0	0	0.0	0	0	0.0	0	0	0.0	0	0	0.0
中青印刷厂	34.5	38.8	88.9	1268	1473	86.1	10.5	11.6	90.5	230	233	98.8	7468	7081	105.5	99	95	104.4
文物出版社印刷厂	15	18	83.3	188	225	83.6	1	0.8	125.0	40	32	125.0	0	0	0.0	0	0	0.0
北京中科印刷有限公司	105	103	101.9	3208	3251	98.7	44	41	107.3	2259	1912	118.1	0	0	0.0	0	0	0.0
北京外文印刷厂	14	0	0.0	397	0	0.0	18	19.6	91.8	674	662	101.8	0	0	0.0	197	201	98.2

续表

单位名称	胶印印刷						书刊装订						照相制版					
	产量（万对开色令）			产值(万元)			产量（万令）			产值(万元)			产量（四开块）			产值(万元)		
	本期	上年同期	%	本期	上年同期	%	本期	上年同期	%	本期	上年同期	%	本期	上年同期	%	本期	上年同期	%
北京人卫印刷厂	49	46	106.5	1455	1443	100.8	18	20	90.0	444	486	91.4	26552	27436	96.8	43	43	100.0
新华通讯社印刷厂	1	1	100.0	13	23	56.5	6	5	120.0	110	220	50.0	36868	28819	127.9	737	576	128.0
北京京安印刷厂	2.2	3.1	71.0	35	56	62.4	1	1.1	90.9	13	14	91.5	0	0	0.0	0	0	0.0
中国电影出版社印刷厂	0	0	0.0	0	0	0.0	0	0	0.0	0	0	0.0	0	0	0.0	0	0	0.0
北京轻工印刷厂	0	0	0.0	0	0	0.0	0	0	0.0	0	0	0.0	0	0	0.0	0	0	0.0
北京和平印刷有限公司	5.1	5.8	87.9	194	220	88.2	5.3	5.8	91.4	125	137	91.2	9600	10000	96.0	48	50	96.0
北京中兴印刷有限公司	0.3	0.3	100.0	38	37	103.0	6.6	5.8	113.8	186	155	119.8	0	0	0.0	0	0	0.0
清华大学印刷厂	10	11	90.9	371	345	107.5	11	9.5	115.8	272	203	134.0	0	0	0.0	0	0	0.0
北京大学印刷厂	10	13	76.9	220	252	87.3	0	0	0.0	0	0	0.0	0	0	0.0	293	334	87.7
北京华诚彩印厂	8	20	40.0	186	316	58.9	5.5	20	27.5	54	120	45.0	3000	3200	93.8	59	64	92.2
北京华联印刷有限公司	1090.2	1019.5	106.9	35627	32400	110.0	0	0	0.0	0	0	0.0	0	0	0.0	0	0	0.0
北京日邦印刷有限公司	639.3	701.6	91.1	19629	19823	99.0	0	0	0.0	0	0	0.0	9279	11103	83.6	186	222	83.6

续表

单位名称	胶印印刷						书刊装订						照相制版					
	产量（万对开色令）			产值(万元)			产量（万令）			产值(万元)			产量（四开块）			产值(万元)		
	本期	上年同期	%	本期	上年同期	%	本期	上年同期	%	本期	上年同期	%	本期	上年同期	%	本期	上年同期	%
北京画中画印刷有限公司	0	0	0.0	0	0	0.0	0	0	0.0	0	0	0.0	0	0	0.0	0	0	0.0
北京雅昌彩色印刷有限公司	212.9	177.4	120.0	16597	13831	120.0	55.1	45.9	120.0	17427	14522	120.0	2256424	1880354	120.0	9128	7607	120.0
北京顶佳世纪印刷有限公司	0	0	0.0	0	0	0.0	0	0	0.0	0	0	0.0	0	0	0.0	0	0	0.0
化学工业出版社印刷厂	3.3	3.7	89.2	193	210	91.9	9.7	10.3	94.2	360	359	100.3	0	0	0.0	0	0	0.0
北京盛通印刷股份有限公司	1250	886	141.1	0	0	0.0	0	0	0.0	0	0	0.0	0	0	0.0	0	0	0.0
中国铁道出版社印刷厂	29.4	8.4	350.0	369	504	73.1	7.7	7.3	105.5	223	217	102.8	94140	53938	174.5	322	167	192.1
北京东港安全印刷有限公司	0	0	0.0	0	0	0.0	0	0	0.0	0	0	0.0	0	0	0.0	0	0	0.0
北京印刷学院实习工厂	6	5.3	113.2	120	100	120.0	10	8	125.0	40	35	114.3	5000	4800	104.2	10	10	105.3
北京联兴盛业印刷股份公司	178.4	195	91.5	4260	4605	92.5	36.8	29.6	124.3	1946	1565	124.3	28100	24750	113.5	562	495	113.5
山东新华印刷厂	186.9	169.9	110.0	0	0	0.0	38.7	35.6	108.7	0	0	0.0	0	0	0.0	0	0	0.0
山东临沂新华印刷物流集团	259	246	105.3	4806	4515	106.4	70	64	109.4	2600	1997	130.2	41749	39758	105.0	298	280	106.4
山东新华印刷厂潍坊厂	104.2	114.3	91.2	2243	2302	97.4	20.4	22.1	92.3	536	780	68.8	38142	36704	103.9	74	67	110.5

续表

单位名称	胶印印刷						书刊装订						照相制版					
	产量（万对开色令）			产值(万元)			产量（万令）			产值(万元)			产量（四开块）			产值(万元)		
	本期	上年同期	%	本期	上年同期	%	本期	上年同期	%	本期	上年同期	%	本期	上年同期	%	本期	上年同期	%
山东德州新华印务有限公司	175.2	162.7	107.7	2842	2700	105.3	38.3	37.3	102.7	778	754	103.1	22891	20934	109.3	138	126	109.6
中闻集团济南印务有限公司	40.7	41.1	99.0	864	915	94.5	19.8	20.7	95.7	312	329	94.7	360	698	51.6	3	4	65.1
河北新华第一印刷有限公司	204.2	216.5	94.3	3639	5150	70.7	56.1	54.2	103.5	1398	1358	103.0	41776	50351	83.0	345	313	110.4
河北新华第二印刷有限公司	227	235	96.6	4438	4470	99.3	48	42	114.3	1064	847	125.6	21061	20974	100.4	118	133	88.7
中国标准社秦皇岛印刷厂	9.7	12.7	76.4	303	381	79.5	6.7	6.9	97.1	249	250	99.7	0	480	0.0	0	15	0.0
保定五四三印刷厂	99.4	76	130.8	24919	20300	122.8	0	0	0.0	0	0	0.0	1367	1207	113.3	21	55	37.6
山西新华印业有限公司	203	1954	10.4	2952	2988	98.8	28	29	96.6	627	566	110.8	6741	10696	63.0	21	40	52.5
山西人民印刷有限公司	168.7	158.5	106.4	9082	6050	150.1	38	34	111.8	1606	1120	143.4	0	0	0.0	0	0	0.0
辽宁美术印刷厂	74	100	74.0	1364	1769	77.1	9	13	69.2	257	345	74.5	0	0	0.0	0	0	0.0
沈阳新华印刷厂	165	149	110.7	2923	2722	107.4	49	57	86.0	1243	1511	82.3	6	5	120.0	289	227	127.3
东北印刷厂	18	19	94.7	364	391	93.1	15	14	107.1	241	350	68.9	1652	1929	85.6	24	24	100.0
长春新华印刷集团有限公司	196	212	92.5	3091	3478	88.9	36	39	92.3	996	1066	93.4	87640	86468	101.4	210	216	97.2
延边新华印刷有限公司	47	49	95.9	808	856	94.4	16	19	84.2	332	372	89.2	0	3973	0.0	22	24	91.7

续表

单位名称	胶印印刷						书刊装订						照相制版					
	产量（万对开色令）			产值(万元)			产量（万令）			产值(万元)			产量（四开块）			产值(万元)		
	本期	上年同期	%	本期	上年同期	%	本期	上年同期	%	本期	上年同期	%	本期	上年同期	%	本期	上年同期	%
长春第二新华印刷有限公司	37	45	82.2	756	910	83.1	11	12	91.7	279	347	80.4	100	100	100.0	3	3	100.0
黑龙江新华印刷二厂	86	103	83.5	1970	2118	93.0	17	21	81.0	611	555	110.1	19248	21712	88.7	191	214	89.3
安徽新华印刷股份公司	675.83	620.51	108.9	20951	19236	108.9	319.23	310.56	102.8	4508	4386	102.8	325534.09	310967	104.7	2466	2349	105.0
合肥远东印务有限公司	61	63	96.8	2180	2214	98.5	48	46	104.3	1047	1003	104.4	0	0	0.0	0	0	0.0
江西新华印刷集团有限公司	1227	1212	101.2	24533	24237	101.2	224	221	101.4	4146	4097	101.2	26200	25900	101.2	180	175	102.9
江西新华九江印刷总厂	0	0	0.0	0	0	0.0	0	0	0.0	0	0	0.0	0	0	0.0	0	0	0.0
皖南海峰印刷包装有限公司	10.5	9.6	109.4	3153	2889	109.1	22.8	11.9	191.6	686	357	192.0	86372	83276	103.7	104	100	103.7
江苏新华印刷厂	283	345	82.0	12111	14765	82.0	301	110	273.6	7640	2792	273.6	66213	69871	94.8	1040	937	111.0
江苏淮阴新华印刷厂	22.3	22.8	97.8	473	526	89.9	11	11	100.0	325	339	95.9	24000	25000	96.0	84	88	96.0
江苏徐州新华印刷厂	28	27	103.7	554	561	98.8	11	12	91.7	304	382	79.6	0	0	0.0	0	0	0.0
丹阳市教育印刷厂	18.6	21.6	86.1	360	500	72.0	14	15	93.3	480	500	96.0	0	0	0.0	0	0	0.0
南通韬奋印刷有限公司	35	32	109.4	805	736	109.4	6.5	6	108.3	156	145	107.6	0	0	0.0	0	0	0.0

续表

单位名称	胶印印刷						书刊装订						照相制版					
	产量（万对开色令）			产值(万元)			产量（万令）			产值(万元)			产量（四开块）			产值(万元)		
	本期	上年同期	%	本期	上年同期	%	本期	上年同期	%	本期	上年同期	%	本期	上年同期	%	本期	上年同期	%
南京爱德印刷有限公司	28.8	26	110.8	504	421	119.7	62	93	66.7	1473	2046	72.0	157986	136094	116.1	2218	1769	125.4
浙江印刷集团有限公司	468	453	103.3	17404	15690	110.9	71	69	102.9	2045	2194	93.2	0	0	0.0	0	0	0.0
常熟市华通印刷有限公司	48.2	46.4	103.9	3417	3291	103.8	12.9	12.2	105.7	520	494	105.3	0	0	0.0	0	0	0.0
福建新华印刷有限公司	31	29	106.9	1263	1073	117.7	27.2	29	93.8	637	605	105.3	25178	5063	497.3	108	104	103.8
中闽集团福州印务有限公司	33	33	100.0	669	669	100.0	9	10	90.0	170	189	89.9	6017	4245	141.7	11	8	137.5
湖北新华印务有限公司	74	66	112.1	1460	1297	112.6	52	44	118.2	1057	828	127.7	180856	161577	111.9	460	309	148.9
中闽集团武汉印务有限公司	24	21	114.3	1691	1500	112.7	18	16	112.5	195	160	121.9	21733	19819	109.7	247	220	112.3
河南新华印刷集团有限公司	110.9	79.7	139.1	3472	2516	138.0	95.5	78.2	122.1	2931	2160	135.7	94135.2	80093.6	117.5	320	350	91.4
湖南天闻新华印务有限公司	1629.8	1541.5	105.7	27970	26455	105.7	233.7	204.4	114.3	4113	3597	114.3	105627	98125	107.6	1162	1079	107.6
广东新华印刷有限公司	27.1	29.3	92.5	0	0	0.0	63.5	71.4	88.9	0	0	0.0	0	0	0.0	0	0	0.0
广州华南印刷厂有限公司	129	30	430.0	1371	550	249.3	28	34	82.4	567	624	90.9	28338	30424	93.1	459	498	92.2
东莞金杯印刷有限公司	191.3	180.9	105.7	0	0	0.0	66.3	64.4	103.0	0	0	0.0	0	0	0.0	0	0	0.0

续表

单位名称	胶印印刷						书刊装订						照相制版					
	产量（万对开色令）			产值(万元)			产量（万令）			产值(万元)			产量（四开块）			产值(万元)		
	本期	上年同期	%	本期	上年同期	%	本期	上年同期	%	本期	上年同期	%	本期	上年同期	%	本期	上年同期	%
广西民族印刷厂	43	36	119.4	1053	894	117.8	56	45	124.4	915	729	125.5	7203	8722	82.6	147	178	82.6
重庆新华印刷厂	14	13	107.7	322	294	109.5	19	20	95.0	437	454	96.3	916	881	104.0	33	32	103.1
成都君区印务有限公司	2.3	0	0.0	0	0	0.0	0	0	0.0	0	0	0.0	0	0	0.0	0	0	0.0
四川新华印刷有限公司	70	54	129.6	0	0	0.0	15	14	107.1	0	0	0.0	124	211	58.8	0	0	0.0
自贡兴华印务有限公司	54	53	101.9	1134	1142	99.3	15	13	115.4	372	358	103.9	7100	8970	79.2	6	9	66.7
云南新华印刷实业总公司	64	136	47.1	1514	4080	37.1	25	38	65.8	906	2145	42.2	0	0	0.0	0	0	0.0
云南国防印刷厂	85	75	113.3	4325	3772	114.7	16	13	123.1	603	490	123.1	683	766	89.2	47	52	90.4
贵州新华印刷厂	230.9	191.6	120.5	4696	4038	116.3	29.8	35.7	83.5	858	1051	81.7	26039	24447	106.5	144	157	91.6
西安新华印务有限公司	150	164	91.5	6440	5459	118.0	25	30	83.3	423	499	84.8	70000	58574	119.5	218	213	102.3
中闻集团西安印务有限公司	35.9	38.9	92.3	675	729	92.7	17.7	18.4	96.2	230	234	98.3	623	1328	46.9	8	17	46.8
甘肃新华印刷厂	41	36	113.9	828	800	103.5	28	27	103.7	527	468	112.6	38444	103707	37.1	99	235	42.1
兰州新华印刷厂	37	48	77.1	709	945	75.0	37	34	108.8	713	609	117.1	19287	17298	111.5	250	230	108.7

续表

单位名称	胶印印刷						书刊装订						照相制版					
	产量（万对开色令）			产值(万元)			产量（万令）			产值(万元)			产量（四开块）			产值(万元)		
	本期	上年同期	%	本期	上年同期	%	本期	上年同期	%	本期	上年同期	%	本期	上年同期	%	本期	上年同期	%
天水新华印刷厂	117	116	100.9	646	407	158.7	23	19	121.1	463	387	119.6	4043	2264	178.6	40	136	29.4
青海新华印刷厂	34.4	33	104.2	0	0	0.0	3.5	3.3	106.1	0	0	0.0	0	0	0.0	0	0	0.0
新疆新华印刷厂	124.5	144.7	86.0	3342	3936	84.9	23.3	24.5	95.1	562	613	91.7	51013	45135	113.0	284	236	120.3
新疆八艺印刷厂	20.7	19.9	104.0	652	563	115.8	4.9	5.4	90.7	103	111	92.8	21991	28921	76.0	205	203	101.0
新疆新华印刷二厂	3	0.4	750.0	26	8	325.0	7	8	87.5	103	118	87.3	774	1059	73.1	5	6	83.3
西藏新华印刷厂	32.8	34.6	94.8	0	0	0.0	6.6	5.7	115.8	0	0	0.0	2	2	100.0	0	0	0.0
拉萨明鑫印刷有限责任公司	24	4	600.0	1489	1054	141.3	10	5	200.0	0	0	0.0	0	0	0.0	0	0	0.0
内蒙古爱信达教育印务公司	175.5	164	107.0	3963	3945	100.5	28.4	28.6	99.3	1301	1315	98.9	0	0	0.0	0	0	0.0

2011年主要经济指标排行表(一)

排序	经济效益综合指数		实现利税		利润总额		工业增加值		主营业务收入	
	单位名称	%	单位名称	万元	单位名称	万元	单位名称	万元	单位名称	万元
1	广东新华印刷有限公司	347.5	北京雅昌彩色印刷有限公司	13261	湖南天闻新华印务公司	8048	湖南天闻新华印务公司	32581	湖南天闻新华印务公司	87673
2	北京东港安全印刷有限公司	344.6	湖南天闻新华印务有限公司	12867	北京雅昌彩色印刷公司	7871	北京雅昌彩色印刷公司	27234	北京雅昌彩色印刷公司	77033
3	内蒙古爱信达教育印务公司	255.0	安徽新华印刷股份公司	7387	北京盛通印刷股份公司	4905	江苏新华印刷厂	15349	安徽新华印刷股份公司	60474
4	湖南天闻新华印务有限公司	242.3	北京盛通印刷股份有限公司	6360	安徽新华印刷股份公司	4639	北京盛通印刷股份公司	14780	浙江印刷集团有限公司	57409
5	南京爱德印刷有限公司	238.7	广东新华印刷有限公司	5126	广东新华印刷有限公司	3518	河南新华印刷集团公司	9727	北京盛通印刷股份公司	48052
6	北京盛通印刷股份有限公司	236.6	保定五四三印刷厂	4195	北京东港安全印刷公司	2774	北京利丰雅高长城印刷	9616	北京华联印刷有限公司	42034
7	新华通讯社印刷厂	235.4	浙江印刷集团有限公司	3864	保定五四三印刷厂	2401	南京爱德印刷有限公司	9042	北京利丰雅高长城印刷	36307
8	保定五四三印刷厂	219.0	北京东港安全印刷有限公司	3790	江西新华印刷集团公司	2191	保定五四三印刷厂	8922	江苏新华印刷厂	35250
9	合肥远东印务有限公司	217.5	江西新华印刷集团有限公司	3440	南京爱德印刷有限公司	1980	新华通讯社印刷厂	8747	江西新华印刷集团公司	28286
10	皖南海峰印刷包装有限公司	217.2	江苏新华印刷厂	3033	浙江印刷集团有限公司	1936	人民日报社印刷厂	8597	保定五四三印刷厂	26675
11	北京京安印刷厂	206.0	河南新华印刷集团有限公司	2904	山东临沂新华印刷集团	1325	广东新华印刷有限公司	8366	南京爱德印刷有限公司	26506
12	北京雅昌彩色印刷有限公司	198.4	山东临沂新华印刷物流集团	2395	河南新华印刷集团公司	1169	浙江印刷集团有限公司	8010	湖北新华印务有限公司	24811
13	成都君区印务有限公司	180.3	北京华联印刷有限公司	2269	北京华联印刷有限公司	1052	山东临沂新华印刷集团	6663	上海中华印刷有限公司	21006

续表

排序	经济效益综合指数		实现利税		利润总额		工业增加值		主营业务收入	
	单位名称	%	单位名称	万元	单位名称	万元	单位名称	万元	单位名称	万元
14	解放军报印刷厂	171.2	南京爱德印刷有限公司	2230	重庆新华印刷厂	987	湖北新华印务有限公司	6640	北京日邦印刷有限公司	19614
15	拉萨明鑫印刷有限责任公司	164.2	皖南海峰印刷包装有限公司	1786	皖南海峰印刷包装公司	949	山西人民印刷有限公司	5702	山东临沂新华印刷集团	18915
16	云南国防印刷厂	162.6	北京中科印刷有限公司	1703	新华通讯社印刷厂	865	北京中科印刷有限公司	5597	河南新华印刷集团公司	17931
17	人民日报社印刷厂	161.0	内蒙古爱信达教育印务公司	1637	内蒙古爱信达教育印务	720	福建新华印刷有限公司	5189	东莞金杯印刷公司	16934
18	浙江印刷集团有限公司	160.4	成都君区印务有限公司	1607	长春新华印刷集团公司	701	皖南海峰印刷包装公司	4898	北京东港安全印刷公司	16469
19	中国电影出版社印刷厂	157.0	北京利丰雅高长城印刷公司	1548	云南国防印刷厂	660	解放军报印刷厂	4829	北京画中画印刷公司	14940
20	上海市印刷三厂	153.1	新华通讯社印刷厂	1473	湖北新华印务有限公司	630	江西新华印刷集团公司	4818	北京新华印刷有限公司	14553
21	江西新华九江印刷总厂	150.5	湖北新华印务有限公司	1461	北京利丰雅高长城印刷	596	云南新华印刷总公司	4347	人民日报社印刷厂	14022
22	山东临沂新华印刷物流集团	147.8	长春新华印刷集团有限公司	1414	东莞金杯印刷公司	564	东莞金杯印刷有限公司	4196	河北新华第一印刷公司	13583
23	山西人民印刷有限公司	145.6	云南国防印刷厂	1337	北京中科印刷有限公司	512	云南国防印刷厂	4100	长春新华印刷集团公司	12823
24	中国标准社秦皇岛印刷厂	143.9	山西人民印刷有限公司	1083	江西新华九江印刷总厂	455	北京华联印刷有限公司	3969	广西民族印刷厂	12525
25	重庆新华印刷厂	141.4	河北新华第一印刷有限公司	1016	合肥远东印务有限公司	421	合肥远东印务有限公司	3946	广东新华印刷有限公司	11460
26	北京印刷学院实习工厂	140.2	北京印刷二厂	1002	山西人民印刷有限公司	385	山西新华印业有限公司	3782	新华通讯社印刷厂	11376

续表

排序	经济效益综合指数		实现利税		利润总额		工业增加值		主营业务收入	
	单位名称	%	单位名称	万元	单位名称	万元	单位名称	万元	单位名称	万元
27	河南新华印刷集团有限公司	140.1	解放军报印刷厂	946	北京印刷二厂	383	兰州新华印刷厂	3726	云南国防印刷厂	11337
28	北京中科印刷有限公司	138.7	云南新华印刷实业总公司	913	云南新华印刷总公司	340	广西民族印刷厂	3578	山西人民印刷有限公司	11136
29	北京宝岛包装有限公司	138.6	北京宝岛包装有限公司	870	北京京安印刷厂	333	沈阳新华印刷厂	3496	解放军报印刷厂	10685
30	云南新华印刷实业总公司	137.5	山东德州新华印务有限公司	859	北京宝岛包装有限公司	330	贵州新华印刷厂	3478	北京中科印刷有限公司	10078
31	北京金盾印刷厂	136.3	北京联兴盛业印刷股份公司	844	天津高教出版社印刷厂	293	北京日邦印刷有限公司	3469	北京印刷二厂	9808
32	北京和平印刷有限公司	133.1	广西民族印刷厂	807	黑龙江新华印刷二厂	261	上海中华印刷有限公司	3299	山西新华印业有限公司	9676
33	天津高教出版社印刷厂	131.9	广州华南印刷厂有限公司	778	河北新华第一印刷公司	254	长春新华印刷集团公司	3235	云南新华印刷总公司	9248
34	黑龙江新华印刷二厂	131.9	新疆新华印刷厂	751	解放军一二〇五工厂	233	北京金盾印刷厂	3134	兰州新华印刷厂	8800
35	北京印刷二厂	131.4	江西新华九江印刷总厂	742	江苏新华印刷厂	203	北京联兴盛业印刷公司	3120	贵州新华印刷厂	8209
36	长春新华印刷集团有限公司	131.3	重庆新华印刷厂	727	广州华南印刷厂	203	人民教育出版社印刷厂	2960	皖南海峰印刷包装公司	8135
37	福建新华印刷有限公司	128.6	河北新华第二印刷有限公司	716	河北新华第二印刷公司	201	河北新华第一印刷公司	2959	福建新华印刷有限公司	8129
38	北京顶佳世纪印刷有限公司	128.3	上海中华印刷有限公司	696	广西民族印刷厂	185	内蒙古爱信达教育印务	2952	甘肃新华印刷厂	7809
39	海军政治部印刷厂	128.2	黑龙江新华印刷二厂	690	北京人卫印刷厂	181	甘肃新华印刷厂	2860	西安新华印务有限公司	7565

续表

排序	经济效益综合指数		实现利税		利润总额		工业增加值		主营业务收入	
	单位名称	%	单位名称	万元	单位名称	万元	单位名称	万元	单位名称	万元
40	湖北新华印务有限公司	128.0	天津高教出版社印刷厂	689	成都君区印务有限公司	162	新疆新华印刷厂	2848	北京联兴盛业印刷公司	7421
41	北京利丰雅高长城印刷公司	125.4	东莞金杯印刷有限公司	678	拉萨明鑫印刷有限公司	148	北京印刷二厂	2835	河北新华第二印刷公司	7395
42	安徽新华印刷股份公司	122.0	贵州新华印刷厂	662	新疆新华印刷厂	144	北京新华印刷有限公司	2823	广州华南印刷厂	7293
43	江苏新华印刷厂	122.0	合肥远东印务有限公司	639	延边新华印刷有限公司	131	北京画中画印刷公司	2660	山东新华印刷厂	7254
44	清华大学印刷厂	121.2	北京京安印刷厂	606	解放军报印刷厂	130	中闻集团西安印务公司	2658	中闻集团西安印务公司	6645
45	延边新华印刷有限公司	120.4	兰州新华印刷厂	585	北京金盾印刷厂	104	北京东港安全印刷公司	2639	新疆新华印刷厂	6632
46	北京华联印刷有限公司	120.0	山西新华印业有限公司	547	山东德州新华印务公司	97	广州华南印刷厂	2596	北京一二〇一印刷厂	6578
47	北京机工印刷厂	119.0	中国铁道出版社印刷厂	539	廊坊一二〇六印刷厂	87	山东新华印刷厂	2500	中国铁道出版社印刷厂	6455
48	兰州新华印刷厂	117.4	北京人卫印刷厂	523	北京顶佳世纪印刷公司	75	黑龙江新华印刷二厂	2431	北京宝岛包装有限公司	6408
49	解放军一二〇五工厂	115.7	天水新华印刷厂	466	北京联兴盛业印刷公司	69	中闻集团武汉印务公司	2422	沈阳新华印刷厂	6264
50	北京联兴盛业印刷股份公司	115.4	延边新华印刷有限公司	464	中印南方印刷有限公司	63	西安新华印务有限公司	2400	北京顶佳世纪印刷公司	6156
51	广州华南印刷厂有限公司	112.9	西安新华印务有限公司	431	甘肃新华印刷厂	59	上海市印刷三厂	2380	山东德州新华印务公司	6072
52	东莞金杯印刷有限公司	109.7	人民日报社印刷厂	427	常熟市华通印刷公司	47	北京人卫印刷厂	2268	江西新华九江印刷总厂	5997

续表

排序	经济效益综合指数		实现利税		利润总额		工业增加值		主营业务收入	
	单位名称	%	单位名称	万元	单位名称	万元	单位名称	万元	单位名称	万元
53	北京一二〇一印刷厂	105.9	甘肃新华印刷厂	420	西安新华印务有限公司	40	中闻集团济南印务公司	2007	中闻集团济南印务公司	5566
54	江西新华印刷集团有限公司	104.2	中国农业出版社印刷厂	407	清华大学印刷厂	37	山东德州新华印务公司	1927	天水新华印刷厂	5561
55	广西民族印刷厂	102.8	福建新华印刷有限公司	406	北京凌奇印刷有限公司	36	天津新华一印刷公司	1884	常熟市华通印刷公司	5479
56	北京人卫印刷厂	102.7	北京新华印刷有限公司	377	山西新华印业有限公司	32	常熟市华通印刷公司	1789	北京凌奇印刷有限公司	5448
57	中闻集团武汉印务有限公司	102.4	廊坊一二〇六印刷厂	373	海军政治部印刷厂	25	中印南方印刷有限公司	1770	合肥远东印务有限公司	5367
58	廊坊一二〇六印刷厂	102.3	中闻集团武汉印务有限公司	361	上海市印刷三厂	21	四川新华印刷有限公司	1678	北京金盾印刷厂	5313
59	北京画中画印刷有限公司	100.4	中印南方印刷有限公司	349	北京建筑工业印刷厂	21	廊坊一二〇六印刷厂	1648	内蒙古爱信达教育印务	4987
60	常熟市华通印刷有限公司	99.5	上海市印刷三厂	335	北京画中画印刷公司	19	西藏新华印刷厂	1558	中闻集团武汉印务公司	4916
61	北京中兴印刷有限公司	98.7	辽宁美术印刷厂	332	上海中华印刷有限公司	17	北京凌奇印刷有限公司	1483	廊坊一二〇六印刷厂	4723
62	中印南方印刷有限公司	98.5	北京金盾印刷厂	326	北京一二〇一印刷厂	17	山东新华印刷厂潍坊厂	1443	上海市印刷三厂	4633
63	新疆新华印刷厂	97.3	北京凌奇印刷有限公司	311	天水新华印刷厂	17	延边新华印刷有限公司	1442	人民教育出版社印刷厂	4560
64	山东德州新华印务有限公司	96.4	解放军一二〇五工厂	298	西藏新华印刷厂	16	东北印刷厂	1420	中印南方印刷有限公司	4114
65	山西新华印业有限公司	93.2	北京一二〇一印刷厂	290	兰州新华印刷厂	16	中闻集团福州印务公司	1362	东北印刷厂	3960

续表

排序	经济效益综合指数		实现利税		利润总额		工业增加值		主营业务收入	
	单位名称	%	单位名称	万元	单位名称	万元	单位名称	万元	单位名称	万元
66	北京毕诚彩印厂	93.0	中闻集团福州印务有限公司	271	北京中兴印刷有限公司	13	天津新华二印刷公司	1334	黑龙江新华印刷二厂	3802
67	北京建筑工业印刷厂	92.7	常熟市华通印刷有限公司	268	北京和平印刷有限公司	13	江苏徐州新华印刷厂	1313	中青印刷厂	3619
68	西藏新华印刷厂	92.6	中闻集团西安印务有限公司	260	中国电影出版社印刷厂	10	海军政治部印刷厂	1258	北京人卫印刷厂	3596
69	北京国防印刷厂	92.5	清华大学印刷厂	227	中国铁道出版社印刷厂	10	清华大学印刷厂	1250	西藏新华印刷厂	3528
70	长春第二新华印刷有限公司	90.5	中闻集团济南印务有限公司	227	北京国防印刷厂	9	天水新华印刷厂	1185	天津高教出版社印刷厂	3391
71	北京交通印务实业公司	90.1	北京交通印务实业公司	216	北京毕诚彩印厂	7	煤炭工业出版社印刷厂	1145	中国农业出版社印刷厂	3337
72	山东新华印刷厂	89.6	北京机工印刷厂	197	北京交通印务实业公司	6	辽宁美术印刷厂	1140	中闻集团福州印务公司	3216
73	甘肃新华印刷厂	89.1	长春第二新华印刷有限公司	190	北京印刷学院实习工厂	5	中国标准社秦皇岛印刷	1109	重庆新华印刷厂	3148
74	中闻集团西安印务有限公司	89.1	拉萨明鑫印刷有限责任公司	185	文物出版社印刷厂	5	上海新华印刷有限公司	1070	山东新华印刷厂潍坊厂	3038
75	河北新华第一印刷有限公司	89.0	北京建筑工业印刷厂	179	中国标准社秦皇岛印厂	3	北京宝岛包装有限公司	1069	解放军一二〇五工厂	2998
76	西安新华印务有限公司	88.4	北京印刷一厂	178	中国农业出版社印刷厂	3	天津高教出版社印刷厂	1058	海军政治部印刷厂	2750
77	中闻集团济南印务有限公司	88.3	中国电影出版社印刷厂	165	北京印刷一厂	2	化学工业出版社印刷厂	1014	北京外文印刷厂	2736
78	贵州新华印刷厂	87.8	中国标准社秦皇岛印刷厂	162	上海市印刷四厂	2	北京印刷一厂	995	延边新华印刷有限公司	2647

续表

排序	经济效益综合指数		实现利税		利润总额		工业增加值		主营业务收入	
	单位名称	%	单位名称	万元	单位名称	万元	单位名称	万元	单位名称	万元
79	南通韬奋印刷有限公司	84.7	北京画中画印刷有限公司	147	北京机工印刷厂	2	天津金彩美术印刷公司	992	中国电影出版社印刷厂	2539
80	煤炭工业出版社印刷厂	83.9	沈阳新华印刷厂	131	中闻集团武汉印务公司	1	解放军一二〇五工厂	991	江苏淮阴新华印刷厂	2420
81	中闻集团福州印务有限公司	81.0	文物出版社印刷厂	121	青海新华印刷厂	1	中国电影出版社印刷厂	851	四川新华印刷有限公司	2408
82	青海新华印刷厂	80.5	江苏淮阴新华印刷厂	120	长春第二新华印刷公司	0	自贡兴华印务有限公司	846	江苏徐州新华印刷厂	2218
83	上海中华印刷有限公司	76.0	青海新华印刷厂	118	北人羽新胶印有限公司	-21	青海新华印刷厂	819	北京印刷一厂	2201
84	北京凌奇印刷有限公司	73.0	丹阳市教育印刷厂	100	福建新华印刷有限公司	-24	北京顶佳世纪印刷公司	816	上海新华印刷有限公司	2181
85	中国农业出版社印刷厂	72.1	南通韬奋印刷有限公司	100	丹阳市教育印刷厂	-25	北京外文印刷厂	783	辽宁美术印刷厂	2122
86	河北新华第二印刷有限公司	71.5	北京中兴印刷有限公司	78	南通韬奋印刷有限公司	-25	长春第二新华印刷公司	754	天津新华一印刷公司	2047
87	北京日邦印刷有限公司	71.1	北京顶佳世纪印刷有限公司	77	中闻集团福州印务公司	-47	重庆新华印刷厂	719	中国标准社秦皇岛印厂	2003
88	上海市印刷四厂	67.0	上海市印刷四厂	69	北京轻工印刷厂	-63	北京建筑工业印刷厂	712	南通韬奋印刷有限公司	1960
89	北京印刷一厂	66.8	北京和平印刷有限公司	69	煤炭工业出版社印刷厂	-75	南通韬奋印刷有限公司	700	北京交通印务实业公司	1886
90	天水新华印刷厂	66.5	北京印刷学院实习工厂	47	北京大学印刷厂	-95	北京京安印刷厂	677	清华大学印刷厂	1829
91	上海新华印刷有限公司	58.4	北京北人羽新胶印有限公司	47	中闻集团济南印务公司	-102	北京机工印刷厂	675	新疆八艺印刷厂	1744

续表

排序	经济效益综合指数		实现利税		利润总额		工业增加值		主营业务收入	
	单位名称	%	单位名称	万元	单位名称	万元	单位名称	万元	单位名称	万元
92	北京新华印刷有限公司	56.5	北京国防印刷厂	45	贵州新华印刷厂	−113	北京国防印刷厂	566	天津金彩美术印刷公司	1663
93	中国铁道出版社印刷厂	54.7	煤炭工业出版社印刷厂	45	中闻集团西安印务公司	−155	北京交通印务实业公司	538	北京国防印刷厂	1644
94	沈阳新华印刷厂	51.4	北京轻工印刷厂	30	新疆新华印刷二厂	−156	江苏淮阴新华印刷厂	502	长春第二新华印刷公司	1635
95	文物出版社印刷厂	51.1	西藏新华印刷厂	17	上海新华印刷有限公司	−175	中青印刷厂	502	北京机工印刷厂	1534
96	丹阳市教育印刷厂	48.0	北京毕诚彩印厂	15	天津新华印刷三厂	−191	北京中兴印刷有限公司	443	拉萨明鑫印刷有限公司	1489
97	江苏淮阴新华印刷厂	41.0	上海新华印刷有限公司	−3	江苏淮阴新华印刷厂	−213	中国农业出版社印刷厂	427	天津新华二印刷公司	1480
98	北京北人羽新胶印有限公司	36.6	海军政治部印刷厂	−8	人民日报社印刷厂	−248	拉萨明鑫印刷有限公司	355	自贡兴华印务有限公司	1478
99	北京轻工印刷厂	32.3	北京外文印刷厂	−29	江苏徐州新华印刷厂	−285	上海市印刷四厂	318	化学工业出版社印刷厂	1235
100	新疆新华印刷二厂	17.9	北京大学印刷厂	−33	新疆八艺印刷厂	−293	北京一二〇一印刷厂	315	煤炭工业出版社印刷厂	1085
101	北京外文印刷厂	13.7	新疆新华印刷二厂	−35	自贡兴华印务有限公司	−306	新疆八艺印刷厂	314	青海新华印刷厂	1069
102	自贡兴华印务有限公司	12.5	江苏徐州新华印刷厂	−83	天津金彩美术印刷公司	−319	新疆新华印刷二厂	275	北京京安印刷厂	1060
103	天津金彩美术印刷有限公司	6.6	新疆八艺印刷厂	−120	北京外文印刷厂	−510	北京和平印刷有限公司	264	新疆新华印刷二厂	1012
104	北京大学印刷厂	5.1	天津新华印刷三厂	−129	山东新华印刷厂	−514	北京北人羽新胶印公司	259	丹阳市教育印刷厂	1006

续表

排序	经济效益综合指数		实现利税		利润总额		工业增加值		主营业务收入	
	单位名称	%	单位名称	万元	单位名称	万元	单位名称	万元	单位名称	万元
105	东北印刷厂	3.9	自贡兴华印务有限公司	−168	四川新华印刷有限公司	−575	北京毕诚彩印厂	142	北京建筑工业印刷厂	983
106	新疆八艺印刷厂	1.3	天津金彩美术印刷有限公司	−289	天津新华二印刷公司	−630	北京大学印刷厂	127	天津新华印刷三厂	808
107	江苏徐州新华印刷厂	0.6	四川新华印刷有限公司	−372	东北印刷厂	−633	丹阳市教育印刷厂	120	北人羽新胶印有限公司	775
108	人民教育出版社印刷厂	−13.9	山东新华印刷厂	−332	化学工业出版社印刷厂	−657	北京轻工印刷厂	84	北京和平印刷有限公司	747
109	山东新华印刷厂潍坊厂	−22.3	东北印刷厂	−377	沈阳新华印刷厂	−701	文物出版社印刷厂	40	北京轻工印刷厂	707
110	中青印刷厂	−24.1	化学工业出版社印刷厂	−508	山东新华印刷厂潍坊厂	−810	北京印刷学院实习工厂	11	北京中兴印刷有限公司	699
111	天津新华二印刷有限公司	−40.8	山东新华印刷厂潍坊厂	−512	中青印刷厂	−883	中国铁道出版社印刷厂	0	上海市印刷四厂	678
112	天津新华印刷三厂	−41.7	天津新华二印刷有限公司	−590	天津新华一印刷公司	−925	河北新华第二印刷公司	0	北京大学印刷厂	654
113	天津新华一印刷有限公司	−97.2	中青印刷厂	−666	北京新华印刷有限公司	−959	安徽新华印刷股份公司	0	成都君区印务有限公司	606
114	辽宁美术印刷厂	−121.6	天津新华一印刷有限公司	−907	辽宁美术印刷厂	−1912	江西新华九江印刷总厂	0	文物出版社印刷厂	477
115	化学工业出版社印刷厂	−136.3	北京日邦印刷有限公司	−2348	北京日邦印刷有限公司	−3094	成都君区印务有限公司	0	北京毕诚彩印厂	345
116	四川新华印刷有限公司	—	人民教育出版社印刷厂	−3299	人民教育出版社印刷厂	−4058	天津新华印刷三厂	0	北京印刷学院实习工厂	258

2011年主要经济指标排行表(二)

排序	资产总额		人均利税		人均工资		胶印印刷		书刊印刷	
	单位名称	万元	单位名称	元/人	单位名称	元/人	单位名称	万对开色令	单位名称	万令
1	北京雅昌彩色印刷有限公司	98887	北京东港安全印刷有限公司	270736	新华通讯社印刷厂	107139	湖南天闻新华印务公司	1630	安徽新华印刷股份公司	344.9
2	湖南天闻新华印务有限公司	95720	成都君区印务有限公司	232899	人民日报社印刷厂	92863	北京盛通印刷股份公司	1250	东莞金杯印刷公司	198.3
3	北京盛通印刷股份有限公司	86735	广东新华印刷有限公司	100906	北京日邦印刷有限公司	62614	江西新华印刷集团公司	1227	北京联兴盛业印刷公司	178.4
4	安徽新华印刷股份公司	79919	湖南天闻新华印务有限公司	75422	中国铁道出版社印刷厂	60798	北京华联印刷有限公司	1090	湖南天闻新华印务公司	171.0
5	江西新华印刷集团有限公司	78127	北京盛通印刷股份有限公司	64372	北京宝岛包装有限公司	60163	北京利丰雅高长城印刷	679	江苏新华印刷厂	113.0
6	上海中华印刷有限公司	76889	内蒙古爱信达教育印务公司	64196	四川新华印刷有限公司	60087	安徽新华印刷股份公司	676	湖北新华印务有限公司	102.0
7	浙江印刷集团有限公司	66546	浙江印刷集团有限公司	60755	上海市印刷三厂	58531	北京日邦印刷有限公司	639	河南新华印刷集团公司	83.2
8	江苏新华印刷厂	50251	保定五四三印刷厂	59496	解放军一二〇五工厂	58371	上海中华印刷有限公司	488	广东新华印刷有限公司	71.1
9	北京华联印刷有限公司	45822	北京雅昌彩色印刷有限公司	57159	解放军报印刷厂	58240	浙江印刷集团有限公司	468	南京爱德印刷有限公司	68.0
10	北京利丰雅高长城印刷公司	39571	皖南海峰印刷包装有限公司	50169	北京交通印务实业公司	57143	江苏新华印刷厂	283	重庆新华印刷厂	66.0
11	河南新华印刷集团有限公司	38070	南京爱德印刷有限公司	48904	南京爱德印刷有限公司	57105	山东临沂新华印刷集团	259	中国电影出版社印刷厂	57.0
12	北京新华印刷有限公司	35507	北京宝岛包装有限公司	47283	北京雅昌彩色印刷公司	53310	贵州新华印刷厂	231	江西新华印刷集团公司	56.0
13	湖北新华印务有限公司	33668	安徽新华印刷股份公司	47108	北京华联印刷有限公司	52971	河北新华第二印刷公司	227	北京雅昌彩色印刷公司	55.1

续表

排序	资产总额		人均利税		人均工资		胶印印刷		书刊印刷	
	单位名称	万元	单位名称	元/人	单位名称	元/人	单位名称	万对开色令	单位名称	万令
14	北京联兴盛业印刷股份公司	30218	新华通讯社印刷厂	42572	上海中华印刷有限公司	48336	北京雅昌彩色印刷公司	213	中闻集团西安印务公司	52.5
15	山东临沂新华印刷物流集团	29707	北京华联印刷有限公司	38523	北京东港安全印刷公司	46493	河北新华第一印刷公司	204	云南国防印刷厂	52.0
16	新华通讯社印刷厂	29530	云南国防印刷厂	37983	浙江印刷集团有限公司	45613	山西新华印业有限公司	203	北京中科印刷有限公司	49.0
17	山东新华印刷厂	28470	北京京安印刷厂	37407	湖南天闻新华印务公司	45288	长春新华印刷集团公司	196	广西民族印刷厂	49.0
18	人民日报社印刷厂	26711	拉萨明鑫印刷有限责任公司	33636	云南国防印刷厂	45114	东莞金杯印刷公司	191	合肥远东印务有限公司	44.0
19	南京爱德印刷有限公司	25690	解放军报印刷厂	32962	人民教育出版社印刷厂	45029	山东新华印刷厂	187	中闻集团武汉印务公司	43.0
20	长春新华印刷集团有限公司	25462	合肥远东印务有限公司	32602	北京盛通印刷股份公司	44737	北京新华印刷有限公司	184	甘肃新华印刷厂	38.0
21	新疆新华印刷厂	24893	山东临沂新华印刷物流集团	27216	清华大学印刷厂	44629	北京联兴盛业印刷公司	178	中印南方印刷有限公司	34.0
22	北京中科印刷有限公司	24801	北京印刷二厂	25966	湖北新华印务有限公司	43741	内蒙古爱信达教育印务	176	人民教育出版社印刷厂	34.0
23	东莞金杯印刷有限公司	24522	长春新华印刷集团有限公司	25477	北京印刷学院实习工厂	43633	山东德州新华印务公司	175	兰州新华印刷厂	33.0
24	河北新华第一印刷有限公司	24218	北京中科印刷有限公司	24329	保定五四三印刷厂	43519	山西人民印刷有限公司	169	沈阳新华印刷厂	30.0
25	四川新华印刷有限公司	23281	河南新华印刷集团有限公司	23631	广东新华印刷有限公司	43465	沈阳新华印刷厂	165	福建新华印刷有限公司	30.0
26	北京日邦印刷有限公司	21996	天津高教出版社印刷厂	23277	河南新华印刷集团公司	42554	西安新华印务有限公司	150	中闻集团济南印务公司	29.4

续表

排序	资产总额		人均利税		人均工资		胶印印刷		书刊印刷	
	单位名称	万元	单位名称	元/人	单位名称	元/人	单位名称	万对开色令	单位名称	万令
27	云南新华印刷实业总公司	21739	江西新华印刷集团有限公司	22933	北京印刷二厂	42516	广州华南印刷厂	129	河北新华第一印刷公司	28.1
28	山西新华印业有限公司	20786	中国铁道出版社印刷厂	22647	北京利丰雅高长城印刷	41673	新疆新华印刷厂	125	北京新华印刷有限公司	27.1
29	广东新华印刷有限公司	20533	广州华南印刷厂有限公司	22356	北京画中画印刷公司	41664	天水新华印刷厂	117	北京人卫印刷厂	27.0
30	广西民族印刷厂	20408	江西新华九江印刷总厂	22216	中国电影出版社印刷厂	41584	河南新华印刷集团公司	111	北京凌奇印刷有限公司	26.0
31	河北新华第二印刷有限公司	19194	北京联兴盛业印刷股份公司	21531	西藏新华印刷厂	41057	北京中科印刷有限公司	105	山东临沂新华印刷集团	25.0
32	保定五四三印刷厂	18618	解放军一二〇五工厂	20825	北京建筑工业印刷厂	40744	山东新华印刷厂潍坊厂	104	中闻集团福州印务公司	25.0
33	新疆八艺印刷厂	18338	上海市印刷三厂	20673	北京凌奇印刷有限公司	40485	保定五四三印刷厂	99	天水新华印刷厂	25.0
34	重庆新华印刷厂	16961	北京交通印务实业公司	19286	上海市印刷四厂	40253	黑龙江新华印刷二厂	86	天津高教出版社印刷厂	23.0
35	北京一二〇一印刷厂	16954	云南新华印刷实业总公司	18482	北京新华印刷有限公司	38938	云南国防印刷厂	85	新华通讯社印刷厂	23.0
36	云南国防印刷厂	16638	湖北新华印务有限公司	18217	上海新华印刷有限公司	38916	北京宝岛包装有限公司	75	中国农业出版社印刷厂	22.5
37	解放军报印刷厂	16585	北京和平印刷有限公司	18158	江苏新华印刷厂	38544	辽宁美术印刷厂	74	江西新华九江印刷总厂	21.9
38	广州华南印刷厂有限公司	16470	山西人民印刷有限公司	17133	广州华南印刷厂	38362	湖北新华印务有限公司	74	浙江印刷集团有限公司	21.0
39	中国铁道出版社印刷厂	16351	延边新华印刷有限公司	16571	北京一二〇一印刷厂	38309	四川新华印刷有限公司	70	北京外文印刷厂	20.4

续表

排序	资产总额		人均利税		人均工资		胶印印刷		书刊印刷	
	单位名称	万元	单位名称	元/人	单位名称	元/人	单位名称	万对开色令	单位名称	万令
40	皖南海峰印刷包装有限公司	16239	中国电影出版社印刷厂	16337	北京大学印刷厂	37900	云南新华印刷总公司	64	新疆新华印刷二厂	20.0
41	沈阳新华印刷厂	16215	北京印刷学院实习工厂	15633	内蒙古爱信达教育印务	37490	合肥远东印务有限公司	61	河北新华第二印刷公司	19.0
42	北京画中画印刷有限公司	16213	江苏新华印刷厂	15498	新疆新华印刷厂	37033	人民教育出版社印刷厂	57	清华大学印刷厂	18.0
43	天水新华印刷厂	16115	北京利丰雅高长城印刷公司	15147	北京金盾印刷厂	36861	自贡兴华印务有限公司	54	长春新华印刷集团公司	18.0
44	常熟市华通印刷有限公司	15685	北京建筑工业印刷厂	14793	新疆八艺印刷厂	36497	北京人卫印刷厂	49	云南新华印刷总公司	18.0
45	中闻集团西安印务有限公司	15026	廊坊一二〇六印刷厂	14582	海军政治部印刷厂	36330	常熟市华通印刷公司	48	皖南海峰印刷包装公司	17.6
46	解放军一二〇五工厂	14692	新疆新华印刷厂	14470	东莞金杯印刷公司	34993	天津高教出版社印刷厂	48	东北印刷厂	17.0
47	北京顶佳世纪印刷有限公司	13077	黑龙江新华印刷二厂	13424	北京轻工印刷厂	34585	延边新华印刷有限公司	47	北京金盾印刷厂	16.5
48	北京凌奇印刷有限公司	12977	北京人卫印刷厂	13308	天津高教出版社印刷厂	34358	北京金盾印刷厂	46	中青印刷厂	16.3
49	合肥远东印务有限公司	12650	清华大学印刷厂	12971	煤炭工业出版社印刷厂	34074	广西民族印刷厂	43	江苏徐州新华印刷厂	16.0
50	中闻集团武汉印务有限公司	12637	长春第二新华印刷有限公司	12025	北京京安印刷厂	33765	甘肃新华印刷厂	41	广州华南印刷厂	15.0
51	西安新华印务有限公司	12636	广西民族印刷厂	11938	廊坊一二〇六印刷厂	33297	中闻集团济南印务公司	41	拉萨明鑫印刷有限公司	15.0
52	人民教育出版社印刷厂	12514	辽宁美术印刷厂	11331	广西民族印刷厂	33166	廊坊一二〇六印刷厂	39	山东新华印刷厂	14.0

续表

排序	资产总额		人均利税		人均工资		胶印印刷		书刊印刷	
	单位名称	万元	单位名称	元/人	单位名称	元/人	单位名称	万对开色令	单位名称	万令
53	内蒙古爱信达教育印务公司	12297	中国农业出版社印刷厂	11249	江西新华印刷集团公司	32660	北京凌奇印刷有限公司	37	丹阳市教育印刷厂	14.0
54	北京印刷二厂	12268	山东德州新华印务有限公司	10957	中国农业出版社印刷厂	32434	长春第二新华印刷公司	37	化学工业出版社印刷厂	13.3
55	北京东港安全印刷有限公司	12000	上海中华印刷有限公司	10843	天津金彩美术印刷公司	32104	兰州新华印刷厂	37	山东德州新华印务公司	13.2
56	贵州新华印刷厂	11942	北京顶佳世纪印刷有限公司	10694	中印南方印刷有限公司	32090	中闻集团西安印务公司	36	北京一二〇一印刷厂	13.0
57	成都君区印务有限公司	11142	中闻集团武汉印务有限公司	10344	中青印刷厂	31930	南通韬奋印刷有限公司	35	常熟市华通印刷公司	12.9
58	中闻集团福州印务有限公司	10938	北京金盾印刷厂	9879	北京联兴盛业印刷公司	31913	中青印刷厂	35	山西人民印刷有限公司	11.8
59	北京人卫印刷厂	10416	文物出版社印刷厂	9766	中闻集团西安印务公司	31657	青海新华印刷厂	34	新疆八艺印刷厂	11.6
60	甘肃新华印刷厂	10408	重庆新华印刷厂	9578	山西人民印刷有限公司	31620	中闻集团福州印务公司	33	北京机工印刷厂	10.7
61	山东德州新华印务有限公司	10094	中印南方印刷有限公司	9486	北人羽新胶印有限公司	31074	西藏新华印刷厂	33	中国标准社秦皇岛印厂	9.4
62	山西人民印刷有限公司	9826	常熟市华通印刷有限公司	9313	北京中科印刷有限公司	31057	福建新华印刷有限公司	31	江苏淮阴新华印刷厂	9.4
63	辽宁美术印刷厂	9208	河北新华第一印刷有限公司	9211	常熟市华通印刷公司	30809	天津新华二印刷公司	30	北京建筑工业印刷厂	8.0
64	北京外文印刷厂	9076	贵州新华印刷厂	9207	辽宁美术印刷厂	30580	中国铁道出版社印刷厂	29	西安新华印务有限公司	8.0
65	兰州新华印刷厂	8998	东莞金杯印刷有限公司	9204	北京外文印刷厂	30568	南京爱德印刷有限公司	29	北京国防印刷厂	7.0

续表

排序	资产总额		人均利税		人均工资		胶印印刷		书刊印刷	
	单位名称	万元	单位名称	元/人	单位名称	元/人	单位名称	万对开色令	单位名称	万令
66	廊坊一二〇六印刷厂	8805	人民日报社印刷厂	9000	北京华诚彩印厂	30400	江苏徐州新华印刷厂	28	山西新华印业有限公司	7.0
67	中闻集团济南印务有限公司	8637	北京中兴印刷有限公司	8753	山东临沂新华印刷集团	29864	北人羽新胶印有限公司	28	延边新华印刷有限公司	7.0
68	福建新华印刷有限公司	8536	上海市印刷四厂	8734	成都君区印务有限公司	29710	广东新华印刷有限公司	27	长春第二新华印刷公司	7.0
69	化学工业出版社印刷厂	8302	福建新华印刷有限公司	8620	中国标准社秦皇岛印厂	29481	上海新华印刷有限公司	26	四川新华印刷有限公司	7.0
70	天津新华一印刷有限公司	7844	丹阳市教育印刷厂	8333	北京机工印刷厂	29370	中闻集团武汉印务公司	24	内蒙古爱信达教育印务	6.5
71	中国农业出版社印刷厂	7765	兰州新华印刷厂	8226	自贡兴华印务有限公司	29339	拉萨明鑫印刷有限公司	24	上海新华印刷有限公司	6.2
72	天津金彩美术印刷有限公司	7121	西安新华印务有限公司	8210	北京人卫印刷厂	29338	中印南方印刷有限公司	24	天津新华二印刷公司	6.0
73	东北印刷厂	6628	河北新华第二印刷有限公司	8063	安徽新华印刷股份公司	29267	天津金彩美术印刷公司	23	北京和平印刷有限公司	6.0
74	中青印刷厂	6499	山西新华印业有限公司	7905	江西新华九江印刷总厂	29042	解放军一二〇五工厂	23	北京华诚彩印厂	6.0
75	黑龙江新华印刷二厂	6380	北京机工印刷厂	7756	云南新华印刷总公司	28785	江苏淮阴新华印刷厂	22	山东新华印刷厂潍坊厂	5.8
76	北京宝岛包装有限公司	6315	天水新华印刷厂	7741	北京印刷一厂	28748	新疆八艺印刷厂	21	北京中兴印刷有限公司	5.7
77	北京金盾印刷厂	6196	中闻集团福州印务有限公司	7570	文物出版社印刷厂	28468	丹阳市教育印刷厂	19	北京印刷一厂	5.5
78	山东新华印刷厂潍坊厂	6162	北京一二〇一印刷厂	7012	福建新华印刷有限公司	28450	天津新华一印刷公司	18	海军政治部印刷厂	5.5

续表

排序	资产总额		人均利税		人均工资		胶印印刷		书刊印刷	
	单位名称	万元	单位名称	元/人	单位名称	元/人	单位名称	万对开色令	单位名称	万令
79	天津新华二印刷有限公司	5616	中国标准社秦皇岛印刷厂	6953	拉萨明鑫印刷有限公司	28364	东北印刷厂	18	北京交通印务实业公司	5.0
80	西藏新华印刷厂	5519	北京凌奇印刷有限公司	6952	北京顶佳世纪印刷公司	28194	北京印刷一厂	16	煤炭工业出版社印刷厂	5.0
81	天津高教出版社印刷厂	5504	中闻集团西安印务有限公司	6468	中闻集团武汉印务公司	27880	北京印刷二厂	16	文物出版社印刷厂	5.0
82	北京印刷一厂	5407	北京毕诚彩印厂	6000	长春新华印刷集团公司	27640	中国农业出版社印刷厂	16	北京大学印刷厂	5.0
83	延边新华印刷有限公司	4763	中闻集团济南印务有限公司	5570	兰州新华印刷厂	26765	文物出版社印刷厂	15	北京印刷学院实习工厂	5.0
84	上海市印刷三厂	4685	青海新华印刷厂	5415	沈阳新华印刷厂	26269	北京外文印刷厂	14	黑龙江新华印刷二厂	5.0
85	北京北人羽新胶印有限公司	4487	南通韬奋印刷有限公司	5348	贵州新华印刷厂	26217	重庆新华印刷厂	14	自贡兴华印务有限公司	4.0
86	北京建筑工业印刷厂	4145	北京新华印刷有限公司	5340	北京和平印刷有限公司	25789	皖南海峰印刷包装公司	11	新疆新华印刷厂	4.0
87	江西新华九江印刷总厂	4095	甘肃新华印刷厂	5310	延边新华印刷有限公司	25786	清华大学印刷厂	10	南通韬奋印刷有限公司	3.5
88	文物出版社印刷厂	4002	北京印刷一厂	4669	化学工业出版社印刷厂	24502	北京大学印刷厂	10	贵州新华印刷厂	3.5
89	江苏淮阴新华印刷厂	3993	北京画中画印刷有限公司	3881	北京中兴印刷有限公司	24483	中国标准社秦皇岛印厂	10	北京印刷二厂	3.4
90	长春第二新华印刷有限公司	3785	北京北人羽新胶印有限公司	3811	天津新华一印刷公司	24265	上海市印刷四厂	9	成都君区印务有限公司	2.8
91	北京交通印务实业公司	3684	江苏淮阴新华印刷厂	3715	山东新华印刷厂	24247	北京毕诚彩印厂	8	西藏新华印刷厂	2.6

续表

排序	资产总额		人均利税		人均工资		胶印印刷		书刊印刷	
	单位名称	万元	单位名称	元/人	单位名称	元/人	单位名称	万对开色令	单位名称	万令
92	青海新华印刷厂	3666	煤炭工业出版社印刷厂	3686	河北新华第二印刷公司	24245	天津新华印刷三厂	7	天津新华一印刷公司	2.0
93	新疆新华印刷二厂	3637	北京国防印刷厂	2813	皖南海峰印刷包装公司	24157	北京一二〇一印刷厂	7	上海市印刷四厂	2.0
94	中印南方印刷有限公司	3498	北京轻工印刷厂	2500	西安新华印务有限公司	24114	煤炭工业出版社印刷厂	6	中国铁道出版社印刷厂	1.5
95	自贡兴华印务有限公司	3078	沈阳新华印刷厂	2202	长春第二新华印刷公司	24114	北京印刷学院实习工厂	6	北京京安印刷厂	1.3
96	北京京安印刷厂	2883	西藏新华印刷厂	691	山西新华印业有限公司	24075	北京和平印刷有限公司	5	青海新华印刷厂	1.3
97	海军政治部印刷厂	2403	上海新华印刷有限公司	−199	江苏淮阴新华印刷厂	23715	北京交通印务实业公司	4	人民日报社印刷厂	1.0
98	南通韬奋印刷有限公司	2380	北京外文印刷厂	−513	新疆新华印刷二厂	23529	化学工业出版社印刷厂	3	天津新华印刷三厂	0.8
99	江苏徐州新华印刷厂	2261	海军政治部印刷厂	−734	甘肃新华印刷厂	23123	新疆新华印刷二厂	3	北人羽新胶印有限公司	0
100	上海新华印刷有限公司	2251	江苏徐州新华印刷厂	−1971	中闻集团济南印务公司	22951	海军政治部印刷厂	2	北京利丰雅高长城印刷	0
101	煤炭工业出版社印刷厂	2247	新疆新华印刷二厂	−2941	东北印刷厂	22407	成都君区印务有限公司	2	北京宝岛包装有限公司	0
102	中国电影出版社印刷厂	2231	北京大学印刷厂	−3300	青海新华印刷厂	22230	北京京安印刷厂	2	天津金彩美术印刷公司	0
103	清华大学印刷厂	2179	山东新华印刷厂	−4948	天津新华二印刷公司	21694	新华通讯社印刷厂	1	上海市印刷三厂	0
104	上海市印刷四厂	2104	自贡兴华印务有限公司	−6537	天水新华印刷厂	21512	北京中兴印刷有限公司	0	上海中华印刷有限公司	0

续表

排序	资产总额		人均利税		人均工资		胶印印刷		书刊印刷	
	单位名称	万元	单位名称	元/人	单位名称	元/人	单位名称	万对开色令	单位名称	万令
105	北京轻工印刷厂	2067	天津新华印刷三厂	−6789	北京国防印刷厂	21313	人民日报社印刷厂	0	解放军一二〇五工厂	0
106	天津新华印刷三厂	1988	新疆八艺印刷厂	−7643	南通韬奋印刷有限公司	20802	上海市印刷三厂	0	解放军报印刷厂	0
107	丹阳市教育印刷厂	1810	东北印刷厂	−8808	江苏徐州新华印刷厂	20285	解放军报印刷厂	0	廊坊一二〇六印刷厂	0
108	拉萨明鑫印刷有限责任公司	1693	山东新华印刷厂潍坊厂	−10513	河北新华第一印刷公司	19947	北京国防印刷厂	0	北京轻工印刷厂	0
109	北京大学印刷厂	1647	四川新华印刷有限公司	−16245	山东德州新华印务公司	19171	北京建筑工业印刷厂	0	北京华联印刷有限公司	0
110	北京中兴印刷有限公司	1449	天津金彩美术印刷有限公司	−14307	丹阳市教育印刷厂	19167	北京机工印刷厂	0	北京日邦印刷有限公司	0
111	北京机工印刷厂	1427	中青印刷厂	−17898	合肥远东印务有限公司	18980	中国电影出版社印刷厂	0	北京画中画印刷公司	0
112	北京国防印刷厂	1401	天津新华二印刷有限公司	−19218	山东新华印刷厂潍坊厂	18478	北京轻工印刷厂	0	北京顶佳世纪印刷公司	0
113	北京毕诚彩印厂	1236	化学工业出版社印刷厂	−20239	黑龙江新华印刷二厂	17821	北京画中画印刷公司	0	北京盛通印刷股份公司	0
114	中国标准社秦皇岛印刷厂	908	天津新华一印刷有限公司	−26676	中闻集团福州印务公司	17570	北京顶佳世纪印刷公司	0	北京东港安全印刷公司	0
115	北京和平印刷有限公司	560	人民教育出版社印刷厂	−95901	天津新华印刷三厂	17053	北京东港安全印刷公司	0	保定五四三印刷厂	0
116	北京印刷学院实习工厂	127	北京日邦印刷有限公司	−102982	重庆新华印刷厂	12833	江西新华九江印刷总厂	0	辽宁美术印刷厂	0

2011年部分包装印刷企业经济效益统计

说 明

一、参加资料汇编企业情况

本次统计由中国印刷及设备器材工业协会包装印刷分会组织，共汇集了全国125家包装印刷企业2011年主要经济效益指标完成情况。

二、主要经济指标完成情况

1. 销售总额 1722723.18 万元
2. 利税总额 136939.11万元
3. 资产总额 2683626.01万元
4. 从业人数 30139人
5. 工业总产值 1390953.49万元

中国印刷及设备器材工业协会

包装印刷分会

2012年6月

2011年部分包装印刷企业经济效益统计表

企业名称	职工人数	工业总产值（万元）	工业增加值（万元）	销售收入（万元）	利税总额（万元）	利润（万元）	资产总额（万元）	出口总额（万元）	负债（万元）
浙江广博集团股份有限公司	4986	290458	58466	591893	40748	31434	569652	—	337891
上海界龙集团有限公司	2768	213421	31795	202037	13016	2364	322249	2043	—
四川省宜宾丽彩集团有限公司	851	68508	25813	125944	16934	—	83856	—	—
力嘉包装(深圳)有限公司	2154	48134	3985	48751	2574	1100	28869	43773	—
温州康尔达印刷器材有限公司	386	35321	5784	44836	3813	1002	47626	—	25774
北京利丰雅高长城印刷有限公司	987	37419.6	9305.8	36306.6	1725.3	595.9	39570.8	—	14688
湖州天外绿色包装印刷有限公司	496	36219.7	18542.2	34927.8	11923.4	9091.9	61989.6	309	—
浙江新大力电光源科技有限公司	380	35254	9871	28389	1725	1289	22507	—	—
桐乡印刷有限公司	80	27159	—	27267	5210	5031	15545	—	6461
宁波三A集团有限公司	710	25899	5383	25663	1655	804.6	53489	—	40672
宁波成路纸品制造有限公司	926	25704	17196	25610	974	731	21848	—	13425
直立汽配有限公司	275	26160	2929	25115	1507	835	529090	—	59581
宁波报业印刷发展有限公司	414	26443	8042	24807	2653	1989	24987	—	16350
天津环球磁卡股份有限公司	1122	27110	11326	23523	−5531	−8884	92245	156.6	—

续表

企业名称	职工人数	工业总产值（万元）	工业增加值（万元）	销售收入（万元）	利税总额（万元）	利润（万元）	资产总额（万元）	出口总额（万元）	负债（万元）
浙江万盛达实业公司	510	23354	2707	23432	673	304	22200	—	13999.3
浙江新雅投资集团有限公司	719	22706	3750	22706	2424	−601	81201	—	60300
浙江富康包装印刷有限公司	316	20010	6117	20010	2911	2001	27324	—	7530
曙光印业集团有限公司	343	17945	2537	17945	1235	1061	72223	—	—
温州日报有限公司印务分公司	226	16428	6223	16316	3863	3863	2902	—	—
浙江伟博包装印刷有限公司	229	16150	5354	16132	3698	2631	17381	—	5746
北京德宝商三包装印刷有限公司	243	16677.6	4193.7	14566	1570.1	844	14000	—	—
浙江三渎包装有限公司	500	12227	1675	14138	397	298	17104	—	10628
嘉兴海鸥纸品有限公司	272	13267	2412	14114	731	362	9273	—	5478
上海古林国际印务有限公司	342	13703.7	4750	13703.7	1798.1	870	11279	—	—
浙江东经包装有限公司	237	13432	1259	13432	496	311	27908	—	18279
浙江金石包装有限公司	216	14067	3286	12928	676	260	12967	—	4070
兰溪凯迪恩印刷有限公司	175	12222	2403	12187	760	261	0	—	17711.6
湖州达多塑料制品有限公司	182	11587	4280	11453	146	−79	29641	—	14075
宁波长江印业发展有限公司	317	10330	2929	10186	614	121	15071	—	9522
北京印刷集团有限责任公司印刷二厂	436	10091.3	2934.5	9808.1	1002.3	383.4	12268.1	—	7761

续表

企业名称	职工人数	工业总产值（万元）	工业增加值（万元）	销售收入（万元）	利税总额（万元）	利润（万元）	资产总额（万元）	出口总额（万元）	负债（万元）
上海人民塑料印刷厂	193	9444	1723	9444	387.2	221.3	14383	284.8	—
上海人民印刷八厂	377	8817	1675	8816.9	438.2	−1438.3	29425	—	—
浙江德冠金属包装有限公司	139	9821	534	8392	106	163	8536	—	—
温州新华印刷有限公司	127	9011	1521	8126	235	105	9559	—	7756
平湖汇诚通用印刷有限公司	235	8035	1921	7947	398	8.33	13432	—	7793.1
浙江百汇包装有限公司	53	8528	32	7158	−28	−231	21485	—	21632
北京宝岛包装印刷有限公司	188	6408	2071	6407.8	825	330	6296.6	—	2971
浙江永通彩印有限公司	153	8676	1205	5622	852	387	8910	—	7419
北京轻联富文新特印刷有限公司	163	5340	16.6	5507.8	235.7	20	9204.2	—	—
浙江文华印业有限公司	215	5189.3	1556.3	5189.3	258.75	112.34	4479.2	—	2875
海宁华联印刷有限公司	163	5710	830	5046	197	70	4316	—	3053
湖州金杰实业有限公司	108	4385.7	685.32	4750.12	275.01	161.02	16860.58	—	—
金华新风景塑料印刷有限公司	157	4670	490	4690	211	17.5	7562	—	3794
温州天虹印业有限公司	163	4625	1180	4625	10	10	3167	—	1681
嘉兴市嘉报印务有限公司	70	4547	2790	4532	1647	1394	5027	—	—
嘉善人民印刷包装有限公司	115	—	—	4222	209.3	46.32	5963.48	—	2209.49
浙江南方印业有限公司	62	4186	902	4186	285	101	2371	—	2279

续表

企业名称	职工人数	工业总产值（万元）	工业增加值（万元）	销售收入（万元）	利税总额（万元）	利润（万元）	资产总额（万元）	出口总额（万元）	负债（万元）
浙江嘉盛特种印刷有限公司	139	4262	1039	4086	325	90	3820	—	1389
宁波群英印务有限公司	125	3999	1300	3999	380	128	4000	—	2696
宁波德邦印务有限公司	175	3675	1166	3756	332	24	14284	—	8758
宁波三和印刷有限公司	84	3890	6618	3739	105.2	101.5	4745	—	3564
金华光华印务制衣	105	4963	769	3663	−26	−230	9285	—	5646.5
嘉兴市南湖纸品厂	218	3667	810	3602	915	2	379	—	—
上海凹凸世知印务有限公司	210	3601.4	924	3601.4	−923.4	−1013.8	5106	—	—
上海永新塑料制品有限公司	102	2730.7	922	2730.7	353.6	182.8	2224	433.7	—
温州宋氏印刷包装有限公司	81	2628	2611	2606	62	46	4047	—	3973
上海画中画包装印刷有限公司	27	2458	517	2570.9	227.6	80.1	3208	—	—
浙江宝光印业有限公司	110	2539	628	2566	211	90	4235	—	2835
宁波美达柯式印刷有限公司	52	2472	425	2529	7	7	4213	—	1272
金华日报印务中心	90	7018	1605	2486	840	779	3021	—	815
宁波大梁山彩印有限公司	116	2471	682	2461	201	49	5101	—	3685
湖州日报印务有限公司	84	2399	1736	2399	244	152	1562	—	489
温州市北大方印务有限公司	90	2281	435	2281	70	54	5407	—	3141

续表

企业名称	职工人数	工业总产值（万元）	工业增加值（万元）	销售收入（万元）	利税总额（万元）	利润（万元）	资产总额（万元）	出口总额（万元）	负债（万元）
北京印刷集团有限责任公司印刷一厂	383	2201.4	995.2	2201.4	178.5	2.3	5407.4	—	3594
宁波新华印刷有限公司	59	2394	8360	2195	348	202	17408	—	9868
浙江双溪印业有限公司	90	2062	523	2062	264	134	3079	—	930
上海人民印刷二厂有限公司	59	1935	707	1935	251.2	70.9	1937	—	—
金华天翔包装彩印厂	72	1788	180	1878	−57	−146	2672	—	2228.5
湖州立方实业有限公司	67	1845	416	1845	470	361	4765	—	1332
宁波港舜现代印务有限公司	61	2088	748	1725	377	283	2030	—	249
金华环球包装公司	54	1760	—	1698	53	12	700	—	0
宁波银行印刷厂	66	1649	584	1644	193.37	82.39	6971	—	43
安吉盛宇彩印包装有限公司	49	1880	225	1604	146	72	1796	—	1031
德清县力科包装有限公司	19	1571.9	393	1571.9	82.7	35.8	984.4	—	—
浙江黄龙纸塑包装有限公司	62	1512.6	18.8	1499.6	15.1	12.1	2380.9	—	1751
金华远大印刷有限公司	53	1445	197	1445	152	74	2123	—	1623
金华金东彩印厂	68	1413	212	1413	54	5	1529	—	440
绍兴市越生彩印有限公司	57	1400	619	1400	110	75	1250	—	450
慈溪日报报业有限公司	145	1355	312	1355	51	51	3497	—	1649
嘉兴市大雪印刷有限公司	45	1326	—	1324	—	19.54	909.12	—	600.37

续表

企业名称	职工人数	工业总产值（万元）	工业增加值（万元）	销售收入（万元）	利税总额（万元）	利润（万元）	资产总额（万元）	出口总额（万元）	负债（万元）
浙江康乐彩印有限公司	72	1387	80	1322	58	43	2181	—	833
浙江三彩印业有限公司	57	1309	315	1309	105.2	62.8	1174	—	309
北京印刷集团有限责任公司京华印刷厂	210	1304.7	845.9	1304.7	105.1	9.9	10470.7	—	—
宁波大港印务有限公司	67	1255.9	455	1255.9	75.3	−45.7	4289.9	—	4301.9
安吉科达印刷有限公司	135	1182	302	1182	192	167	10036	—	2767
温州家族印务有限公司	45	1175	255	1175	56	31	685	—	350
嘉兴新海纸品厂	93	1150	50.3	1150	66.1	16.7	1175.2	—	99.2
金华方正印刷有限公司	51	1012	221	1115	54.3	12.24	1104	—	460
嘉兴德伊印刷厂	103	1112	—	1112	59	30	3578	—	2505
宁波天臣印务实业有限公司	37	1065	228	1064	103	64	1307	—	796
宁波海曙德利印刷有限公司	44	1062	242	1062	32	−9	991	—	812
浦江华鑫印务有限公司	41	1174	348	993	57	41	1401	—	1049
宁波江北丰穗纸制品厂	53	847	862	950	3.6	4.7	1161	—	409
金华三箭印业公司	35	—	—	881	25	0	1055	—	0
北京轻联富诚彩色印刷有限公司	146	865	744	865.1	351.7	201.7	9905.5	—	—
舟山海力生包装有限公司	31	894.4	—	864.97	27	−14.78	264.1	—	194.5
湖州忠诚印刷有限公司	30	857.6	169.74	857.6	16.2	6.1	1248.5	—	—
宁波东钱湖度假区达华包装厂	25	810	189	819	172	153	1086	—	—

续表

企业名称	职工人数	工业总产值（万元）	工业增加值（万元）	销售收入（万元）	利税总额（万元）	利润（万元）	资产总额（万元）	出口总额（万元）	负债（万元）
定海同润印刷中心	54	921	480	797	73	24	1883	—	70
宁波天华印刷有限公司	73	912	291	785	10	8	2667	—	2454
北京北人羽新胶印有限责任公司	121	698.6	259	775.1	9.2	−61.8	4764.3	—	—
绍兴市财税印刷厂	56	769	850	769	102	77	850	—	366
舟山人民印刷有限公司	41	746	138	726	40	14	1298	—	596
温州鹿城东方印刷厂	30	724	151	705	44	15	2010	—	1683
浦江求真印务有限公司	55	693	—	693.6	62.6	33.3	658.4	—	243
金华婺西印务有限公司	27	649	104	663	51.2	24.8	1101	—	629
金华金点子广告公司	11	—	—	659	60	9.2	203	—	118
金华曙光印务有限公司	32	885	485	650	19	0.3	865	—	842
金华精美印刷有限公司	24	832	624	614	12	−14	1109	—	814
定海和平海洋生物制品厂	30	513	553	553	10	6.24	682	—	766.9
金华科教彩印厂	50	544	138	548	20	2.3	524	—	251
绍兴邮电印刷厂	40	622	174	515	71.8	22.1	270	—	167
温州市一村印务有限公司	60	500	30	500	28	21	1002	—	818
嘉兴市云豪印刷有限公司	30	465	105	465	50	41	776	—	—
绍兴义鸣彩印包装厂	45	457.09	56.12	457.09	32.18	21.29	1110.73	—	201.67
平湖鼎力印刷工贸有限公司	28	437	155	437	34.16	0.83	370	—	258

续表

企业名称	职工人数	工业总产值（万元）	工业增加值（万元）	销售收入（万元）	利税总额（万元）	利润（万元）	资产总额（万元）	出口总额（万元）	负债（万元）
宁波甬贸包装有限公司	23	353	120	353	16.2	−8	808	—	385
北京市纸箱厂	28	—	−116.7	342.4	−107	−120.2	6946.3	—	—
宁波公运集团股份有限公司	19	260	172	237	43.97	11	178	—	126
瑞安印刷总厂	16	170	25	154.4	8	−7.3	231	—	35
兰溪信大包装印刷公司	24	575	—	150	24	1.5	867	—	556.75
北京印刷集团有限责任公司制版厂	68	101.3	−49.5	101.3	99.6	6.3	2412.1	—	—
舟山市金融印刷厂	22	87	80	87	13	−37	335	—	303
嘉兴市嘉大印刷厂	10	96	44	44	−0.43	−2.2	55	—	—
北京乾沣印刷有限公司	151	0	−81.5	0	77.9	0.9	5218.9	—	—

2011年全国报纸印刷量调查统计

说 明

2011年全国报纸印刷量调查统计中，共有中央，各省市自治区，各计划单列市、经济特区及部分地市报纸印刷厂共145家单位报来数据。这145家报纸印刷厂2011年的报纸总印刷量为1174.86亿印张，比2010年调查的总印刷量1129.14亿印张增长4.05%。

本次调查的范围有所扩大，又有较大印刷量的单位今年报来了数据，因此，本次调查的总印量占全国报纸总印量的比例调整为70%。以此计算，2011年度全国报纸总印刷量为1678亿印张，较2010年的1613亿印张增长4.03%。全年耗用新闻纸377万吨，较2010年的363万吨增长3.86%。

今年的印量调查，仍以年印量大小顺序列表。为了便于分析各地区的情况，今年仍按地区、省市，分别列了汇总表，可以进行分析和比较。本报告包括2011年全国主要报纸印刷厂印量调查分档统计表、全国各地区报纸印刷量分布统计表、全国主要报纸印刷厂年印刷量统计表和全国各省、市、自治区印刷量情况表等共9个附表。

中国报业协会印刷工作委员会

2012年5月

表1　全国主要报纸印刷厂印量调查分档统计表

年印量分档	家数	2011年印量		2010年印量（亿对开印张）
		亿对开印张	较上年±%	
10亿印张以上	36	787.05	2.79	765.71
5亿～10亿印张	34	245.05	6.32	230.49
2亿～5亿印张	31	99.51	8.13	92.03
1亿～2亿印张	22	32.31	7.70	30.00
1亿印张以下	22	10.94	0.27	10.91
合计	145	1174.86	4.05	1129.14

表2　全国各地区报纸印刷量分布统计表

地区	省、市、自治区	单位数量		2011年省市分列		2011年地区合计		2010年省市分列（亿印张）	2010年地区合计（亿印张）
		省、市、自治区	地区	印量（亿印张）	±%	印量（亿印张）	±%		
华北地区	北京	13	35	92.57	4.13	168.76	4.01	88.90	162.25
	天津	2		28.11	4.03			27.02	
	河北	12		26.70	3.09			25.90	
	山西	3		14.89	2.55			14.52	
	内蒙古	5		6.49	9.81			5.91	
东北地区	辽宁	3	11	56.85	−1.23	102.05	4.30	57.56	97.84
	吉林	4		17.91	18.06			15.17	
	黑龙江	4		27.29	8.68			25.11	
华东地区	上海	6	43	63.29	−1.20	413.21	6.30	64.06	388.72
	江苏	10		65.92	10.18			59.83	
	浙江	10		122.76	4.10			117.93	
	安徽	3		19.04	17.60			16.19	
	福建	5		37.32	7.30			34.78	
	江西	2		14.68	9.80			13.37	
	山东	7		90.20	9.25			82.56	

续表

<table>
<tr><th rowspan="2">地区</th><th rowspan="2">省、市、自治区</th><th colspan="2">单位数量</th><th colspan="2">2011年省市分列</th><th colspan="2">2011年地区合计</th><th rowspan="2">2010年省市分列（亿印张）</th><th rowspan="2">2010年地区合计（亿印张）</th></tr>
<tr><th>省、市、自治区</th><th>地区</th><th>印量（亿印张）</th><th>±%</th><th>印量（亿印张）</th><th>±%</th></tr>
<tr><td rowspan="6">中南地区</td><td>河南</td><td>10</td><td rowspan="6">31</td><td>38.73</td><td>4.51</td><td rowspan="6">303.81</td><td rowspan="6">0.72</td><td>37.06</td><td rowspan="6">301.63</td></tr>
<tr><td>湖北</td><td>5</td><td>52.04</td><td>−0.46</td><td>52.28</td></tr>
<tr><td>湖南</td><td>2</td><td>15.68</td><td>0.97</td><td>15.53</td></tr>
<tr><td>广东</td><td>10</td><td>174.04</td><td>−0.04</td><td>174.11</td></tr>
<tr><td>广西</td><td>3</td><td>15.49</td><td>2.11</td><td>15.17</td></tr>
<tr><td>海南</td><td>1</td><td>7.83</td><td>4.68</td><td>7.48</td></tr>
<tr><td rowspan="5">西南地区</td><td>重庆</td><td>3</td><td rowspan="5">13</td><td>29.08</td><td>6.13</td><td rowspan="5">130.10</td><td rowspan="5">5.09</td><td>27.40</td><td rowspan="5">123.80</td></tr>
<tr><td>四川</td><td>5</td><td>66.25</td><td>1.66</td><td>65.17</td></tr>
<tr><td>贵州</td><td>2</td><td>15.40</td><td>17.83</td><td>13.07</td></tr>
<tr><td>云南</td><td>2</td><td>18.31</td><td>6.08</td><td>17.26</td></tr>
<tr><td>西藏</td><td>1</td><td>1.06</td><td>17.78</td><td>0.90</td></tr>
<tr><td rowspan="5">西北地区</td><td>陕西</td><td>5</td><td rowspan="5">12</td><td>31.68</td><td>1.15</td><td rowspan="5">56.93</td><td rowspan="5">3.70</td><td>31.32</td><td rowspan="5">54.90</td></tr>
<tr><td>甘肃</td><td>1</td><td>8.35</td><td>10.89</td><td>7.53</td></tr>
<tr><td>青海</td><td>2</td><td>3.02</td><td>12.27</td><td>2.69</td></tr>
<tr><td>宁夏</td><td>1</td><td>2.72</td><td>10.57</td><td>2.46</td></tr>
<tr><td>新疆</td><td>3</td><td>11.16</td><td>2.39</td><td>10.90</td></tr>
<tr><td>总计</td><td>31</td><td colspan="2">145家</td><td colspan="3">1174.86亿印张</td><td>4.05</td><td colspan="2">1129.14亿印张</td></tr>
</table>

表3 年印刷量在10亿印张以上的单位情况

<table>
<tr><th rowspan="3">编号</th><th rowspan="3">单位名称</th><th colspan="4">年印刷量（亿印张）</th></tr>
<tr><th colspan="2">2011年</th><th colspan="2">2010年</th></tr>
<tr><th>印量</th><th>±%</th><th>印量</th><th>±%</th></tr>
<tr><td>1</td><td>广州日报社印务中心</td><td>64.11</td><td>−2.75</td><td>65.92</td><td>−1.39</td></tr>
<tr><td>2</td><td>广东南方报业传媒控股有限公司印务分公司</td><td>45.82</td><td>4.88</td><td>43.69</td><td>1.56</td></tr>
<tr><td>3</td><td>半岛都市报社印刷厂</td><td>42.24</td><td>1.44</td><td>41.64</td><td>4.00</td></tr>
</table>

续表

编号	单位名称	年印刷量（亿印张）			
		2011年		2010年	
		印量	±%	印量	±%
4	浙江日报报业集团印务有限公司	38.86	7.35	36.20	26.80
5	辽宁新闻印刷集团有限公司	36.10	1.69	35.50	7.58
6	文汇新民联合报业集团印务中心	34.47	−3.72	35.80	13.69
7	杭报集团盛元印务有限公司	31.09	4.40	29.78	5.38
8	成都博瑞传播股份有限公司印务分公司	30.40	1.00	30.10	36.82
9	湖北日报传媒集团楚天印务总公司	28.88	−4.24	30.16	5.05
10	四川日报报业集团印务公司	26.77	1.44	26.39	18.29
11	深圳报业集团印务有限公司	25.71	1.50	25.33	11.00
12	河南日报报业集团有限公司印务中心	23.50	2.44	22.94	13.56
13	羊城晚报社印刷厂	22.10	−4.74	23.20	41.98
14	华商数码信息股份有限公司	20.41	−2.39	20.91	14.99
15	福建日报报业集团印务中心	20.09	11.92	17.95	11.70
16	长江日报报业集团印务总公司	19.20	4.86	18.31	7.96
17	人民日报印刷厂	17.82	4.82	17.00	0.59
18	山东大众华泰印务有限责任公司	17.80	16.26	15.31	16.43
19	今晚报印刷厂	17.79	2.36	17.38	12.56
20	浙江省广育爱多印务有限公司	15.32	−1.98	15.63	—
21	重庆重报传媒有限公司印务中心	15.01	4.24	14.40	13.39
22	江西日报社印务中心	14.61	9.85	13.30	25.47
23	南京时代传媒股份有限公司印务分公司	14.32	25.61	11.40	12.87
24	大连报业集团印务公司	14.22	1.50	14.01	1.67
25	新华通讯社印刷厂	14.15	1.80	13.90	−2.80
26	青岛日报报业集团印务中心	13.60	13.33	12.00	25.26
27	新华报业传媒集团印务中心	13.55	3.43	13.10	3.97

续表

编号	单位名称	年印刷量（亿印张）			
		2011年		2010年	
		印量	±%	印量	±%
28	云南报业传媒集团印务中心	13.46	4.26	12.91	12.46
29	解放军报印刷厂	13.19	1.70	12.97	13.28
30	解放日报报业集团印刷厂	13.08	6.34	12.30	-15.17
31	黑龙江龙江传媒有限责任公司	12.30	4.30	11.79	14.47
32	宁波报业印刷发展有限公司	12.28	4.07	11.80	14.45
33	广西日报社印刷厂	11.97	1.44	11.80	1.72
34	北京日报印务中心	11.31	2.35	11.05	6.66
35	哈尔滨报达印务股份有限公司	11.20	9.80	10.20	4.08
36	天津北方报业印务股份有限公司	10.32	7.05	9.64	1.26
总计	36家	787.05	2.79	765.71	10.06

表4　年印刷量在5亿～10亿印张的单位情况

编号	单位名称	年印刷量（亿印张）			
		2011年		2010年	
		印量	±%	印量	±%
37	温州日报报业集团有限公司	9.92	3.77	9.56	8.88
38	新安传媒有限公司印务公司	9.62	22.70	7.84	0.77
39	湖南日报报业集团印务中心	9.60	0.73	9.53	10.17
40	苏州日报印务中心	9.50	8.82	8.73	18.61
41	吉林华商数码印务有限公司	9.18	23.72	7.42	11.08
42	贵州日报印刷厂	8.97	9.80	8.17	6.24
43	上海解放传媒印刷有限公司	8.86	-1.00	8.95	-11.91
44	甘肃日报社印务中心	8.35	10.89	7.53	8.35

续表

编号	单位名称	年印刷量（亿印张）			
		2011年		2010年	
		印量	±%	印量	±%
45	合肥报业传媒有限公司印务分公司	8.16	14.13	7.15	13.49
46	无锡报业发展有限公司印务分公司	7.95	5.36	8.40	23.53
47	海南日报社印刷厂	7.83	4.68	7.48	7.63
48	山西太报传媒有限公司印务分公司	7.70	1.32	7.60	8.57
49	华商数码信息股份有限公司重庆分公司	7.57	9.39	6.92	58.72
50	中国青年报社印刷厂	7.50	3.31	7.26	23.47
51	厦门日报社印务中心	7.43	7.99	6.88	5.36
52	新疆日报社印务中心	7.30	4.29	7.00	−3.31
53	济南日报社印刷厂	6.99	27.79	5.47	3.21
54	石家庄日报社印务公司	6.90	4.55	6.60	13.79
55	河北日报报业集团印务中心	6.74	2.43	6.58	−0.15
56	经济日报印刷厂	6.66	3.62	6.91	−10.14
57	山西闻兴印务有限责任公司	6.60	3.13	6.40	−1.54
58	沈阳日报报业集团印务中心	6.53	−18.88	8.05	43.75
59	重庆商报印务有限公司	6.50	6.91	6.08	7.04
60	贵阳日报传媒集团印务中心	6.43	31.22	4.90	2.04
61	工人日报社印刷厂	6.20	6.90	5.80	5.07
62	长沙晚报报业集团印务公司	6.08	1.33	6.00	0.17
63	泉州晚报社印务中心	6.07	−3.65	6.30	14.55
64	烟台报捷新闻印刷有限责任公司	5.79	16.27	4.98	5.51
65	西安日报社印务中心	5.50	3.77	5.30	4.13
66	郑州日报社印刷厂	5.44	11.25	4.89	−1.21
67	成都日报社印刷厂	5.40	2.47	5.27	17.63
68	陕西日报社印刷厂	5.38	13.50	4.74	8.70

续表

编号	单位名称	年印刷量（亿印张）			
		2011年		2010年	
		印量	±%	印量	±%
69	中国日报社印刷厂	5.29	−2.04	5.40	22.45
70	扬州日报印刷有限责任公司	5.11	16.14	4.40	10.00
总计	34家	245.05	6.32	230.49	10.22

表5 年印刷量在2亿～5亿印张的单位情况

编号	单位名称	年印刷量（亿印张）			
		2011年		2010年	
		印量	±%	印量	±%
71	昆明日报印刷厂	4.85	11.49	4.35	15.38
72	吉林日报社印刷厂	4.76	−5.56	5.04	−1.95
73	台州日报印务有限公司	4.17	0.72	4.14	7.81
74	金华日报社印刷厂	4.05	6.58	3.80	11.76
75	内蒙古日报社印务中心	4.04	8.89	3.71	8.16
76	泰州日报社印务有限公司	3.95	21.54	3.25	1.56
77	海门市海门日报印务中心	3.81	19.44	3.19	−21.23
78	劳动报社印务中心	3.76	−4.33	3.93	3.15
79	长春市美程印刷有限公司	3.50	55.56	2.25	−2.17
80	大庆日报社印刷厂	3.50	22.38	2.86	7.92
81	洛阳市报业印刷有限责任公司	3.37	6.31	3.17	21.92
82	福州晚报印刷厂	3.36	1.82	3.30	6.45
83	浙江嘉报设计印刷有限公司	3.31	−2.93	3.41	5.57
84	常州日报社印刷厂	3.30	57.14	2.10	5.00
85	新疆乌鲁木齐晚报社印务中心	3.30	6.45	3.10	14.81

续表

编号	单位名称	年印刷量（亿印张）			
		2011年		2010年	
		印量	±%	印量	±%
86	镇江报业印务有限公司	3.23	−19.25	4.00	−4.76
87	东莞日报印刷厂	3.22	−6.12	3.43	10.65
88	光明日报社印刷厂	3.12	20.00	2.60	−8.77
89	湛江日报社印刷厂	3.10	5.08	2.95	13.03
90	汕头经济特区报社印务中心	2.88	−0.69	2.90	5.84
91	佛山珠江传媒印务有限公司	2.80	7.70	2.60	9.70
92	宁夏报业传媒印刷有限公司	2.72	10.57	2.46	10.93
93	珠海特区报社印务中心	2.70	4.25	2.59	5.28
94	上海证券报印务中心	2.65	3.11	2.57	52.98
95	临沂日报社印刷厂	2.60	23.81	2.10	−4.55
96	保定日报社印刷厂	2.55	−0.39	2.56	4.07
97	南宁日报社印刷厂	2.50	7.30	2.33	2.64
98	中国体育报印刷厂	2.30	43.75	1.60	0.00
99	泸州日报社印刷厂	2.10	11.11	1.89	45.38
100	湖北日报传媒集团三峡印务有限公司	2.01	−1.47	2.04	2.00
101	衢州日报印务有限责任公司	2.00	10.22	1.81	—
总计	31家	99.51	8.13	92.03	5.39

表6　年印刷量在1亿～2亿印张的单位情况

编号	单位名称	年印刷量（亿印张）			
		2011年		2010年	
		印量	±%	印量	±%
102	青海日报社印刷厂	1.92	12.28	1.71	17.93

续表

编号	单位名称	年印刷量（亿印张）			
		2011年		2010年	
		印量	±%	印量	±%
103	法制日报社印刷厂	1.80	0.00	1.80	5.88
104	邯郸日报印刷厂	1.80	5.88	1.70	6.25
105	绍兴日报报业印务有限公司	1.76	−2.22	1.80	2.86
106	农民日报社印刷厂	1.73	26.28	1.37	28.04
107	沧州日报社印务中心	1.70	11.11	1.53	6.67
108	中山日报社印务中心	1.60	6.67	1.50	7.24
109	宜宾日报社印刷中心	1.58	3.95	1.52	−17.39
110	唐山劳动日报社印刷厂	1.58	8.97	1.45	5.07
111	商丘京九印务有限公司	1.56	5.41	1.48	4.35
112	新乡市新报商务彩印有限公司	1.52	−1.30	1.54	—
113	北京人铁报印刷厂	1.50	20.97	1.24	0.00
114	河北经济日报社印务中心	1.48	2.78	1.44	−4.64
115	南阳日报社印刷厂	1.39	13.93	1.22	−29.89
116	秦皇岛日报社印刷厂	1.29	18.35	1.09	−3.54
117	三峡日报传媒集团印刷厂	1.28	9.40	1.17	—
118	芜湖日报报业集团印务有限公司	1.26	5.00	1.20	0.00
119	宜兴报业印务有限公司	1.20	−4.76	1.26	16.67
120	枣庄日报社印刷厂	1.18	11.32	1.06	—
121	青海西宁印刷厂	1.10	12.24	0.98	3.45
122	西藏日报社印刷厂	1.06	17.78	0.90	36.36
123	桂林日报印刷厂	1.02	−1.92	1.04	−4.65
总计	22家	32.31	7.70	30.00	3.28

表7 年印刷量在1亿印张以下的单位情况

编号	单位名称	年印刷量（亿印张）			
		2011年		2010年	
		印量	±%	印量	±%
124	呼和浩特日报社印刷厂	0.94	4.44	0.90	5.56
125	许昌日报社印务中心	0.85	4.94	0.81	30.65
126	衡水日报社印刷厂	0.85	6.25	0.80	11.11
127	包头日报社印刷厂	0.76	26.67	0.60	20.00
128	廊坊报业印务有限公司	0.70	−12.50	0.80	14.29
129	襄阳日报社印刷厂	0.67	11.67	0.60	9.52
130	承德日报社印刷厂	0.62	−24.39	0.82	0.00
131	长治日报印刷厂	0.59	13.46	0.52	30.00
132	新疆日报社南疆印务中心	0.56	−30.00	0.80	38.46
133	周口日报社印务中心	0.53	12.77	0.47	0.00
134	张家口市报印刷厂	0.49	−7.55	0.53	60.47
135	上海一众印务中心	0.47	−7.84	0.51	−8.93
136	延边报捷印务有限公司	0.47	2.17	0.46	9.52
137	赤峰日报印刷厂	0.45	12.50	0.40	−4.76
138	南平市武夷美彩印中心	0.37	5.71	0.35	−7.89
139	呼伦贝尔日报社出版印务中心	0.30	0.00	0.30	0.00
140	信阳日报社印刷厂	0.29	3.57	0.28	3.70
141	齐齐哈尔日报社印刷厂	0.29	11.54	0.26	−7.27
142	漯河日报社印刷厂	0.28	7.69	0.26	—
143	延安日报社印刷厂	0.23	0.00	0.23	4.55
144	汉中日报社印刷厂	0.16	14.29	0.14	0.00
145	景德镇日报社印刷厂	0.07	0.00	0.07	—
总计	22家	10.94	0.27	10.91	12.06

表8 全国各省、市、自治区印刷量情况

编号	单位名称	年印刷量（亿印张）			
		2011年		2010年	
		印量	±%	印量	±%
	北京地区（包括中央各报印刷厂）	92.57	4.13	88.90	4.63
1	人民日报印刷厂	17.82	4.82	17.00	0.59
2	新华通讯社印刷厂	14.15	1.80	13.90	−2.80
3	解放军报印刷厂	13.19	1.70	12.97	13.28
4	北京日报印务中心	11.31	2.35	11.05	6.66
5	中国青年报社印刷厂	7.50	3.31	7.26	23.47
6	经济日报印刷厂	6.66	3.62	6.91	−10.14
7	工人日报社印刷厂	6.20	6.90	5.80	5.07
8	中国日报社印刷厂	5.29	−2.04	5.40	22.45
9	光明日报社印厂	3.12	20.00	2.60	−8.77
10	中国体育报印刷厂	2.30	43.75	1.60	0.00
11	法制日报社印刷厂	1.80	0.00	1.80	5.88
12	农民日报社印刷厂	1.73	26.28	1.37	28.04
13	北京人铁报印刷厂	1.50	20.97	1.24	0.00
	天津市	28.11	4.03	27.02	8.25
1	今晚报印刷厂	17.79	2.36	17.38	12.56
2	天津北方报业印务股份有限公司	10.32	7.05	9.64	1.26
	河北省	26.70	3.09	25.90	6.05
1	石家庄日报社印务公司	6.90	4.55	6.60	13.79
2	河北日报报业集团印务中心	6.74	2.43	6.58	−0.15
3	保定日报社印刷厂	2.55	−0.39	2.56	4.07
4	邯郸日报印刷厂	1.80	5.88	1.70	6.25
5	沧州日报社印务中心	1.70	11.11	1.53	6.67
6	唐山劳动日报社印刷厂	1.58	8.97	1.45	5.07

续表

编号	单位名称	年印刷量（亿印张）			
		2011年		2010年	
		印量	±%	印量	±%
7	河北经济日报社印务中心	1.48	2.78	1.44	−4.64
8	秦皇岛日报社印刷厂	1.29	18.35	1.09	−3.54
9	衡水日报社印刷厂	0.85	6.25	0.80	11.11
10	廊坊报业印务有限公司	0.70	−12.50	0.80	14.29
11	承德日报社印刷厂	0.62	−24.39	0.82	0.00
12	张家口市报印刷厂	0.49	−7.55	0.53	60.47
	山西省	14.89	2.55	14.52	4.46
1	山西太报传媒有限公司印务分公司	7.70	1.32	7.60	8.57
2	山西闻兴印务有限责任公司	6.60	3.13	6.40	−1.54
3	长治日报印刷厂	0.59	13.46	0.52	30.00
	内蒙古自治区	6.49	9.81	5.91	7.39
1	内蒙古日报社印务中心	4.04	8.89	3.71	8.16
2	呼和浩特日报社印刷厂	0.94	4.44	0.90	5.56
3	包头日报社印刷厂	0.76	26.67	0.60	20.00
4	赤峰日报印刷厂	0.45	12.50	0.40	−4.76
5	呼伦贝尔日报社出版印务中心	0.30	0.00	0.30	0.00
	辽宁省	56.85	−1.23	57.56	9.83
1	辽宁新闻印刷集团有限公司	36.10	1.69	35.50	7.58
2	大连报业集团印务公司	14.22	1.50	14.01	1.67
3	沈阳日报报业集团印务中心	6.53	−18.88	8.05	43.75
	吉林省	17.91	18.06	15.17	4.33
1	吉林华商数码印务有限公司	9.18	23.72	7.42	11.08
2	吉林日报社印刷厂	4.76	−5.56	5.04	−1.95
3	长春市美程印刷有限公司	3.50	55.56	2.25	−2.17

续表

编号	单位名称	年印刷量（亿印张）			
		2011年		2010年	
		印量	±%	印量	±%
4	延边报捷印务有限公司	0.47	2.17	0.46	9.52
	黑龙江省	27.29	8.68	25.11	9.23
1	黑龙江龙江传媒有限责任公司	12.30	4.30	11.79	14.47
2	哈尔滨报达印务股份有限公司	11.20	9.80	10.20	4.08
3	大庆日报社印刷厂	3.50	22.38	2.86	7.92
4	齐齐哈尔日报社印刷厂	0.29	11.54	0.26	−7.27
	上海市	63.29	−1.20	64.06	2.99
1	文汇新民联合报业集团印务中心	34.47	−3.72	35.80	13.69
2	解放日报报业集团印刷厂	13.08	6.34	12.30	−15.17
3	上海解放传媒印刷有限公司	8.86	−1.00	8.95	−11.91
4	劳动报社印务中心	3.76	−4.33	3.93	3.15
5	上海证券报印务中心	2.65	3.11	2.57	52.98
6	上海一众印务中心	0.47	−7.84	0.51	−8.93
	江苏省	65.92	10.18	59.83	8.02
1	南京时代传媒股份公司印务分公司	14.32	25.61	11.40	12.87
2	新华报业传媒集团印务中心	13.55	3.43	13.10	3.97
3	苏州日报印刷中心	9.50	8.82	8.73	18.61
4	无锡报业发展有限公司印务分公司	7.95	5.36	8.40	23.53
5	扬州日报印刷有限责任公司	5.11	16.11	4.40	10.00
6	泰州日报社印务有限公司	3.95	21.54	3.25	1.56
7	海门市海门日报印务中心	3.81	19.44	3.19	−21.23
8	常州日报社印刷厂	3.30	57.14	2.10	5.00
9	镇江报业印务有限公司	3.23	−19.25	4.00	−4.76
10	宜兴报业印务有限公司	1.20	−4.76	1.26	16.67

续表

编号	单位名称	年印刷量（亿印张）			
		2011年		2010年	
		印量	±%	印量	±%
	浙江省	122.76	4.10	117.93	14.04
1	浙江日报报业集团印务有限公司	38.86	7.35	36.20	26.80
2	杭报集团盛元印务有限公司	31.09	4.40	29.78	5.38
3	浙江省广育爱多印务有限公司	15.32	−1.98	15.63	—
4	宁波报业印刷发展有限公司	12.28	4.07	11.80	14.45
5	温州日报报业集团有限公司印务分公司	9.92	3.77	9.56	8.88
6	台州日报印务有限公司	4.17	0.72	4.14	7.81
7	金华日报社印刷厂	4.05	6.58	3.80	11.76
8	浙江嘉报设计印刷有限公司	3.31	−2.93	3.41	5.57
9	衢州日报印务有限责任公司	2.00	10.22	1.81	—
10	绍兴日报报业印务有限公司	1.76	−2.22	1.80	2.86
	安徽省	19.04	17.60	16.19	5.96
1	新安传媒有限公司印务公司	9.62	22.70	7.84	0.77
2	合肥报业传媒有限公司印务分公司	8.16	14.13	7.15	13.49
3	芜湖日报报业集团印务有限公司	1.26	5.00	1.20	0.00
	福建省	37.32	7.30	34.78	10.43
1	福建日报报业集团印务中心	20.09	11.92	17.95	11.70
2	厦门日报社印务中心	7.43	7.99	6.88	5.36
3	泉州晚报社印务中心	6.07	−3.65	6.30	14.55
4	福州晚报印刷厂	3.36	1.82	3.30	6.45
5	南平市武夷美彩印中心	0.37	5.71	0.35	−7.89
	江西省	14.68	9.80	13.37	25.47
1	江西日报社印务中心	14.61	9.85	13.30	25.47
2	景德镇日报社印刷厂	0.07	0.00	0.07	—

续表

编号	单位名称	年印刷量（亿印张）			
		2011年		2010年	
		印量	±%	印量	±%
	山东省	90.20	9.25	82.56	8.68
1	半岛都市报社印刷厂	42.24	1.44	41.64	4.00
2	山东大众华泰印务有限责任公司	17.80	16.26	15.31	16.43
3	青岛日报报业集团印务中心	13.60	13.33	12.00	25.26
4	济南日报社印刷厂	6.99	27.79	5.47	3.21
5	烟台报捷新闻印刷有限责任公司	5.79	16.27	4.98	5.51
6	临沂日报社印刷厂	2.60	23.81	2.10	−4.55
7	枣庄日报社印刷厂	1.18	11.32	1.06	—
	河南省	38.73	4.51	37.06	9.42
1	河南日报报业集团有限公司印务中心	23.50	2.44	22.94	13.56
2	郑州日报社印刷厂	5.44	11.25	4.89	−1.21
3	洛阳市报业印刷有限责任公司	3.37	6.31	3.17	21.92
4	商丘京九印务有限公司	1.56	5.41	1.48	4.35
5	新乡市新报商务彩印有限公司	1.52	−1.30	1.54	—
6	南阳日报社印刷厂	1.39	13.93	1.22	−29.89
7	许昌日报社印务中心	0.85	4.94	0.81	30.65
8	周口日报社印务中心	0.53	12.77	0.47	0.00
9	信阳日报社印刷厂	0.29	3.57	0.28	3.70
10	漯河日报社印刷厂	0.28	7.69	0.26	—
	湖北省	52.04	−0.46	52.28	6.01
1	湖北日报传媒集团楚天印务总公司	28.88	−4.24	30.16	5.05
2	长江日报报业集团印务总公司	19.20	4.86	18.31	7.96
3	湖北日报传媒集团三峡印务有限公司	2.01	−1.47	2.04	2.00
4	三峡日报传媒集团印刷厂	1.28	9.40	1.17	—

续表

编号	单位名称	年印刷量（亿印张）			
		2011年		2010年	
		印量	±%	印量	±%
5	襄阳日报社印刷厂	0.67	11.67	0.60	9.52
	湖南省	15.68	0.97	15.53	6.08
1	湖南日报报业集团印务中心	9.60	0.73	9.53	10.17
2	长沙晚报报业集团印务公司	6.08	1.33	6.00	0.17
	广东省	174.04	−0.04	174.11	6.35
1	广州日报社印务中心	64.11	−2.75	65.92	−1.39
2	广东南方报业传媒控股有限公司印务分公司	45.82	4.88	43.69	1.56
3	深圳报业集团印务有限公司	25.71	1.50	25.33	11.00
4	羊城晚报社印刷厂	22.10	−4.74	23.20	41.98
5	东莞日报印刷厂	3.22	−6.12	3.43	10.65
6	湛江日报社印刷厂	3.10	5.08	2.95	13.03
7	汕头经济特区报社印务中心	2.88	−0.69	2.90	5.84
8	佛山珠江传媒印务有限公司	2.80	7.70	2.60	9.70
9	珠海特区报社印务中心	2.70	4.25	2.59	5.28
10	中山日报社印务中心	1.60	6.67	1.50	7.24
	广西壮族自治区	15.49	2.11	15.17	1.32
1	广西日报社印刷厂	11.97	1.44	11.80	1.72
2	南宁日报社印刷厂	2.50	7.30	2.33	2.64
3	桂林日报印刷厂	1.02	−1.92	1.04	−4.65
	海南省	7.83	4.68	7.48	7.63
1	海南日报社印刷厂	7.83	4.68	7.48	7.63
	重庆市	29.08	6.13	27.40	20.49
1	重庆重报传媒有限公司印务中心	15.01	4.24	14.40	13.39
2	华商数码信息股份有限公司重庆分公司	7.57	9.39	6.92	58.72

续表

编号	单位名称	年印刷量（亿印张）			
		2011年		2010年	
		印量	±%	印量	±%
3	重庆商报印务有限公司	6.50	6.91	6.08	7.04
	四川省	66.25	1.66	65.17	25.50
1	成都博瑞传播股份有限公司印务分公司	30.40	1.00	30.10	36.82
2	四川日报报业集团印务公司	26.77	1.44	26.39	18.29
3	成都日报社印刷厂	5.40	2.47	5.27	17.63
4	泸州日报社印刷厂	2.10	11.11	1.89	45.38
5	宜宾日报社印刷中心	1.58	3.95	1.52	−17.39
	贵州省	15.40	17.83	13.07	4.26
1	贵州日报印刷厂	8.97	9.80	8.17	6.24
2	贵阳晚报印刷厂	6.43	31.22	4.90	2.04
	云南省	18.31	6.08	17.26	13.15
1	云南报业传媒集团印务中心	13.46	4.26	12.91	12.46
2	昆明日报印刷厂	4.85	11.49	4.35	15.38
	西藏自治区	1.06	17.78	0.90	36.36
1	西藏日报社印刷厂	1.06	17.78	0.90	36.36
	陕西省	31.68	1.15	31.32	11.69
1	华商数码信息股份有限公司	20.41	−2.39	20.91	14.99
2	西安日报社印务中心	5.50	3.77	5.30	4.13
3	陕西日报社印刷厂	5.38	13.50	4.74	8.70
4	延安日报社印刷厂	0.23	0.00	0.23	4.55
5	汉中日报社印刷厂	0.16	14.29	0.14	0.00
	甘肃省	8.35	10.89	7.53	8.35
1	甘肃日报社印务中心	8.35	10.89	7.53	8.35
	青海省	3.02	12.27	2.69	13.79

续表

编号	单位名称	年印刷量（亿印张）			
		2011年		2010年	
		印量	±%	印量	±%
1	青海日报社印刷厂	1.92	12.28	1.71	17.93
2	青海西宁印刷厂	1.10	12.24	0.98	3.45
	宁夏回族自治区	2.72	10.57	2.46	10.93
1	宁夏报业传媒印刷有限公司	2.72	10.57	2.46	10.93
	新疆维吾尔自治区	11.16	2.39	10.90	3.87
1	新疆日报社印务中心	7.30	4.29	7.00	−3.31
2	新疆乌鲁木齐晚报社印务中心	3.30	6.45	3.10	14.81
3	新疆日报社南疆印务中心	0.56	−30.00	0.80	38.46

表9 2011年全国报业制版量统计表

地区	序号	排名	单位名称	2011年制版量					2010年制版量			
				总制版量(张)	总量增长(%)	PS制版量(张)	CTP制版量(张)	CTP制版占比(%)	总制版量(张)	PS制版量(张)	CTP制版量(张)	CTP制版占比(%)
北京	1	10	人民日报印刷厂	326494	−25.65	213652	112842	34.56	439140	225100	214040	48.74
	2	25	新华通讯社印刷厂	211630	29.83	188950	22680	10.72	163000	140000	23000	14.11
	3	16	解放军报印刷厂	263997	0.11	246642	17355	6.57	263700	189400	74300	28.18
	4	15	北京日报社印刷厂	267715	6.12	267715	0	0	252266	252266	0	0
	5	44	中国青年报社印刷厂	138000	−20.34	27600	110400	80.00	173235	84502	88733	51.22
	6	48	经济日报印刷厂	124455	11.55	56855	67600	54.32	111570	65700	45870	41.11
	7	63	工人日报社印刷厂	82750	−15.90	12800	69950	84.53	98390	10330	88060	89.50
	8	68	中国日报社印刷厂	75000	−10.71	5000	70000	93.33	84000	10000	74000	88.10
	9	82	光明日报社印刷厂	51100	21.67	18250	32850	64.29	42000	21000	21000	50.00
	10	99	中体（北京）彩印有限公司	32000	−21.95	5000	27000	84.38	41000	15000	26000	63.41
	11	133	农民日报社印刷厂	9140	−5.72	9140	0	0	9695	9695	0	0
	12	126	北京人铁报印刷厂	15150	0.00	1450	13700	90.43	15150	1450	13700	90.43
天津	13	12	今晚报印刷厂	314386	7.51	272292	42094	13.39	292429	256685	35744	12.22
	14	32	天津北方报业印务股份有限公司	181524	0.45	122757	58767	32.37	180714	180714	0	0
河北	15	55	石家庄日报社印务公司	92319	9.25	20850	71469	77.42	84500	37284	47216	55.88
	16	62	河北日报报业集团印务中心	82863	0.73	5792	77071	93.01	82264	18453	63811	77.57
	17	103	保定日报社印刷厂	29370	12.53	11650	17720	60.33	26100	20100	6000	22.99
	18	116	邯郸日报社印刷厂	22000	−6.78	400	21600	98.18	23600	7866	15734	66.67
	19	115	沧州日报社印务中心	22106	26.32	18081	4025	18.21	17500	17500	0	0

续表

地区	序号	排名	单位名称	2011年制版量					2010年制版量			
				总制版量(张)	总量增长(%)	PS制版量(张)	CTP制版量(张)	CTP制版占比(%)	总制版量(张)	PS制版量(张)	CTP制版量(张)	CTP制版占比(%)
河北	20	134	唐山劳动日报社印刷厂	8731	−6.62	3731	5000	57.27	9350	9350	0	0
	21	101	河北经济日报社印务中心	31827	36.84	31563	264	0.83	23258	23258	0	0
	22	120	秦皇岛日报社印刷厂	19051	−23.80	19051	0	0	25000	25000	0	0
	23	124	衡水日报社印刷厂	17000	41.67	6500	10500	61.76	12000	12000	0	0
	24	127	廊坊报业印务有限公司	14800	13.85	14800	0	0	13000	13000	0	0
	25	122	承德日报社印刷厂	18000	25.00	13500	4500	25.00	14400	14400	0	0
	26	135	张家口市报印刷厂	6500	−35.00	6500	0	0	10000	6000	4000	40.00
山西	27	30	山西太报传媒有限公司	195444	29.69	55681	139763	71.51	150704	78288	72416	48.05
	28	51	山西闻兴印务有限责任公司	111770	−5.28	28181	83589	74.79	118000	75000	43000	36.44
	29	113	山西长治日报印刷厂	22670	69.31	7350	15320	67.58	13390	0	13390	100.00
内蒙古	30	52	内蒙古日报印务中心	100000	11.11	50000	50000	50.00	90000	70000	20000	22.22
	31	96	呼和浩特日报社印刷厂	35000	−22.22	0	35000	100.00	45000	0	45000	100.00
	32	107	包头日报社印刷厂	26797	54.80	0	26797	100.00	17311	0	17311	100.00
	33	121	内蒙古日报印务中心	18500	−79.44	0	18500	100.00	90000	70000	20000	22.22
	34	129	呼伦贝尔日报社出版印务中心	13880	0.09	13880	0	0	13867	13867	0	0
辽宁	35	2	辽宁新闻印刷集团有限公司	560000	1.27	430000	130000	23.21	553000	553000	0	0
	36	57	沈阳日报报业集团印务中心	90000	−22.30	73000	17000	18.89	115837	103814	12023	10.38
	37	31	大连报业集团印务公司	192838	58.25	32250	160588	83.28	121857	35621	86236	70.77
吉林	38	37	吉林华商数码印务有限公司	151285	22.03	114803	36482	24.11	123969	123969	0	0

续表

地区	序号	排名	单位名称	2011年制版量					2010年制版量			
				总制版量(张)	总量增长(%)	PS制版量(张)	CTP制版量(张)	CTP制版占比(%)	总制版量(张)	PS制版量(张)	CTP制版量(张)	CTP制版占比(%)
吉林	39	67	吉林日报社印务中心	77731	-28.75	77731	0	0	109098	109098	0	0
	40	88	长春市美程印刷有限公司	43000	—	3000	40000	93.02	—	—	—	—
	41	125	延边报捷印务有限公司	16577	-10.39	50	16527	99.70	18500	0	18500	100.00
黑龙江	42	19	黑龙江龙江传媒有限责任公司	252000	38.46	96000	156000	61.90	182000	182000	0	0
	43	34	哈尔滨报达印务股份有限公司	168800	11.05	2780	166020	98.35	152000	2000	150000	98.68
	44	131	齐齐哈尔日报社印刷厂	10046	9.98	10046	0	0	9134	9134	0	0
	45	91	大庆日报社印刷厂	36700	15.37	3300	33400	91.01	31810	5100	26710	83.97
上海	46	3	文汇新民联合报业印务中心	526430	-4.29	44000	482430	91.64	550000	150000	400000	72.73
	47	24	解放日报报业集团印刷厂	215000	-9.78	55000	160000	74.42	238300	62500	175800	73.77
	48	59	上海解放传媒印务公司	87092	0.43	0	87092	100.00	86720	0	86720	100.00
	49	71	劳动报社印务中心	65190	5.47	52450	12740	19.54	61810	57400	4410	7.13
	50	86	上海证券报印务中心	44474	12.78	0	44474	100.00	39433	0	39433	100.00
	51	137	上海一众印务中心	5539	-18.04	5539	0	0	6758	6758	0	0
江苏	52	29	南京时代传媒股份有限公司	200000	0.45	50000	150000	75.00	199110	102000	97110	48.77
	53	21	新华报业传媒集团印务中心	240000	2.56	157000	83000	34.58	234000	234000	0	0
	54	39	苏州日报印刷中心	150226	9.35	41284	108942	72.52	137386	58776	78610	57.22
	55	58	无锡报业发展有限公司印务分公司	88000	-15.97	8400	79600	90.45	104727	56828	47899	45.74
	56	69	扬州日报印刷有限责任公司	73657	44.43	26448	47209	64.09	51000	30000	21000	41.18

续表

地区	序号	排名	单位名称	2011年制版量					2010年制版量			
				总制版量(张)	总量增长(%)	PS制版量(张)	CTP制版量(张)	CTP制版占比(%)	总制版量(张)	PS制版量(张)	CTP制版量(张)	CTP制版占比(%)
江苏	57	79	泰州日报社印务有限公司	58000	3.57	52500	5500	9.48	56000	56000	0	0
	58	130	海门市海门日报印务中心	11020	6.99	10820	200	1.81	10300	10300	0	0
	59	136	常州日报社印刷厂	6000	—	1000	5000	83.33	—	—	—	—
	60	81	镇江报业印务有限公司	53202	−11.33	0	53202	100.00	60000	40000	20000	33.33
	61	104	宜兴报业印务有限公司	29000	−3.33	12000	17000	58.62	30000	18000	12000	40.00
浙江	62	4	浙江日报报业集团印务有限公司	524730	16.61	283600	241130	45.95	450000	250000	200000	44.44
	63	13	杭报集团盛元印务有限公司	304583	−4.36	20869	283714	93.15	318469	162455	156014	48.99
	64	72	浙江省广育爱多印务有限公司	65000	—	35000	30000	46.15	—	—	—	—
	65	35	宁波报业印刷发展有限公司	160620	−7.79	5450	155170	96.61	174190	115220	58970	33.85
	66	54	温州日报报业集团有限公司印务公司	94200	−1.28	94200	0	0	95420	95420	0	0
	67	95	台州日报社印刷厂	35768	16.13	35768	0	0	30800	30800	0	0
	68	92	金华日报社印刷厂	36294	4.66	36294	0	0	34679	34679	0	0
	69	74	浙江嘉报设计印刷有限公司	62203	14.84	35318	26885	43.22	54166	54166	0	0
	70	80	衢州日报印务有限公司	54106	—	33870	20236	37.40	—	—	—	—
	71	110	绍兴日报报业印务有限公司	25000	28.21	21000	4000	16.00	19500	19500	0	0
安徽	72	38	新安传媒有限公司印务公司	151207	7.48	63675	87532	57.89	140681	140681	0	0
	73	42	合肥报业传媒有限公司印务分公司	146666	17.99	0	146666	100.00	124309	0	124309	100.00

续表

地区	序号	排名	单位名称	2011年制版量					2010年制版量			
				总制版量(张)	总量增长(%)	PS制版量(张)	CTP制版量(张)	CTP制版占比(%)	总制版量(张)	PS制版量(张)	CTP制版量(张)	CTP制版占比(%)
安徽	74	102	芜湖日报报业集团印务有限公司	30700	−14.72	8750	21950	71.50	36000	18000	18000	50.00
福建	75	17	福建日报报业集团印务中心	263686	88.51	176189	87497	33.18	139879	138036	1843	1.32
	76	75	福州晚报印刷厂	61874	22.71	61874	0	0	50423	50423	0	0
	77	106	厦门日报社印刷厂	26824	−66.47	26824	0	0	80000	80000	0	0
	78	90	泉州晚报印务中心	37430	−16.82	0	37430	100.00	45000	0	45000	100.00
江西	79	36	江西日报社印务中心	151308	14.62	44032	107276	70.90	132010	106200	25810	19.55
山东	80	22	半岛都市报社印刷厂	236420	4.00	118832	117588	49.74	227328	114262	113066	49.74
	81	14	山东大众华泰印务有限责任公司	276000	1.53	86000	190000	68.84	271845	271845	0	0
	82	26	青岛日报报业集团印务中心	209000	−12.55	17000	39000	18.66	239000	206000	33000	13.81
	83	49	济南日报社印刷厂	123000	28.13	27800	95200	77.40	96000	31000	65000	67.71
	84	61	烟台报捷新闻印刷有限责任公司	84602	11.37	0	84602	100.00	75962	0	75962	100.00
	85	85	临沂日报社印刷厂	45600	9.06	0	45600	100.00	41810	10600	31210	74.65
	86	119	枣庄日报社印刷厂	19200	—	0	19200	100.00	—	—	—	—
河南	87	28	河南日报报业集团印务中心	201457	−4.37	113079	88378	43.87	210664	168930	41734	19.81
	88	56	郑州日报社印刷厂	91659	9.45	21115	70544	76.96	83743	35284	48459	57.87
	89	76	洛阳市报业印刷有限责任公司	61867	13.21	28197	33670	54.42	54649	54649	0	0
	90	112	商丘京九印务有限公司	23200	364.00	0	23200	100.00	5000	5000	0	0
	91	105	新乡市新报商务彩印有限公司	27138	—	0	27138	100.00	—	—	—	—
	92	114	南阳日报社印刷厂	22138	85.26	1920	20218	91.33	11950	0	11950	100.00

续表

地区	序号	排名	单位名称	2011年制版量					2010年制版量			
				总制版量(张)	总量增长(%)	PS制版量(张)	CTP制版量(张)	CTP制版占比(%)	总制版量(张)	PS制版量(张)	CTP制版量(张)	CTP制版占比(%)
河南	93	109	许昌日报社印务中心	25200	320.00	0	25200	100.00	6000	6000	0	0
河南	94	138	周口日报社印务中心	5500	−8.33	0	5500	100.00	6000	6000	0	0
河南	95	111	漯河日报社印刷厂	24800	—	5600	19200	77.42	—	—	—	—
湖北	96	6	湖北日报传媒集团楚天印务总公司	494578	27.66	121630	372948	75.41	387409	109445	277964	71.75
湖北	97	18	长江日报报业集团印务总公司	262370	3.30	216800	45570	17.37	254000	254000	0	0
湖北	98	93	湖北日报传媒集团三峡印务有限公司	36000	6.64	33000	3000	8.33	33759	33759	0	0
湖北	99	118	三峡日报传媒集团印刷厂	19630	—	500	19130	97.45	—	—	—	—
湖北	100	132	襄阳日报社印刷厂	9412	—	2106	7306	77.62	—	—	—	—
湖南	101	47	湖南日报报业集团印务中心	131850	—	19700	112150	85.06	—	—	—	—
湖南	102	53	长沙晚报报业集团印务公司	95465	—	95465	0	0	—	—	—	—
广东	103	1	广州日报社印务中心	706950	−1.87	190869	516081	73.00	720403	220984	499419	69.32
广东	104	5	广东南方报业传媒控股有限公司印务分公司	522802	−4.63	321403	201399	38.52	548156	502945	45211	8.25
广东	105	7	深圳报业集团印务有限公司	480000	14.29	18000	462000	96.25	420000	0	420000	100.00
广东	106	9	羊城晚报社印刷厂	425696	2.58	0	425696	100.00	415000	0	415000	100.00
广东	107	83	东莞日报印刷厂	50000	0.00	27000	23000	46.00	50000	50000	0	0
广东	108	84	湛江日报社印刷厂	48000	14.55	48000	0	0	41904	41904	0	0
广东	109	78	汕头经济特区报社印务中心	58730	14.69	0	58730	100.00	51207	0	51207	100.00

续表

地区	序号	排名	单位名称	2011年制版量					2010年制版量			
				总制版量(张)	总量增长(%)	PS制版量(张)	CTP制版量(张)	CTP制版占比(%)	总制版量(张)	PS制版量(张)	CTP制版量(张)	CTP制版占比(%)
广东	110	87	佛山珠江传媒印务有限公司	43016	—	43016	0	0	—	—	—	—
广东	111	70	珠海特区报社印务中心	70000	19.21	0	70000	100.00	58719	24135	34584	58.90
广东	112	108	中山日报社印务中心	26706	6.82	0	26706	100.00	25000	21000	4000	16.00
广西	113	27	广西日报社印刷厂	202387	−4.60	66951	135436	66.92	212138	199204	12934	6.10
广西	114	73	南宁日报社印刷厂	63050	2.85	47800	15250	24.19	61300	61300	0	0
广西	115	117	桂林日报印刷厂	20000	−5.05	18000	2000	10.00	21064	21064	0	0
海南	116	43	海南日报报业集团印刷厂	139179	4.78	0	139179	100.00	132828	0	132828	100.00
重庆	117	20	重庆重报传媒有限公司印务中心	247457	−1.02	148057	99400	40.17	250000	184000	66000	26.40
重庆	118	45	华商数码信息股份有限公司重庆分公司	136136	21.89	97566	38570	28.33	111690	111690	0	0
重庆	119	60	重庆商报印务有限公司	86700	—	86700	0	0	—	—	—	—
四川	120	11	成都博瑞传播股份有限公司	315302	103.11	143939	171363	54.35	155239	25400	129839	83.64
四川	121	8	四川日报报业集团印务公司	440018	−2.18	344134	95884	21.79	449809	449809	0	0
四川	122	64	成都日报社印刷厂	82000	18.84	69000	13000	15.85	69000	69000	0	0
四川	123	89	泸州日报社印刷厂	40800	3.03	2400	38400	94.12	39600	3600	36000	90.91
四川	124	97	宜宾日报社印刷中心	33864	5.86	0	33864	100.00	31988	3396	28592	89.38
贵州	125	40	贵州日报	150000	15.94	150000	0	0	129376	129376	0	0
云南	126	33	云南报业传媒（集团）有限责任公司印务中心	176650	15.92	78150	98500	55.76	152390	91710	60680	39.82
云南	127	98	昆明日报印刷厂	32300	−26.59	32300	0	0	44000	44000	0	0

续表

地区	序号	排名	单位名称	2011年制版量					2010年制版量			
				总制版量(张)	总量增长(%)	PS制版量(张)	CTP制版量(张)	CTP制版占比(%)	总制版量(张)	PS制版量(张)	CTP制版量(张)	CTP制版占比(%)
西藏	128	100	西藏日报印刷厂	32000	38.80	2000	30000	93.75	23054	1041	22013	95.48
陕西	129	23	华商数码信息股份有限公司	215206	7.60	215206	0	0	200000	200000	0	0
	130	94	西安日报社印务中心	36000	−12.68	36000	0	0	41227	41227	0	0
	131	50	陕西日报社印刷厂	116827	−11.26	28964	87863	75.21	131655	70477	61178	46.47
	132	139	汉中日报社印刷厂	2454	−1.84	2454	0	0	2500	2500	0	0
甘肃	133	41	甘肃日报社印务中心	149739	12.04	80922	68817	45.96	133653	118410	15243	11.40
青海	134	77	青海日报社印刷厂	60792	25.44	12657	48135	79.18	48463	40893	7570	15.62
	135	128	青海西宁印刷厂	14300	164.81	3500	10800	75.52	5400	5400	0	0
宁夏	136	65	宁夏报业传媒印刷有限公司	81849	−2.09	635	81214	99.22	83600	0	83600	100.00
新疆	137	46	新疆日报社印务中心	133000	2.31	55000	78000	58.65	130000	60000	70000	53.85
	138	66	新疆乌鲁木齐晚报社印务中心	78139	21.76	8049	70090	89.70	64174	36678	27496	42.85
	139	123	新疆日报社南疆印务中心	17400	−42.00	14000	3400	19.54	30000	30000	0	0
总计	139家（其中配有CTP设备的单位有116家）			16727510	9.02	7399143	9175367	54.85	15343464	9443003	5900461	38.46

ISBN 978-7-5142-0571-8
9 787514 205718 >